S. FISCHER

Alexandra Przyrembel

IM BANN DES BÖSEN

Ilse Koch – ein Kapitel deutscher Gesellschaftsgeschichte 1933 bis 1970

S. FISCHER

Aus Verantwortung für die Umwelt hat sich der S. Fischer Verlag zu einer nachhaltigen Buchproduktion verpflichtet. Der bewusste Umgang mit unseren Ressourcen, der Schutz unseres Klimas und der Natur gehören zu unseren obersten Unternehmenszielen.

Gemeinsam mit unseren Partnern und Lieferanten setzen wir uns für eine klimaneutrale Buchproduktion ein, die den Erwerb von Klimazertifikaten zur Kompensation des CO_2-Ausstoßes einschließt.

Weitere Informationen finden Sie unter: *www.klimaneutralerverlag.de*

Die Fotos auf den Seiten 74–77 in diesem Buch stammen aus dem Fotoalbum, das die Eheleute Koch ihrem Sohn Artwin schenkten. Das Original befindet sich in den National Archives, College Park, Maryland, eine Kopie im Archiv der Gedenkstätte Buchenwald.
Signaturen der Gedenkstätte Buchenwald: Abb. 1 = 018.061; Abb. 2 = 018.102; Abb. 3 = 018.109; Abb. 4 = 018.125

MIX
Papier | Fördert gute Waldnutzung
FSC www.fsc.org FSC® C083411

Erschienen bei S. FISCHER

Satz: Dörlemann Satz, Lemförde
Druck und Bindung: CPI books GmbH, Leck
Printed in Germany
ISBN 978-3-10-002393-3

Inhalt

Einleitung 9

Erster Teil: Peinigen 29

1 **Das Jahr 1932 und die NSDAP** 35
Frauen in der Bewegung: NS-Frauen als Kampfgefährtinnen 38
Kampfgefährtin: Politische Emotionen und Selbstentwürfe nationalsozialistischer Frauen 42
Die SS, die Ehe und die Familie: Ilse und Karl Koch heiraten 48

2 **Idylle und Gewalt: Leben im Buchenwald** 56
Weimar, die »Stadt der SS« und die Villen der Elite 61
Idylle und Familienglück: Eine Spurensuche und ein Sonntagsspaziergang 69
Luxus und Exzess: Bereicherung und Gewalt 78
Gedächtnistexte und Grausamkeit: Der ›böse Geist‹ von Buchenwald 82
Tätowierte Haut als kriminologisches Forschungsobjekt und als Reliquie 90

Zweiter Teil: Konfrontieren 103

3 **Weimar, Buchenwald und die amerikanische Armee: Nachkriegsgesellschaft und NS-Verbrechen** 106
Unter Schock: Gewaltverbrechen in den Konzentrationslagern, die amerikanische Armee und Weimar 106
Weimarer in Buchenwald 109
Ilse Koch, Lampenschirme und das Wissen über die nationalsozialistischen Verbrechen 115

4 **Vor Gericht in Dachau: Die Vereinigten Staaten und die Ahndung der ›mass atrocities‹** 118
Der Military Court in Dachau: Zielsetzung und Anklagepunkte des Buchenwald-Prozesses 124
Ilse Koch vor Gericht in Dachau 129

5 **Von der Urteilsrevision zum Skandal: Die Debatte über die ›gerechte‹ Bestrafung Ilse Kochs** 135
Der Senatsausschuss und die Revision des Dachauer Urteils 139

6 **›*Doing*‹ *Democracy?* Die amerikanische Presse und die NS-Verbrechen** 150
Die amerikanische Presse und die ›atrocities‹ der Konzentrationslager 151
Ilse Koch und das Böse 157
Demokratie vermitteln 159

Dritter Teil: Verantworten 175

7 **Extreme Gewalt und die Nachkriegsjustiz** 180
Konjunkturen der Strafverfolgung 180

8 **Wolfsgesellschaft: Die deutsch-deutsche Beziehungsgeschichte und der Fall Ilse Koch** 189
Ilse Koch, ein ehrgeiziger Staatsanwalt und der Kalte Krieg: Weimar oder Augsburg 190
Das Buchenwald-Komitee: Antifaschismus und Kontrolle 195

9 **Strafen: Die ›Kommandeuse‹ von Buchenwald in Augsburg** 204
Das Gericht: Juristische Akteure und andere Männer im Hintergrund 205
Zeugen, Bezeugen, Objekte: Überlebende und Täter 216
Im Gerichtssaal: Kriegsschauplatz im Nachkrieg 222
»Grausamkeitsroboter«: Ilse Koch vor Gericht und in der Psychiatrie 230
Urteil: Ilse Koch und die anderen Frauen 235

10 Der Prozess und die Gesellschaft: Reaktionen auf den Augsburger Prozess 243
Individuen fordern Rache 244
Deutsch-deutsche Berichterstattung: Die ›Kommandeuse‹ von Buchenwald und die ›Schmach‹ aller Deutschen 246

Vierter Teil: Leugnen 263

11 Im Gefängnis: Die Strafgefangene Ilse Koch 267
Aichach 270
Reformierung des Strafvollzugs 272
Amerikanische Gefängnisse als Anschauungsobjekte: Strafvollzug als Erziehungsarbeit und die Gefangene Ilse Koch 275
Das Netzwerk ›Stille Hilfe‹ 282
Gnadengesuche und die ›schwarze Legende‹ der Ilse Koch 288

12 Sichtbare, unsichtbare Gegenwart: Ilse Koch und andere Frauen erinnern sich an das ›Dritte Reich‹ 291
Nationalsozialistinnen erzählen über ihr Leben im ›Dritten Reich‹: Selbststilisierung und das Sterben der anderen 292
Briefe schreiben: Antisemitismus, Kinder und die Schuld der anderen 302

Schluss: Das ›Böse‹ erzählen – Phantasmagorien und die Nachkriegsgeschichte 309

Dank 319
Anmerkungen 321
Quellen und Literatur 408
Personenregister 430

Einleitung

> »Es geht um ein Stück Geschichte des deutschen Volkes und um die Geschichte *eines Systems, das Verbrechen zeugte*, weil es sich auf die Anbetung der Unwissenheit, auf den Rassismus, auf den künstlich hochgepeitschten reaktionären Nationalismus gründete. Denn, so frage ich: Wieso konnte eine kleine Stenotypistin aus Dresden, der es keineswegs vorherbestimmt war, in die Unterwelt des Verbrechens zu geraten, zur ›Bestie von Buchenwald‹ werden? Wieso ist ein strafrechtlich vorbelasteter Bankangestellter zum Kommandanten eines Konzentrationslagers, zu einem Dieb und Mörder geworden?«
>
> *Pierre Durand (1985)*[1]

Das Jahr 1967 ist in der deutschen Geschichte ein besonderes Jahr. Die Bundesrepublik steht am Vorabend der studentischen Revolution. Es ist das Jahr, in dem in West-Berlin die Kommune 1 gegründet wird. Im April ruft Martin Luther King zu Protesten gegen den Vietnamkrieg auf. Der Besuch des Schahs Mohammad Reza Pahlavi und seiner Frau in Berlin führt im Juni zu Demonstrationen und Protesten, wobei der Student Benno Ohnesorg von der Polizei erschossen wird. Ein paar Tage später beginnt der ›Sechstagekrieg‹ zwischen Israel und den arabischen Staaten Ägypten, Jordanien und Syrien. Im September findet die erste große Retrospektive von Joseph Beuys in Mönchengladbach statt. Hinzufügen ließe sich vielleicht noch, dass im Jahr 1967 ebenso der Altbundeskanzler Konrad Adenauer im Alter von 91 Jahren verstarb und die beiden westdeutschen Fernsehsender, ARD und ZDF, zum ersten Mal Sendungen in Farbe ausstrahlten. Kurzum: Das Jahr 1967 markierte in nationaler wie auch globaler Dimension eine gesellschaftliche Zäsur.

In diesem bewegten Jahr 1967, am 5. September, versammelten sich auf dem Friedhof der oberbayerischen Stadt Aichach knapp ein Dutzend Menschen, um Ilse Koch zu beerdigen. Ihr Tod war unter großer Geheimhaltung nur den engsten Familienmitgliedern bekannt gegeben worden. Die Tochter Gisela sowie deren Ehemann waren dem Begräbnis aus Furcht vor der Presse ferngeblieben. Ilse Koch, SS-Ehefrau und Gattin des ersten Kommandanten von Buchenwald, hatte bis zu ihrem Suizid aufgrund einer lebenslangen Haftstrafe knapp 20 Jahre in der Frauenstrafanstalt Aichach verbracht, nun fand in diesem kleinen Kreis ihre Beisetzung statt.[2]

Für die einen war die SS-Ehefrau Koch die »Kommandeuse von Buchenwald«, den anderen galt sie als »meistgehasste Frau der Welt«. In anderen Worten – die Nachwelt des nationalsozialistischen Deutschlands stilisierte die Gattin des ersten Kommandanten von Buchenwald zu einer Ikone des Grauens.[3] Tatsächlich lassen sich an ihrem Beispiel die Verflechtungen von Frauen in das NS-Regime untersuchen. Doch es gelang weder der amerikanischen noch der deutschen Anklagebehörde zu belegen, dass Ilse Koch die ihr zugeschriebenen monströsen Verbrechen zu verantworten hatte, die »kognitives Entsetzen« (Dan Diner) über die von der NS-Gesellschaft zu verantwortenden Gewaltakte auslösten. Diese waren symbolisiert durch den Ilse Koch nachgesagten Besitz von Gegenständen aus tätowierten menschlichen Häuten.[4]

Die Rekonstruktion dieses doppelten Bildes ist Gegenstand dieses Buches. Es setzt sich erstens mit der Frage auseinander, was Frauen dazu bewogen haben mag, den Nationalsozialismus zu unterstützen, in die NSDAP einzutreten und innerhalb des NS-Systems eine Karriere anzustreben. Und es beschäftigt sich zweitens mit dem Negativmythos Koch im Nachkriegsdeutschland und den Vereinigten Staaten. In diesem Buch argumentiere ich, dass die mit ihr nach dem Zweiten Weltkrieg verknüpften Verbrechen wenig mit der historischen Person Koch zu tun hatten. Gerhard Mauz, der berühmte Gerichtsreporter beim *Spiegel*, bilanzierte anlässlich ihres Suizids im Jahr 1967, dass Ilse Koch zum »Opfer eigener Schuld«, aber »wohl mehr noch ein Opfer kollektiven Willens zur Selbstentschuldigung« der beiden Nachkriegsgesellschaften wurde.[5] Mauz' Begriff des Opfers erscheint angesichts ihrer Rolle während des Nationalsozialismus allerdings mehr als unangemessen.

Es geht hier um einen vergleichsweise kurzen, aber für die deutsche Geschichte des 20. Jahrhunderts entscheidenden Zeitraum: die Jahre 1932 bis 1967. Die Figur Ilse Kochs hat dabei die Funktion einer Sonde, durch die einzelne Phasen der deutschen Geschichte genauer in den Blick genommen werden: das Ende der Weimarer Republik, als Ilse Koch in die NSDAP eintrat, sowie ihr Leben als SS-Ehefrau im Konzentrationslager Buchenwald zu einer Zeit, in der sich das nationalsozialistische Regime konsolidierte. Schließlich richtet sich der Blick auch auf die unmittelbare Nachkriegsgeschichte, als das deutsche Konzentrationslager Buchenwald von amerikanischen Truppen befreit und in den Jahren 1947 und 1950/51 der amerikanische und der deutsche Prozess gegen Ilse Koch geführt wurden. In diesem Zeitraum formierten sich die unterschiedlichen politischen Systeme in Ost und West – während zugleich eine grundsätzlichere Weichenstellung in der Frage stattfand, wie die Nachkriegsgesellschaft die von Deutschen in der NS-Zeit begangene Ermordung von Millionen Männern, Frauen und Kindern ahnden würde.

Die historische Akteurin Koch ist für eine solche Analyse ein besonders interessantes Fallbeispiel, da sie – obwohl bereits 1932 Mitglied der NSDAP – als Ehefrau Karl Otto Kochs, Kommandant des Konzentrationslagers Buchenwald, keine offizielle Funktion ausübte, als Beobachterin und Antreiberin jedoch in den Gewaltraum des Konzentrationslagers eingebunden war. Im Juli 1932, wenige Wochen nachdem Ilse Koch Mitglied der NSDAP geworden war, hatte die Partei Hitlers bei den Reichstagswahlen bedeutende Zuwächse zu verzeichnen. Nach einer erneuten Wahl im November verzeichneten die Nationalsozialisten wieder Verluste, jedoch war Hitler nach einer kurzen Phase des Übergangs unter Reichskanzler Kurt von Schleicher schließlich am 30. Januar 1933 zum Reichskanzler ernannt worden. Im Jahr 1967, in dem Ilse Koch – nahezu vergessen von der seit dem Dachauer Prozess im Jahr 1947 an ihr sehr interessierten medialen Öffentlichkeit – in der Frauenvollzugsanstalt Aichach ihr Leben beendete, kündigten sich bereits die studentischen Proteste an, bei denen auch eine stärkere Auseinandersetzung mit der nationalsozialistischen Vergangenheit durch die deutsche Gesellschaft eingefordert wurde. In diesen Jahren zwischen 1932 und 1967 durchlief die deutsche Gesellschaft mehrere Metamorphosen: Es erfolgten die Anpassung vieler Deutscher an das NS-Regime, die Beteiligung der deutschen Bevölkerung an extremster Gewalt seit Kriegsbeginn, die deutsche Kapitulation am 8. Mai 1945 sowie die Neuordnung der beiden deutschen Staaten nach 1945 unter westalliierter bzw. sowjetischer Besatzungsherrschaft.

Im Vordergrund dieses Buches steht die Frage, wie eine ›normale‹ Deutsche, die nach bisherigem Wissen vor ihrem Eintritt in die NSDAP nicht politisiert war, vermutlich allein aus dem Wunsch nach sozialem Aufstieg zur Nationalsozialistin wurde. Nach dem Krieg wurde sie zu einer Ikone des Bösen, zur ›Bestie von Buchenwald‹ stilisiert.[6] Es war ein Aushandlungsprozess auf drei Ebenen, der im Zentrum dieser Betrachtung steht: Zum einen geht es darum, wie die Nachkriegsgesellschaft die NS-Verbrechen einordnete, zum anderen darum, wie die Figur Ilse Koch von einer internationalen Öffentlichkeit skandalisiert wurde und schließlich – die dritte Ebene – von Teilen der deutschen Gesellschaft für die eigene Entlastung instrumentalisiert wurde.

Die Geschichtswissenschaft und die Frauen im NS-Staat

Die Rolle von Frauen, die sich der politischen Ordnung des NS-Regimes eingliederten – die also weder Jüdinnen waren, noch aufgrund ihrer politischen Überzeugungen, etwa als Kommunistinnen oder Sozialdemokratinnen aus der ›Volksgemeinschaft‹ ausgeschlossen wurden –, ist allem Anschein nach ein sensibles Thema für die deutschsprachige Geschichtswissenschaft. Die Frage, ob und in welcher Form Frauen das NS-Regime unterstützten, beschäftigt Historiker und Historikerinnen nunmehr seit mehreren Jahrzehnten. Bereits 1944 legte Ruth Kempner gemeinsam mit ihrem Mann Robert, einem der Hauptankläger bei den Nürnberger Prozessen, die vierbändige Studie »Women in Nazi Germany« vor.[7] Bereits bei Kempner findet sich ein Topos, der sich hartnäckig in der Forschungsliteratur zum Nationalsozialismus hält: »Die deutschen Hausfrauen mit ihrem angeborenen Sinn für Unterwerfung wählten Hitler an die Macht« und seien eifrig dem Slogan gefolgt, »ihr ganzes Leben Volk und Vaterland zu widmen«.[8] Nachdem sich die ersten beiden Bände mit den nationalsozialistischen Frauenorganisationen bzw. den Arbeitsverhältnissen beschäftigten, wandte sich Kempner im dritten Band den sozialen und moralischen Folgen zu, die der Nationalsozialismus für Frauen nach dem Ende des Krieges haben würde. Sie interessierte sich unter anderem für die Frage, wie Frauen nach der Überwindung des Nationalsozialismus wieder ihren »Alltag zu Hause und am Arbeitsplatz als sozial angepasste Personen« bestehen könnten.[9] Auch bescheinigte Kempner den deutschen Frauen ein besonderes Aggressionspotenzial, auf das der Nachkriegsstaat unter anderem mit finanziellen Kompensationen (Witwenrente, Hilfe für die Waisen) reagieren sollte.[10]

Bemerkenswert für die Fragestellung ist, dass sich Kempner bereits zu diesem frühen Zeitpunkt mit den »Ausgestoßenen unter den Frauen« beschäftigte. Hier widmete sie den SS-Ehefrauen als Angehörigen der nationalsozialistischen Elite ein eigenes Kapitel und resümierte: »Das Schicksal der SS-Frauen wird nach der Zerstörung des NS-Staates ein ernstes Problem darstellen.«[11] Diese Frauen stellten, so bilanzierte Kempner 1944, deshalb ein ernsthaftes Problem dar, weil ihre Ehen und Familien auf der Ordnung des NS-Regimes beruhten und sie die Elite des zukünftigen nationalsozialistischen Staates darstellten, weshalb ihnen die städtischen Kommunen besonders große Aufmerksamkeit schenken müssten.[12] Die vier als vertraulich klassifizierten Bände waren an die zukünftige amerikanische Militäradministration adressiert. Vor allem im letzten Band »Readjustment« finden sich zahlreiche Hinweise (wie etwa die Einrichtung von Familienzentren) zum zukünftigen Umgang mit der weiblichen Bevölkerung, die schließlich die Mehrheit der Bevölkerung darstelle.

In seinem Handbuch »Deutsche Gesellschaftsgeschichte« beschreibt Hans-Ulrich Wehler anschaulich, wie Frauen dem Führer und Reichskanzler Adolf Hitler geradezu in körperlicher Hingabe verfielen.[13] Bereits in den siebziger Jahren wurde diese generalisierende Deutung zurückgewiesen, während die »aktive Komplizenschaft einiger Frauen und das passive Wegducken der Majorität der Frauen« unterstrichen wurde.[14] Das Paradoxon, dass Frauen einerseits keine politischen Ämter innerhalb des NS-Regimes bekleideten, sie aber als Wählerinnen und Aktivistinnen in NS-Frauenorganisationen eine solide Basis der NS-Gesellschaft stellten, löste wie die Frage nach ihrem Wahlverhalten zahlreiche historiographische Debatten aus. Diese Kontroverse spitzte sich in den 1990er Jahren im Rahmen des sogenannten »Historikerinnenstreits« zu, in dem die Kontrahentinnen Frauen entweder in ihrer Rolle als Täterinnen oder als Opfer wahrnahmen.[15]

Seit einigen Jahren ist Ruhe in diese Auseinandersetzung eingekehrt: Mittlerweile liegt eine Vielfalt unterschiedlicher Forschungen vor, die Handlungsoptionen sowie Karrierechancen von Frauen innerhalb des NS-Regimes beschreiben und einordnen.[16] An den Rändern dieser Historisierung von Frauen als handelnde Akteurinnen bewegen sich diejenigen Beiträge, die sich mit SS-Ehefrauen oder SS-Aufseherinnen in Konzentrationslagern beschäftigen.[17] In jüngerer Zeit wurde das Verhältnis der Geschlechter während des ›Dritten Reiches‹ vor dem Hintergrund der Sexualpolitik neu interpretiert, wobei die bis in die sechziger Jahre währenden Klischeevorstellungen eines durchweg sexualfeindlichen ›Dritten Reiches‹ hinterfragt wurden.[18]

Vielleicht liegt es in der Wirkungsmacht des ›Bildes Ilse Koch‹ begründet, dass auch die historische Geschlechterforschung die in den

Konzentrationslagern eingesetzten Frauen als »bemerkenswert brutale und machtbesessene« »Minderheit unter den Frauen« wahrnahm und lange Zeit nicht nach den Spezifika ihrer Macht und schon gar nicht nach der Geschichte ihrer Rezeption nach 1945 fragte.[19] Auch die (wenigen) vorhandenen historischen Arbeiten zum Thema changieren zwischen der differenzierten sozialhistorischen Aufarbeitung einerseits und moralischer Beurteilung andererseits.[20] Dieser ›blinde‹ Fleck in der historischen Auseinandersetzung mit ›rechten‹ Frauen ist auch international vorhanden, so etwa in Bezug auf Frauen, die sich Reinheitsorden (wie etwa dem Ku-Klux-Klan) anschlossen und diese zumindest ideell, oft aber auch aktiv handelnd unterstützten.[21]

Im Gegensatz zu dieser zögerlichen Annäherung der Geschichtswissenschaft an die Frau als Kämpferin steht der mediale Erfolg literarischer Verarbeitungen. Der Roman »Der Vorleser« von Bernhard Schlink wurde beispielsweise in zahlreiche Sprachen übersetzt und verfilmt. Darin schildert Schlink die Begegnung zwischen einem Jurastudenten und einer zu lebenslänglicher Haft verurteilten ehemaligen Wärterin des Konzentrationslagers Auschwitz.[22] Auch die Geschichte Ilse Kochs selbst stieß – und stößt – auf ein ausgesprochen breites mediales Echo: So liegen beispielsweise zahlreiche, darunter auch internationale Fernsehdokumentationen zu Ilse Koch vor.[23]

Noch zu ihren Lebzeiten traten immer wieder Autorinnen und Autoren mit der Bitte an die Gefängnisleitung in Aichach heran, die Strafgefangene Ilse Koch interviewen zu dürfen. Ihm gehe es darum, so schrieb der Schriftsteller Heinrich Fraenkel in seiner Anfrage an die Direktion der Strafanstalt, die »psychologischen Hintergründe« des Falls zu klären.[24] Ilse Koch selbst sprach davon, dass ein amerikanischer Reporter ihr für ihre Memoiren zehntausend Dollar angeboten habe, was sie abgelehnt habe, da »noch mehr« dazukäme und sie darüber hinaus eine eigene Biographie plane.[25] Auch nach ihrem Tod riss das Interesse nicht ab. Eine andere Autorin zeigte sich bereits wenige Tage nach dem Tod Ilse Kochs interessiert daran, im Rahmen einer Veröffentlichung »die seelischen Mechanismen« bloßzulegen, »welche zu dem fürchterlichen Phänomen Ilse Koch« geführt haben.[26] Selbst ein Ingenieurbüro für biorhythmische Forschung interessierte sich für die Hintergründe ihres Suizides.[27] Die wenigen vorliegenden Biographien über Ilse Koch, die einen wissenschaftlichen Anspruch verfolgen, zeichnen sich durch ihre Skandalisierung aus, rücken die mit ihrer Person verknüpften Sexualstereotype (wie Promiskuität) und vor allem Vorstellungen einer bestialischen Grausamkeit ins Zentrum.[28]

Demgegenüber provozierte umgekehrt der Sachverhalt, dass die ihr zugeschriebene Grausamkeit in den Nachkriegsprozessen nicht bewiesen werden konnte, immer wieder auch rechtsextreme Autoren zu Polemiken gegen die ›Vergangenheitsbewältigung‹ durch die Justiz der Bundesrepublik. Diese Art des Schrifttums verfolgte per se das Ziel, NS-Prozesse nachträglich zu delegitimieren.[29]

Kurzum: Die Wahrnehmung Ilse Kochs bewegte sich zwischen zwei Polen: Auf der einen Seite herrschte eine geradezu ›ikonische‹ Faszination an der Figur Ilse Kochs als pathologischer nationalsozialistischer Einzeltäterin vor. Zum anderen beschäftigte sich die Nachkriegsdeutung Ilse Kochs auch mit der Frage, wie ihr Gewalthandeln während ihrer Zeit als SS-Ehefrau und Gattin des Kommandanten von Buchenwald mit Hilfe des juristischen Instrumentariums zu deuten sei. In diesen Debatten ging es um den Nachweis von Schuld im strafrechtlichen Sinne.

Das vorliegende Buch löst sich von den beschriebenen Konstruktionen: Vielmehr soll der Versuch unternommen werden, die Deutungen Ilse Kochs als ›Kommandeuse von Buchenwald‹ zu historisieren und vor dem Hintergrund des in zahlreichen deutschen und internationalen Archiven vorliegenden Materials neu zu interpretieren. Im Anschluss an Methoden der historischen Anthropologie soll der »andauernde Kampf um Bedeutungen« in den Blick genommen werden, der Ilse Kochs Wahrnehmung in den Vereinigten Staaten und den beiden deutschen Nachkriegsgesellschaften, in der medialen Öffentlichkeit und im Gerichtssaal geprägt hat.[30] Zwei Fragen, so schlicht wie kompliziert, stehen im Zentrum: Wie lässt sich die Grausamkeit

Ilse Kochs im Konzentrationslager Buchenwald beschreiben? Und welche Verarbeitungsstrategien bildeten die Vereinigten Staaten und die beiden deutschen Nachkriegsgesellschaften angesichts ihres Wissens über die nationalsozialistische Gewalt heraus, für die Ilse Koch zum Symbol wurde?

Umkämpfte Bedeutungen

Dieses Buch rekonstruiert die ›umkämpften‹ Bedeutungen der Figur Ilse Koch und ihrer Biographie im Nachkriegsdeutschland. An diesem Aushandlungs- und Deutungsprozess waren unterschiedliche historische Akteurinnen und Akteure beteiligt: die amerikanische Armee, die das Konzentrationslager Buchenwald im April 1945 befreite, die deutsche Bevölkerung, die Medien, die Justiz, die NS-Täter und die ehemaligen Häftlinge des Konzentrationslagers Buchenwald. Für letztere muss die Unsicherheit darüber, ob Ilse Koch für die von ihnen im Rahmen von Zeugenaussagen und Memoiren beschriebenen brutalen Gewalthandlungen juristisch überhaupt zu belangen war, angesichts der erlittenen Qualen eine Grenzerfahrung gewesen sein.

Um diesen Kampf um Bedeutungen einordnen zu können, soll hier noch kurz auf einige der zentralen Debatten der NS-Historiographie eingegangen werden. Der Fall Ilse Koch eignet sich weder für eine Auseinandersetzung mit dem Konzept der ›Volksgemeinschaft‹ noch für eine grundsätzliche Analyse der mentalitätshistorischen Prägungen, wie sie in zentralen Biographien zur nationalsozialistischen Elite beispielsweise von Ulrich Herbert und Michael Wildt durchgeführt wurde.[31] Dies ist nicht zuletzt auch dem Material geschuldet – im Fall des von den beiden Historikern untersuchten sozialen Milieus (vor allem Juristen) gibt es umfangreiche Quellen. Zu Ilse Koch jedoch sind Materialien aus der Zeit, in der sie sich für den Nationalsozialismus entschieden hat, nur äußerst fragmentarisch erhalten. Angesichts Hunderter Aussagen, die kurz nach dem Krieg entweder von den Häftlingen selbst oder den Gerichten zusammengetragen wurden, erscheint jedoch eine Annäherung möglich an das, was Alf Lüdtke »Herrschaft als soziale Praxis« genannt hat, eine Praxis, wie sie auch im Rahmen der informellen Funktion Ilse Kochs als SS-Ehefrau ausgeübt werden konnte.[32]

Bereits Ende der neunziger Jahre wurde auf die »Stilisierung der nationalsozialistischen Konzentrationslager zu Symbolen des Terrors« im Nachkriegsdeutschland hingewiesen, die sich trotz – oder auch vielleicht wegen – einer breit angelegten Aufklärungsarbeit zur »Residualkategorie des Verbrecherischen im Nationalsozialismus« herausbildete, »(der) gegenüber alles andere – Diktatur, Unterdrückung, Verfolgung und selbst der Krieg – in den Kategorien von Tradition und Normalität« gefasst wurde.[33] Parallel zu den Bestrebungen politischer Kräfte in der Bundesrepublik in den fünfziger Jahren, die von den Alliierten auf den Weg gebrachten Entnazifizierungsmaßnahmen zurückzunehmen, entstanden Chiffren, Bilder und Symbole, mit denen die Verbrechen in den nationalsozialistischen Konzentrationslagern in Verbindung gebracht wurden. Die Metapher der ›Todesfabrik‹ entkoppelte die in den Vernichtungslagern verübten Verbrechen von den individuellen Tätern.[34] Das Bild der Bestie personalisierte zugleich die NS-Verbrechen und verortete sie außerhalb der menschlichen Sphäre.

In jüngster Zeit wurde die Geschichte der Bundesrepublik angesichts von Demokratisierungsprozessen und des Wegs nach ›Westen‹ oft als »Erfolgsgeschichte« geschrieben,[35] an der historischen Figur Ilse Koch lässt sich jedoch zeigen, wie widersprüchlich der Umgang der Deutschen mit ihrer Vergangenheit war.[36] Dabei wird der Blick insbesondere auf die medialen Öffentlichkeiten der beiden deutschen Staaten sowie, um eine transnationale Perspektive ergänzt, auf die Vereinigten Staaten zu richten sein und auf die dort medial verbreiteten Wahrnehmungsmuster von NS-Verbrechen. Welche Bilder kursierten über die nationalsozialistischen Verbrechen? Und welche Rollen schrieb die Öffentlichkeit Frauen zu? Wandelten sich diese Zuschreibungen infolge der sich verändernden politischen Ausgangslage, vor allem des Kalten Krieges? Und inwieweit sind die medial kommunizierten Bilder über die NS-Verbrechen verflochten mit Geschlechterbildern über Gewalt?

An dieses Bündel von Fragen knüpft eine weitere Perspektive an. Ausgehend von dem »allgemeine(n) Gefühlsmangel«, den Hannah Arendt den Deutschen in ihrem Reisebericht zu Beginn der fünfziger Jahre attestierte, wird nach den Emotionen gefragt, die in der medialen Öffentlichkeit, vor Gericht und auch unter den Überlebenden des Konzentrationslagers Buchenwald mit dem Fall Ilse Koch in Verbindung gebracht wurden.[37] Interessant sind dabei insbesondere die Verflechtungen, die zwischen der von Arendt beobachteten emotionalen Stille einerseits und den »negativen Gefühlen« (Aurel Kolnai) andererseits bestanden, die das Bild der ›Kommandeuse von Buchenwald‹ in der Nachkriegsöffentlichkeit sowie vor Gericht hervorrief.[38] Die historische Figur Koch provozierte vornehmlich negative Emotionen – Wut, Hass oder auch Abscheu.[39] Somit ist danach zu fragen, auf welche Weise die emotionale Codierung der SS-Ehefrau in den hier untersuchten Diskursfeldern, den Überlebendenberichten, den Akten der Justiz und der Berichterstattung, in concreto erfolgte.

Zugespitzt scheinen die fünfziger und sechziger Jahre von einer Kultur des Misstrauens geprägt gewesen zu sein. In diesem Buch wird argumentiert, dass diese Kultur des Misstrauens keineswegs allein auf einer makrohistorischen Ebene angesichts des sich abzeichnenden Kalten Krieges zu beobachten ist, sondern auch das Miteinander der Überlebenden des Konzentrationslagers Buchenwald nachhaltig prägte. Denn unter den ehemaligen Insassen des Konzentrationslagers, die sowohl vor dem amerikanischen Gericht in Dachau als auch im westdeutschen Prozess in Augsburg aussagten, hatten sich bereits unmittelbar nach ihrer Befreiung im Jahr 1945 unterschiedliche Einstellungen zur juristischen Aufarbeitung der NS-Verbrechen herausgebildet, die von unterschiedlichen Akteuren instrumentalisiert wurden. In dieser Hinsicht dient die Analyse der juristischen Aufarbeitung der NS-Verbrechen Kochs auch als Sonde, um die Perspektiven und Konfliktlagen der überlebenden Häftlinge nach 1945 in den Blick zu nehmen. Dabei wird gleichermaßen der Blick auf das (Selbst-)Verständnis der ehemaligen politischen Häftlinge als auch auf die Persistenz antisemitischer Mentalitäten zu richten sein. In Anschluss an Michael Rothbergs Konzept der multidirektionalen Erinnerung wird danach gefragt, welche Formen die von ihm beobachtete »Opferkonkurrenz« verschiedener Erinnerungsgemeinschaften im deutsch-deutschen Kontext hatte und wie diese wiederum von einer Kultur des Misstrauens geprägt waren.[40]

Dieses Misstrauen scheint auch die Haltung der amerikanischen Besatzungsmacht gegenüber der deutschen Handhabung des Falls geprägt zu haben, ebenso wie die Haltung der Häftlingsgemeinschaften gegenüber dem deutschen Prozess in Augsburg, und es wirkte wiederum auf das politische Klima der beiden deutschen Staaten zurück. In diesen frühen Nachkriegsjahren konstituierte sich das Bild der Exzesstäterin, die scheinbar losgelöst von jeglichen historischen Kontexten allein aus eigenem Antrieb heraus Menschen quälte.

Bei diesem Buch handelt es sich somit um einen Beitrag zur Geschichte der Gewalt im Deutschland des 20. Jahrhunderts und ihrer Aufarbeitung in den beiden deutschen und den Vereinigten Staaten. Obwohl transnationale Perspektiven etwa im Zusammenhang mit der Zirkulation medialer Bilder über Ilse Koch und andere NS-Verbrechen untersucht werden, handelt es sich aber vor allem um ein Kapitel deutscher Gesellschaftsgeschichte, das hier im Zentrum steht.

Bereits unmittelbar nach dem Krieg bildete die deutsche Öffentlichkeit Strategien heraus, die eigene Beteiligung am nationalsozialistischen Regime im Rahmen von Bildern oder auch Erzählungen zu bannen und gleichzeitig das eigene Leben neu zu ordnen: Die Geschichte Ilse Kochs, die 1932 als eine von wenigen Frauen Mitglied der NSDAP wurde und die gemeinsam mit ihrem Ehemann Karl und ihren Kindern für einige Jahre in der Kommandantenvilla des Konzentrationslagers Buchenwald lebte, eignete sich für eine solche Nachkriegserzählung: Gleich einem

»Grausamkeitsroboter«, so resümierte ein psychiatrisches Gutachten in den frühen fünfziger Jahren, habe sie im Konzentrationslager Buchenwald geherrscht.[41]

Chronologie der Ereignisse: Zur Struktur des Buches

Um die zum Teil verwobenen Erzählungen zu rekonstruieren, ist das Buch chronologisch angelegt und in vier Teile gegliedert.

Im ersten Teil *Peinigen* wird am Fall Ilse Koch die Frage untersucht, warum Frauen sich bereits früh für eine Mitgliedschaft in der NSDAP interessierten und welchen Ort die Familien in der ›Sippengemeinschaft‹ der Schutzstaffel ausfüllten. Neben dem Alltag und den täglichen Routinen Ilse Kochs als SS-Ehefrau und Mutter in der SS-Führersiedlung des Konzentrationslagers Buchenwald wird auch in den Blick genommen, wie sich die Vorstellungen von ›Normalität‹ angesichts des Funktionswandels der Konzentrationslager in den Jahren nach ihrer Gründung verschoben und welche Verflechtungen zwischen diesen beiden Welten – der SS und ihren Frauen einerseits und den Häftlingen andererseits – bestanden. In diesem Abschnitt wird auch herausgearbeitet, dass Ilse Koch sich während ihrer Zeit als SS-Ehefrau bzw. Gattin des Kommandanten von Buchenwald außerhalb des für Frauen als ›normal‹ geltenden Handlungsraumes bewegte, indem sie sich auf verschiedenen Ebenen in die Ordnung des Konzentrationslagers Buchenwald einmischte und sich in sehr spezifischer Weise grausam verhielt.

Ein zweiter Abschnitt, *Konfrontieren*, nimmt die Befreiung des Konzentrationslagers Buchenwald durch die amerikanischen Truppen zum Ausgangspunkt und rückt die Frage ins Zentrum, welche Perspektiven auf die NS-Verbrechen in den Konzentrationslagern in diesen frühen Jahren zirkulierten: Welches Wissen verbreitete sich in den US-Medien über die nationalsozialistischen Verbrechen? Welche Beziehungen entwickelten sich zwischen Besatzungsmacht und deutscher Bevölkerung in jenen Jahren? Welche Praktiken der Konfrontationen mit den nationalsozialistischen Verbrechen gab es unmittelbar nach der Befreiung des Konzentrationslagers und welche später vor Gericht?

Teil drei, *Entscheiden*, bildet den Kern des vorliegenden Buches. Hier steht der deutsche Nachkriegsprozess gegen Ilse Koch im Zentrum, der im Jahr 1951 mit ihrer Verurteilung zu lebenslanger Haft im Zuchthaus endete. Er setzt sich mit der Frage auseinander, wie es vor dem Hintergrund des Kalten Krieges zum Prozess im schwäbischen Augsburg kam, obwohl auch die Staatsanwaltschaft Weimar, unterstützt von der SED in (Ost-)Berlin, Anspruch auf die Durchführung erhob. Das augsburgische Gerichtsverfahren brachte angesichts der Vorentscheidung durch die amerikanische Besatzungsmacht, die auf eine lebenslange Verurteilung Ilse Kochs drängte, alle beteiligten Seiten in Verlegenheit. Denn laut der im Strafgesetzbuch vorgegebenen Kriterien war Ilse Koch als Initiatorin und Zuschauerin von NS-Gewaltakten mit einer lebenslangen Haftstrafe zu belangen, aber da sie sich als SS-Ehefrau außerhalb der offiziellen Hierarchie des Konzentrationslagers Buchenwald bewegte, stellte der Beleg dieses Gewalthandelns für die Ermittlungsbehörden eine Herausforderung dar. In diesem Abschnitt wird der Blick somit auf die spezifischen Interessenlagen der am Verfahren beteiligten historischen Akteure und Akteurinnen sowie deren Deutungskämpfe im Gerichtssaal zu richten sein.

Der vierte Teil *Leugnen* setzt sich mit den letzten Lebensjahren Ilse Kochs auseinander, die sie nach der Verurteilung durch das Augsburger Gericht zu Beginn des Jahres 1951 bis zu ihrem Suizid 1967 im Gefängnis verbrachte. Diese Periode der Geschichte der Bundesrepublik wird angesichts des wirtschaftlichen Aufstiegs auch als Boom interpretiert.[42] Ilse Kochs letzter Lebensabschnitt führt uns damit stärker hinein in jene Phase der Bundesrepublik, in der sich die weitgehende Rehabilitierung vieler an den NS-Verbrechen beteiligter Männer und Frauen abzeichnete.

Dabei wird exemplarisch am ›Fall Koch‹ nach dem Ort des Gefängnisses in der Geschichte der Bundesrepublik gefragt und genauer nach der Rolle von verurteilten NS-Verbrechern und NS-Verbrecherinnen – es ist der Versuch, die deutsche Geschichte in zweifacher Hinsicht von den Rändern her zu schreiben. Übergeordnet geht es bei der Untersuchung dieser knapp 16 Jahre, die zwischen der Verurteilung Ilse Kochs 1951 und ihrem Suizid in der Frauenstrafanstalt Aichach im Jahr 1967 liegen, um die Frage, welche Antworten die deutsche Gesellschaft und in concreto die bayerische Justizbehörde auf die in ihrer Mitte begangenen Verbrechen in diesem Zeitraum fanden und welchen gesellschaftlichen Platz sie den verurteilten NS-Verbrechern zuwiesen. Immerhin gehörte Ilse Koch zu den wenigen zu lebenslanger Haft verurteilten Angeklagten, die nicht amnestiert wurden. Es wird gezeigt, dass sie bei ihren Bemühungen um ihre Freilassung durchaus auf ein Netzwerk aus Familienmitgliedern zurückgreifen konnte sowie auf den Verein ›Stille Hilfe‹, der sich im Nachkriegsdeutschland mit dem Ziel der Unterstützung von NS-Verbrechern gebildet hatte. Anhand einiger Nationalsozialistinnen wird in diesem Abschnitt ebenso thematisiert, wie diese Frauen (wie auch Ilse Koch) nach 1945 ihre Biographien ordneten.

Lokale und Transnationale Perspektiven: Der Fall Ilse Koch und die Archive

In der Presse wurde Ilse Koch als »meistgehasste« Frau der Welt bezeichnet.[43] Obwohl das Echo der internationalen Presse bis nach Asien reichte, bleibt die globale Wirkung des Falls überschaubar. Und doch erreichte die *Times of India* im Oktober 1948 ein aufgebrachter Leserbrief, der die amerikanische Politik angesichts der zeitweiligen Begnadigung als »hypocritical« rügte. Letztlich scheint sich aber angesichts der Ilse Koch vorgeworfenen Verbrechen im Vergleich zu den Nürnberger Prozessen keine ›Weltöffentlichkeit‹ herausgebildet zu haben, die einhellig für ihre Verurteilung eintrat.[44] Allerdings verbreitete sich ein diffuses Wissen über die »Lampshade Ilse« bis nach Israel.[45]

Die mediale Wirkung, die der Fall Ilse Koch vor allem in den beiden deutschen Staaten und den USA entfaltete, lässt sich angesichts von Hunderten von Zeitungsartikeln, Fotografien oder auch Wochenschauen umfassend untersuchen, so dass hier durchaus von einer transnationalen Mediengeschichte gesprochen werden kann. Hinzu kommen die Berichte der Überlebenden des Konzentrationslagers Buchenwald, die – verstreut über Europa und die Vereinigten Staaten lebend – ihre Erinnerungen niederschrieben.[46]

Diese Vielzahl von gedruckten Materialien wird ergänzt durch die zahlreichen Dokumente, die in Archiven an verschiedenen Orten vorliegen und unterschiedlichsten Provenienzen angehören: Als zentrale Bestände sind die amerikanischen und deutschen Prozessakten zu bezeichnen.[47] Im Archiv in Weimar sind die Protokolle überliefert, die Beobachter über den Verlauf des deutschen Prozesses erstellten.[48] Zahlreiche Materialien – ob nun die Tagebücher des Generals, der die Befreiung des Konzentrationslagers Buchenwald koordinierte, oder auch lebensgeschichtliche Interviews mit zentralen Akteuren der Gerichtsbarkeit[49] – sind mittlerweile auch digital einzusehen. Auch von Ilse Koch selbst liegen diverse Zeugnisse vor – sie reichte wiederholt Gnadengesuche ein, sie verfasste Gedichte, und sie schrieb ihrer Familie. Dieser Vielzahl von möglichen Deutungsangeboten der historischen Figur Ilse Kochs nach 1945 steht eine überschaubare Anzahl von Materialien aus der NS-Zeit gegenüber, wie beispielsweise die Akten aus dem gegen Ilse und Karl Koch durch die SS eingeleiteten Ermittlungsverfahren, Personalakten und mehrere Fotoalben, die in den National Archives in College Park, Maryland, einzusehen sind.

Ebenso sei erwähnt, dass alle Zeugen anonymisiert wurden – ausgenommen sind diejenigen Personen, die – wie beispielsweise Eugen Kogon, Verfasser einer der frühen Bücher über die nationalsozialistischen Konzentrationslager und Herausgeber der *Frankfurter Hefte* – zu den prominenten politischen Personen Nachkriegsdeutschlands gehörten.[50]

Die unterschiedlichen Deutungen der historischen Figur Ilse Koch sind wesentlich geformt von den jeweiligen Entstehungskontexten der Materialien. Ihre Biographie wird im Rahmen dieses Buches nicht als eine in sich stringente historische Erzählung präsentiert, sondern es wird ein mehrfacher Perspektivenwechsel vorgenommen, der dem Entstehungskontext der historischen Materialien geschuldet ist und daher unterschiedliche Deutungen zulässt. Besonders die am Ende dieses Buches zitierten Briefe und Gedichte Ilse Kochs mögen die Geduld der Leserinnen und Leser strapazieren, weshalb bereits hier um Nachsicht gebeten werden soll. Wenn wir jedoch unser Interesse an der Analyse von Mentalitäten ernst meinen, so erscheint es auch notwendig, in die Welt dieser ehemaligen SS-Ehefrau vorzudringen und ihre Entlastungsnarrative in der Nachkriegsgeschichte zu verorten – Narrative, die hier mit dem Begriff vom ›Bann des Bösen‹ als Teil der deutschen Gesellschaftsgeschichte gesehen werden.

Erster Teil

PEINIGEN

»Der NSDAP oder einer ihrer Gliederungen gehörte ich nicht an.«

Ilse Koch, Vernehmung im Juni 1945[1]

Die Biographie Ilse Kochs bis zu ihrer Heirat im Mai 1937 mit dem SS-Standartenführer Karl Otto Koch (1897–1945), der nach seiner steilen Karriere innerhalb der SS mittlerweile die Kommandantur des Konzentrationslagers Sachsenhausen übernommen hatte, war keineswegs so schillernd, wie ehemalige Häftlinge angenommen haben: Weder war sie vor ihrer Ehe Angehörige der Gestapo gewesen, noch unterhielt sie von Buchenwald aus Kontakte zur Weimarer Polizei.[2] Sie entstammte einer protestantischen Handwerkerfamilie, hatte eine einfache Schulbildung genossen und war einige Jahre als Sekretärin tätig gewesen, bevor sie in ihrer Geburtsstadt Dresden ihren späteren Ehemann treffen sollte. Von Oktober 1937 bis zu ihrer Verhaftung durch die SS im August 1943 wegen der Veruntreuung von Geldern lebte Ilse Koch mit ihrem Ehemann und den in Buchenwald geborenen Kindern in der SS-Führersiedlung auf dem Ettersberg, nur wenige Kilometer vom Konzentrationslager Buchenwald entfernt. Ilse Koch unternahm in dieser Zeit mehrere Reisen, teils allein, teils mit ihrem Ehemann.[3] Karl Koch, der bereits im Winter 1941 mit dem Auftrag, das Lager aufzubauen, in das Konzentrations- und Vernichtungslager Majdanek/Lublin als Kommandant versetzt worden war, wurde in dem wegen Korruption gegen ihn eingeleiteten SS-Prozess zum Tode verurteilt und noch im April 1945 im Konzentrationslager Buchenwald hingerichtet.

Spurensuche

»Mit SS-Frauen hatte ich so gut wie keinen Umgang. Gesellschaftlichen Verkehr hatte ich in Buchenwald nicht. Ich lebte für mich und meine Kinder. Mein Mann wollte nicht, dass ich mit den dort wohnenden SS-Angehörigen Umgang pflegte.«
Ilse Koch im Juni 1945[4]

Die eigenen rückblickenden Aussagen Ilse Kochs zu ihrer Biographie sind, wie bereits der Augsburger Staatsanwalt Ilkow feststellte, mit »größter Vorsicht aufzunehmen« bzw. »völlig unwahr«.[5] Die wenigen Anmerkungen, die Ilse Koch im Rahmen der Prozesse über ihr Leben vor 1933 machte, sind geprägt von Selbststilisierung, apologetischen Wendungen und einer grundsätzlichen Leugnung der besonderen Rolle als SS-Ehefrau sowie der ihr zugeschriebenen Gewaltakte.[6] Nur während einer frühen Vernehmung unmittelbar nach ihrer Verhaftung im Sommer 1945 bescheinigte sie sich selbst eine »nationale Gesinnung«. Gleichzeitig wies sie jede Verantwortung für die ihr nachgewiesenen Gewalttaten von sich, da sie ihre »Gesinnung geändert« habe, nachdem sie »einige Zeit verheiratet war und Einblick in das Leben der SS« erhalten habe.[7] Bei ihrem Ehemann vermutete sie in einem späteren Gespräch mit einem Psychiater, dass dieser »zur Partei aus idealistischen Gründen gegangen« sei. Er habe den »großen Aufbau der SS« mitgemacht: »Die Ziele der Partei seien ihm wichtiger gewesen, als Geld zu verdienen.«[8]

Ilse Kochs Mutter nahm in einer Vernehmung ausführlich zur Partei- und SS-Karriere des späteren Kommandanten von Buchenwald Stellung, schilderte die SS-Eheweihe, die anstelle der kirchlichen Trauung stattfand, den Einzug in die Kommandantenvilla im Herbst 1937 und die Urlaubsreisen, die nicht zuletzt im Jahr 1941 auch nach Lublin führten, wo Karl Koch mit dem Aufbau des Konzentrationslagers befasst war. In diesem Gespräch beschrieb die Mutter den Alltag Ilse

Kochs, in dessen Mittelpunkt die Versorgung von Mann und Kindern gestanden habe. Ebenso schilderte sie das gesellschaftliche Leben des Paares in der SS-Führersiedlung. Einige höhere SS-Führer seien beim Kommandanten und seiner Familie zu Gast gewesen.[9]

Die Schilderungen Ilse Kochs und ihrer Mutter bestätigen die bereits in den neunziger Jahren gemachten Beobachtungen, dass SS-Ehefrauen in den Sippenverband der Schutzstaffel integriert waren und die ihnen zugewiesene Funktion meist befürwortend ausfüllten.[10] In einer Rede vor SS-Gruppenführern schärfte Heinrich Himmler, der Reichsführer-SS, am 8. November 1937 den Ordens- und Rassengedanken der Schutzstaffel:

> »Darüber hinaus haben wir uns ja als Ziel gesetzt, hier nicht einen Männerbund ins Leben zu rufen, der wie alle Männer- oder Soldatenbünde früher oder später einmal zerfällt, sondern wir haben uns das Ziel gesetzt, hier wirklich einen Orden allmählich wachsen zu lassen. Das Wort Orden wird mir zu oft verwendet. Es ist damit nicht ein Orden, dass wir es Orden heißen. Ich hoffe, dass wir in 10 Jahren ein Orden sind und auch nicht ein Orden nur von Männern, sondern ein Orden von Sippengemeinschaften. Ein Orden, zu dem die Frauen genauso notwendig dazu gehören wie die Männer. Seien wir uns doch klar darüber: Es wäre sinnlos, gutes Blut aus ganz Deutschland zusammenzuholen und dieses gute Blut hier in einem Gedanken wohlweislich hinzustellen, um es aber auf der anderen Seite heiraten und in Familien gehen zu lassen, wie es will. Sondern wir wollen für Deutschland eine auf Jahrhunderte hinaus immer wieder ausgelesene Oberschicht, einen neuen Adel, der sich immer wieder aus den besten Söhnen und Töchtern unseres Volkes ergänzt, schaffen, einen Adel der niemals alt wird, der in der Tradition und der Vergangenheit, soweit sie wertvoll ist, bis in die grauesten Jahrtausende zurückgeht und der für unser Volk ewig eine Jugend darstellt.«[11]

Innerhalb dieses Ordens verkörperten Frauen und die Kinder der SS-Familien das Konzept der ›Rassenreinheit‹. Diese SS-›Sippe‹ leitete sich zudem aus einer verklärten Vergangenheit ab und war als ordnungspolitische, rassistische Vision in die Zukunft gerichtet. Eine rassistisch begründete Familienpolitik und die Tradierung von spezifischen Wert- und Moralvorstellungen stellten den Kern dieses Ordengedankens dar. Insgesamt sind die rückblickenden Angaben der SS-Ehefrau Koch zu ihrem Leben während der Weimarer Republik und dem ›Dritten Reich‹ mehr als fragmentarisch und zudem von der ihr eigenen Selbststilisierung gekennzeichnet. Gelegentlich erschienen ihre Aussagen geradezu irreal, etwa wenn sie in ihrer ersten Vernehmung erwähnte, dass sie von ihrer jüdischen Schneiderin in Buchenwald besucht worden sei.[12] Für die dreißiger Jahre gibt Ilse Koch an, dass sie als Stenotypistin und Sekretärin in der Reichsgruppe Handel in Berlin tätig gewesen sei,[13] nachdem sie in Dresden zuvor im Buch- und Kunsthandel Julius Riegler gearbeitet habe.[14] Mitte der dreißiger Jahre erklärt sie, dass sie nach einer »8jährigen Schulzeit« noch zwei Jahre die öffentliche Handelslehranstalt in Dresden besucht habe, später »volontierte« sie im Buchhandel und sei »alsdann bei einigen Unternehmen als Sekretärin« tätig gewesen.[15] Ein weiterer Hinweis auf ihre Tätigkeit in Dresden zu Beginn der dreißiger Jahre ist den Adressbüchern der Stadt zu entnehmen: Hier findet findet sich für das Jahr 1932 als Berufsbezeichnung für Ilse Koch »Tabakwarenhändlerin«.[16] Ob sie in diesem Umfeld oder in der Zigarettenfirma Reemtsma »in ein anderes Fahrwasser« geraten ist, wie ihre Mutter rückblickend mutmaßte, sei dahingestellt.[17]

Ihre Nachkriegsaussagen, den Logiken eines Strafverfahrens folgend, bleiben somit lückenhaft. Diejenigen Passagen, in denen Ilse Koch ihren eigenen gesellschaftlichen Aufstieg und die »idealistische(n) Motive« ihres Mannes schildert, folgen einer spezifischen Selbsterzählung – ihr gesellschaftlicher Aufstieg im ›Dritten Reich‹ erscheint als Wende in ihrer Biographie.[18]

Manche Ausführungen Ilse Kochs erinnern daran, dass die beiden Sphären, die Kommandantur des Konzentrationslagers einerseits und der private Alltag der Familie Koch andererseits – anders als sie es selbst meist darstellte – miteinander verschränkt waren. Ilse Koch selbst verweist auf ihre Freizeitbeschäftigung, von der auch die Überlebenden berichteten. Sie erlernte in der Reitschule in Weimar das Reiten – ein Hobby, das sie auf dem Gelände des Konzentrationslagers weiterhin pflegte. Ihre Angaben zu Namen und Unterbringung des Pferdes sowie zu der von ihr bevorzugten Reitkleidung waren erstaunlich detailreich. Berichte von Überlebenden, wonach sie eine Reitgerte besaß (und mit dieser auch die Häftlinge schlug), dementierte sie, ebenso wie das Antreiben von Häftlingen, als die Reithalle im Akkord gebaut wurde. Immerhin räumte Ilse Koch in ihrem staatsanwaltlichen Vernehmungsprotokoll ein, dass »Häftlingsarbeit billig war« und »Holz wohlfeil«, die Reithalle der SS sei indes allerdings nicht »eigens« für sie gebaut worden.[19] Kurzum: das Familienleben in der Führersiedlung des Konzentrationslagers Buchenwald erscheint dieser Selbstdeutung zufolge als ›normal‹, alles andere – insbesondere das Leben mit Gewalt – wird in ihrer autobiographischen Erzählung ausgelassen.

Diese Nachkriegserzählungen sollen im Folgenden entflochten werden. Da Ilse Koch ihre eigenen Spuren in ihren persönlichen Stellungnahmen verwischte, werden hier verschiedene Perspektiven eingenommen. Ausgehend von Ilse Kochs früher Entscheidung, der NSDAP beizutreten, wendet sich das erste Kapitel dem Moment zu, als sie in Dresden in die Partei eintrat, untersucht den Aufstieg der NSDAP in Sachsen und zeigt, wie die völkische Partei insbesondere auch um Frauen warb. An diese auf der Grundlage des nationalsozialistischen Schrifttums rekonstruierten individuellen und mentalitätshistorischen Beweggründe anknüpfend, werden einige Briefe einzelner Frauen vorgestellt, die sich direkt an den Reichskanzler und Führer Adolf Hitler wandten. Mit Hilfe dieser verschiedenen historischen Materialien möchte ich nachvollziehen, weshalb die NSDAP für manche Frauen in einem spezifischen historischen Moment attraktiv erschien, obgleich die Partei ihnen bekanntermaßen bezüglich möglicher politischer Funktionen eine untergeordnete Rolle zuwies.

Aufgrund ihrer Heirat mit Karl Otto Koch, der zum Zeitpunkt ihres Kennenlernens bereits zum Führungskorps der SS gehörte, wurde Ilse

Koch als SS-Ehefrau in den ›Blutsverband‹ der Schutzstaffel aufgenommen. Mit dieser zweiten folgenreichen biographischen Entscheidung unterschied sich Ilse Koch von denjenigen Frauen, die Nationalsozialistinnen geworden waren, um beispielsweise eine Karriere in der Partei anzustreben. Ein weiteres Kapitel untersucht deshalb die Rolle der Ehefrauen in der SS und wendet sich den strukturellen Rahmenbedingungen und den mentalitätshistorischen Dimensionen einer solchen Eheschließung zu. Ilse Koch lebte seit 1937 als Ehefrau des Kommandanten von Buchenwald in der Führersiedlung des Lagers, und das Paar gründete unweit des Häftlingslagers eine Familie.

Während die Entscheidungen für eine Zugehörigkeit zur NSDAP und der SS als Momente der Radikalisierung gedeutet werden können, leitete das Leben in der SS-Führersiedlung auf dem Ettersberg in der Nähe der Goethestadt Weimar einen Bruch in der Biographie Kochs ein. Dieser Bruch hat mehrere Dimensionen, die auf den folgenden Seiten mit Hilfe einiger Dokumente aus der NS-Zeit und zahlreichen Berichten von überlebenden Häftlingen rekonstruiert werden. Der gesellschaftliche Aufstieg Ilse Kochs ermöglichte ihr ein bisher unbekanntes Leben in Wohlstand. Zugleich zeichnen die überlebenden Gefangenen des Lagers das Bild einer gewalttätigen SS-Ehefrau, die die Häftlinge peinigte. In diesem Abschnitt sollen die Beziehungen untersucht werden, die zwischen einem vermeintlichen idyllischen Familienleben in der Führersiedlung des Konzentrationslagers und der Machtaneignung durch Gewalt bestehen.

1 Das Jahr 1932 und die NSDAP

»Wir versaufen unsern Ebert sein Zylinder.«
Joseph Roth (1923)[1]

Ilse Köhler wurde 1906 in Dresden geboren und wuchs in der sächsischen Stadt an der Elbe auf. Hier entschied sie sich auch für eine Mitgliedschaft in der NSDAP. Auf den folgenden Seiten möchte ich den rasanten Aufstieg der völkischen Partei in Sachsen rekonstruieren, um die Faszination nachzuvollziehen, die sie auf viele ausübte. Die NSDAP hatte während der Weimarer Republik im Freistaat Sachsen eine starke, durchaus auch von Gewalt begleitete Präsenz.[2] Bereits im Dezember 1923 beobachtete der Schriftsteller Joseph Roth in Meißen eine Gruppe Jugendlicher, die mit Stöcken durch den Ort zogen. Sie trugen Hakenkreuzbinden und skandierten: »Schlagt sie tot, die Judenbrut! Schlagt sie tot, die Judenknechte.« In einem nahegelegenen Gasthaus sangen die Gäste, im Hintergrund eine Hakenkreuzflagge: »Nieder, nieder mit der Judenrepublik. Pfui Judenrepublik!« Der Schriftsteller kommentierte in ahnender Vorausschau, dass, wenn die Nationalsozialisten ihre »Lieder wahr machen«, die »Leichenbestatter mit ihren Zweirädern nicht rasch genug zur Stelle sein können«.[3]

Mit Gründung der NSDAP im sächsischen Zwickau im Oktober 1921 baute die Partei erstmals auch außerhalb Bayerns eine regionale Infrastruktur auf. Besonders erfolgreich war sie in den ländlichen Gebieten Südsachsens, in den Arbeiterhochburgen Leipzig und Dresden hingegen blieb sie weniger erfolgreich. Immerhin existierten zwei Jahre nach Wiedergründung der Partei im Jahr 1925 im Freistaat Sachsen

150 Ortsgruppen, einen deutlichen regionalen Schwerpunkt bildeten die südwestlichen Gebiete Sachsens in der Gegend von Plauen, Zwickau und Chemnitz.[4] Aufmärsche, Versammlungen und das Verteilen von Flugblättern waren die wichtigsten Aktivitäten der Parteiarbeit, die zu jedem Zeitpunkt ihre öffentliche Wirkung im Blick hatte. Zu den Versammlungen waren oftmals auch Redner eingeladen. Adolf Hitler selbst trat von 1922 bis 1932 knapp dreißigmal in Sachsen auf, davon dreimal in Dresden.[5]

Flugschriften spielten neben Versammlungen und Umzügen für die Mobilisierung der Bevölkerung eine große Rolle. Die NSDAP in Sachsen verteilte beispielsweise im Frühjahr 1932 Flugblätter mit Titeln wie »Warum wählen Nationalsozialisten nicht Hindenburg?«, »Sie belügen Dich« oder »Deutsche Frau und Mutter«. Die erwähnten Flugblätter hatten immerhin eine Auflage von mehreren hunderttausend Exemplaren.[6] Der Zuspruch der NSDAP in der Bevölkerung Dresdens unterlag Schwankungen, bei den Wahlen im September 1930 erreichte Hitlers Partei einen Zuwachs von immerhin 60 Prozent, der dann bei den nächsten Wahlen wieder zurückging.[7] Bei den Reichstagswahlen im Juli 1932 erzielte die NSDAP in Sachsen mit 41,2 Prozent der Stimmen (im Reich waren es 37,3) einen weiteren Wahlerfolg und übertraf nun die SPD.[8]

Überdies stieg die Anzahl der Mitglieder der NSDAP in Sachsen innerhalb eines Jahrzehnts um ein Vielfaches: Anfang 1920 hatte die Partei 4609 Mitglieder, 1931 waren es mehr als 87 000. Auch die Zahl der Ortsgruppen verzeichnete einen frappierenden Anstieg, wobei es im Vergleich zu der in der Endphase der Weimarer Republik nach wie vor dominierenden SPD immer noch weniger waren.[9] Über den Wettkampf der Parteien auf der Straße und in den Stadthallen berichtete das sächsische Innenministerium im Sommer 1931: »In der Werbe- und Propagandatätigkeit der Parteien wetteiferten miteinander die KPD, NSDAP und das Reichsbanner. Kampfaufmärsche, Rote Tage, Werbekundgebungen, Gautreffen, Propagandafahrten auf Lastkraftwagen; Aus- und Übungsmärsche wechselten miteinander ab (…). Kaum ein Sonntag verging, an dem nicht Kolonnen zu Fuß oder auf Lastkraftwagen dieser oder jener Parteirichtung die kleine Stadt oder das kleine Dorf in der üblichen propagandistischen Aufmachung mit Musik, Fahnen und Plakaten durchzogen.« Diese starke Präsenz der Parteien auf der Straße, die zudem »oft aus geringfügigen Anlässen zu Zusammenstößen« geführt habe, mache den »Einsatz starker Polizeikräfte« erforderlich.[10]

Wie stark die NSDAP auch in Dresden auf die Mobilisierung der Straße setzte, zeigt ein Blick in die Statistik der Partei. Den wöchentlich für das Jahr 1932 ermittelten Angaben zufolge fanden in der ersten Aprilwoche allein knapp 50 Versammlungen in Dresden statt.[11] Dabei zogen die bekannten Redner der Partei wie Hitler, Goebbels oder auch Gregor Strasser große Menschenmassen an.[12] Auch weibliche Führungskräfte der NSDAP sprachen bei öffentlichen Veranstaltungen in der sächsischen Landeshauptstadt. Laut eines Berichtes in der nationalsozialistischen Tageszeitung *Der Freiheitskampf* versammelten sich mehr als tausend Zuhörerinnen, als Guida Diehl – in dem Artikel vorgestellt als Sachbearbeiterin für Kulturfragen in der NSDAP, Leiterin der Neulandbewegung und Schriftstellerin – über »Dein Schicksal, deutsche Frau!« sprach. In ihrer Rede, die in einen »brausenden Applaus« mündete, betonte diese, dass »auch die deutsche Frau vor einer Schicksalswende« stehe. Diehl polemisierte gegen die »Bolschewisierung der Frau« (»Diese Weltanschauung schmeichle aber nur dem Triebhaften, dem Tierischen«) und plädierte für die Trias »Rasse, Blut und Boden«.[13]

Drei Monate nach Diehls Auftritt in Dresden trat Ilse Köhler in die Partei ein: Das Wachstum der NSDAP als sichtbarer und einflussreicher Partei in Sachsen, das sich in »einem atemberaubenden Tempo« vollzogen habe, prägte die politische Sozialisation ihrer Generation.[14] Warum aber trat eine junge Frau bereits im Jahr 1932 in die Partei ein? Möglicherweise erweist sich ihre einzige diesbezügliche rückblickende Selbsterklärung, dass sie zu diesem Zeitpunkt »national« gewesen sei, als zutreffend.

Frauen in der Bewegung: NS-Frauen als Kampfgefährtinnen

»Meine lieben Volksgenossen und Volksgenossinnen!«

Hitler begrüßt das Publikum bei einer Rede in Landshut, Sommer 1927[15]

Im Gegensatz zur großen Mehrheit der Frauen (und Männer) im Deutschen Reich entschied sich Ilse Koch früh für die Mitgliedschaft in der NSDAP: Als Parteimitglied Nr. 1.130.836 trat sie bereits vor der nationalsozialistischen Machtübernahme am 1. Mai 1932 als eine von wenigen Frauen in die NSDAP ein, nachdem sie einen Monat zuvor ihren Mitgliedsbeitrag von 2,50 Reichsmark entrichtet und einige kleinere Beträge an die SA gespendet hatte. Für den Parteieintritt war die Entrichtung dieser Gelder verpflichtend, gleichzeitig bestätigte sie mit ihrer Aufnahmeerklärung, »deutscher – arischer – Abstammung« zu sein und keiner »Freimaurerloge« oder sonst einem »Geheimbunde« anzugehören. Zwei Bürgen, ebenso Parteimitglieder, unterzeichneten die Aufnahmeerklärung.[16]

Es waren weniger Deutsche als gemeinhin angenommen wird, die sich für eine Mitgliedschaft in der NSDAP entschieden, dennoch war immerhin jeder zehnte Deutsche zu Beginn des Jahres 1945 Mitglied der Partei, von den 60 Millionen Wahlberechtigten gehörten 15 Prozent der NSDAP an.[17] Dabei hatte die NSDAP bereits im Jahr ihrer Machtübernahme die ersten Mitglieder verloren, nachdem der erste Ansturm auf die Mitgliedschaft erfolgt war.[18] Die Aufnahmepolitik der NSDAP verlief entlang bestimmter Konjunkturen und war wesentlich geprägt von zwei von der Parteileitung verfügten Aufnahmesperren, zuerst ab dem 1. Mai 1933. Diese währte bis 1937, formal bis 1939, und im Jahr 1942, am 2. Februar, wurde eine weitere bis zum Kriegsende währende Aufnahmesperre erlassen und der Zugang zur Partei somit erneut reglementiert. Diese Steuerung der Mitgliedschaft zur NSDAP hatte beispielsweise zur Folge, dass im Jahr 1934 mehr Menschen die Partei verließen als ihr beitraten.[19]

Die NSDAP zog immer auch Frauen an.[20] Letztlich machten die weiblichen Mitglieder mit zehn Prozent aber einen geringen Anteil aus, der abgesehen von den letzten Kriegsjahren weitgehend konstant blieb.[21] Ein Indikator für die Mobilisierung von Frauen durch die NSDAP waren die Neuaufnahmen. 1925 waren unter den Neumitgliedern immerhin elf Prozent Frauen: Bis in das Jahr 1937 blieb ihr Anteil unter zehn Prozent, um dann nach Kriegsbeginn rapide anzusteigen. Im Jahr 1944 waren unter den Neumitgliedern der NSDAP 37 Prozent Frauen.[22] Die absoluten Zahlen bestätigen das Interesse vieler Frauen an einer NS-Mitgliedschaft: Die Jahre 1937 und 1940 mit je ca. 200 000 weiblichen Neumitgliedern bildeten einen Höhepunkt.[23] Vor allem die gezielte Rekrutierung von Mädchen durch den Bund Deutscher Mädel (BDM) erklärt das Interesse an einer Mitgliedschaft gegen Kriegsende. Außerdem hatte die NSDAP durch die im März 1939 erlassene ›Jugenddienstpflicht‹ auch einen institutionellen Zugriff auf die Generation der Zehn- bis Achtzehnjährigen, denn dieser Erlass machte eine Mitgliedschaft in den nationalsozialistischen Jugendorganisationen, der Hitlerjugend (HJ) oder dem BDM, verbindlich. Damit erreichte die Partei eine frühe Bindung von Jugendlichen an ihre Organisationen.[24]

Generell bewirkten die nationalsozialistischen Frauenorganisationen einen hohen Mobilisierungsgrad sogenannter ›Volksgenossinnen‹ insbesondere in den Kriegsjahren, für die politische Biographie Ilse Kochs spielten sie aber keine nachweisbare Rolle. Formal gehörte sie mit dem Eintritt in die NSDAP auch der 1931 gegründeten NS-Frauenschaft an, erst zwei Jahre später wurden die Mitgliedschaften in der Frauenorganisation und der NSDAP getrennt.[25]

In den ersten Jahren des NS-Regimes stieg die Anzahl der Mitglieder in der NS-Frauenschaft kontinuierlich an, bis sich 1936 mehr als zwei Millionen Frauen in der nationalsozialistischen Frauenorganisation zusammengefunden hatten.[26] Dem Selbstverständnis nach sahen sie sich als Mitglieder einer elitären Organisation, die, wie ein offizieller Bericht aus dem Jahr 1938 festhielt, hinsichtlich ihrer Mobilisierung »weit an der Spitze aller Frauenorganisationen der Welt« stehe.[27] Das

1933 gegründete Deutsche Frauenwerk wirkte gegenüber der stärker ideologisch orientierten NS-Frauenschaft dagegen als ein Sammelbecken und vereinte zudem die ›gleichgeschalteten‹ Frauenorganisationen. Ihm gehörten mehr als sechs Millionen Frauen an.[28] Die Zugehörigkeiten in den nationalsozialistischen Frauenorganisationen, der NS-Frauenschaft und dem Deutschen Frauenwerk, variierten regional stark: In Norddeutschland waren 15 bis 20 Prozent aller Frauen in einer der nationalsozialistischen Frauenorganisationen registriert. Reichsweit waren zum Jahresbeginn 1939 etwas mehr als 13 Prozent organisiert.[29]

Obwohl das nationalsozialistische Regime einen expliziten Antifeminismus propagierte, entschieden sich viele Frauen für eine Mitgliedschaft in der NSDAP bzw. in einer der NS-Frauenorganisationen. Während die Zugehörigkeit zur NS-Frauenschaft während der Weimarer Republik und des ›Dritten Reiches‹ weitgehend konstant blieb, hatte vor allem das zweite Standbein der nationalsozialistischen Frauenorganisationen – das Deutsche Frauenwerk – sich zu einer bedeutenden und sichtbaren sozialen Bewegung formiert. Die sozialen Integrationsangebote des NS-Staates richteten sich somit durchaus auch an Frauen, sofern sie als ›arisch‹ und politisch ›zuverlässig‹ galten. Demnach nahmen Frauen – gleichwohl ihnen der Zutritt zu politischen Ämtern versagt blieb – in der nationalsozialistischen ›Volksgemeinschaft‹ eine bedeutende Rolle ein. Entgegen dem auch in der historischen Forschung kolportierten Klischee, dass die nationalsozialistischen Frauenorganisationen vor allem die unteren Schichten – und hier in erster Linie das Kleinbürgertum – anzogen, gehörte die Führungsspitze der NS-Frauenorganisationen mit ihrer adeligen bzw. bürgerlichen Herkunft zur gesellschaftlichen Elite.[30] Die organisierten Nationalsozialistinnen wollten, wie Nicole Kramer in ihrer Studie »Volksgenossinnen an der Heimatfront« überzeugend darlegt, keineswegs hinter das Jahr 1918 zurückfallen – jenes Jahr, in dem Frauen im Deutschen Reich erstmals das Wahlrecht erhielten.[31] Hinweise auf ein durchaus modernes Selbstverständnis der nationalsozialistisch organisierten Frauen gibt auch die Zeitschrift der NS-Frauenschaft, die *NS-Frauen-Warte*. Diese gab immer wieder auch Hinweise zur neuesten Mode sowie Tipps zur Haushaltsführung und bot damit mehr als nur emotionale Appelle an die Frau als Kämpferin. So äußerte sich die nationalsozialistische Frauenzeitschrift gleich in ihrem ersten Heft zu dem neuesten Kleidungsstil (»Wenn wir im Sommer eingeladen sind«), empfohlen wird auch das Tragen modischer Hosenanzüge.[32]

Wie ihre männlichen Kameraden in der NSDAP nahmen auch nationalsozialistische Frauen für sich eine Führungsrolle als größte Frauenorganisation in Anspruch: Im Jahr 1938 bekundete die NS-Reichsfrauenführung gar, eine der bedeutendsten Weltfrauenorganisationen zu sein.[33] Ein im Oktober 1941 anlässlich des Internationalen Frauentreffens in Berlin entstandenes Foto dokumentiert diese transnationalen Netzwerke der NS-Frauenschaft. Es zeigt neben der Reichsfrauenführerin Gertrud Scholtz-Klink die Ehefrau des japanischen Botschafters sowie die spanische und die italienische Frauenführerin.[34] Die Frauen in der NS-Bewegung verstanden sich als Kämpfende in der »Gemeinschaft der Arbeit und des Handelns«.[35] Indem sie auf bewährte Formen und Tätigkeitsfelder der weiblichen Sozialarbeit zurückgriffen, wie sie sich seit der Mitte des 19. Jahrhunderts in Europa herausgebildet und professionalisiert hatten, integrierten nationalsozialistische Frauenorganisationen etablierte Sozialprogramme, wie etwa die Verpflegung von Kranken, erfolgreich in ihr Tätigkeitsfeld. Doch die NS-Frauenorganisationen waren für Frauen auch über das engere Bestätigungsfeld der Sozialarbeit hinaus attraktiv. Sie boten ihrem Führungspersonal Karriereoptionen, anspruchsvolle Betätigungsfelder, gute Verdienstmöglichkeiten und Prestigegewinn. Immerhin war die Führungsspitze, sofern sie hauptamtlich tätig war, hohen Ministerialbeamten oder auch Landräten finanziell gleichgestellt. Manche der NS-Funktionärinnen, die innerhalb der Frauenorganisation aufgestiegen waren, verfügten über einen Dienstwagen oder sogar einen Chauffeur.[36] Kurzum: Hauptamtliche Funktionärinnen erhielten mit ihrer Arbeit für die NSDAP »vielfältige Partizipations- und Aufstiegsmöglichkeiten«, wie sie Frauen vor 1933 »in keiner politischen Partei offen gestanden hatten«.[37]

Kampfgefährtin: Politische Emotionen und Selbstentwürfe nationalsozialistischer Frauen

»Wir sehen in der Frau die ewige Mutter unseres Volkes und die Lebens-, Arbeits- und Kampfgefährtin des Mannes.«

Hitler in einer Rede 1935[38]

Wie begründeten die Kämpferinnen oder zumindest Befürworterinnen der NSDAP ihr Engagement für die Bewegung? Es waren vor allem drei Momente, in denen sich Frauen zu Beginn der dreißiger Jahre in die Kommunikation über nationalsozialistische Politik einschalteten und ihre Visionen oder Sehnsüchte formulierten.

Über Ilse Kochs politische Aktivitäten wissen wir lediglich, dass sie 1932 in die NSDAP eintrat und zwei Jahre später im privaten Umfeld ihren späteren Ehemann, den SS-Führer Karl Koch, kennenlernte. Ob die bald Verlobten über Politik diskutierten, ist unbekannt. Die wenigen biographischen Spuren, die uns skizzenhaft vorliegen, lassen als sozialen Hintergrund ein bescheidenes Milieu vermuten. Ilse Kochs Vater war 1932, wie das Adressbuch von Dresden nachweist, als Mechanikergehilfe beschäftigt.[39] Die folgenden Ausführungen sind daher als Annäherungen an das politische Milieu der völkischen Rechten zu verstehen, um so einen mentalitätshistorischen Eindruck von möglichen Prägungen Ilse Kochs zu gewinnen.

Wie begründeten Nationalsozialistinnen ein nationales Bewusstsein und welche politischen Emotionen spielten in der frühen Phase des ›Dritten Reiches‹ eine Rolle? Die folgenden drei Fallbeispiele – ein Pamphlet der Nationalsozialistin Guida Diehl, private Briefe an Hitler und Berichte der NS-Frauenzeitung über den Reichsparteitag der NSDAP im Jahr 1935 – zeigen mögliche Optionen der politischen Meinungsbildung und der Einflussnahme von Nationalsozialistinnen auf.[40] Das Beispiel der Nationalsozialistin Guida Diehl ist besonders interessant, da sie zu denjenigen Frauen gehörte, die sich während der Weimarer Republik in der völkischen Bewegung profiliert und radikalisiert hatten, die dann aber nach 1933 von den NS-Frauen marginalisiert wurden und im ›Dritten Reich‹ in der NS-Frauenschaft keine zentrale Rolle mehr spielten und sich gegen die dominante Reichsfrauenführerin Gertrud Scholtz-Klink nicht durchsetzen konnten.[41] Guida Diehl hatte ein Jahr vor der nationalsozialistischen Machtübernahme in Dresden einen öffentlichen Vortrag gehalten, der die Zuhörerinnen offenbar, so zumindest die bereits erwähnte Darstellung in der nationalsozialistischen Presse, in den Bann gezogen hatte.[42]

Die Pädagogin Diehl hatte während des Ersten Weltkriegs den Neulandbund gegründet. Zentrale Anliegen dieses Vereins waren die Revision des Versailler Vertrags und die nationale Erneuerung.[43] Der in seiner Hochphase gerade einmal 10 000 Mitglieder zählende Verein rückte die ideologische Schulung des Individuums in den Vordergrund und sprach vor den Wahlen zur Nationalversammlung eine Wahlempfehlung für die Deutschnationale Volkspartei (DNVP) aus.[44] Der Neulandbund durchlief während der Weimarer Republik wie viele andere der rechten Frauenvereine, wie beispielsweise der Bund Königin Luise, die Schwesterorganisation des Stahlhelm-Bundes, eine Radikalisierung und ideologische Anpassung an die NSDAP. Der Bund Königin Luise hatte schon in seiner Satzung von 1918/19 festgelegt, dass »Jüdinnen und Fremdrassige von der Aufnahme ausgeschlossen« seien.[45] Ein weiteres Mobilisierungspotenzial in der Weimarer Republik stellte der »Verband weiblicher Handels- und Büroangestellten« dar, bei dem es sich um eine Schwestergewerkschaft des antisemitischen Deutschnationalen Handlungsgehilfenverbandes handelte.[46]

1930 trat Diehl in die NSDAP ein, ihr 1933 erschienenes Pamphlet »Die deutsche Frau und der Nationalsozialismus« changiert zwischen der Verheißung, die eine Machtübernahme für die Regimetreuen bedeutete, und der Deklassierung der als defizitär wahrgenommenen demokratischen Gesellschaftsform der Weimarer Republik. In ihrem

Text beschreibt Diehl die nationalsozialistische Machtübernahme als ein quasi religiöses Ereignis: »Eine große neue Zeit bricht an!« Das lange erwartete »Ereignis« sei »endlich wirklich eingetreten«: Die »deutsche Revolution hat sich vollzogen, eine einheitliche Linie zu starker, ehrbewußter Führung Deutschlands wird eingeschlagen«.[47] In dieser »großen« neuen Zeit komme Frauen eine einzigartige Rolle zu. Diese Zeit brauche »Muttergeist« und »Mutterkraft«.[48] Diehl schlussfolgert weiter, das »gräßliche Dirnentum der abgelaufenen Zeit« müsse restlos »ausgemerzt und überwunden werden«.[49] Beide Geschlechter – ob die Frau im Haushalt oder der Mann an der Waffe – erscheinen bei ihr vereint im Kampf, was einem für beide Geschlechter komplementären Ehrbegriff entspricht: Die »Frauenehre« bezog sich auf die Häuslichkeit und die Ehe: »Wer nicht«, so Diehl, »dem neuen Geschlecht den Boden der Familie in der Einehe schafft, der verletzt seine Frauenehre.«[50]

Eine weitere Möglichkeit, dies ist das zweite Fallbeispiel, einer von Frauen imaginierten Teilhabe auf die Spur zu kommen, stellen Briefe als Akte der politischen Kommunikation dar. So schrieben Frauen immer wieder Briefe an Hitler, besonders zum ›Führergeburtstag‹ am 20. April, und dies bereits vor der nationalsozialistischen Machtübernahme. Auf den ersten Blick erscheinen diese Briefe als Ausdruck privater Sehnsüchte.

So schrieb beispielsweise 1932 eine Ina Erbe, ihr Herz sei so voll: Hitler sei von Gott »in seiner unendlichen Liebe« geschickt worden. Die Schreibende versprach, der Partei verbunden zu bleiben, bis Deutschland ›befreit‹ sein würde: In bewundernder Ehrerbietung gegenüber dem zukünftigen Reichskanzler schließt der Brief: »Heil! Heil Hitler! Weiter im Kampf! Unser ist die Wahrheit! Unser der Endsieg.«[51] Ein Gratulationsschreiben aus dem Jahr 1932 bezeichnet Hitler als »gelbleuchtende[n] Stern am dunklen Firmament«.[52]

Auch Mussolini erreichten Tausende Briefe von Anhängern und Anhängerinnen. Im November 1936 veröffentlichte die italienische Zeitung *Corriere della Serra* den Artikel »Briefe an Mussolini. Wann schreibt man einen Brief an Mussolini?«, in dem der Verfasser angab, dass Mussolini durchschnittlich zwischen 30 000 bis 40 000 Briefe monatlich erhalte, im Oktober 1936 seien es allein 42 000 gewesen.[53] Die *Braunschweiger Zeitung* schlug eine vergleichbare Strategie wie die italienische Zeitung ein, um die positiven Gefühle gegenüber Hitler öffentlich zu inszenieren: Unter der Überschrift »Was verdanke ich Hitler?« veröffentlichte sie im September 1935 ein Preisausschreiben, das auf ein breites Echo stieß.[54]

Eine jüngere Auswertung von etwa hundert Briefen, die Frauen in unregelmäßigen Abständen im Zeitraum von 1939 bis 1945 verfassten, kommt zu bemerkenswerten Schlussfolgerungen hinsichtlich der sich wiederholenden Muster. Viele Frauen gaben Hitler in ihren Briefen einen Spitz- bzw. gar einen Kosenamen: Adressiert an »Mein liebes, gutes Schatzel!«, wünscht eine Rosemarie aus Dessau sich, seine »Braut« zu sein.[55] Andere Frauen schrieben an Hitler nicht als geliebtes Gegenüber, sondern verneigten sich vor ihm als König und Herrscher. Eine Margarethe Marie Louise schrieb Hitler im Dezember 1941 aus Prag folgende Zeilen: »Ich weiß, hochgeehrter Herr Reichskanzler und Führer des Großdeutschen Reiches, daß Ihre Majestät formal nicht gekrönt sind: jedoch in meinem Innern spreche ich Ihre Exzellenz, Ihre Hochwürdigkeit, hochgeehrter Herr Reichskanzler und Führer des Großdeutschen Reiches, nicht anders als mit dem Wort ›Majestät‹ an – und deshalb wage ich das Wort Majestät in diesem Privatbriefe als ein für mich ›im stillen‹ ganz übliches Wort auszusprechen – zu schreiben«.[56]

In anderen Worten: Liebe, Verehrung und Treue erweisen sich als die zentralen Themen dieser Briefe. In ihnen zeigt sich die Wechselbeziehung zwischen der Verklärung politischer Macht einerseits und dem Ausdruck persönlicher Hingabe andererseits. Allerdings stießen die in der Reichskanzlei eingehenden Briefe keineswegs in jedem Fall auf eine positive Resonanz durch die politische Führung. Im Gegenteil, manche Frauen, insbesondere wenn sie wiederholt zur Feder griffen, waren der Reichskanzlei suspekt. In einem Fall ist gar die Einweisung in eine psychiatrische Klinik bekannt.[57] Die öffentlich inszenierte Verehrung für Hitler und die in den Briefen und dem nationalsozialistischen Schrifttum artikulierten Gefühle gegenüber dem Reichskanzler gehörten dennoch zum zentralen Repertoire der politischen Kommunikation im ›Dritten Reich‹. Frauen, aber auch Männer, artikulierten beides in ihren Briefen. Die nationale Gesinnung, von der Ilse Koch in ihren rückblickenden Stellungnahmen sprach, gehört in das Spektrum dieser Gefühle gegenüber dem Nationalsozialismus.[58]

Abschließend soll ein drittes Beispiel vorgestellt werden. Bei der Rede Hitlers, gehalten im September 1935 auf dem Reichsparteitag in Nürnberg, verspürte die Berichterstatterin und Autorin der *NS-Frauen-Warte* eine neue, in dieser Form »nie« so erfahrene Liebe zum nationalsozialistischen Deutschland.[59] Die *NS-Frauen-Warte* erreichte zeitweise eine Auflage von einer halben Million.[60] Dem in die Zukunft weisenden Topos der »Wiedergeburt«, den die Reichsfrauenführerin im September 1935 auf dem Parteitag in Nürnberg beschwor, standen konkrete Eigenschaften gegenüber, die für den Kampf beziehungsweise den »harten Heimweg als Volk zu uns selbst« gefordert waren: »Ehre und Treue, Kraft und Wahrhaftigkeit, Demut und Ehrfurcht«.[61] Massenveranstaltungen wie der Nürnberger Reichsparteitag oder Feiertage – wie der 30. Januar als Tag der Machtergreifung oder der 1. Mai als ›Nationaler Feiertag des Volkes‹ – bestätigen die quasi religiöse Dimension der Bewegung: Die prozessionsartigen Inszenierungen der Massenveranstaltungen wurden in der *NS-Frauen-Warte* durch großformatige Abbildungen in Szene gesetzt.[62] Adolf Hitler, der mehrfach auf Veranstaltungen der NS-Frauenschaft sprach, präzisierte anlässlich des bereits erwähnten ›Reichsparteitages der Freiheit‹ im September 1935 die Rolle der Frau in dieser Zeit des »Ringens und des Kämpfens für dieses neue Deutschland«.[63] In dieser Rede im Moment »der deutschen Wiedergeburt« betonte Hitler »die Gegenleistung«, die der »Nationalsozialismus der Frau für ihre Arbeit« schenke. Diese Gegenleistung bestehe darin, dass der Nationalsozialismus »wieder Männer erzieht, wirkliche Männer, die anständig sind, die gerade stehen, die tapfer sind, die ehrliebend sind«.[64]

Selbstbezogenheit, Kitsch, eine klare Definition des Gegners sowie der Wille zum Kampf gegen diesen Gegner zeichnen die Texte der nationalsozialistischen Selbstverortung von Frauen aus. In ihnen zeigt sich die »Doppelstruktur« der NSDAP als »totalitärer Bewegungspartei« (Reichel), die sich von »Anfang an als politische Glaubens- und Kampfbewegung« verstand.[65] Jenseits der Beschwörung der »höheren Gefühle« (Reichel) schworen diese nationalsozialistischen Publikationen die Frauen sehr konkret auf den bevorstehenden Kampf ein, den sie für das nationalsozialistische Deutschland zu erbringen hatten.[66]

Emotionen und Tugenden wie Ehre, Liebe, Kameradschaft begründeten innerhalb dieses Schrifttums das Gefühl von Exklusivität. Sie inszenierten die Bereitschaft zum Kampf mit Hilfe einer politischen Sprache, die emotional codiert war. Die Sprache des Hasses oder auch der Wut, wie sie in den nationalsozialistischen Zeitschriften *Der Angriff* und vor allem *Der Stürmer* gegenüber Juden zum Ausdruck kam, spielte in den Zeitschriften, die sich explizit an die Frauen der NS-Bewegung richteten, eine untergeordnete Rolle.[67]

Im Sommer 1937 trat Ilse Koch als SS-Ehefrau dem ›Blutsorden‹ der SS bei. Mit einer Gemengelage unterschiedlicher Motivationen – Ablehnung des Vertrags von Versailles, Nationalismus und Kollektivismus – begründeten Frauen ihre Mitgliedschaft in der NSDAP. Die Bereitschaft, Angehörige der SS zu werden, stellte einen weiteren Schritt der Radikalisierung dar. Die ›Privatisierung‹ dieser politischen Entscheidung, wie sie als Nachkriegserzählung in Zeitschriften und Autobiographien von Ehefrauen ehemaliger NS-Führer präsentiert wurde, verstellt dabei den Blick auf die mentalitätshistorischen Hintergründe dieser Entscheidung. Spielte Exklusivität eine Rolle für diese Entscheidung, so war rassenpolitisches Screening eine Voraussetzung, um der Gemeinschaft der SS beitreten zu dürfen. Mit dem 1931 erlassenen Ehegesetz hatte die SS das rassistische Gebot der Auslese auch in Bezug auf die Ehefrauen innerhalb der Schutzstaffel verankert.

Die SS, die Ehe und die Familie: Ilse und Karl Koch heiraten

»Sittliche Haltung, erlebt als inner- u. zwischenmenschliche Spannung, bewährt sich im tägl. Ringen und Schaffen, in der Einstellung zum Leben und zur Welt. Unsittlich ist für unser Empfinden eine Gesinnung und ein Verhalten, das der Würde und der Ehre von Mann und Frau sowie dem rassisch bedingten Stil natürl. Lebens widerspricht.«[68]

Meyers Lexikon (1942)

Ilse Köhler und der SS-Führer Karl Otto Koch lernten sich 1934 kennen. Zwei Jahre später beantragte das Paar die Genehmigung ihrer Ehe beim Reichssippenamt der SS. Mit dem Heiratsbefehl, den der Reichsführer-SS bereits im Jahr 1931 für Mitglieder der SS erlassen hatte, war ein aufwendiges Verwaltungsprozedere verknüpft. Neben einer erbgesundheitlichen Untersuchung des Paares gaben zwei Bürgen Auskunft über dessen ideologische Einstellung. Darüber hinaus mussten sogenannte Ahnentafeln vorgelegt werden, die dem Blutethos der SS entsprachen.[69] Ein Erbgesundheitsbogen sollte den SS-Angehörigen vor der Gründung einer Familie davor bewahren, dass »ungünstige Erbanlagen zusammenkommen und zu einer Erkrankung des Nachwuchses führen«.[70]

Ein »rein nordisch(es)« Erscheinungsbild« war die Voraussetzung, um in die Schutzstaffel aufgenommen zu werden.[71] Der Eheerlass hatte quasi religiösen Charakter. Er enthält die folgenden zehn Punkte:

»1. Die SS ist ein nach besonderen Gesichtspunkten ausgewählter Verband deutscher Nordisch-bestimmter Männer.
2. Entsprechend der nationalsozialistischen Weltanschauung und in der Erkenntnis, daß die Zukunft unseres Volkes in der Auslese und Erhaltung des rassisch und gesundheitlich guten Blutes beruht, führe ich mit Wirkung vom 1. Januar 1932 für alle unverheirateten Angehörigen der SS die ›Heiratsgenehmigung‹ ein.

3. Das erstrebte Ziel ist die erbgesundheitlich wertvolle Sippe deutscher Nordisch-bestimmter Art.
4. Die Heiratsgenehmigung wird einzig und allein nach rassischen und erbgesundheitlichen Gesichtspunkten erteilt oder verweigert.
5. Jeder SS-Mann, der zu heiraten beabsichtigt, hat hierzu die Heiratsgenehmigung des Reichsführer-SS einzuholen.
6. SS-Angehörige, die bei der Verweigerung der Heiratsgenehmigung trotzdem heiraten, werden aus der SS gestrichen; der Austritt wird ihnen freigestellt.
7. Die sachgemäße Bearbeitung der Heiratsgesuche ist Aufgabe des ›Rassenamtes‹ der SS.
8. Das Rassenamt der SS führt das ›Sippenbuch der SS‹, in das die Familien der SS-Angehörigen nach Erteilung der Heiratsgenehmigung oder Bejahung des Eintragsgesuches eingetragen werden.
9. Der Reichsführer-SS, der Leiter des Rassenamtes und die Referenten dieses Amtes sind ehrenwörtlich zur Verschwiegenheit verpflichtet.
10. Die SS ist sich darüber klar, daß sie mit diesem Befehl einen Schritt von großer Bedeutung getan hat.«

Offenbar machte sich die Presse über dieses Pathos und den quasi religiösen Eifer lustig. Denn am Ende des Ehebefehls heißt es: »Spott, Hohn und Mißverstehen berühren uns nicht: die Zukunft gehört uns.«[72]

Zunächst war die Schutzstaffel (SS), die bis 1925 Stabswache hieß, ein kleiner, elitärer Bund, der primär öffentliche Veranstaltungen der NS-Führung bewachte. Mit seiner Berufung zum Reichsführer-SS Anfang 1929 baute Himmler die Schutzstaffel zu einem zentralen Terrorinstrument des nationalsozialistischen Staates aus.[73] Dieser Funktionswandel spiegelte sich auch in einem kontinuierlichen Anstieg der Mitgliederzahlen: 1929 gehörten nicht einmal 300 Männer dem nationalsozialistischen Eliteorden an, zum Zeitpunkt der Machtübernahme 1933 zählte die SS bereits 50 000 Mitglieder.[74]

Der Reichsführer-SS verfolgte die Vision eines elitären Rassenordens, und so erweiterte Himmler die Schutzstaffel von einem reinen Männerbund zu einer Sippengemeinschaft von Männern und Frauen.[75] In einer bereits ausführlich zitierten Rede vor SS-Gruppenführern am 8. November 1937 skizzierte er das von ihm angestrebte Ideal des Sippenordens: »[…] wir wollen für Deutschland eine auf Jahrhunderte hinaus immer wieder ausgelesene Oberschicht, einen neuen Adel, der sich immer wieder aus den besten Söhnen und Töchtern unseres Volkes ergänzt, schaffen, einen Adel der niemals alt wird, der in der Tradition und der Vergangenheit, soweit sie wertvoll ist, bis in die grauesten Jahrtausende zurückgeht und der für unser Volk ewig eine Jugend darstellt.«[76]

Frauen kam in diesem »neuen Adel« eine besondere Rolle zu. Walther Darré, Leiter des Rasse- und Siedlungshauptamtes der SS und seit 1933 Landwirtschaftsminister, übertrug den bei der Tierzucht verfolgten Gedanken auf die Auslese der SS-Ehefrauen, die dem »nordischen Auslesevorbild« entsprechen müssten.[77] Diese Vorstellungen hatten auch Konsequenzen für das Auswahlverfahren der SS-Ehefrauen, die sich wie ihre Männer einer ›rassischen‹ Kategorisierung unterziehen mussten. Ziel dieser rassistischen Vorgaben war es, die Fortpflanzung ›rassisch‹ nicht erwünschter Personen zu verhindern und gleichzeitig eine positive ›Auslese‹ zu erwirken.[78]

Alles in allem hatte der Reichsführer-SS mit dem Heiratsbefehl die rassistische Biopolitik der Schutzstaffel für die SS-Männer und ihre zukünftigen Frauen verbindlich gemacht.[79] Isabel Heinemann geht in ihrer Studie »Rasse, Siedlung, deutsches Blut« (2003) von etwa 1,24 Millionen Männern und Frauen aus, die sich einer rassischen Musterung aussetzten und die Auswahlkriterien der SS erfüllten. Hinzu kamen mehrere tausend SS-Helferinnen und Mitarbeiterinnen.[80] Im Zeitraum von 1931 bis 1945 traten etwa 240 000 Frauen als SS-Ehefrauen dem Orden bei. Diese Frauen durchliefen erfolgreich die rasse- und erbgesundheitlichen Prüfungen, die Voraussetzung einer solchen Ehe waren.[81] 1935 ersuchten 17 000 Paare um die Erteilung ihrer Heiratsgenehmigung.[82] Eine Statistik für 1938 verdeutlicht das Zahlenverhältnis von verheirateten, ledigen und geschiedenen Männern innerhalb der

SS. In diesem Jahr waren 94000 SS-Männer verheiratet, 143000 ledig. Die SS-Ehepaare hatten zu diesem Zeitpunkt mehr als 106000 Kinder.[83] Nur wenige Dutzend Paare ließen sich nach den Angaben des Statistischen Jahrbuchs der SS wieder scheiden.[84] Unbekannt ist die Anzahl der abgelehnten Eheschließungen. Den beeindruckenden Zahlen zum Trotz monierten die Statistiker der Schutzstaffel, dass die Entwicklung in der SS hinsichtlich des Familienstandes und der Kinderzahl »erheblich unter dem Reichsdurchschnitt« liege. Allerdings beteiligten sich gerade die jüngeren Jahrgänge der Schutzstaffel »in besonders starkem Maße an der als gesund zu nennenden Weiterentwicklung«.[85]

Die Vorgaben des Ehegebots der SS machten ein aufwendiges Prüfungsverfahren erforderlich, dessen institutionelle Rahmenbedingungen sich bereits zu Beginn der dreißiger Jahre andeuteten: 1932 wurde das Rasseamt der SS gegründet, das sich in den folgenden Jahren zum Rasse- und Siedlungshauptamt der SS entwickelte. Das Ziel des Amtes war, so Gunter d'Alquen, Herausgeber der SS-Zeitung *Das Schwarze Korps*, den »Gedanken von Blut und Boden durch Seßhaftmachung wertvoller SS-Familien in Verbindung mit der Neuschaffung deutschen Bauerntums und der Heimstättensiedlung« mit Hilfe einer gezielten Ehe- und Sexualpolitik umzusetzen.[86] Das Rasseamt innerhalb des Rasse- und Siedlungshauptamtes der SS prüfte Tausende von Aufnahmeanträgen. Ein Katalog diente als Grundlage für die von einer Rassekommission durchzuführenden Begutachtungen von SS-Anwärtern. Jeder einzelne der »Rassereferenten« der Kommission hatte die Aufgabe, die »SS als Kern des deutschen Volkes« zu ordnen.[87] Dabei griffen die Experten auf Erfahrungen zurück, die bereits zu Beginn der dreißiger Jahre mit der Musterung von Soldaten gemacht worden waren. Die darauf aufbauend entwickelten Kriterien (1. Körperbeurteilung, 2. Rassischer Anteil, 3. Soldatischer und persönlicher Allgemeineindruck im Stehen, Haltung und Bewegung) finden sich auf den ›Rassenkarten‹ wieder, die das Rasse- und Siedlungshauptamt der SS für jeden einzelnen Bewerber anlegte.[88]

Innerhalb des Amtes änderten sich wiederholt die Zuständigkeiten für die Bearbeitung der Heiratsgesuche. Zwar hatte der Reichsführer-SS offiziell über die Heiratsgesuche zu entscheiden, letztlich bearbeiteten aber die Rasseexperten der SS die Anträge weitgehend selbständig.[89] Der Heiratsantrag war für die SS-Männer und ihre Frauen mit einem immensen bürokratischen Aufwand verbunden. So mussten SS-Führer Ahnentafeln bis in das Jahr 1750 nachweisen, bei den Ehefrauen reichten die Unterlagen bis in das Jahr 1800 zurück.[90] Aufgrund dieses Verwaltungsaufwandes nahmen SS-Paare oftmals die Hilfe von Genealogen in Anspruch. Angesichts der langen Bearbeitungszeiten des Rasse- und Siedlungshauptamtes der SS kam es immer wieder zu Beschwerden.[91]

Das aufwendige Prozedere der ›Rassenprüfung‹ wurde mit den bevölkerungs- und rassenpolitischen Zielen der SS begründet, nämlich dem Erhalt und der Vermehrung des »rassisch beste(n) und wertvolle(n) Erbguts unseres Volkes für spätere Geschlechter«.[92] Alle SS-Männer sowie ihre zukünftigen SS-Ehefrauen mussten dieses rassische Screening über sich ergehen lassen, so auch die Verlobten Ilse Köhler und Karl Koch, die im Mai 1936 ein Heiratsgesuch beim Rasse- und Siedlungshauptamt der SS stellten. Ihre Akte gibt detailliert Auskunft über das mehrstufige Verfahren.[93]

Das Aufnahmeverfahren der zukünftigen Eheleute orientierte sich an drei Aspekten: erstens dem Ideal des perfekten Familienverbundes und des SS-Ordens, zweitens dem in Hinblick auf die Reproduktionsfähigkeit makellosen Körper im Sinne der nationalsozialistischen Gesundheitspolitik und drittens den sittlichen Moral- und Wertvorstellungen auf Basis der nationalsozialistischen Weltanschauung. Diese drei Komponenten waren von den potenziellen Kandidaten und Kandidatinnen mit viel Papier sowie mit Hilfe von Bürgen zu dokumentieren. Allein für die Zusammenstellung der SS-Ahnentafel musste das Paar zahlreiche amtliche Bescheinigungen – wie Geburts- oder Heiratsurkunden –, die mehrere Generationen zurückreichten, beibringen. Eine Anleitung zur Erstellung einer SS-Ahnentafel spricht gar von 186 zu beschaffenden Dokumenten, die bis zu den Ururgroßeltern zurückführten.[94] Kurzum:

Das Verfahren der SS-›Auslese‹ erwies sich als ausgesprochen bürokratisch – ganz zu schweigen davon, dass die gedruckten, von den Heiratswilligen auszufüllenden Formulare die Paare ermahnten, das übergeordnete Ziel der Rassenpolitik zu wahren.[95] Zusätzliche Auflagen – wie die Teilnahme der SS-Bräute an Mütterschulungskursen – vom August 1935 bestätigen nochmals die biopolitische Dimension von SS-Ehen.[96] Wiederholte Anweisungen des Reichsführers-SS zeigen allerdings auch, dass es immer wieder Fälle gab, in denen sich die Männer etwa durch die bevorstehende Geburt eines Kindes dem Prozedere des SS-Heiratsbefehls entzogen, da die Eheschließung nun in den Augen der Behörde dringend notwendig war, um unehelich geborene Kinder innerhalb der NS-Elite zu verhindern.[97]

Die drei grundlegenden Aspekte der SS-Ehepolitik finden sich auch im Antrag des Ehepaares Koch wieder. Hinsichtlich ihrer »Ehetauglichkeit« bescheinigten die Rassenprüfer der zu begutachtenden Ilse Koch einen »guten« Gesamteindruck. Eine »Fortpflanzung im völkischen Sinne« sei »wünschenswert«.[98] Ein ärztlicher Untersuchungsbogen attestierte ihr einen »athletischen« und »nordischen« Körper.[99] Dieser aus Sicht der SS positive Eindruck wurde durch die genealogischen Unterlagen der Pfarr- und Standesämter bestätigt: Ilse Koch entstammte einem evangelischen Elternhaus, sie selbst bezeichnete ihre eigene Konfession sowie die von Karl Koch als »deutsch«.[100] Ihre Vorfahren waren vor allem Handwerker. Ihre Eltern kamen aus kinderreichen Familien, deren Spuren sich in der Akte allerdings verlieren.[101] Zwei Bürgen, die beide aus ihrer Heimatstadt Dresden stammten, bestätigten, dass Ilse Koch in politischer Hinsicht »unbedingt zuverlässig« sei und »treu der nationalsozialistischen Weltanschauung« gegenüberstehe. Einer der beiden Bürgen gehörte der NSDAP an, er betonte, dass er Ilse Koch »vor der Erhebung« nicht gekannt habe.[102]

Auch der zukünftige Ehemann musste sich in einem detaillierten, standardisierten Fragebogen mit insgesamt 14 Fragen zu seiner zukünftigen Ehefrau äußern.[103] So interessierte sich das Rasse- und Siedlungshauptamt der SS nicht nur dafür, seit wann sich das Paar kenne

(»seit einigen Jahren«), sondern auch für ihre charakterlichen Merkmale (»kinderlieb«, »wertvoller Mensch«) und vor allem für die ideologische Orientierung und »Eignung« der zukünftigen SS-Ehefrau.[104] In concreto lautete die Frage nach der politischen Gesinnung Ilse Kochs, ob diese sich und ihre Familie »für die nationalsozialistische Erhebung eingesetzt« habe. Sie selbst und ihre Familien, so die Einschätzung Karl Kochs, seien »zuverlässige Vertreter der nationalsozialistischen Weltanschauung«. Bei Ilse Köhler handele es sich zudem um eine »alte Parteigenossin«.[105] Der SS-Führer und zukünftige Kommandant von Buchenwald orientierte sich mit seinen Antworten am Wortlaut der standardisierten Fragebögen, die zu Tausenden an heiratswillige SS-Paare versandt wurden.

Ein Jahr nach der Antragstellung, im Mai 1937, befürwortete das Sippenamt der SS die Eheschließung von Ilse Köhler und Karl Otto Koch. Noch im Sommer 1937 heiratete das Paar auf dem Gelände des Konzentrationslagers Sachsenhausen. Den »Ritualdefiziten«, die aus dem Verzicht auf kirchliche Konventionen bei der Heirat entstanden, begegnete die SS mit der Einführung sogenannter germanisch-heidnischer Bräuche.[106] Die kirchliche Eheschließung, die während der »Diktatur des Christentums« zu einer »Angelegenheit erbsündiger Menschen« geworden sei, wie der SS-Ehebefehl aus dem Jahr 1931 klarstellte, wurde durch das Ritual der SS-Eheweihe ersetzt.[107]

Das Rasse- und Siedlungshauptamt der SS regelte im Mai 1937 die Zeremonie, die bei einer »germanischen Eheschließung« einzuhalten sei. So habe ein SS-Führer, der angesichts der Gefahr eines »neuen Priestertums« kein unmittelbarer Vorgesetzter sein durfte, die Ansprache zu halten. Dieser erläuterte dem Paar das »gemeinsame Leben und Wirken für die Nation«. Musik (»zeitgemäße Hochzeitsmusiken sind bisher nicht vorhanden«), das Rezitieren eines Spruches oder eines Gedichts (»Für die Vorsprüche besonders geeignet sind Zitate aus den Reden und dem Buche des Führers«), eine Vorlesung des »bekannten Wortes Nietzsche's über ›Kind und Ehe‹ aus dem Zarathustra« und vor allem die Kleidung sollten für den feierlichen Rahmen der Hochzeit sorgen: Die Braut habe ein »schlichtes weißes Kleid ohne Schleier« zu tragen, keinen »aus dem Orient stammende(n) Schleier«, keinen »Myrtenkranz«. Das Geschenk (»Mein Kampf« bzw. ein anderes »weltanschaulich verpflichtende(s) Werk«) des Rasse- und Siedlungshauptamtes der SS an das Brautpaar betonte den ideologischen Rahmen der Eheweihe.[108] Da »die Ehe im nationalsozialistischen Staat unter ganz besonderem Schutze« stehe, so die Erläuterungen zur Durchführung der SS-Eheweihe, habe sich die »Notwendigkeit einer ernsten und würdigen Ausgestaltung« ergeben. Als wesentliche Bestandteile der Feier gehören »Ansprache, Verpflichtung und Gelöbnis« – als Brauchtum hätten sich zudem die »Überreichung des Buches des Führers Mein Kampf«, die »Übergabe von Salz und Brot« sowie das »Anzünden eines Feuers durch das junge Paar« durchgesetzt.[109]

Dass Ilse und Karl Koch sich zumindest teilweise an diesen Vorgaben orientierten, als sie im Mai 1937 auf dem Gelände des Konzentrationslagers Sachsenhausen heirateten, bestätigen einige Fotografien. Diese visuellen Eindrücke aus einem privaten Fotoalbum von Karl Koch zeigen das Paar in der Dunkelheit umgeben von einem Spalier von Fackeln, die von SS-Männern gehalten wurden. Ilse und Karl Koch inszenieren sich vor der Kamera als strahlendes Paar – sie trägt ein langes Kleid, Karl Koch die Uniform der SS.[110] Einige Fotos aus dem Album verbreiteten sich während des amerikanischen Prozesses gegen Ilse Koch in der Presse – in dem heute in Washington D. C. einzusehenden Fotoalbum verweisen nur noch einige Bildlegenden auf die Existenz der Hochzeitsbilder.[111]

Alles im allem unterstellte sich das SS-Ehepaar Koch dem Ordensgedanken der SS sowohl hinsichtlich der Rassenpolitik als auch der Wertegemeinschaft – die Inszenierung der SS-Eheweihe auf dem Gelände des Konzentrationslagers Sachsenhausen zeigt, dass die Eheleute ihre Heirat als Aufstieg und Initiation inszenierten. Wie sie im Konzentrationslager Buchenwald ihre Rolle als Paar entlang dieser Parameter ausfüllten und darüber hinaus gestalteten, soll auf den folgenden Seiten gezeigt werden.

2 Idylle und Gewalt: Leben im Buchenwald

»Im schärfsten Gegensatz zum Leben der KL-Häftlinge stand das Leben der SS. Dort Raumenge, Hunger, Fronarbeit, Martern, Angst und Tod – hier Luxus, Völlerei, Faulheit, Weichlichkeit und jede Art von Laster.«

Eugen Kogon, »Der SS-Staat«[1]

Die schmale Parteiakte Ilse Kochs enthält lediglich eine Seite. Eine kurze Notiz vom Oktober 1937 klärt darüber auf, dass »die Pgn. Köhler verehelichte Koch nach dem Erziehungslager Buchenwald bei Weimar, Gau Thüringen« umzieht.[2] Hinter dieser knapp gehaltenen, darüber hinaus verharmlosenden Information über einen Umzug in die Führersiedlung des Konzentrationslagers Buchenwald verbirgt sich eine folgenreiche Entscheidung. Als Karl und Ilse Koch in die SS-Führersiedlung zogen, befand sich das nahegelegene Konzentrationslager Buchenwald noch im Aufbau: Zu Beginn des Jahres 1938 betrug die Zahl der Gefangenen etwas mehr als 2600 – bis zum Ende des Jahres, nach den Ausschreitungen gegenüber Juden infolge der Reichspogromnacht, hatte sich die Zahl der Häftlinge bereits mehr als vervierfacht. Ende Februar 1945 befanden sich im Konzentrationslager Buchenwald und seinen 88 Außenlagern 122 000 Insassen, darunter 25 000 Frauen.[3] Analog zu dem frappierenden Anstieg der Insassen erhöhte sich auch die Anzahl der Männer, die in der Schaltzentrale der SS-Kommandantur und für die Wachmannschaften tätig waren. Im Januar 1938 verrichteten weit mehr als tausend Männer ihren Dienst im Konzentrationslager Buchenwald; sechs Jahre später waren es mehr als 6000, wobei diese aufgrund der wachsenden

Bedeutung ökonomischer Faktoren und der Ausbeutung der Häftlinge durch Zwangsarbeit zunehmend in den Außenlagern des Konzentrationslagers eingesetzt waren.[4] Dieser Funktionswandel der Konzentrationslager fand seinen Ausdruck ebenso im Wechsel der Führungsspitze: Im Januar 1942 löste Hermann Pister den Kommandanten Koch ab. Das Konzentrationslager Buchenwald sei, so berichteten Häftlinge, zu einem Kriegsproduktionsbetrieb geworden, in dem »Tausende und Tausende von Häftlingen Zwangsarbeit leisten mussten«. Das Lager sei immer mehr zu einem »Durchgangslager« geworden, durch das Hunderttausende durchgeschleust worden seien. Hierdurch habe sich auch das »Gesicht« des Lagers verändert: Im Interesse der Kriegsproduktion seien die langen Appelle abgekürzt worden, diese sich täglich zweimal wiederholende Qual sei »auf das notwendige Maß beschränkt« worden.[5]

Die Höheren SS- und Polizeiführer und auch die Kommandanten der Konzentrationslager gehörten zum Führerkorps der SS. In den Jahren zwischen 1933 und 1945 übten insgesamt 46 Männer die Funktion des Lagerkommandanten aus, somit also letztlich eine kleine Gruppe. Vor allem die erste Generation der Lagerkommandanten (zu dieser gehörte Karl Koch) wies hinsichtlich ihrer Prägung einige Ähnlichkeiten auf. Sie waren zwischen 1881 und 1898 geboren und somit wesentlich älter als ihre Nachfolger in den späteren Phasen, sie waren im Ersten Weltkrieg als Frontsoldaten eingesetzt worden und noch vor der nationalsozialistischen Machtübernahme in die SS eingetreten.[6] Innerhalb der Führungsgruppe der Lagerverwaltung Buchenwalds stiegen vier Männer zu Kommandanten anderer Konzentrationslager auf.[7]

Mit Karl Koch und dessen Nachfolger Hermann Pister lag die Verwaltung des Konzentrationslagers Buchenwald in den Händen von zwei Personen, deren Karrieren innerhalb der SS sich fundamental unterschieden. Während Koch das System der Konzentrationslager im ›Dritten Reich‹ bereits mit der nationalsozialistischen Machtübernahme aufgebaut hatte und seit 1936 die Kommandantur des Konzentrationslagers Sachsenhausen sowie ab 1937 des Konzentrationslagers Buchenwald innehatte, stieß Hermann Pister vermutlich aufgrund einer persönlichen Empfehlung höherer SS-Führer aus dem persönlichen Stab Himmlers im Oktober 1939 an die Spitze der Lagerverwaltung. Zunächst eingesetzt als Kommandeur der SS-Sonder- und Polizeihaftlager am Westwall, löste er zum Jahreswechsel 1941/42 Karl Koch ab.[8] Während Koch von Häftlingen, aber auch von Historikern aufgrund seiner Brutalität und des gegen ihn von der SS eingeleiteten Korruptionsverfahrens als der »Schlimmste aller Lagerkommandanten« (Tom Segev) eingeschätzt wird, etablierte sein Nachfolger einen anderen Führungsstil.[9] Hintergrund dieser Einschätzung ist ein Funktionswandel der Konzentrationslager, der vor allem auf den zunehmenden Einsatz von Häftlingen zur Zwangsarbeit zurückging.[10] Die Lagerführung erschien den Insassen zu diesem Zeitpunkt nicht mehr in erster Linie als brutal und gewalttätig, zumal Pister einzelne Gewaltmaßnahmen auf Veranlassung der zuständigen übergeordneten Behörde zurückgenommen hatte.[11] In einem internen Personalbericht über den Kommandanten Pister vom September 1943 konstatierte der Vorgesetzte, dass dieser »das durch seinen früheren Kommandanten vollkommen versaute Lager Buchenwald« übernommen habe und »mit großer Energie, mit nie erlahmendem Fleiß und durch sein eigenes Vorleben Buchenwald zu einem Musterlager gemacht« habe.[12] Unabhängig von diesem Eindruck einer vermeintlich ›geordneten‹ Leitung des Konzentrationslagers bleibt festzuhalten, dass sich unter Pister die Lagerbedingungen weiter verschärften und ein Massensterben der Häftlinge einsetzte.[13]

Trotz aller Unterschiede, die in der Arbeitsweise dieser beiden Vollstrecker nationalsozialistischer Gewalt bestanden, weisen ihre Biographien dennoch einige Parallelen auf, insbesondere die Weltkriegserfahrung, den frühen Eintritt in die SS sowie eine unstete berufliche Existenz bis zu ihrem Aufstieg in der Schutzstaffel. Auch in der Wahl ihrer Ehefrauen lassen sich einige Überschneidungen beobachten. Nicht nur waren beide Männer bereits verheiratet gewesen, bevor sie sich für eine Nationalsozialistin als zweite bzw. dritte Ehefrau entschieden. Während Ilse Koch noch vor der nationalsozialistischen Machtübernahme in die NSDAP eingetreten war, erlebte die 1916 geborene

Maria Pister ihre politische Sozialisation im Bund Deutscher Mädel, für den sie zunächst als Schar- und später Gruppenführerin tätig war. Nach einem Wechsel zum BDM-Werk »Glaube und Schönheit« wurde sie 1939 zur Kreisjugendreferentin der Deutschen Arbeitsfront gewählt, zwei Jahre zuvor war sie dort als Angestellte beschäftigt gewesen. Die zukünftigen Eheleute hatten sich im Umfeld der Hunsrücker Nationalsozialisten kennengelernt.[14] Trotz des immensen Altersunterschieds von 30 Jahren, der zwischen den Verlobten Pister bestand, hatte das Rasse- und Siedlungshauptamt der SS die Ehe »auf Verantwortung der Braut«, die schwanger war, genehmigt.[15]

Bevor auf das Leben in der Führersiedlung der SS im Konzentrationslager Buchenwald eingegangen wird, seien zunächst die einzelnen Karriereschritte des ersten Kommandanten von Buchenwald rekonstruiert. Zur Person Karl Koch stehen sich zwei konträr erscheinende Narrative gegenüber.[16] Er gehörte zur Führungselite innerhalb der SS, hatte eine steile Karriere absolviert und vor allem die ersten Jahre der Implementierung des Lagersystems als NS-Herrschaftsinstrument nachhaltig geprägt.[17] Auf der einen Seite zeigen die historischen Materialien, vor allem die internen Beurteilungen in seiner Parteiakte, einen Mann, der innerhalb der SS zügig aufstieg. Dieser Eindruck entsteht, weil Koch die charakteristischen Tugenden der Schutzstaffel bescheinigt wurden. Zwar vermittelte die temporäre Arbeitslosigkeit zu Beginn der dreißiger Jahre einen anderen Eindruck, andererseits ermöglichte sie ihm den ausschließlichen Dienst in der SS.[18]

In den Personalberichten der SS wird der spätere Kommandant von Buchenwald als »energisch und sehr hart«, »vollkommen soldatisch« oder »als hart, aber gerecht« gegenüber seinen Untergebenen bezeichnet. Das gegen ihn 1932 eingeleitete, dann widerrufene Parteiausschlussverfahren wird hingegen als »Schikane« abgetan.[19] Ein seine Ernennung zum Kommandanten des Konzentrationslagers Buchenwald befürwortendes Gutachten hebt seine Initiative beim Aufbau des neuen Konzentrationslagers hervor: »Sein tatkräftiges Zugreifen« habe es möglich gemacht, »das neue Lager nach knapp vier Wochen mit 1000 Häftlingen« zu belegen. Seine Leistungen lägen daher über dem Durchschnitt.[20]

Offenbar war Karl Koch mit jenen Kompetenzen ausgestattet, die ihn befähigten, Mitte der dreißiger Jahre in kürzester Zeit die frühen Konzentrationslager als Arbeitsorte und gleichzeitig als Karrierestationen zu nutzen. Immerhin war Koch mit Insignien der Schutzstaffel ausgezeichnet worden: dem SS-Totenkopfring sowie dem Ehrendegen des Reichsführer-SS.[21] Die erwähnten Charakteristiken über ihn entsprachen dem von der SS gewünschten Profil. Auf der anderen Seite erscheint Koch als skrupelloser und korrupter SS-Mann, gegen den die Schutzstaffel im Jahr 1943 wegen Unterschlagung, Diebstahls und zu diesem Zeitpunkt nun auch wegen mangelnder Führungsstärke eines der wenigen Verfahren der SS-Gerichtsbarkeit einleitete.

In seiner SS-Personalakte zeigte sich dieser Wandel in der Beurteilung vornehmlich in der Wahrnehmung seiner Vorgesetzten, dass Koch die ihm neu übertragene Aufgabe, den Aufbau des Konzentrations- und Vernichtungslagers Majdanek/Lublin, nicht meistere: Wiederholt gelang es Häftlingen offenbar, aus dem Lager auszubrechen.[22] Koch selbst rechtfertigte diese Ereignisse damit, dass es sich bei dem Vernichtungslager Majdanek um »ein unter den schwierigsten Verhältnisse(n) im Aufbau stehendes Lager« handele, das »in keiner Hinsicht mit einem KL im Altreich verglichen werden« könne.[23] Bei dem aus »Tarnungsgründen« so bezeichneten »Kriegsgefangenenlager« handelte es sich um eines der zentralen Vernichtungslager im ›Osten‹.[24]

Der Fall Kochs, die zeitweilige Protektion durch den Reichsführer-SS und die Hintergründe des gegen ihn eingeleiteten SS-Verfahrens wurden von der Geschichtswissenschaft umfassend aufgearbeitet. Es ist die Geschichte eines Abstiegs, die sich in den Akten widerspiegelt: Der Personalbogen aus dem Jahr 1934 beschreibt den späteren Kommandanten von Buchenwald noch als »vollkommen soldatisch und korrekt« – fast zehn Jahre später heißt es, Koch sei »müde und faul« und ihm fehle das »Einfühlungsvermögen« in die jetzigen »Verhältnisse«.[25]

Ob die spezifische Art und Weise, wie Karl Koch das Konzentrationslager Buchenwald führte, begünstigte, dass seine Ehefrau überhaupt in die Lagergeschehnisse eingreifen konnte, lässt sich aufgrund der fehlenden historischen Materialien nicht beantworten. Zu vermuten – aber nicht im Detail zu rekonstruieren – ist, dass sich das Paar sowohl in seiner rassenideologischen Einstellung als auch in seiner Haltung gegenüber den Häftlingen einig war, ebenso wie in Bezug auf die konkreten Zwangsmaßnahmen, zu denen insbesondere die willkürliche Gewalt gegen die als ›Volksschädlinge‹ wahrgenommenen Insassen des Konzentrationslagers gehörte. In dieser Hinsicht sind die Paar- und Familienbeziehungen der SS-Führer auch als Arbeitsbeziehungen zu verstehen, die sich zentral aus dem Selbstverständnis speisten, einer Elite anzugehören. Wie sich die Klassengesellschaften und Hierarchien innerhalb der SS einerseits und den Häftlingen gegenüber andererseits in der städtebaulichen Konzeption des Konzentrationslagers Buchenwald, dieser »Stadt der SS« in der unmittelbaren Nähe der Goethestadt Weimar,[26] niederschlugen, möchte ich auf den folgenden Seiten zeigen.

Weimar, die »Stadt der SS« und die Villen der Elite

»Was ist der höchste Berg Deutschlands? Das ist der Ettersberg!
Hoch kommst Du schnell, aber runter nicht mehr!«

Anekdote der Weimarer Bevölkerung über das Konzentrationslager Buchenwald[27]

Adolf Hitler besuchte Weimar bereits in den zwanziger Jahren regelmäßig.[28] Die Goethestadt, in der geographischen Mitte der Republik gelegen, kann als »Probebühne« für Hitlers politische Visionen bezeichnet werden, hier fand im Jahr 1925 Hitlers erster Auftritt außerhalb Bayerns statt.[29] Weimar war die Wirkungsstätte des völkischen Antisemiten Artur Dinter, berühmt-berüchtigter Autor des Bestsellers »Die Sünde wider das Blut«.[30] In der thüringischen Stadt fand 1926 der erste Reichsparteitag der NSDAP seit ihrer Neugründung statt. Unterstützt von einem Beziehungsgeflecht völkischer Institutionen und Parteien, entwickelte sich Weimar bereits vor der nationalsozialistischen Machtübernahme zu einem »Wallfahrtsort der Nationalsozialisten«.[31] Diese besondere Rolle der Nationalsozialisten in der Stadt wurde zusätzlich noch dadurch gestärkt, dass die Partei seit 1930 in Thüringen die Regierung stellte. Die Weimarer Bevölkerung bereitete dem Führer der NSDAP bei seinen Besuchen offenbar frenetische Empfänge.[32]

Nach der nationalsozialistischen Machtübernahme wurden die Besuche Hitlers in der Stadt seltener. Eine direkte Einflussnahme des Reichskanzlers auf die Entstehung der ›Stadt der SS‹ – das städtebauliche Großprojekt Buchenwald – lässt sich nicht nachweisen. Im Rahmen des Erinnerungsparteitages der NSDAP, der im Juli 1936 in Weimar aufgrund des zehnjährigen Jubiläums des ersten Reichsparteitages stattfand, soll der vom Reichsführer-SS Heinrich Himmler entwickelte Plan zur Errichtung eines Konzentrationslagers in Thüringen Hitler zur Genehmigung vorgelegt worden sein.[33] Ein Jahr später wurde mit dem Bau der Anlage »Weimar-Buchenwald« begonnen, die zeitweise mehr Menschen aufnahm als die im Tal gelegenen Stadtteile Weimars: Mit insgesamt mehr als 110 000 Häftlingen handelte es sich im Jahr 1945 um das größte noch bestehende Konzentrationslager. Insgesamt durchlebten nahezu 280 000 Insassen die Tortur der Gefangenschaft im Konzentrationslager Buchenwald[34], mehr als 56 000 Menschen starben an den Folgen von Folter und Unterernährung.

Das Verhältnis der Bevölkerung Weimars zum auf dem Ettersberg, dem Naherholungsgebiet der Stadt, errichteten Konzentrationslager Buchenwald war äußerst ambivalent. Die erstmalige Erwähnung des Lagers in der städtischen Zeitung, wonach Einheiten des SS-Totenkopfverbandes »in das K. L. Buchenwald« eingezogen seien, zeigt, dass die Zeitung schon im Oktober 1937 bei ihren Lesern und Leserinnen eine gewisse Kenntnis über die Existenz des Konzentrationslagers voraussetzte.[35] Die Jahre, die auf diese erstmalige Erwähnung Buchenwalds in der Tageszeitung bis zur Befreiung des Konzentrationslagers im April 1945 folgten, waren von vielfältigen Verflechtungen zwischen der Stadt-

und der Lagergesellschaft in unterschiedlichen gesellschaftlichen Bereichen geprägt. Diese Verflechtungen bezogen sich auf ein breites Spektrum unterschiedlicher sozialer Interaktionen, von ökonomischen Tauschbeziehungen bis zu gemeinsamen Aktivitäten in Freizeit und Kultur. Dieses komplexe Beziehungsgeflecht wurde bereits in den neunziger Jahren differenziert aufgearbeitet.[36] Hier werden nur einige Fallbeispiele vorgestellt, um das Leben in der SS-Führersiedlung, in der Karl und Ilse Koch gemeinsam mit ihren Kindern im Kommandantenhaus lebten, besser zu verstehen. Zugleich machen diese Beispiele den aus heutiger Sicht rätselhaften, aber durchaus plausibel erscheinenden Befund nachvollziehbar, das »Wissen der Weimarer Bevölkerung um die Zustände und Verbrechen in Buchenwald« sei allein vor dem Hintergrund der Narrationen, die über das Lager in der Stadtbevölkerung kursierten, rekonstruierbar.[37]

Festzuhalten ist, dass die Honoratioren der Stadt und die SS-Führung des Konzentrationslagers bei verschiedenen Gelegenheiten aufeinandertrafen. Bereits im Dezember 1937 spielte das Musikkorps des 3. SS-Totenkopfverbandes auf einem der zentralen Plätze, dem Weimarer Theaterplatz. Weitere Konzerte an markanten Orten der Stadt folgten.[38] Es gab gemeinsame Spendensammlungen für NS-Organisationen, an denen sich nicht nur der Schutzhaftlagerführer Buchenwalds und der Oberbürgermeister, sondern auch der Direktor des angesehenen Goethemuseums beteiligten.[39] Die Parteispitze Weimars hielt sich die SS-Führer Buchenwalds mit Gefälligkeiten gewogen.[40] Ganz konkret profitierte die Familie Koch von diesen kleinen bis größeren Geschenken. So war die elfenbeinfarbene Wiege für Tochter Gisela ein Geschenk der Suhler Kinderwagenfabrik.[41] Und auch die von einer Stiftung dem gesamten Führerkorps der SS »zur Verfügung« gestellten Reitpferde wurden vornehmlich vom Ehepaar Koch genutzt. Denn nach »wiederholten Besichtigungen des Lagers Buchenwald« sei die »Notwendigkeit herausgestellt« worden, für die »Freizeit der dort in der Verwaltung tätigen Parteigenossen etwas besonderes zu schaffen«.[42]

Umgekehrt revanchierte sich die SS mit Geschenken wie etwa Kunstgegenständen, die von Häftlingen angefertigt werden mussten. So erhielt beispielsweise der Leiter der Raiffeisengenossenschaft Kunstgegenstände und Handwerksarbeiten geschenkt, die in einem Rauchzimmer Verwendung fanden.[43] Delegationen ausgewählter Weimarer Bürger besuchten außerdem das Konzentrationslager.[44] Einer besonderen Beliebtheit erfreute sich darüber hinaus das Naherholungsgebiet Ettersberg mit dem 1901 hier errichteten Bismarckturm als Ausflugsziel. Die Buchenwalder SS veranstaltete im August 1939 für die Stadtbevölkerung ein Sommerfest unterhalb des Bismarckturms. Als der städtische Bismarckverein im Jahr 1943 beim Kommandanten Buchenwalds den Arbeitseinsatz von Häftlingen anfragte, um den Aussichtsturm restaurieren zu lassen, ging er offenbar davon aus, dass ihm die SS gewogen war.[45] Auch der in unmittelbarer Nähe der SS-Führersiedlung von der Schutzstaffel angelegte Falkenhof konnte von der Öffentlichkeit genutzt werden. Am Sonntagnachmittag bot die SS hier stündlich Führungen an, allein zwischen Mai und Dezember 1941 besuchten mehr als tausend Besucher den Falkenhof. Das städtische Interesse am Falkenhof und seinen Tieren wird als »rege« beschrieben.[46]

Angesichts dieser vielfältigen Verflechtungen, die zwischen den Honoratioren Weimars sowie weiteren ausgewählten Gruppen und der SS Buchenwalds auf sowohl symbolischer als auch ökonomischer und sozialer Ebene bestanden, fällt es schwer zu glauben, dass die Stadtbevölkerung insgesamt nichts oder nur wenig über die Existenz des Konzentrationslagers und die entwürdigenden Lebensbedingungen der Häftlinge wusste. Jens Schley hat in seinem Buch »Nachbar Buchenwald« rekonstruiert, wie die Stadtbevölkerung ihr Wissen kanalisierte, obwohl sie vielfach – von den erwähnten musikalischen Darbietungen der SS-Kapelle über die Ankunft der Häftlinge auf dem städtischen Bahnhof bis hin zum möglicherweise spürbarsten Faktor, dem Wegfall des Naherholungsgebietes Ettersberg – mit der Existenz des Konzentrationslagers, seiner Bewohner und seiner Insassen konfrontiert war. Zunächst stellt Schley fest, dass es keine offizielle Haltung der Stadt Weimar zum Konzentrationslager Buchenwald gegeben hat. Für die Stadtbevölkerung scheint der Verlust des beliebten Naherholungsgebiets auf dem Ettersberg eine gravierende Zäsur gewesen zu sein. Dass im Konzentrationslager Buchenwald »Volksschädlinge aller Art«, wie es der Volks-Brockhaus 1933 formulierte, untergebracht seien, die in den Lagern »zu nutzbringender Arbeit angehalten« würden, scheint den Vorstellungswelten vieler Weimarer Bürger und Bürgerinnen entsprochen zu haben.[47]

In einigen wenigen Fällen leistete die Stadtbevölkerung den Inhaftierten auch Hilfe, so begaben sich beispielsweise jüdische Stadtbewohnerinnen zum Bahnhof in Weimar, um den ankommenden Häftlingen zu helfen. Sie und ihre Familien waren dabei selbst den zunehmenden antijüdischen Repressalien ausgesetzt.[48] Ebenso sind vereinzelt private Kontakte zwischen Bevölkerung und Angehörigen der SS überliefert, die in lebensgeschichtlichen Interviews aus den neunziger Jahren als »ganz gewöhnliche, nette Menschen« bezeichnet wurden – diese Formulierung erinnert an das später erschienene Buch »Ganz normale Männer« von Christopher Browning über die Morde des Hamburger Polizeibataillons.[49] Sicher gab es ansonsten zwischen den Häftlingen und den Stadtbewohnern keine freundschaftlichen Beziehungen – doch die Wahrnehmung der Häftlinge war durchaus differenziert. Insgesamt veränderte sich die Häftlingsgesellschaft aufgrund ihres Anwachsens und ihrer zunehmend internationalen Zusammensetzung in den Jahren 1942 und 1943 deutlich. Die Häftlinge wurden nun insgesamt als fremd und bedrohlich angesehen. Zugleich ergaben sich aufgrund des häufigen Arbeitseinsatzes von Häftlingen in Weimar vermehrt Kontaktmöglichkeiten zwischen Häftlingsgesellschaft und Stadtbevölkerung. Ein Verkehrsnetz – zunächst der Omnibus, später dann auch die Reichsbahn – verband die Stadt Weimar mit dem Konzentrationslager Buchenwald. All das weist darauf hin, dass es vielfältige Einblicke gegeben haben muss.

Das Konzentrationslager Buchenwald gehörte politisch zu Weimar. So waren sowohl die Gestapo und das Standesamt für das Konzentrationslager und für die Stadt zuständig, was deren politische Verflechtung greifbar macht. Bei dem wenige Kilometer von Weimar entfernt gelegenen Buchenwald handelte es sich um eine mit Sorgfalt konzipierte und ideologisch geprägte städtebauliche Anlage, die weit mehr als das eigentliche Konzentrationslager umfasste und in einer städtebaulichen Forschungsarbeit treffend als »Stadt in der Stadt« charakterisiert wurde.[50] Die Konzentrationslager Dachau und Buchenwald waren nach einheitlichen Plänen errichtet worden. Diesen Plänen zufolge lebten die SS-Führer und ihre Familien, die Wachmannschaften und die Häftlinge in eng beieinanderliegenden, wenngleich voneinander abgegrenzten Arealen. Die Kommandanten der Konzentrationslager waren verheiratet und lebten mit ihren Familien in den für sie von den Häftlingen unter schwersten Arbeitsbedingungen und vor allem dem ständigen Damoklesschwert exzessiver Gewalt errichteten SS-Führersiedlungen, die sich entweder auf dem Gelände des Konzentrationslagers oder aber in Randlage der Vernichtungszentren befanden.[51]

Die Wohnanlagen für die SS, ihr Arbeits-, Ausbildungs- und Freizeitbereich unterschieden sich sowohl in der Anordnung als auch der architektonischen Formensprache deutlich von dem abgeschiedenen, umzäunten Häftlingsbereich. Die Hierarchie innerhalb der SS fand ihre Entsprechung in der städtebaulichen Anlage der Gebäude. Die SS-Führung lebte zu geringen Mieten in Wohnhäusern, in den Berichten von Häftlingen als »Villen« bezeichnet, am Südhang des Ettersbergs. Diese Häuser imitierten einen bürgerlich-aristokratischen Wohnstil. Die unteren Führungsebenen, also die SS-Offiziere und SS-Unteroffiziere, lebten in einer abseits gelegenen, einige Kilometer entfernten Wohnsiedlung mit Ein- und Mehrfamilienhäusern oder auch Doppelhaushälften, deren Komfort im Vergleich mit den ›Führervillen‹ der SS-Elite wesentlich bescheidener ausfiel und deren Bau niemals abgeschlossen wurde. Die Häftlinge errichteten auch diese Anlage in Zwangsarbeit.

Die »Stadt der SS« mit ihrer klar umrissenen Trennung zwischen Arbeits-, Wohn- und Freizeitbereichen für die SS und dem durch ein Tor gekennzeichneten Strafbereich für die gequälten Häftlinge scheint für die hier Beschäftigten eine klare Ordnung suggeriert zu haben, die jene Hierarchien architektonisch widerspiegelte, die sowohl zwischen den einzelnen Gruppen der SS als auch gegenüber den Häftlingen bestanden. Die Häuser der höheren SS-Familien lagen im Konzentrationslager Buchenwald wenige Kilometer von jenem Bereich entfernt, in dem die Häftlinge untergebracht waren. Die Häuser der SS-Führer, umgeben von Gärten und Baumbeständen, erinnerten aufgrund des hauptsächlich verwendeten Materials und der spitz zulaufenden Giebel an Landhäuser.[52] Möglicherweise hinterließ die SS-Führersiedlung bei Besuchern einen ähnlichen Eindruck, wie ihn Eugen Kogon 1946 schilderte: »Die stilvollen Holzbauten mit massiven Untergeschossen, eigenen Garagen und weiträumigen Terrassen« hätten, wie der Journalist in seinem Erinnerungsbericht festhielt, »einen herrlichen Ausblick in das thüringische Land« geboten.[53] Das Leben in der SS-Führersiedlung habe den Familien ein »SS-Drohnenleben« erlaubt.[54]

Nach wie vor ist wenig über das Leben derjenigen Familien bekannt, die in den »SS-Führersiedlungen« (wie sie offiziell genannt wurden) der Konzentrationslager lebten. Die zehn 1937 nach Plänen des Baubüros der SS am Südwesthang des Ettersberges entstandenen Häuser der Lagerelite in Buchenwald sind heute nicht mehr erhalten. Die Villen ermöglichten ein dieser Führungsgruppe als angemessen empfundenes luxuriöses Leben, obgleich die Häuser mit einem bürgerlichen Herrenhaus des 19. Jahrhunderts wenig gemein hatten. Die Anordnung der Häuser – sie waren in zwei Gruppen von je fünf Häusern angelegt worden – spiegelte die Hierarchie unter den SS-Führern wider: Das größte, repräsentativste Gebäude bildete das Haus des Kommandanten, hieran grenzten die Wohnhäuser der in der Hierarchie nachfolgenden SS-Führer an.[55]

Das Haus des Kommandanten hob sich als ›Wohnburg‹ von allen anderen Häusern der SS-Führersiedlung ab – mit seinem großen Garten, den Türmchen und Giebeln und einem großen Holzadler auf dem Dach – und markierte seinen Sonderstatus innerhalb der Führungskaste der SS.[56] Bei den Villen handelte es sich um mehrgeschossige Holzhäuser, zu denen jeweils größere Gärten gehörten. Vor allem die großzügigen Innenräume und die Ausstattung mit Warmwasser erlaubten ihren Bewohnern ein luxuriöses Wohnen.[57]

Nicht nur eine Gemengelage aus SS-Naturromantik und Phantasien hinsichtlich eines gesellschaftlichen Aufstiegs, sondern auch die Notwendigkeit, die SS-Führersiedlung von den geschundenen Häftlingen innerhalb kürzester Zeit errichten zu lassen, verliehen dem Ensemble mit seinen Türmchen, Terrassen und Springbrunnen das Flair einer provisorisch errichteten Waldidylle.[58]

Die nach dem Ende der Ära Koch häufiger stattgefundenen Führungen für ausgewählte Personengruppen (Wehrmachtsangehörige, Polizisten, SS-Rekruten oder auch internationale Jugendgruppen faschistischer Länder) wurden oftmals, so berichtet einer der Teilnehmer, mit einem geselligen Ereignis im Kommandantenhaus bei Cognac und angenehmer Unterhaltung abgeschlossen. In solcher Runde zeigten sich die Besucher angeblich »sichtlich erleichtert«, dass sich die Lagerverhältnisse anders präsentierten, als von der »feindlichen Propaganda« behauptet werde.[59]

Dass es sich allerdings bei diesen Häusern in fußläufiger Nähe zum Häftlingslager keineswegs um eine Wohnlage handelte, die einem bürgerlichen Viertel vergleichbar gewesen wäre, zeigt ein Schreiben der städtischen Bauverwaltung Weimars, die aufgrund der Lage des Villenensembles eine Mietreduktion geltend machte: »Da diese Häuser im Konzentrationslager und 10 km von der Stadt entfernt« lägen, sei eine Minderung der Miete für die SS-Führerhäuser um zehn Prozent angemessen.[60]

Der so genannte Kommandantenweg, der auf schnellstem Wege zur Kommandantur und zum Häftlingslager führte, trennte die beiden Wohnensembles voneinander.[61] Die »pseudomittelalterliche, neoromanisch burgenhafte Gestaltung« wurde bei einem Umbau im Jahre 1941 zugunsten einer »modernen« Gestaltung abgelöst.[62] Im Sommer 1944 wurden mehrere Wohnhäuser durch Bomben zerstört, in den fünfziger Jahren erfolgte der Abriss der SS-Führerhäuser.[63] Im Gegensatz zu den militärischen Massenunterkünften der SS-Wachmannschaften hatte die

Villenkolonie (zu der auch ein eigener Luftschutzbunker gehörte) die Vision eines dauerhaften bürgerlichen Lebens heraufbeschworen.

Die Verflechtungen, die zwischen dem Leben der SS-Ehefrau und dem Konzentrationslager Buchenwald bestanden, werden auf den nächsten Seiten aus einer besonderen Perspektive rekonstruiert – nämlich mit Hilfe der Fotografien, die Karl und Ilse Koch über ihr Kennenlernen, ihre Reisen und den Alltag im Kommandantenhaus in ihren privaten Fotoalben zusammengestellt haben. Bei diesen Dokumenten handelt es sich um die einzige Quelle aus der NS-Zeit, in denen – abgesehen von den stark normierten Eheunterlagen des Rasse- und Siedlungshauptamtes der SS – Karl und Ilse Koch als Paar mit ihren Kindern gezeigt werden. Diese visuelle Selbstinszenierung erfolgt in einer spezifischen Weise – nämlich als Idylle und als innerhalb des »bürgerlichen Wertehimmels« verortet.[64]

Idylle und Familienglück: Eine Spurensuche und ein Sonntagsspaziergang

»Ei wie das schmeckt.«

Fotoalbum Artwin Koch, Bildlegende vom 22. 7. 1941[65]

Bei dem vorangestellten Kommentar handelt es sich um eine Bildlegende in einem Fotoalbum, das Karl und Ilse Koch für ihren Sohn Artwin anlässlich seiner Geburt am 17. Januar 1938 anlegten. Dem aufmerksamen Beobachter dürfte die handgezeichnete Rune – es handelt sich um Elhaz, die vermeintliche Lebensrune – auffallen, die dem Datum von Artwins Geburtstag auf dem ersten Blatt vorangestellt ist. Während die Wertschätzung des Fotoalbums selbst eng mit der bürgerlichen Gesellschaft im 19. Jahrhundert verknüpft ist, unterstreicht dieses unscheinbare Symbol die Zugehörigkeit zum Orden der SS bis in die nächste Generation.[66] Alben von Familienangehörigen oder aus dem erweiterten Bekanntenkreis waren die Zierde eines bürgerlichen Salons und dienten der bürgerlichen Selbstinszenierung.[67] Die Ambivalenz zwischen dieser schichtspezifischen Bildästhetik und einem auf die Familien der SS-Führer bezogenen Korpsgeist kennzeichnet auch die semi-privaten Fotoalben der Familie Koch.

Neben dem Album für Artwin, das die Zeit der Kochs im Konzentrationslager Buchenwald illustriert, ist ein weiteres privates Fotoalbum (hier Koch-Album genannt) bekannt. Bei diesem handelt es um das ältere von beiden. Es zeigte ursprünglich auf dem ersten Blatt drei Fotografien von Karl Koch zu unterschiedlichen Zeitpunkten: »Karlchen mit 7 Jahren, mit 17 Jahren und mit 36 Jahren als Führer der 3. Stand. d. Pol. Ber. [Polizeibereitschaft]«.[68] Gleich auf der ersten Seite des Albums wird also die Erfolgsgeschichte Kochs bewusst inszeniert.[69] Beide Alben wurden Ilse Koch bei ihrer Verhaftung im Sommer 1945 durch die amerikanischen Militärbehörde abgenommen und sind heute in den National Archives in College Park, Maryland, einzusehen.[70] Außerdem liegen die Dienstalben Karl Kochs vor, die Aufschluss über seine Tätigkeit in der Frühphase des Systems der Konzentrationslager geben und seine ideologische Haltung gegenüber den Häftlingen belegen, die als Gefährdung der ›Volksgemeinschaft‹ wahrgenommen wurden.[71]

Über den Alltag der Familien in der SS-Führersiedlung wissen wir wenig, ebenso wie über die Werte, die diese Familien ihren Kindern weitergaben. Zum Leben der Familie Koch in der SS-Führersiedlung liegen – abgesehen von einigen Zeugenaussagen – lediglich zwei Gegenstände und mehrere Fotoalben vor. Bei den beiden Objekten handelt es sich um eine sogenannte Sippenwiege und um ein Buch, das der Lagerkommandant Koch seinem Sohn schenkte. Die Überlieferungsgeschichte dieser auf verschlungenen Wegen ins Archiv in Weimar gelangten Gegenstände führt zu den Dachböden und Kellern anderer Deutscher: Eine Nachbarsfamilie erwarb die Sippenwiege aus dem Besitz der Familie Koch 1945 bei der Auflösung der Haushalte ehemaliger SS-Offiziere in Weimar. Zu diesem Zeitpunkt befanden sich noch die später getilgten Insignien der »Sippe Karl Otto Koch« als Inschrift auf der Wiege: die Geburtsdaten der drei Koch-Kinder Artwin, Gisela und Gudrun.[72] In der Wiege schliefen nun andere Kinder.[73] Franz Ehrlich (Bauhaus-Student, Architekt und politischer Häftling im Konzentrationslager Buchenwald) hatte die mit Blumen- und Blattornamenten verzierte Wiege entworfen, angefertigt wurde sie in den Werkstätten des Konzentrationslagers.[74] Bei dem zweiten Gegenstand, dem Buch, handelt es sich um einen Band mit Gedichten zur Erinnerung an den Ersten Weltkrieg. Dieses schmale Büchlein widmete Karl Koch seinem Sohn Artwin, »meinem lieben, kleinen Buben«, zur »Wintersonnenwende 1943«. Zwar sei Artwin nicht einmal sechs, schreibt der Vater, doch gefielen ihm die Erzählungen und Gedichte so sehr, dass er hoffe, dem Sohn werde dieses Büchlein später als reiferer Mensch gefallen.[75]

Das Artwin-Fotoalbum ist auch deshalb interessant, weil es den Aufstieg von Karl und Ilse Koch innerhalb der SS dokumentiert. Die Fotografien zeigen das Kommandantenhaus, ihr Interieur und große Autos, wir sehen Karl auf dem Pferd und Ilse im eleganten Pelz. In anderen Worten: Nur wenige Schritte vom Häftlingslager entfernt führte das Kommandanten-Ehepaar ein Leben im Luxus, das es in diesem Fotoalbum auch visuell inszenierte.[76] Das Leben der Häftlinge und die Haftbedingungen im sogenannten Schutzhaftlager werden dabei komplett ausgeblendet. Weitere Abbildungen zeigen die Kinder beim Spielen oder auch im Zoo von Buchenwald, der zur Unterhaltung der SS und ihrer Familien eingerichtet worden war und auf den noch eingegangen wird. Einige der Fotografien zeigen verschiedene Bereiche des Lagergeländes, außerdem gibt es Aufnahmen des Büros und der Möbel des Kommandantenhauses. Die Möbel wirken, als seien sie einem Katalog entnommen, und veranschaulichen den zeitgenössischen Geschmack.[77] Die Bilder wurden vermutlich vom Erkennungsdienst angefertigt, der einer der Großproduzenten von Fotografien im Konzentrationslager war und die meisten Fotos des Konzentrationslagers erstellte. Für diesen arbeiteten anfangs SS-Männer, später vor allem deutsche Häftlinge. Seine wichtigste Aufgabe lag zunächst darin, die eingelieferten Gefangenen fotografisch zu erfassen, zunehmend wurden die Aufgaben erweitert, und der interne Fotodienst nahm ebenso Fotos von SS-Feierlichkeiten oder auch hohe Besuche aus der SS-Elite auf.[78] Häftlinge fertigten die Alben in der Buchbinderei an, wo sie kunstvoll beschriftet und mit kleineren Zeichnungen versehen wurden. Ein überlebender Häftling berichtete, dass Karl Koch einer der Hauptkunden gewesen sei und vor allem Schwarzarbeiten in Auftrag gegeben habe.[79]

Die Kinder und ihre Eltern sind die Protagonisten im Artwin-Fotoalbum. Auf manchen Fotos trägt Karl Koch Uniform, während seine Ehefrau in eleganten Kleidern posiert. Gelegentliche Besucher und Besucherinnen – unter ihnen Tante und Cousine (»Tante Erna mit Tochter Annemie zu Besuch«) und Freunde des Paares (»Unsere Freunde – Ehepaar Brack. Kammersängerin Wieber zu Besuch«) – sind ebenso Akteure und Akteurinnen dieses Fotoalbums.[80] Würde das Artwin-Fotoalbum nicht auch die Familie beim Spaziergang entlang der Barackenstraßen (»Ein Spaziergang im Lager 7.4.1940«) oder die Namensweihe von Tochter Gisela zeigen, erschiene es wie das Geburtsfotoalbum einer durchschnittlichen, sich als ›bürgerlich‹ einordnenden Familie.[81] Eine letzte Fotoserie zeigt Ilse Koch gemeinsam mit ihren Kindern Artwin und Gisela im Juli 1941. Kleine kindgerechte Zeichnungen oder auch Kommentare zu einem Bild der Mutter mit den beiden Kindern (»Das glückliche Kleeblatt«) rahmen die ansonsten steril wirkenden Fotografien. Die letzte Aufnahme des »Artwin-Fotoalbums« zeigt Ilse Koch vor einem Rosenstrauch im Garten des Kommandantenhauses.[82]

Das zweite private Album, das Koch-Album, versammelt Fotografien, die Karl Koch selbst aufgenommen hat. Sie zeigen spontane Momentaufnahmen: die Westfront, Fotos einer Theatergruppe in englischer Kriegsgefangenschaft vom Winter 1918/19, den Sohn Manfred aus erster Ehe und ab 1934 vor allem Fotografien seiner zweiten Ehefrau Ilse, die zunehmend in den Mittelpunkt rückt. Die glücklichen Seiten ihres Kennenlernens werden dokumentiert, insbesondere Ausflüge oder Urlaube. Allein die Fotos, die Vater und Sohn in einem Schwimmbad im Konzentrationslager Esterwegen zeigen (»Vati und Manfred in Esterwegen / Hümmling nach abgebrochenen Ferien in Norderney«), verweisen darauf, dass Karl Koch seit seinem Eintritt in Partei und SS einen markanten Aufstieg innerhalb der Konzentrationslager-Führung zurückgelegt hat.

Karl Koch nutzte sein privates Fotoalbum auch, um anhand einer chronologischen Anordnung der Bilder, der Bildkomposition auf den einzelnen Blättern sowie der getippten und handgeschriebenen Bildlegenden seine Biographie zu erzählen. Dieses Bewusstsein über das Potenzial von Fotografien als Medien der Selbstinszenierung wird ebenso an einem Porträt im Artwin-Album deutlich, das ihn mit einer modernen Kleinbildkamera zeigt, die er für das nächste Foto vorbereitet. Auf diesem Foto trägt Karl Koch die weiße SS-Sommeruniform. Habituell erinnert es mehr an ein Urlaubsfoto als an das Porträt eines Lagerkommandanten, der in diesem Jahr, 1940, auf dem Höhepunkt seiner Karriere stand. Es ist nicht bekannt, ob Karl Koch bei der Organisation der Fotoalben intuitiv vorging oder ob er sich mit dem Medium selbst oder dem Genre des Fotoalbums systematisch beschäftigt hatte. In einer Fachzeitschrift für Fotografie wurden jedenfalls die Regeln des »lebendigen Fotoalbums«, die Karl Koch bereits beherzigt hatte, 1936 ausführlich erläutert. Es gehe nicht darum, so der Autor, dass möglichst viel geknipst werde, da jedes Bild einen »gewissen Erinnerungswert« aufweise. Allein durch die »persönliche Note« könne auch ein Dritter das Album verstehen: Erst durch die »Ausgestaltung eines lebendigen Fotoalbums« sei »eine gewisse innere Beziehung zu den eigenen Aufnahmen« möglich.[83]

Diese »innere Beziehung« – nämlich der Aufstieg der Familie Koch in der Hierachie der Lager-SS – wird im Artwin-Album hergestellt, indem das Familienleben als Idylle und Normalität imaginiert wird, während die Torturen der Häftlingsgesellschaft ausgeblendet bleiben. In beiden Fotoalben erscheint das Leben im Konzentrationslager wie ein längerer Spaziergang, der den Betrachter auch zu den Freizeitangeboten für die Angehörigen der SS führt, wie beispielsweise den Garten, das Kinderzimmer oder in den Zoo. Einige dieser Fotografien wurden, wie die Legenden wissen lassen, von Karl oder Ilse Koch selbst aufgenommen.[84] Ein Foto im Artwin-Album zeigt Vater und Sohn im Tiergehege des

»Mit Mami im Garten«
Die Unterschriften zu diesem und den weiteren Fotos sind aus dem Artwin-Album zitiert.

SS-Zoos.[85] Der Zoologische Garten Buchenwald, wie er offiziell hieß, war 1938 in unmittelbarer Nähe zum Häftlingslager von den Häftlingen erbaut worden. Zentrum des Tiergeheges war ein Bärenzwinger mit vier Braunbären, daneben gab es im Tierpark auch Wildschweine und Rehe. Über den Zweck des heute nicht mehr vorhandenen Zoologischen Gartens heißt es in einem Befehl von 1938, er sei geschaffen worden, »um den Männern in ihrer Freizeit Zerstreuung und Unterhaltung zu bieten und einige Tiere in ihrer Schönheit und Eigenart vorzuführen, die sie sonst in freier Wildbahn zu beobachten und kennen zu lernen kaum Gelegenheit haben«. Dieser sowie ein späterer Befehl waren offenbar von Koch erlassen worden, um gegen mutmaßliche Tierquälereien durch die SS und Zivilarbeiter vorzugehen, denn es heißt darin: »Ich verbiete daher jegliches Füttern und Necken der Tiere, die an eine regelmäßige und sachgemäße Fütterung gewöhnt werden müssen.«[86]

Die Fotos erfüllten aber auch einen übergeordneten Zweck. Es ging offenbar auch darum, die Organisation der SS im Sinne einer »invention of tradition« (Hobsbawm) fotografisch zu dokumentieren. Im Mai 1934 forderte die SS-Führung ihre Mitglieder auf, an einem Fotowettbewerb teilzunehmen. Gewünscht waren Aufnahmen der SS-Heime,

»Mit Papi im Zoo in Buchenwald, Oktober 1939«

Unterkünfte, Denkmäler sowie Fotos von Einzelpersonen oder Gruppen. Für die besten Fotografien war immerhin ein Preis von 10 Reichsmark ausgelobt worden.[87] Ob der auch unter den SS-Ehefrauen angeblich existierende Korpsgeist, wie ihn eine später vernommene Zeugin attestiert, ähnlich inszeniert wurde, wissen wir nicht – es sind keine entsprechenden Bildquellen überliefert.[88] Allerdings soll im September 1939 auf Befehl des Reichsführers-SS ein Bilderbuch aller SS-Ehepaare des Konzentrationslagers Buchenwald angelegt worden sein, in dem die postkartengroßen Fotografien der Eheleute mit ihren Kindern nach rassischen, erbgesundheitlichen oder auch erscheinungsbildlichen Kriterien klassifiziert waren.[89]

Die Mitglieder der SS nahmen also private Fotografien auf, obwohl dies, wie es beispielsweise für das Konzentrations- und Vernichtungslager Auschwitz überliefert ist, oft verboten war. Auch im Konzentrationslager Buchenwald hatte Karl Koch im September 1938 ein solches Verbot verfügt, bezogen auf die Arbeiten der Häftlinge und den Bereich der Kommandantur.[90] Bis zu dieser späteren Phase war das Erstellen privater Fotos jedoch ein vielfach praktizierter Zeitvertreib der SS, und

»Das Osterhäschen«

die vielen Fotoalben auf den Dachböden zeigen, dass die Lust an der Fotografie auch in der zweiten Kriegshälfte ungebrochen war.[91]

Abschließend sei kurz auf das veröffentlicht vorliegende Dienstalbum Kochs eingegangen, das einen Einblick in den Arbeitsalltag des zukünftigen Kommandanten des Konzentrationslagers Buchenwald gewährt. Es dokumentiert die frühen Stationen Kochs, die er als SS-Führer innerhalb des Konzentrationslager-Systems bis zu seiner Versetzung nach Buchenwald zurücklegte.[92] Die Innenseite des Rückendeckels vermerkt, dass Koch die Fotografien in einem Zeitraum von vier Jahren (1933 bis 1937) gesammelt hat.[93] Sein Dienstalbum sollte wohl vor allem den inneren Zusammenhalt der Truppe dokumentieren, sei es mit Aufnahmen von Freizeitbeschäftigungen oder von der Rekrutenvereidigung sowie von Paraden und Aufmärschen der NSDAP.[94] Wie im privaten Koch-Album werden auch hier Bilder der SS-Prominenz gezeigt, womit belegt werden sollte, dass Karl Koch innerhalb der SS-Hierarchie einen besonderen Platz einnahm. Das Album enthält außerdem Fotos der Trauungszeremonie Ilse und Karl Kochs im Eichenhain des Konzentrationslagers Sachsenhausen.[95]

»Februar 1940«

Gleichzeitig wiederholt das Dienstalbum den kriminologischen Blick auf die Häftlinge. Die Fotografien der Opfer in den Konzentrationslagern werden entlang des nationalsozialistischen Wertekanons (»Frankfurter Strichjungs«) geordnet, wobei die Häftlinge zur Schau gestellt und visuell gedemütigt werden.[96] Neben dieser Dehumanisierung der Häftlingsgesellschaft ist der Spott ein zentrales Element dieser bildlichen Darstellung von Häftlingen. So stellt beispielsweise ein Foto den größten und kleinsten Häftling einander gegenüber. Um nachzuvollziehen, wie bösartig und perfide diese Art des Sarkasmus war, muss man wissen, dass beide Häftlinge von der SS gezwungen wurden, alltägliche Tätigkeiten im Konzentrationslager gemeinsam zu verrichten.[97]

Die privaten Fotoalben Kochs mit ihrer Inszenierung von Bürgerlichkeit sowie des doppelten erfolgreichen Aufstiegs im ›Dritten Reich‹ sowie innerhalb der SS verweisen auf die Bedeutung imaginärer Fluchtwelten. Für Ilse und Karl Koch stellten die beiden Welten, in denen sie lebten, keinen Widerspruch dar, denn sie bedienten sich einer partikularen Moral.[98] Die Glücksmomente, wie sie mit den Fotografien der Kinder oder auch den Porträts Ilse Kochs im Garten inszeniert wurden, bestätigen die Annahme, dass sich die SS-Familien innerhalb eines eigenen, spezifischen Wertekanons bewegten. Die Frage, wie die Inszenierung eines idyllischen Lebens im Kommandantenhaus, nur wenige Meter vom Lagergelände entfernt, überhaupt möglich war, stellt sich nicht allein in der Rückschau. Die Fotoalben inszenierten die familiäre Normalität nicht nur, sie wurde von den Familien in der Führersiedlung der SS so gelebt. Die Familienalben belegen zudem, dass das Ehepaar Koch angesichts der Besuche von Verwandten und Freunden in der SS-Siedlung innerhalb gewisser Grenzen durchaus ein gesellschaftliches Leben führte. Die Fotografien bezeugen Geselligkeit als gelebte soziale Praxis der SS und stellen so die von den deutschen Nachkriegsgesellschaften behauptete ›Exterritorialität‹ der Konzentrationslager in Frage.[99] Die Bilder zeigen auch, dass das Paar keineswegs das von Ilse Koch behauptete »asketische« Leben führte.[100]

Luxus und Exzess: Bereicherung und Gewalt

»SS-Mann, Deine Ehre heißt Treue!«

Die SS-Zeitschrift Das Schwarze Korps *(1939)* [101]

»Nach der Judenaktion 1938 fiel allgemein auf, daß Führer und Unterführer des KL Buchenwald plötzlich in wohlhabende Verhältnisse gelangten.«

Anklageverfügung gegen Karl Koch, April 1944[102]

Zu Beginn ihrer Ehe verfügten Karl und Ilse Koch über ein äußerst bescheidenes Vermögen.[103] Ilse Koch bekundete im Mai 1936 in einer »ehrenwörtliche[n]« Erklärung gegenüber dem Rasse- und Siedlungshauptamt der SS, dass sie keinerlei Schulden habe und über ein Vermögen von 3000 Reichsmark zur »Anschaffung von Möbeln« verfüge. Ihr Ehemann gab bei »seiner Ehre als SS-Mann« an, schuldenfrei und mittellos zu sein.[104]

Acht Jahre später, im Mai 1944, wurde Ilse Koch im Rahmen des gegen ihren Mann eingeleiteten SS-Verfahrens beschuldigt, sich der »gewohnheitsmäßigen Hehlerei schuldig gemacht zu haben«. Das SS-Gericht warf der SS-Ehefrau vor, höhere Geldbeträge und Sachwerte im Umfang von mehr als 70 000 Reichsmark unterschlagen zu haben. Sie habe »den Umständen nach annehmen« müssen, dass dieses Vermögen »mittels strafbarer Handlungen erlangt« wurde.[105]

Ilse Koch habe »erkennen« können, dass der im Vergleich zum Jahr 1938 »ungeheure Vermögenszuwuchs in den wenigen Kriegsjahren nicht mit rechten Dingen zugehen konnte«. Vor Kriegsbeginn seien ihre »Möbelausstattung und Wäschebestände« dürftig gewesen.[106] Gerade als Frau habe Ilse Koch wissen müssen, »dass die binnen kurzem gemachten Anschaffungen für den Hausrat an Möbeln, Wäsche und Kleidern in die Zigtausende gingen«.[107]

Karl Otto Koch bereicherte sich im Konzentrationslager Buchenwald in einem besonderen Ausmaß. Der SS-Führer habe sich »rechtswidrig« Gelder und Sachwerte in einer Höhe von mindestens 200 000 Reichsmark angeeignet. Als SS-Standartenführer verdiente er jährlich 12 000 Reichsmark, und damit etwa dreimal so viel wie ein Studienrat und sechsmal so viel, wie das Jahresdurchschnittseinkommen im Deutschen Reich 1937 betrug.[108] Die SS-Richter legten dem Kommandanten von Buchenwald und Majdanek/Lublin ferner zur Last, dass er »Befehle in Dienstsachen« nicht befolgt habe und so »vorsätzlich einen erheblichen Nachteil und eine Gefahr für die Sicherheit des Reiches herbeiführte und weiter den Dienstbetrieb der betreffenden Konzentrationslager in einer sowohl befehlswidrigen wie auch mit allen Sittengesetzen unvereinbaren Weise« geführt habe. Darüber hinaus wurde Koch vorgeworfen, »aus niedrigen Beweggründen heimtückisch und mit gemeingefährlichen Mitteln« einzelne, in der Anklageverfügung genannte Häftlinge getötet zu haben.[109]

Am 18. Dezember 1941 wurde Karl Otto Koch aufgrund des durch das SS- und Polizei-Gericht Weimar eingeleiteten Korruptionsverfahrens verhaftet, einen Tag später jedoch auf Himmlers Initiative wieder freigelassen. Am 24. August 1943 wurden Karl und Ilse Koch gemeinsam wegen Korruption und Bereicherung im Konzentrationslager Buchenwald festgenommen und im Gerichtsgefängnis Weimar inhaftiert. Anderthalb Jahre später, am 19. Dezember 1944, sprach das SS- und Polizei-Gericht in Weimar Ilse Koch frei.

Die Einrichtung der SS-Gerichtsbarkeit erfolgte im Oktober 1939 wenige Wochen nach Kriegsbeginn.[110] Sie wurde systematisch ausgebaut, nachdem zunächst sechs SS- und Polizei-Gerichte eingerichtet worden waren.[111] Für das Haushaltsjahr 1942 wurden bereits 25 erstinstanzliche Gerichte, vier Obergerichte und ein Oberstes Gericht geplant.[112] Ausschließlich die bewaffneten Mitglieder der SS unterstanden der SS-Gerichtsbarkeit. Die Gerichte deckten ein breites Spektrum ›normaler‹ Delikte (von Meineid bis Totschlag) ab. Darüber hinaus konnten sie, zumindest der Verordnung nach, Handlungen von SS-Führern, Polizeioffizieren, Schutz- und Gendarmerie-Inspektoren ahnden, die »einen Missbrauch der Dienstgewalt« darstellten. Als Strafen wurden sogenannte Ehrenstrafen verhängt, die eine »Ausstoßung« oder »Entlassung« aus der SS zur Folge hatten. SS- und Polizei-Gerichte verurteilten die Angeklagten zu Zuchthaus- und sogar Todesstrafen.[113] Bis Mitte 1944 erging in 1000 Fällen die Todesstrafe, darunter gegen mehr als 370 SS-Männer – allein in der ersten Hälfte des Jahres 1944 wurden immerhin 401 Todesurteile vollstreckt.[114] Einer dieser zum Tode verurteilten Männer war Karl Koch, der am 4. April 1945, nur wenige Tage, bevor die Amerikaner Buchenwald befreiten, auf dem Gelände des Konzentrationslagers hingerichtet wurde.

Die Korruptionsvorfälle im Umfeld von Karl Koch waren der Grund, weshalb 1943 ein SS- und Polizei-Gericht zbV (zur besonderen Verfügung) eingerichtet wurde, in dessen Zuständigkeit die Verfolgung von Korruptions- sowie Kapitalverbrechen in den Konzentrationslagern fiel.[115] Bereits im Juli 1942 war Koch in Lublin »abberufen« worden, da gegen ihn ein SS-gerichtliches Verfahren eingeleitet worden war. Himmler selbst erkundigte sich einer Aktennotiz in seiner Personalakte zufolge, in welcher Weise »SS-Standartenführer Koch im Rahmen der Waffen-SS an der Front Verwendung finden könnte«.[116]

Der SS-Richter Konrad Morgen, einer der schillerndsten Kronzeugen der Nachkriegsprozesse, war 1942 als »Korruptionsspezialist« zum Untersuchungsrichter des SS-Gerichts bestellt worden.[117] Am 24. August 1943 verhaftete er Karl Koch nach ausdrücklicher Genehmigung durch den Reichsführer-SS Heinrich Himmler, der einer solchen Aktion kurz zuvor noch die Zustimmung versagt hatte.[118] Die Ermittlungen gegen Koch erhielten aufgrund der Häftlingsausbrüche im Konzentrations- und Vernichtungslager Majdanek erneuten Auftrieb. Auch war bekannt geworden, dass er zwei Häftlinge Buchenwalds, die ehemaligen Kommunalpolitiker und Landtagsabgeordneten der KPD, Karl Peix (1891–1941) und Walter Krämer (1892–1942), hatte ermorden lassen.[119]

Im November 1943 erfolgte dann die Einrichtung des SS- und Polizei-Gerichts zbV. Maßgeblich an den SS-Verfahren beteiligt war Erbprinz Josias zu Waldeck, der sich als »rigider Hüter der ›SS-Ordensregeln‹« und Repräsentant einer politischen Elite verstand. Als Feinde des »Blutadels« betrachtete er allerdings ebenso die korrupten und sadistischen SS-Männer, die den »ideologischen Führungsanspruch der SS« zu diskreditieren schienen.[120]

Ein halbes Jahr später, im April 1944, legte Morgen sein Ermittlungsergebnis vor, Koch wurde wegen zahlreicher finanzieller Unregelmäßigkeiten sowie wegen Mordes angeklagt. Am 17. August 1944, also ein Jahr nach der Festnahme des Paars, erging schließlich die Anklageverfügung gegen das Ehepaar Koch und weitere Beschuldigte aus der SS-Führungselite.[121]

Obwohl die Anklageverfügung der SS konstatierte, dass die SS-Ehefrau Ilse Koch »eingehende Kenntnis von den Einkommensverhältnissen und Geschäften ihres Mannes« hatte, wurde das Verfahren gegen sie eingestellt.[122] Immerhin räumte Ilse Koch wenige Monate später im Rahmen ihrer ersten Nachkriegsvernehmung ein, dass das SS-Gericht ihr Sparguthaben von 12 000 Reichsmark »an sich genommen« habe, auch sei ihr der Schmuck »abgenommen« worden.[123] Ob die moralische Beschreibung Ilse Kochs als keineswegs »weltfremd«, sondern als eine »berufstätige, kaufmännisch versierte Persönlichkeit gereiften Alters«, die ihrem »Mann an Habsucht, Hochmut und Grausamkeit (in) nichts« nachstehe, dem ursprünglichen Text des SS- und Polizei-Gerichts zbV entstammt, lässt sich nicht abschließend klären. Vom Entwurf der Anklage des SS-Gerichts zirkulierten verschiedene Fassungen, die von den ehemaligen SS-Richtern zur eigenen Entlastung unmittelbar nach dem Krieg in Umlauf gebracht worden waren.[124] Es ist allerdings festzuhalten, dass die SS weder daran interessiert war, die von Ilse Koch in ihrer Funktion als SS-Ehefrau vorgenommenen Bereicherungen zu belegen noch die durch sie ausgeübte Gewalt zu rekonstruieren.[125]

Gedächtnistexte und Grausamkeit: Der ›böse Geist‹ von Buchenwald[126]

»Ich bin und fühle mich auch frei von allem Haß, ich kann aber die Erinnerung an die Jahre von Buchenwald nicht los werden.«
Josef A.[127]

Die Aussage des oben zitierten Zeugen Josef A. zeichnete ein erschütterndes Bild des Leids im KZ Buchenwald:

> »Ich vergesse nicht das Schreien und Stöhnen der Häftlinge, die auf dem Bock bei den jämmerlichen Klängen der Lagerkapelle vor dem ganzen Lager ausgepeitscht wurden, ich kann es nicht vergessen, daß viele von meinen Kameraden ihr Leben dort lassen mußten, bloß deshalb, weil sie Geistliche oder Kommunisten oder Sozialisten oder Bibelforscher waren und von alledem hat Ilse Koch gewußt, sie habe ich immer und immer wieder auf dem Turm des Lagertors gesehen und sie hat die Tausende von Häftlingen gesehen, die mit nichts im Magen, schwerste Sklavenarbeit verrichten mußten und die

wegen eines nichts, weil sie eine Kippe aufgehoben, oder weil sie Frau Koch angeschaut haben, oder weil sie angeblich zu faul bei der Arbeit waren, über den Bock gehen mußten und schwerste Gesundheitsschäden für ihr weiteres Leben davon trugen, wenn sie nicht dabei überhaupt zugrunde gegangen sind. Ilse Koch wußte, welche Folgen ihre Anzeigen für den Häftling haben mußte und sie hat sich doch nicht gescheut, diese Anzeigen zu machen. Sie ist für viele Scheußlichkeiten, die im Lager verübt wurden, nicht nur moralisch, sondern auch strafrechtlich verantwortlich. Wie andere Frauen hätte auch sie, wenn nicht begütigend, so doch mindestens neutral sich verhalten können. Sie hat es nicht getan. Sie hat ihren Mann im schlechtesten Sinne beeinflußt und sie hat es verstanden, die ganze SS in Abhängigkeit von sich zu halten, so daß diese – nur um ihr zu Gefallen zu sein – sich zu jedem Verbrechen hergegeben hat.«[128]

Anders als die knapp 4000 SS-Aufseherinnen, die in den Frauenkonzentrationslagern ihrem Dienst nachgingen,[129] hatte Ilse Koch im Konzentrationslager Buchenwald als SS-Ehefrau keine offizielle Funktion innerhalb der Lagerhierarchie inne. Sie trug weder eine Uniform, noch verfügte sie über ein eigenes Gehalt. Allerdings genoss sie Privilegien, so arbeiteten für die Familie Koch unter anderem auch Häftlinge, die den Haushalt führten. Ilse Koch lebte in der Führersiedlung vom Oktober 1937 bis zum 21. Januar 1942. An diesem Tag trat Hermann Pister die Nachfolge Karl Kochs als Kommandant des Konzentrationslagers Buchenwald an.

Im Gegensatz zu den Arbeiten über die Geschichte der Konzentrationslager, die sich mit der persönlichen sowie der strukturellen Vernetzung von Lageralltag und städtischer Umgebung beschäftigen, werden im Folgenden die kursierenden Bilder selbst rekonstruiert. Es geht darum zu zeigen, wie das Wissen über das Gewalthandeln der SS-Ehefrau von den Häftlingen verarbeitet wurde. Bereits im Lager mussten die Gefangenen die an ihnen verübte Gewalt verarbeiten und kanalisieren. Die reiche Memoirenliteratur der Überlebenden, wie beispielsweise die Erinnerungen von Primo Levi oder Ruth Klüger, hat gezeigt, wie Gewaltakte von den Insassen interpretiert und als Teil einer Überlebensstrategie im Lager entlang von Erzählungen geordnet wurden. Selbstverständlich, und in der zahlreichen Memoiren-Literatur von Überlebenden immer wieder beschrieben, gab es keine eindeutigen Regeln über die Lagergewalt – der Kern von Herrschaft als sozialer Praxis im Konzentrationslager lag in der steten Neudefinition und Überschreitung von Grenzen.[130]

Ilse Kochs Gewalthandeln verlief entlang eines bestimmten Schemas. Überlebende berichteten, dass sie die Kommandantengattin sowohl als Zuschauerin als auch als Akteurin gesehen hatten. Dabei lassen sich aufgrund der Zeugenaussagen zwei zentrale Handlungsmuster Ilse Kochs herausarbeiten, die sich in leichten Abweichungen mehrfach wiederholten. Die SS-Ehefrau machte die SS-Wachmannschaften erstens auf Häftlinge in Arbeitskommandos aufmerksam, sofern diese sich nicht ›regelkonform‹ (etwa durch scheinbare ›Erholungsphasen‹ bei der Arbeit) verhielten oder auf andere Art die Aufmerksamkeit der SS-Ehefrau erregten, etwa wenn sie Ilse Koch anschauten bzw. diese sich von den Gefangenen betrachtet fühlte.

Relevant ist der Ort der Begegnung zwischen der SS-Ehefrau und den in das umzäunte Häftlingslager zurückkehrenden Arbeitskommandos (die etwa auf dem Bau eingesetzt waren), da Ilse Koch als SS-Ehefrau keinen Zugang zum Lager selbst hatte. Häftlinge berichteten von der für sie existentiellen, da überlebenswichtigen Notwendigkeit, möglichst nicht die Aufmerksamkeit der Kommandantengattin auf sich zu ziehen, sondern zu »verschwinden«, da sie es, wie der ehemalige Reichstagsabgeordnete Ernst Busse formulierte, als »Frechheit« betrachtete, von den in Kolonnen marschierenden Häftlinge angeschaut zu werden.[131] Der ehemalige Lagerälteste, der zur sogenannten Häftlingsaristokratie gehörte, schätzte Ilse Kochs Handlungsoptionen wie folgt ein: Sie sei nicht befugt gewesen, selbst »Meldungen« zu erstatten, deshalb habe sie sich eines SS-Unterführers bedienen müssen, beispielsweise des Bewachungspersonals der bereits erwähnten Arbeitskommandos.[132] Diese trieben die Häftlinge nach einer Meldung durch die SS-Ehefrau an oder schlugen sie. Diese informelle Anwendung von Gewalt war mit dem Status von Ilse Koch als Kommandantengattin und der ihr dadurch zugewiesenen Macht verflochten. Die Dialektik des Blicks, also des Sehens und Betrachtens der SS-Ehefrau, lässt sich lediglich in Annäherungen rekonstruieren. Denn ein für die retrospektive Annäherung an den ›Fall Koch‹ besonders sensibler Bereich sind die Aussagen von Häftlingen, in denen diese beschreiben, dass sich Ilse Koch gerade von ihnen besonders beobachtet fühlte. So berichtete beispielsweise der Kommunist Emil Carlebach im Oktober 1949, dass Ilse Koch »das Wort von der Belästigung einer deutschen Frau« als Vorwand genommen habe, um – insbesondere auch jüdische – Häftlinge bei der SS anzuzeigen.[133]

Die folgende Begebenheit verdeutlicht die multidimensionale Ächtung der Häftlinge und drückt die Gewaltdynamik zwischen SS-Ehefrau und Wachmannschaften zudem sehr gut aus. So hatte im Sommer 1939 ein Häftling Ilse Koch angeschaut, als sie an den bei Straßenarbeiten eingesetzten Häftlingen vorbeiging, und ein anderer hatte versäumt, die SS-Ehefrau zu grüßen.[134] Sie ließ die Nummern der beiden Häftlinge aufschreiben, die dann beim Abendappell aufgerufen wurden. Es folgten Schläge auf dem Bock, eine abendliche Tortur und öffentliche Gewaltprozedur, die ein Häftling so beschreibt: »Der Bock war ein Holzgestell, welches nach vorn geneigt und nach hinten hochgelagert war. Der Delinquent musste sich darüberlegen. Die Arme wurden nach vorn gezogen und festgeschnallt. Die Beine riss ein Rollbock nach unten, ebenfalls nach vorn und klemmte die Füße fest. Das Gesäß war also stramm nach hinten hoch ausgereckt. Darauf bekam der Betreffende nun seine Auspeitschung – häufig aber auch auf das nackte Gesäß.«[135] Den Häftlingsaussagen zufolge schlug Ilse Koch in einigen Fällen auch selbst mit einer Reitpeitsche zu, allerdings nur in den Außenbereichen des Lagers.[136]

Insgesamt sind Aussagen von Häftlingen, die keine unmittelbaren Übergriffe der Kommandantengattin beobachtet haben und lediglich nach Hörensagen von den beschriebenen Gewaltakten erzählten, von denjenigen zu unterscheiden, in denen die Zeugen über ihre eigene unmittelbare Begegnung mit Ilse Koch berichteten. Verschiedene Häftlinge gaben zu Protokoll, dass sie Ilse Koch nicht nur bei den außerhalb des Häftlingslagers eingesetzten Arbeitskommandos gesehen hatten, sondern jenseits des »Stacheldrahtzauns«, wo sie – auch gemeinsam mit anderen SS-Ehefrauen – der abendlichen »Exekution von öffentlichen Prügelstrafen« zusah. Nach Eugen Kogon hatte die Anwesenheit Ilse Kochs zur Folge, dass die auch sonst üblichen »wilde(n) Ausschreitungen der SS« länger als gewöhnlich ausfielen.[137]

Ob die Anwesenheit der Kommandantengattin die SS zu weiteren Übergriffen angespornt hatte oder die Begegnung mit ihr von vielen Häftlingen in einem Männerlager auch deshalb als Schlüsselerlebnis wahrgenommen wurde, weil ihre Präsenz an ein Leben außerhalb des Konzentrationslagers Buchenwald erinnerte und als eine gewaltsame Verkehrung der Geschlechterverhältnisse schien, kann hier aufgrund der vorliegenden Quellen nicht abschließend beurteilt werden. Das gilt ebenso für die Vermutung, dass die Anwesenheit einer Frau bei ihrer Peinigung während eines Arbeitseinsatzes für die Betroffenen eine besondere Demütigung darstellte. Hinzu kommt, dass die demonstrativ verhängten Strafen eine ›rituelle‹ Funktion besaßen,[138] die die Häftlinge ihrerseits zum Zuschauen verdammte.

Zusätzlich sind die Vernehmungsprotokolle der Überlebenden des Konzentrationslagers Buchenwald zu unterscheiden nach dem Zeitpunkt der Befragung sowie nach dem Status, der dem jeweiligen ehemaligen Häftling innerhalb der nach rassischen, nationalen und politischen Gesichtspunkten verwalteten Häftlingsgesellschaft zugewiesen worden war. Die sogenannten Funktionshäftlinge – also die von der SS mit bestimmten Ordnungsfunktionen ausgestatteten Häftlinge – hatten aufgrund ihrer Einbindung in die Lagerverwaltung oftmals eine genaue Kenntnis beispielsweise des Tätigkeitsbereichs von SS-Ärzten. Bezüglich der Gewalthandlungen Ilse Kochs verfügten sie aber meist über kein präziseres Wissen, da sie mit der Kommandantengattin kaum in Berührung kamen.

Die Verflechtungen zwischen Gewalthandeln und Erinnerungen daran werden besonders deutlich durch die Namen, die Ilse Koch von den Insassen des Lagers erhalten hatte. Denn diese verdeutlichen, dass die Kommandantengattin noch während der Zeit im Lager innerhalb der Häftlingsgesellschaft zu einer ›mythischen‹ Figur geworden war. Dies bestätigen einerseits die Vernehmungsprotokolle der Überlebenden, die während des Augsburger Prozesses erstellt wurden, und andererseits die von Eugen Kogon im Auftrag der amerikanischen Armee unmittelbar nach der Befreiung des Lagers zusammengetragenen Häftlingsberichte. Sie stellten die Grundlage des bereits 1946 unter dem Titel »Der SS-Staat« veröffentlichten Berichts Kogons dar. Dieser beruhte nicht, wie der Autor vor dem Augsburger Gericht erklärte, in erster Linie auf eigenen Beobachtungen, sondern es handelte sich um eine Zusammenstellung jener frühen Erinnerungsberichte.[139]

Konstitutiv für die Aussagen zahlreicher Häftlinge im Rahmen des Augsburger Prozesses war die »allgemeine Lagerkenntnis« – also das informelle überlebensnotwendige Wissen – in Bezug auf »Charakter«, »Gewohnheiten« und »Taten« der Kommandantengattin, über die auch diejenigen Häftlinge verfügten, die Ilse Koch niemals bei der Ausübung von Gewalt beobachtet hatten. So galt sie als »böse(r) Geist des Lagers« oder (aufgrund ihrer blond-rötlichen Haare) als »rote Hexe«, die auf ihren Mann und andere SS-Führer »den denkbar schlechtesten Einfluss« ausübte.[140] Der Begriff ›Kommandeuse‹ taucht bereits in den ersten Erinnerungen auf, die unmittelbar nach Befreiung des Konzentrationslagers über Buchenwald zusammengestellt worden waren.[141]

Diese Zuweisungen markieren einerseits das Bestreben, die im Konzentrationslager erfahrene Entmündigung und Tortur mit einer konkreten Gestalt in Verbindung zu bringen. Zugleich wird der SS-Ehefrau eine nahezu omnipotente Macht zugewiesen, ein Bild, in das möglicherweise bestimmte misogyne Klischeevorstellungen über weibliche Gewalt eingingen, das aber letztlich das Gewalthandeln – das Schlagen mit der Gerte, das Antreiben der SS-Wachmannschaften und das Beobachten der Häftlinge vom Wachturm aus – beschreibt.

Bei den im Rahmen des Augsburger Prozesses erstellten Vernehmungsprotokollen handelt es sich um von der Gerichtssituation ›normierte‹ Gedächtnistexte, die über die strafrechtliche Definition von Schuld hinausweisen. Sie zeichnen ein kompliziertes – und widersprüchliches – Bild von Ilse Kochs Gewalthandeln im Konzentrationslager Buchenwald. Vor dem Hintergrund der Wirkungsmacht des ›Bildes Ilse Koch‹ und seiner eindeutigen Fixierung nach 1945 mag diese Bilanz in wissenschaftlicher und moralischer Hinsicht unbefriedigend sein. Dennoch verdeutlichen die Aussagen der Häftlinge, warum gerade Ilse Koch für sie zum Inbegriff des »Schreckens« von Buchenwald wurde. Dabei sind zwei Momente entscheidend: Aufgrund ihres Status als SS-Ehefrau und Kommandantengattin stand Ilse Kochs Gewalthandeln für die Häftlinge außerhalb des für diese ohnehin kaum berechenbaren Herrschaftsapparates der SS. Andererseits bezogen sich viele Aussagen der Überlebenden auf ihre Wirkung als Frau auf die männliche Häftlingsgesellschaft. Unter den – nicht nur im Laufe der Vernehmungen zu Wort kommenden – deutschen Häftlingen hatte sich ein ›kollektives Wissen‹ über Ilse Koch herausgebildet, auf das (paradoxerweise) sowohl diejenigen Überlebenden verwiesen, die in der ersten Phase des Konzentrationslagers Buchenwald inhaftiert waren, als auch diejenigen, die erst nach Ilse Kochs Fortzug aus dem ›Haus Buchenwald‹ in das Konzentrationslager Buchenwald kamen. Auch wenn die verschiedenen zeitlichen Schichten und die jeweiligen Kontexte der Zeugenaussagen zu unterscheiden sind, haben sich als strukturierendes Merkmal einer »offiziellen Version«[142] der Häftlingsgesellschaft bestimmte Erzählungen herausgebildet, die auch in den Memoiren der Überlebenden selbst zementiert werden. Und auch in den von der Staatsanwaltschaft geführten Ermittlungsprotokollen lässt sich die Standardisierung der Zeugenaussagen beobachten.

Die Wahrnehmung Ilse Kochs durch die Häftlinge wird zusätzlich durch den Hinweis auf andere SS-Ehefrauen gestützt. »Mir ist kein Fall bekannt«, so berichtete der jüdische Rechtsanwalt Dr. G [...] aus Salzburg im Juli 1949, »dass von Seite einer der weiblichen SS-Angehörigen außer der Ilse Koch jemals ein Häftling zur Anzeige gelangt sei. Im Gegenteil, die Frau des Lagerführers Rödl und dessen Tochter galten als ausgesprochene Engel, obwohl dies meiner Meinung nach nur darauf beruhte, dass sie Häftlinge nicht zusätzlich quälten, denn weder Frau Rödl noch deren Tochter hatten die Möglichkeit, für Häftlinge helfend einzugreifen, ohne den Platz im Führerhaus zu riskieren.«[143] Auch wenn insbesondere die letzte Feststellung auf die Verschiebung moralischer Kategorien im Konzentrationslager hinweist – denn schließlich waren alle SS-Ehefrauen über das Lagergeschehen genauestens informiert –, konkretisiert eine weitere Facette des »Nachrichtendienstes« der Häftlinge den Ursprung der mit Ilse Koch verknüpften Allmachtsphantasien: Zum »objektive(n) Wissen des Lagers« über die Kommandantengattin gehörte »ihre Gewohnheit, Häftlinge aus dem Hinterhalt aufzuschreiben«.[144]

Verschiedene Häftlinge berichteten, dass sie nach ihrer Ankunft im Konzentrationslager Buchenwald vor der Kommandantengattin gewarnt worden seien.[145] Die von dem berühmten Psychologen Bruno Bettelheim geschilderte »diffuse Furcht« vor der Kommandantengattin kann in dieser Hinsicht als symptomatisch bezeichnet werden, denn sie bestätigt einerseits, dass Ilse Kochs Einfluss für die Häftlinge aufgrund ihres Status als SS-Ehefrau nicht kalkulierbar war, da sie außerhalb der Gewalthierarchie situiert war, und illustriert andererseits, dass die ›historische‹ Ilse Koch – also ihre konkreten Verbrechen – gerade aus diesem Grund hinter den Zeugenaussagen verschwindet: »Bitte verstehen Sie, dass während ich in Buchenwald war, mein Hauptinteresse war, lebend herauszukommen und ich wusste, wie ungesund es war, zuviel zu wissen, insbesondere über Ilse Koch. Deshalb war ich nicht sehr darauf aus, alle Details zu erfahren, das Wissen hätte mich gefährdet. So sehr ich sie bestraft sehen möchte und so sehr ich glaube, dass sie Strafe verdient, ist alles, was ich weiß Hörensagen, wobei ich mich nicht einmal an die Namen derer erinnern kann, die es mir erzählt haben.

Ich kann Ihnen aus meiner Erfahrung sagen, dass ich mich versteckt habe, wenn der Verdacht bestand, dass sie in der Nähe sein könnte, weil ich Strafe, die ich für das Verstecken erhalten könnte, einer Begegnung mit ihr vorzog.«[146] Welche Bedeutung einem solchen Wissen auf dem Gelände des Lagers zukam, zeigt die folgende Einschätzung eines ehemaligen Häftlings: »Was jedoch die Lagerverhältnisse betrifft, so ist das Hörensagen des Lagers etwas Grundverschiedenes vom Hörensagen der Außenwelt. Das durch elektrischen Stacheldraht abgeschlossene Schutzhaftlager war eine Welt für sich. Diese Welt hatte zur Abwehr der tödlichen Verhältnisse keine andere Waffe, als den Nachrichtendienst, welcher die Häftlinge über die aktuellen Gefahren in Kenntnis setzte«.[147]

Zentrales Charakteristikum dieses Wissens über Kochs Gewalthandeln als SS-Ehefrau ist, dass die Gefahr für die Häftlinge immer vorhanden war, sowohl wenn sie über dieses Wissen verfügten, als auch wenn sie über die informellen Strukturen des Konzentrationslagers, die Ilse Koch in ihren Jahren als SS-Ehefrau und Kommandantengattin nutzen konnte, nichts wussten.

Tätowierte Haut als kriminologisches Forschungsobjekt und als Reliquie

»Auf Grund der beigefügten wissenschaftlichen Abhandlung ›Ein Beitrag zur Tätowierungsfrage‹ [...] bitte ich um Zulassung zur Promotion.«

Gesuch des Erich Wagner, appr. Arzt, z. Z. SS-Untersturmbannführer d. Res., um Zulassung zur Promotion am 18. 10. 1940[148]

Ein Laborbericht der amerikanischen Armee identifizierte im Mai 1945 drei im Konzentrationslager Buchenwald gefundene Hautstücke als menschlicher Herkunft und beschrieb deren Tätowierungen. Der nach 1945 skandalisierte und maßgeblich mit der Person Ilse Koch verknüpfte Vorwurf, in Buchenwald seien tätowierte menschliche Häute gesammelt worden, war somit wenige Tage nach der Befreiung der Konzentrationslager durch das amerikanische Militär als historische Tatsache bestätigt worden.[149] Eine zentrale Rolle Ilse Kochs bei den in den Nachkriegsakten technokratisch als »Tätowierungskomplex« bezeichneten medizinischen Verbrechen oder gar eine Urheberschaft lässt sich nicht nachweisen.[150] Sowohl der zweite Kommandant des Konzentrationslagers Buchenwald, Hermann Pister, als auch der SS-Richter Konrad Morgen gaben im Rahmen des Dachauer Verfahrens an, dass sie im Haus des Kommandanten keine Objekte aus Menschenhaut vorgefunden hätten.[151] Ilse Koch dürfte als SS-Ehefrau und Kommandantengattin von diesem wie auch von anderen Verbrechen gewusst haben.

Da der Vorwurf, dass sie tätowierte Häute sammelte, für den Nachkriegsmythos, der sich im Moment der Befreiung des Konzentrationslagers Buchenwald über Ilse Koch herausbildete, zentral ist, sollen im Folgenden auf Grundlage von Zeugenaussagen und Dokumenten zum einen die mit diesem Gewalthandeln verbundenen Abläufe in der Pathologie genauer rekonstruiert werden, um anhand dieses Fallbeispiels die konkreten Folter- und Tötungsmethoden, wie sie in den nationalsozialistischen Konzentrationslagern exekutiert wurden, herauszuarbeiten. Zum anderen soll gezeigt werden, dass dieses Gewalthandeln gegenüber den als kriminell klassifizierten Häftlingen, denn vor allem sie waren Opfer dieser Gewaltpraktiken, eng mit den sich seit 1900 professionalisierenden kriminologischen Diskursen verwoben ist.

Im Jahr 1940 wurde die pathologische Abteilung des Konzentrationslagers Buchenwald eingerichtet. Sie stellte Schaupräparate für die eigene Sammlung und für die SS-ärztliche Akademie in Graz her. Offenbar florierte der Austausch von menschlichen Objekten. Der SS-Standortarzt in Weimar hatte in seinem Schreiben vom Mai 1942 an die Pathologie die Anfertigung »so genannter Geschenkartikel (Schrumpfköpfe usw.)« untersagt. Außerdem sei ihm über den »Auftragsbestand« für die Akademie in Graz regelmäßig zu berichten: »Die ärztliche Behandlung von Häftlingen liegt außerhalb des Rahmens einer

Pathologie und wird mit sofortiger Wirkung untersagt.«[152] Dass die Präparierung von Menschenhäuten in der Pathologie dennoch eine nahezu alltägliche Praxis war, bestätigt das Schreiben von Dr. Enno Lolling. Der Chef aller KZ-Ärzte im Wirtschafts- und Verwaltungshauptamt forderte im Mai 1944 von dem SS-Standortarzt Schiedlausky im Konzentrationslager Buchenwald umgehend den Versand der »vorhandenen 142 Stück Tätowierungen«, den dieser wenig später bestätigte.[153]

Die konkreten Umstände, die von der Registrierung der tätowierten Häftlinge zur Präparierung tätowierter Haut führten, lassen sich aufgrund der fragmentarisch erhaltenen Quellen und der widersprüchlichen Aussagen der Ärzte und Häftlinge letztlich nicht entlang einer linearen Chronologie rekonstruieren, zentrale Kenntnisse werden im Rahmen der Nachkriegsprozesse mit Hilfe von Zeugenaussagen zusammengetragen. Die oben erwähnte ›Bestellung‹ tätowierter Häute aus dem Jahr 1944 signalisiert jedoch, dass die Pathologie Buchenwalds stets über einen ›Fundus‹ tätowierter Häute verfügt haben musste. Der rege Versand der Häute von Buchenwald nach Graz legt zudem die gezielte Tötung tätowierter Häftlinge nahe.

Dies lässt sich rekonstruieren: Tätowierte Häftlinge wurden seit 1938 gesondert im Konzentrationslager Buchenwald registriert.[154] Innerhalb von zwei Monaten seien, wie einer der in der Pathologie tätigen Häftlinge später vor Gericht aussagte, zwischen 80 und 100 Fotografien von tätowierten Häftlingen angefertigt worden.[155] Im Jahr 1941 schließlich entwickelte die Pathologie auf Befehl des SS-Standortarztes, SS-Obersturmführer Dr. Hans Müller, ein Verfahren, um Menschenhäute zu präparieren.[156]

Der in Buchenwald tätige junge SS-Arzt Erich Wagner wurde im Jahr 1940 mit seiner Doktorarbeit »Ein Beitrag zur Tätowierungsfrage« durch die Medizinische Fakultät der Universität Jena mit der Note »sehr gut« promoviert. Immerhin hatte der junge Arzt, wie er selbst in seiner Dissertation erklärte, im Konzentrationslager Buchenwald die Tätowierungen von mehreren hundert Häftlingen untersucht.[157] Erich Wagner hatte im Sommersemester 1933 sein Medizinstudium in Graz aufgenommen und sechs Jahre später an der Universität in Freiburg abgeschlossen. Das Promotionsgesuch hatte er von Buchenwald aus als SS-Untersturmführer an der Medizinischen Fakultät der Friedrich-Schiller-Universität zu Jena eingereicht.[158]

Wie Wagner in seinem Antrag darlegte, war er 1933 im Alter von 21 Jahren in Österreich der dort damals illegalen SS und NSDAP beigetreten.[159] Zum Zeitpunkt seines Promotionsverfahrens war er als Truppen- und Lagerarzt im Konzentrationslager Buchenwald eingesetzt. Das Erstgutachten über die Promotion hielt fest, dass die Studie »das Tätowierungsmaterial der Insassen eines Lagers« auswerte. Aufgrund der »besonderen Art des Personenkreises« könne die Untersuchung »als ein wertvoller Beitrag zur Frage der Tätowierung angesehen werden«. Sie komme zum Schluss, dass Tätowierungen auch bei ›Rassen‹ vorkämen, bei denen dies »nach dem Schrifttum nur vereinzelt bekannt« sei.[160] Auch der Zweitgutachter betonte den in der Dissertation gewonnenen »Einblick über Herkunft, Rasse, Methode, Zusammenhang mit Verbrechertum bei Tätowierten«. Somit stelle die Dissertation »zweifellos eine Bereicherung unserer bisherigen Kenntnisse dar«.[161]

Die Medizinische Fakultät wurde als Gutachterin der im Konzentrationslager Buchenwald entstandenen Promotion ebenso Mitwisserin eines medizinischen Verbrechens, das in der Nachkriegsöffentlichkeit symbolisch höchst aufgeladen war. Doch das war nicht die einzige Verflechtung, die zwischen dem Konzentrationslager Buchenwald und der Universität Jena bestand.[162] Alles in allem verlief die Kooperation zwischen der Medizinischen Fakultät samt Klinikum und dem Konzentrationslager Buchenwald und seinen SS-Ärzten mehr als »reibungslos« und erstreckte sich auf weit mehr Gewaltakte als die hier angedeuteten Experimentier- und Tötungsfelder.[163]

Erich Wagner übergab 200 Exemplare seiner Dissertation der Medizinischen Fakultät in Jena.[164] Neben dem Promotionsausschuss konnte sich somit auch die interessierte akademische Öffentlichkeit der Universität über die Dehumanisierung von Gefangenen im Konzentrationslager Buchenwald ein Bild machen. Wie aus der Promotionsakte

Wagners hervorgeht, leitete das Landgericht Offenburg 1959 ein gerichtliches Verfahren wegen Mordes gegen den SS-Arzt ein, da dieser im Konzentrationslager Buchenwald »Häftlinge durch Injektionen« getötet haben soll. Der ehemalige SS-Arzt Wagner entzog sich dem Gerichtsverfahren durch Suizid.[165] Ob er sich ebenso wegen der Ermordung von Sinti und Roma vor Gericht hätte verantworten müssen, ist nicht bekannt.[166]

Was sind die zentralen Arbeitshypothesen der Dissertation, und wie werden ihre Arbeitsergebnisse hergeleitet? Den Eltern in Dankbarkeit gewidmet, nimmt die Dissertation des SS-Arztes das Thema Tätowierung aus verschiedenen Perspektiven in den Blick: Nach einem historischen Überblick werden sowohl der Zusammenhang zwischen Tätowierung und ›Verbrechertum‹ als auch die konkrete Bildsprache von Tätowierungen untersucht. Maßgeblich für die Stoßrichtung der Arbeit ist bereits die zu Beginn der Einleitung gemachte Beobachtung, Tätowierungen seien als »Zeichen niederen Kulturstandes und minderer Intelligenz« zu werten.[167] In dem zentralen Kapitel »Tätowierung und Verbrechertum« untersucht Wagner, hier bezugnehmend auf den italienischen Kriminologen Cesare Lombroso, den Zusammenhang von sozialer Devianz und Kriminalität.[168] Die Fotografien im Anhang zeigen nackte tätowierte Häftlinge, einzelne tätowierte Körperpartien und Häute. Hier ist auch ein »Fragebogen für Untersuchungen an Tätowierten« abgedruckt.[169] Häftlinge, die in der Pathologie des Konzentrationslagers arbeiten mussten, bestätigten, dass die von Wagner untersuchten tätowierten Häftlinge gestorben bzw. von Wagner im »Krankenbau liquidiert« worden seien.[170]

Das anthropologische bzw. kriminologische Interesse an Tätowierten und ihrer etwaigen Andersartigkeit beruhte keineswegs auf einer Erfindung der Nationalsozialisten. Die Auswahlbibliographie am Ende von Wagners Dissertation bestätigt ein Interesse an Tätowierungen bereits um 1900, als die sich formierenden akademischen Disziplinen Kriminologie und Völkerkunde sich dem Phänomen zuwandten. Immerhin bezog sich der SS-Arzt in seiner Einleitung auch auf Vorüberlegungen des einflussreichen Hygienikers Rudolf Virchow.[171] Auch andere maßgebliche Anthropologen der Zeit, wie beispielsweise der Völkerkundler Felix von Luschan, hatten sich mit Tätowierungen bei ›Primitiven‹ befasst.[172] Hintergrund der anthropologischen Beschäftigung mit dieser Form der Körpergestaltung war das Interesse an den ›Südseekulturen‹, das durch die deutsche Kolonialherrschaft auf Samoa erneut geweckt worden war.

Das transnationale wissenschaftliche Interesse an den ›primitiven‹ Kulturen, wie es europäische Wissenschaftler teilten, hatte unzählige anthropologische Studien ausgelöst. In diesen Kontext ist beispielsweise auch die Studie »Die Tätowierung beider Geschlechter in Samoa« von 1899 einzuordnen. Der Autor dankt den »Personen brauner Farbe«. Bereits in dieser Studie finden sich Fotografien nackter Männer, die tätowiert waren.[173] Auch Lombroso widmete den Tätowierungen in seinem in zahlreiche Sprachen übersetzten Buch »L'uomo deliquente« ein eigenes Kapitel.[174] Er verortete die Praxis des Tätowierens ebenfalls in der »oceanischen« Kultur und bezeichnete sie als eine der »auffälligsten Erscheinungen beim Menschen im rohen, im Urzustande, bei dem sogen. Wilden«. Ferner setzte Lombroso die fernen ›Wilden‹ mit den »wildesten unter den rohen Volksklassen« gleich, nämlich »den Verbrechern«, denen »die Muße« im Gefängnis eine »derartige Beschäftigung« – eben das Tätowieren – »vergönnt« hatte.[175] Charakteristisch für das wissenschaftliche Verfahren Lombrosos war, dass er bestimmte Analyseverfahren zusammenbrachte: Eine Karte über die »geographische Verteilung der Kriminalität und Epilepsie in Italien von 1879 und 1883« verweist auf die topographische Dimension in der Kriminologie, während statistische Erhebungen auf die quantitativen Dimensionen abheben und unter anderem mit Fotos bestimmter »Verbrechertypen« unterfüttert werden.[176] Der Atlas mit den Fotografien zeigt zudem Beispiele besonders »obscöner« Tätowierungen.[177]

Die anthropologischen und kriminologischen Diskursfelder, auf die sich Wagner in seiner Dissertation bezog, hatten sich also bereits zu Beginn des 20. Jahrhunderts herausgebildet. Auch das wissenschaftliche

Verfahren der Kartierung menschlicher Körper war bereits entwickelt. Ebenso verweist die Idee zur Präparierung menschlicher Häute – wie medizinische Sammlungen noch heute dokumentieren – auf eine längere Tradition. Die vermutlich gezielte Ermordung tätowierter Gefangener geschah unter den spezifischen Bedingungen des Konzentrationslagers. Kurzum: Sowohl die wissenschaftliche Neugier gegenüber dem (tätowierten) Verbrecher als auch die Praktiken seiner Typologisierung sind Folge der sich seit dem ausgehenden 19. Jahrhundert herausbildenden und im Laufe des 20. Jahrhunderts radikalisierenden »Verwissenschaftlichung des Sozialen«,[178] die zudem den Körper als Objekt und Laboratorium entdeckt hatte.

Was sind die unterschiedlichen Bedeutungsebenen dieses ›Menschenexperiments‹, der Registrierung, Ermordung und Häutung tätowierter Häftlinge? Vier Facetten scheinen relevant zu sein: Die Häutung tätowierter Häftlinge verweist erstens auf die spezifische Dehumanisierung krimineller Häftlinge. Innerhalb der von der SS vorgegebenen Hierarchie der Konzentrationslager waren die kriminellen Häftlinge als sogenannte »schwarze Häftlinge« nicht hoch angesehen. Dies spiegelte sich oftmals auch in den Erfahrungsberichten der Häftlinge wider.[179] In der totalen Institution des Konzentrationslagers, in der die Ermordung und das Sterben der Häftlinge ein alltägliches Phänomen waren, wurden die tätowierten kriminellen Gefangenen zum ›Menschenmaterial‹. In diesem spezifischen Kontext des Konzentrationslagers erfolgte der Schritt von der systematischen Erfassung der (tätowierten) Kriminellen, wie sie bereits in Gefängnissen um 1900 stattfand, hin zur mutmaßlich gezielten Ermordung. Neben diesem Zusammenhang lässt sich zweitens feststellen, dass die abgezogenen menschlichen Häute zu Schulungszwecken der SS verschickt wurden. Ob die SS-ärztliche Akademie in Graz bzw. die SS-Führungsakademie in Linz, wohin offenbar Hautstücke versandt wurden, diese als ›Anschauungsmaterial‹ und Bestätigung der bereits erwähnten Diskurse über den Kriminellen deuteten, lässt sich aufgrund fehlender Archivmaterialien und weiterer Forschungen kaum beantworten.[180] Ein Zeuge bestätigte vor Gericht jedoch diese Verwendung der tätowierten Hautstücke als »sociological record«, als Anschauungsmaterial für die SS.[181]

In dieser zweiten Dimension schwingt indes ein weiterer Aspekt mit, der aber unabhängig von den rassenkundlichen bzw. kriminologischen Schulungen eingeordnet werden sollte: die Fetischisierung menschlicher Objekte aus ›Zeitvertreib‹ und etwaiger Lust an Grenzüberschreitungen. Die Anzahl der versandten Häute verweist in diesem Kontext auf einen dritten Aspekt: Die Vielzahl der präparierten Häute könnte als Hinweis darauf gewertet werden, dass sie als ›Trophäen‹ angesehen wurden.[182] Der menschliche Kopf, präpariert als sogenannter Schrumpfkopf, sowie andere Körperteile dienten diesem Zweck und fanden gar als »Geschenkartikel« Verwendung.[183] Überlebende des Konzentrationslagers bestätigten die Existenz eines Lampenschirms aus menschlicher Haut, der anlässlich des Geburtstages von Karl Koch im August 1941 auf Anregung eines SS-Arztes angefertigt worden sei: Die Präsentation der etwa 40 Zentimeter hohen Tischlampe sei, wie einer der überlebenden Häftlinge später vor Gericht aussagte, »ein Riesenerfolg« gewesen. In jedem Fall habe sich der Kommandant über dieses »sinnige« Geburtstagsgeschenk erfreut gezeigt und es in sein Wohnhaus bringen lassen.[184] Allerdings sei die Lampe, nachdem die höhere SS-Führung davon erfahren hatte, bald wieder verschwunden.[185] Die Idee schließlich, den Menschen zu häuten, appelliert viertens an die menschliche Urangst vor körperlicher Versehrung. Sie ist etwa in der christlichen Ikonographie – so in der Figur des Apostels Bartholomäus, dem bei lebendigem Leib die Haut abgezogen wurde – fest verankert.[186] Vor allem auf diesen Aspekt dürfte die Rezeptionsgeschichte der Tätowierungen nach 1945 zurückzuführen sein.[187]

So weit der historische Sachverhalt. Die zentrale Frage aber, was die SS-Führer – manche von ihnen waren Ärzte – dazu bewogen haben könnte, an der Häutung von Menschen mitzuwirken und dieses Verbrechen möglicherweise mit einem voyeuristischen oder gar einem sadistischen Vergnügen zu begehen, bleibt offen. Der rationale wie irrationale Elemente verknüpfende Gewaltraum des Konzentrationslagers hat diese spezifische Form der Grenzüberschreitung ermöglicht.[188] Auch Ilse Koch verfügte über das Wissen bezüglich der Vorgänge im Konzentrationslager Buchenwald, sie intervenierte in das Gewaltgeschehen, indem sie die SS-Wachmannschaften zu Prügeleien antrieb. Ihre Gewaltbiographie zeigt, dass die SS-Ehefrauen als Partnerinnen und Mütter innerhalb der Gewaltgemeinschaft der Schutzstaffel einen spezifischen Ort hatten.[189]

Dass aber Ilse Koch jemals selbst Objekte aus Menschenhaut (Fotoalben, Lampenschirme, Handtaschen) besessen oder ihre Herstellung veranlasst hat, konnte weder im amerikanischen noch im deutschen Prozess nachgewiesen werden. Bei dieser Erzählung handelte es sich mit sehr hoher Wahrscheinlichkeit um einen mit der historischen Figur Ilse Koch verbundenen Nachkriegsmythos, auf den an anderer Stelle eingegangen wird. Wie aber lassen sich nun die Verflechtungen der Biographie Kochs und der hier beschriebenen Lebensabschnitte im ›Dritten Reich‹ zusammenfassen?

Koch wuchs in einer Atmosphäre auf, in der sich die NSDAP in Sachsen zu einer sichtbaren politischen Größe formiert hatte, sowohl hinsichtlich ihrer Wahlergebnisse als auch ihrer Präsenz auf der Straße. Für Frauen hielt die Partei Handlungsmöglichkeiten und gesellschaftlichen Aufstieg bereit. Ihre Heirat mit dem SS-Führer schien sowohl ideologisch als auch biographisch einen Karriereschritt zu markieren – die Verflechtungen zwischen SS-Familienleben und Häftlingsalltag im Konzentrationslager Buchenwald sind auf diversen Ebenen zu beobachten: im Freizeitverhalten, im persönlichen Profit und nicht zuletzt in der tagtäglichen Konfrontation mit den sich verschlechternden Häftlingsbedingungen, den Folterungen und den Massentötungen. Nach den Aussagen von Überlebenden nutzte Ilse Koch die Hierarchie des Lagersystems, die ihr einerseits keine besondere Rolle zuwies und ihr doch gleichzeitig den Zugang zu den Instrumenten des Gewalthandelns ermöglichte: Sie ließ Häftlinge von den SS-Wachleuten antreiben und schlagen. Zum Wesen dieses Lagersystem gehörte es auch für die Zivilgesellschaft des 20. Jahrhunderts, unvorstellbare Gewalthandlungen in eine systematische soziale Praxis zu überführen – das Häuten von tätowierten Häftlingen gehört zu einer solchen Gewaltpraxis. Angesichts der Intensität, mit der die SS diese Häute über Buchenwald und Weimar hinaus verteilte, ist zu vermuten, dass Ilse Koch als SS-Ehefrau und Gattin des Kommandanten Buchenwalds hiervon wusste, historisch seriös zu belegen ist dies jedoch nicht.

Im nächsten Teil steht die Frage im Zentrum, wie die Erzählung über die ›Kommandeuse von Buchenwald‹ nach 1945 zunehmend Konturen annahm und sich, so das zentrale Argument, zu einer zentralen Reinheitserzählung über Schuld und Verantwortung für die NS-Gewalttaten entwickelte.

Zweiter Teil

KONFRONTIEREN

»In den ersten Tagen der Besatzung waren überall Plakate zu sehen, die das fotografisch festgehaltene Grauen von Buchenwald mit einem auf den Betrachter deutenden Finger zeigten, zu dem der Text gehörte: ›Du bist schuldig.‹ Für eine Mehrheit der Bevölkerung waren diese Bilder die erste authentische Kenntnisnahme von den Taten, die in ihrem Namen geschehen waren. Wie konnten sie sich schuldig fühlen, wenn sie es nicht einmal gewußt hatten? Alles, was sie sahen, war der ausgestreckte Zeigefinger, der eindeutig auf die falsche Person zeigte. Aus diesem Irrtum zogen sie den Schluß, daß das ganze Plakat eine Propagandalüge war.«

Hannah Arendt (1950)[1]

Während der ersten drei Nachkriegsjahre veränderte sich die politische Landkarte Europas fundamental. Die Alliierten befreiten die Konzentrationslager und entwickelten Kriterien für die juristische Ahndung von NS-Verbrechen. In diesen unübersichtlichen Wochen und Monaten stießen die Überlebenden der nationalsozialistischen Verfolgung, die deutsche Mehrheitsgesellschaft und die Soldaten der Besatzungsmächte aufeinander. Die ehemalige SS-Ehefrau Ilse Koch befand sich zu diesem Zeitpunkt gemeinsam mit ihren Kindern bei ihrer Schwägerin in Ludwigsburg, wo sie bereits im Juni 1945 von einem Überlebenden Buchenwalds erkannt worden war. Es folgten ihre Verhaftung, ein von den amerikanischen Militärbehörden angestrengter Prozess auf dem Gelände des ehemaligen Konzentrationslagers Dachau und – aufgrund des zeitweisen Vorhabens, die Angeklagte Koch bereits nach vier Jahren Haft zu entlassen – ein handfester Skandal, der die mediale Öffentlichkeit diesseits und jenseits des Atlantiks erschütterte. Kurzum: In dieser unsicheren Zeit des Überganges, in der das eine politische System abgelöst wurde und sich in Ost- und Westdeutschland unterschiedliche politische Wege abzeichneten, standen zentrale Fragen des gesellschaftlichen Miteinanders auf der Tagesordnung: der Umgang mit den nationalsozialistischen Verbrechen, deren juristische Ahndung und die jeden Überlebenden dieser Jahre beschäftigende Frage, wie der Weg in die unmittelbare Zukunft aussehen könnte.

Als das Konzentrationslager Buchenwald von den amerikanischen Truppen befreit wurde, lebte Ilse Koch bereits in Ludwigsburg. Im Juni 1945 nach ihrer Verhaftung wurde sie im amerikanischen Internierungslager für Frauen in Ludwigsburg inhaftiert. In dem sogenannten Lager 77 waren Frauen untergebracht, die während des Nationalsozialismus Führungspositionen bekleidet hatten. Diese fielen nach den amerikanischen Entnazifizierungsregeln unter »automatischen Arrest«. Die amerikanische Militärzeitung *Stars & Stripes* kritisierte die privilegierte Versorgung der hier Inhaftierten.[2] Nur wenige der Insassinnen galten als mutmaßliche Kriegsverbrecherinnen – Ilse Koch gehörte zu dieser Gruppe.[3] Im April 1947 wurde ihr gemeinsam mit anderen Angeklagten in Dachau der Prozess gemacht, zusammen mit den anderen Beschuldigten wurde sie in das Kriegsverbrechergefängnis Nr. 1 nach Landsberg gebracht.

Im folgenden Teil werden diese drei Jahre vom Zusammenbruch des nationalsozialistischen Staates bis zu dem Moment, als die Angeklagte Ilse Koch im Jahr 1948 den deutschen Gerichten überstellt wurde, unter das Motto *Konfrontieren* gestellt. Die in diesen drei Jahren sich vollziehenden Konfrontationen haben unterschiedliche Dimensionen und Formen der Auseinandersetzung hervorgebracht. Der Skandal, der nach der zeitweiligen Urteilskorrektur durch den US-amerikanischen Militärgouverneur entbrannte, ist Schauplatz dieser Konfrontation. Skandale wurden in diesem Sinne auch als »Orte der Konfrontation« verstanden.[4]

Auf einer politischen Ebene folgte auf den nationalsozialistischen Staat die Besatzung durch die alliierten Truppen bis zur Teilung Deutschlands, die anschließend zur Gründung der beiden deutschen Staaten führte. Der regionale Schauplatz – die Stadt Weimar und der Ettersberg – war von dieser Zäsur in besonderer Weise betroffen, da die

Stadt zunächst von amerikanischen Truppen befreit wurde und wenig später unter sowjetischer Herrschaft stand. Politisch-ideologische Debatten folgten, Misstrauen entstand. Konfrontieren bezieht sich ebenso auf die Frage, in welcher Form die nationalsozialistischen Verbrechen durch die deutschen Nachkriegsgesellschaften aufgearbeitet wurden und welche Rolle die Besatzungsmächte hier einnahmen. Nicht zuletzt bezieht sich der Begriff des Konfrontierens ebenso auf die Auseinandersetzung mit individueller Schuld und der konkreten Verantwortung für die Verbrechen des NS-Regimes und die ausgeübte Gewalt, wofür Ilse Koch als Beispiel herangezogen wird. Die unterschiedlichen Deutungen werden hier vor allem aus der Perspektive der amerikanischen Besatzungsbehörden und der zur Ahndung der NS-Verbrechen einberufenen War Crime Trials sowie der amerikanischen Medien rekonstruiert. In einem ersten Abschnitt steht der Schock im Zentrum, den die Soldaten der amerikanischen Armee in dem Moment der Befreiung der nationalsozialistischen Konzentrationslager erfuhren – dieser Moment war vor allem auch eine Erfahrung der Sinne: des Geruchs und des Anblicks der ausgemergelten Körper.

3 Weimar, Buchenwald und die amerikanische Armee: Nachkriegsgesellschaft und NS-Verbrechen

»Dies war einer der schrecklichsten Anblicke, die ich je gesehen habe.«

George S. Patton über seine Eindrücke im Konzentrationslager Ohrdruf[1]

»Da die Sonne schien, glich das Ganze einem Frühlingsausflug.«

Bürgermeister Kloss über den Marsch der Weimarer Bürger nach Buchenwald[2]

Unter Schock: Gewaltverbrechen in den Konzentrationslagern, die amerikanische Armee und Weimar

Am 4. April 1945 befreite die amerikanische Armee zunächst Ohrdruf, ein kleines Außenlager des Konzentrationslagers Buchenwald in der Nähe der thüringischen Stadt Gotha. Erst 1944 in Betrieb genommen, befanden sich im Frühjahr 1945 bereits 11 000 Häftlinge in dem Lager zur Zwangsarbeit. Es war das erste Konzentrationslager, das die amerikanische Armee befreite. Nicht einmal eine Woche später, am 12. April 1945, besuchten die Generäle Eisenhower, Patton und Bradley das Konzentrationslager Ohrdruf. Der Oberbefehlshaber der amerikanischen Truppen, der spätere amerikanische Präsident Dwight D. Eisenhower, von den Eindrücken der Gewalt überwältigt, erklärte, dass jeder amerikanische Soldat ein Konzentrationslager aufsuchen solle, um zu verstehen, weshalb die Vereinigten Staaten diesen Krieg geführt haben. Auch sollte jeder Deutsche zu einem Besuch der Konzentrationslager verpflichtet werden.[3] In seinen Erinnerungen berichtete Eisenhower, dass ihn nichts »so erschüttert« habe wie dieser Besuch.[4] Nicht einmal eine Woche, nachdem die amerikanischen Truppen Ohrdruf befreit hatten, kamen sie im Konzentrationslager Buchenwald an. Am 11. April 1945 befreite die amerikanische Armee unter General Patton die Gefangenen.[5]

Die Befreiung der Konzentrationslager stellte für die amerikanischen Soldaten einen Schock dar: Sie stießen auf tote Körper und Tausende ausgemergelte Schwerkranke. Auf dem Ettersberg befanden sich zum Zeitpunkt der Befreiung schätzungsweise noch 8000 bis 10 000 ehemalige Häftlinge auf dem Gelände des Konzentrationslagers Buchenwald, neben den Männern, deren Anzahl deutlich überwog, waren auch einige Frauen und Kinder unter ihnen.[6]

Dieser Moment des Schocks soll hier anhand der zahlreich vorhandenen Zeugnisse geschildert werden. Was fanden die Besatzungstruppen in den Lagern vor, welche Erzählungen bildeten sich über die Gewalt in den nationalsozialistischen Konzentrationslagern in diesen ersten Wochen nach ihrer Befreiung heraus? In Bezug auf Ilse Koch sei festgehalten, dass bereits in diesen ersten Wochen das Bild der ›perversen‹, ›nymphomanen‹ Kommandeuse von Buchenwald als eines der zentralen Deutungsangebote der nationalsozialistischen Gewalt Gestalt annahm. Dieses Wahrnehmung Ilse Kochs als Repräsentantin des ›Bösen‹ verbreitete sich insbesondere in der amerikanischen Presse und war eng mit deren Wahrnehmung von ›atrocities‹ (Gräueltaten) verknüpft.

Das Ausmaß der nationalsozialistischen Gewalt muss sowohl die Führung als auch die Soldaten der amerikanischen Armee nahezu unvorbereitet getroffen haben. Einige Stimmen der amerikanischen Soldaten im Moment der ersten Begegnung mit den Konzentrationslagern seien hier kurz wiedergegeben. So notierte George S. Patton am 12. April seine Eindrücke in Ohrdruf in seinem Tagebuch. Nachdem er zunächst seinen Schock zum Ausdruck bringt, fährt er fort: »General Walker und Middleton hatten klugerweise beschlossen, dass so viele Soldaten wie möglich den Tatort besichtigen sollten, was, wie ich glaube, unsere

Männer lehren wird, wachsam vor den Deutschen zu sein. Der Bürgermeister des Ortes ging, zusammen mit seiner Frau, nach Hause und erhängte sich, nachdem er mit dem Anblick konfrontiert wurde.«[7] Und General Eisenhower telegrafierte eine Woche später an Generalstabschef Marshall: »Wir entdecken weiter deutsche Konzentrationslager für politische Gefangene, in denen Bedingungen unbeschreiblichen Horrors herrschen [...] Ich versichere Ihnen, dass alles, was bisher hierüber gedruckt wurde, untertrieben war.« Er schlug vor, dass Pressevertreter die Konzentrationslager aufsuchten, dort, »wo die Beweise für die Bestialität und Grausamkeit so überwältigend sind, dass sie keinen Zweifel daran lassen, was die Deutschen in diesen Lagern täglich praktiziert haben«.[8] Und in einem Brief an seine Ehefrau schrieb Eisenhower: »Ich hätte mir nicht vorstellen können, dass solche Grausamkeit, Bestialität und Unzivilisiertheit (savagery) wirklich in dieser Welt existieren konnten. Es war fürchterlich«.[9] Eingeladen zu dieser Begehung der Konzentrationslager wurde eine amerikanische Pressedelegation. Die hier vertretenen Tageszeitungen erreichten allein eine Auflage von 14 Millionen, wobei die Gesamtauflage der Tagespresse in den Vereinigten Staaten zu diesem Zeitpunkt etwa 46 Millionen Exemplare erzielte.[10]

Viele Soldaten vertraten, so Frank Biess in »Republik der Angst«, in den Wochen und Monaten, in denen die Besatzung andauerte, oftmals eine rigorose Politik gegenüber den Deutschen. Die Instruktionen für die Soldaten, ausgegeben im »Pocket Guide for Germany«, waren hinsichtlich der Wahrnehmung der Deutschen eindeutig: »Du bist in einem feindlichen Land. Diese Leute sind nicht unsere Verbündete oder Freunde.« Die amerikanische Armee forderte auch die rigorose Umsetzung von Strafen gegenüber der deutschen Bevölkerung. Immerhin hatten 76 Prozent der amerikanischen Soldaten in einer Umfrage angegeben, Deutsche wenn nicht zu »hassen«, so ihnen doch »negative Gefühle« entgegenzubringen.[11]

Offenbar kam es an anderen Orten auch zu gewalttätigen Übergriffen durch die amerikanischen Besatzungssoldaten gegenüber deutschen Zivilisten. Am 7. Mai 1945 berichtete Omar Bradley, der Kommandeur der 12. US-Armee in Europa, von »Plünderungen, mutwillige(r) Zerstörung, Vergewaltigungen und andere(n) Verbrechen«, die von amerikanischen Soldaten in Deutschland verübt worden seien.[12] Eine der zentralen Herausforderungen für die amerikanische Armee lag darin, die deutsche Bevölkerung mit den in den Konzentrationslagern begangenen Verbrechen zu konfrontieren. Noch nicht einmal eine Woche nach der Befreiung Buchenwalds führten die amerikanische Armee Hunderte Bewohner und Bewohnerinnen Weimars durch das Konzentrationslager.

Weimarer in Buchenwald

»Es rückte nun das Gespenst ›Buchenwald‹ in den Vordergrund aller Gedanken.«

Der kommissarische Bürgermeister Kloss über die Befreiung des Konzentrationslagers Buchenwald im April 1945[13]

Die Besichtigung des Konzentrationslagers Buchenwald sei, so die tendenziöse Vermutung des kommissarisch eingesetzten Weimarer Bürgermeisters Kloss, »auf einen hohen Beamten des Auswärtigen Ministeriums der Vereinigten Staaten namens Morgenthau zurückzuführen gewesen«, der »jüdischer Herkunft und deshalb besonders erbittert gewesen sei«.[14] Der mehrfach von Kloss überarbeitete autobiographische Bericht über diese ersten Wochen während der Kapitulation erweist sich als tendenziös auch in der Zusammenfassung jener Ereignisse, die zum Symbol der ›deutschen‹ Reaktion auf die Befreiung der nationalsozialistischen Konzentrationslager werden sollten: Am 16. April 1945 veranlasste der amerikanische General Patton, dass die Bevölkerung Weimars zu einem Besuch des Konzentrationslagers Buchenwald verpflichtet werden sollte.[15]

Bei diesem erzwungenen Besuch wurden die Einwohner der Stadt mit den Leichenbergen und besonderen, auf einem Tisch zusammengestellten Objekten der nationalsozialistischen Schreckenstaten konfrontiert, zu denen auch einige Exemplare der tätowierten Hautstücke gehörten. Der in Fotografien und Filmen dokumentierte Besuch der Weimarer Bürger im befreiten Konzentrationslager Buchenwald wird von Bürgermeister Kloss ausführlich beschrieben. Er schildert, wie er von der amerikanischen Militärbehörde beauftragt wurde, die Gruppe von etwa tausend Weimarern zusammenzustellen, die an der Begehung Buchenwalds teilnehmen würden, es sollte sich um »marschfähige Leute zwischen 18 und 45 Jahren« handeln.[16] Über die Verhältnisse des Konzentrationslagers sei, wie Kloss schreibt, nur »sehr wenig durchgesickert«. Er selbst habe als Mitarbeiter des Wasserwerks zu den wenigen Personen gehört, die das Konzentrationslager Buchenwald überhaupt betreten durften.[17] Er sei er mit den »Sträflingen« bei diesen Arbeiten nur vereinzelt zusammengekommen.[18]

An dem Marsch, der an jenem 16. April mittags vom Bahnhof in Weimar in das Konzentrationslager Buchenwald aufbrechen sollte, hätten »mindestens tausend Weimarer Bürger, davon die Hälfte Männer und die Hälfte Frauen, und zwar ein Drittel aus den einfacheren, zweidrittel aus den wohlhabenderen Schichten, und so viel wie möglich Parteigenossen, nach dem Konzentrationslager zu marschieren, um die Zustände dort in Augenschein zu nehmen. Die Weimarer Bevölkerung sollte«, so fasst der Bericht eine entsprechende Anweisung des amerikanischen Stadtkommandanten zusammen, »›mit eigenen Augen sehen, was wir unsere Führer zu tun zugelassen hätten‹«.[19] Dass die Kolonne der Weimarer Bürger und Bürgerinnen auf Anweisung des amerikanischen Stadtkommandanten von Krankenwagen des Roten Kreuzes begleitet werden sollte, deutete der Bericht als beruhigendes Signal, wonach offenbar »nicht die Absicht bestand zu quälen«.[20]

Am 16. April hatten sich dann auf dem Bahnhof in Weimar die »marschbereit(en)« Einwohner zusammengefunden, die ein »unerwartetes Bild« abgegeben hätten: »Frauen und Mädchen in lebhaftem Geplauder, neugierig und erwartungsvoll, auch bei den Männern kaum eine missmutige Miene. Einzelne ältere Leute sagten mir, sie gingen freiwillig mit. Sogar ein Schwerkriegsbeschädigter war dabei, der mich fragte, ob er im Auto mitgenommen werden könnte. Auch unter meinen eigenen Bekannten, die ich sah, z.B. einen Oberregierungsrat, einen Architekten und andere, hatte nicht ein einziger das Gefühl, dass der Marsch demütigend sei«.[21] Der Zug sei von »sausenden« amerikanischen Autos begleitet worden. Insgesamt habe dieser Fußmarsch nach Buchenwald an diesem Sonnentag einem »Frühlingsausflug« geglichen.[22]

Auf dem Gelände des Konzentrationslagers sei die Begehung in Kolonnen von »etwa je 150 Personen« erfolgt. Dabei sei die organisatorische Durchführung »vom propagandistischen Standpunkt aus« sehr geschickt gewesen. Bei jedem zu »besichtigenden« Ereignis bzw. »zu besichtigender Baracke« sei ein kurzer Vortrag durch einen Amerikaner gehalten worden. Außerdem sei eine »reichliche Zahl Häftlinge aufgestellt« gewesen, bei denen »jeder einzelne Teilnehmer sich mühelos erkundigen«, »weitere Einzelheiten erfragen oder eine Bestätigung des Behaupteten erbitten« konnte.[23]

Die Erzählung wird an dem Punkt unterbrochen, als es darum ging, Leichen, ausgemergelte Menschen oder auch Tätowierungen zu betrachten und die in Buchenwald an den Inhaftierten begangenen Verbrechen als solche anzuerkennen. Es bleibt im Bericht letztlich unklar, wie die amerikanischen Soldaten mit der deutschen Stadtbevölkerung sprachen, ob diese die ausgestellten Objekte, wie von dem Erzähler beschrieben, den Weimarer Frauen und Männern als Widerlegung der von den Nationalsozialisten behaupteten »Propagandalügen« präsentierten. Unklar bleibt ebenso, ob der Berichterstatter selbst einzelne Gegenstände (wie die Tätowierungen) als nicht ›authentisch‹ ansah: »Ich selbst, gewöhnt, alles mit kritischen Augen anzusehen, machte mir Punkt für Punkt klar, wo und wie die Möglichkeit eines propagandistischen Betruges gegeben sei.«[24] In dem ansonsten stringent erzählten, wenn auch apologetischen Bericht ist diese Passage über die Gewaltobjekte alles andere als eindeutig.[25]

Kloss verweist in seinem Bericht darauf, dass die »Buchenwaldgreuel« von den Amerikanern in Radio und Presse »bis ins Kleinste geschildert« und »mit Photographien belegt« worden seien. In einer Bekanntmachung der amerikanischen Militärbehörde sei ferner die These vertreten worden, »dass die Deutschen sich durch diese Greuel aus der Zahl der Kulturnationen ausgestrichen hätten, dass es die Schuld jedes einzelnen Deutschen gewesen wäre, solche Zustände zuzulassen«. Die früheren Worte des Generals seien demnach »von prinzipieller Geltung, vermutlich von oben veranlasst« gewesen.[26] Dieser »Buchenwaldmarsch von 1000 Weimarern« sei nur ein »erster Auftakt für das Buchenwald-Leiden Weimars geworden«. Die »Schuldthese« habe eine »schwerwiegende Bedeutung für Weimar und die Weimaraner« gehabt.[27]

Alles in allem hinterlässt der Bericht also einen zwiespältigen Eindruck. Zunächst schildert er minutiös und detailliert den Verlauf der Begehung. Anderseits greift die mehrfach überarbeitete Schilderung zentrale Entlastungstopoi auf, wonach die Stadtbevölkerung von dem Konzentrationslager nichts gewusst habe, obwohl der Verfasser einräumt, selbst im Lager gewesen zu sein, und an anderer Stelle im Bericht die ökonomischen Erfolge des ›Dritten Reiches‹ (»Überwindung der Arbeitslosigkeit« und der »Depression«) würdigt.[28] Auch die überaus interessante Frage, wie sich das Miteinander zwischen ›Besatzern‹ und ausgewählten Mitgliedern der Stadtbevölkerung an diesem besonderen Apriltag gestaltet haben mag, lässt sich aufgrund des Berichts nur schlecht rekonstruieren.

Wie sehr die ›Schuldfrage‹ auch die Honoratioren der Stadt beschäftigte, dokumentiert das folgende Schreiben, das der evangelische Propst, der Vertreter der katholischen Kirche, der Leiter der Weimarer Kulturstätten und der sozialdemokratische Bürgermeister Behr, der mittlerweile Kloss abgelöst hatte, gemeinsam verfasst hatten. Behr war als politischer Gefangener im Konzentrationslager Buchenwald inhaftiert gewesen. Trotzdem werden in diesem Schreiben am 1. Mai 1945, also wenige Tage vor der Kapitulation, zentrale Entlastungsdiskurse bedient. Die »Aufdeckung der Vorgänge im Konzentrationslager Buchenwald«, so der Brief, habe Spekulationen zur »Frage der Schuld oder Mitschuld der Einwohner der Stadt und des Landkreises Weimar« hervorgerufen. Diese hätten kaum Kenntnis über die im Konzentrationslager Buchenwald begangenen Gräuel gehabt: »Dieser harte Vorwurf trifft die Einwohnerschaft der alten Kulturstadt Weimar auf das schwerste, um so schwerer, als er zu Unrecht erhoben erscheint und in einem Nichtvertrautsein mit den Verhältnissen in nationalsozialistischem Deutschland seine Ursache hat«. So sei die Absperrung des Konzentrationslagers von der Außenwelt nahezu vollständig gewesen. Niemand habe »Zutritt« zu dem Lager gehabt, weder ein »Angehöriger« noch ein »Rechtsbeistand«. Ebenso habe für das SS-Kommando »ein unbedingtes Schweigegebot« bestanden. Selbst wenn »tatsächlich einzelne Wenige von den Dingen Kenntnis gehabt und ihre Stimme im Namen der Menschlichkeit« erhoben hätten, »so hätten sie dabei nichts erreicht«. Sie hätten vielmehr nur als Märtyrer für die Sache der Gerechtigkeit ihr Leben gelassen und die Existenz ihrer Angehörigen aufs Spiel gesetzt. Die Unterzeichner des Schreibens appellierten an das »Gerechtigkeitsgefühl der Welt« und baten darum, dass »die alte Kulturstadt Weimar nicht mit einem Makel« behaftet werden dürfe, den sie »nicht verdient« habe. Eine handschriftliche Notiz des Bürgermeisters, die sich auf dem Schreiben befindet, überliefert den lakonischen Kommentar des amerikanischen Stadtkommandanten auf diesen Brief, nämlich, dass »jedenfalls das deutsche Volk um die Schandtaten der Nazis« gewusst habe.[29]

Die »Versorgungsbeziehungen«, wie Jens Schley die vielfältigen, offenbar reibungslos verlaufenden Kooperationen zwischen dem Konzentrationslager Buchenwald und der Kulturstadt Weimar bezeichnet, wurden mit diesem Schreiben noch vor dem Ende des ›Dritten Reiches‹ dementiert und die Schuldfrage auch für diejenigen Weimarer ausgeräumt, die – wie beispielsweise das Schillermuseum, das sich im Februar 1941 Holzkisten und Möbel im Konzentrationslager anfertigen ließ – offenkundig von den Beziehungen zwischen Stadt und Lager profitiert hatten.[30] Im Frühjahr 1945 verkehrte sich jene Versorgungsbeziehung zwischen dem Lager und der Stadt schließlich, als Weimarer Bürger und Bürgerinnen – die Zahl ging offenbar in die Tausende – im ehemaligen Konzentrationslager Buchenwald zu Aufräumarbeiten eingesetzt wurden. Dieser Arbeitseinsatz stieß offenbar nicht nur auf Zustimmung unter der Stadtbevölkerung. Nach Androhung von Sanktionen durch den amerikanischen Stadtkommandanten Brown ließ der kommissarische Bürgermeister ein Plakat mit der Überschrift »Buchenwaldarbeit« aushängen, das bei Verweigerung der Arbeiten Strafen androhte.[31]

Als Arbeit an der Schuld hatte Kloss in seinem Bericht den mehrfachen Arbeitseinsatz der Weimarer Stadtbevölkerung auf dem Gelände des Konzentrationslagers Buchenwald eingeordnet.[32] Wenige Wochen, nachdem amerikanische Soldaten das Lager befreit hatten und die letzten Häftlinge Buchenwald verlassen hatten, entstand im August 1945 auf dem Gelände des Konzentrationslagers das »Speziallager Nr. 2 Buchenwald«. Es war als eines von zehn Internierungslagern der sowjetischen Besatzungsarmee in Ostdeutschland errichtet worden und wurde fünf Jahre später aufgelöst. Der ehemalige Weimarer Oberbürgermeister Otto Koch, Rechtsanwalt und frühes NSDAP-Mitglied, verstarb in diesem Lager. Auch Überlebende des Konzentrationslagers, wie der Journalist Georg Krausz, waren hier interniert.[33]

Ilse Koch und die SS-Führungsspitze erwähnt Bürgermeister Kloss in seinem Bericht über die Ankunft der amerikanischen Truppen und die Begegnungen von Stadtbevölkerung und Konzentrationslager nicht. Er spekuliert darin lediglich sehr allgemein über die Brutalität der SS.[34] Die Annahme, dass die SS-Ehefrau und Kommandantengattin für die Verarbeitung menschlicher Häute mit Tätowierungen verantwortlich war, verdichtete sich jedoch mit den Geheimdienstberichten der amerikanischen Armee.

Ilse Koch, Lampenschirme und das Wissen über die nationalsozialistischen Verbrechen

»Uns wurde mitgeteilt, dass Frau Koch, die Frau des deutschen Kommandanten, aus Menschenhaut gemachte Dinge gesammelt hat. Wir haben Teile sichergestellt, die ganz klar Teile eines Lampenschirms waren.«

Buchenwald Camp. The Report of a Parliamentary Delegation, April 1945[35]

Bereits im Februar 1945, also wenige Monate vor der Befreiung des Konzentrationslagers Buchenwald, hatte der amerikanische Geheimdienst in einer vertraulichen Stellungnahme unter der Kapitelüberschrift »Der Höhepunkt des Sadismus« (»The acme of sadism«) über die angeblichen Verbrechen der Ilse Koch berichtet. Der Bericht beruhte auf Aussagen eines amerikanischen Kriegsgefangenen, der sechseinhalb Jahre in Buchenwald zugebracht hatte und dessen Schilderungen von den amerikanischen Militärbehörden zunächst als »incredibly fantastic«, als »erstaunlich phantastisch«, eingeschätzt worden waren.[36] Die Frau des ersten Kommandanten von Buchenwald wurde dennoch in der Stellungnahme der amerikanischen Armee als besonders grausam beschrieben. Neben der Bereitschaft zu willkürlicher Gewalt wurde Ilse Koch die Initiierung einer »außerordentlich sadistischen Tat« zugeschrieben: Mehr als 40 Häftlinge seien getötet worden, um sie ihrer Tätowierung wegen zu häuten.[37] Ferner hieß es, dass Ilse Koch mit der Zeit immer sadistischer geworden sei.[38] Eine Tätowierung, die Hänsel und Gretel gezeigt habe, sei von ihr als Ledertuch zum Fensterputzen genutzt worden.[39] Diese Tätowierungen habe der Kriegsgefangene nicht mit eigenen Augen gesehen, wohl aber »zwei menschliche Köpfe, die von den Leichen zweier junger Polen entfernt wurden«, in der Pathologie.[40]

Am 20. April 1945 wurden die zunächst vagen Beobachtungen eines Kriegsgefangenen der amerikanischen Armee schließlich auch einer breiteren Öffentlichkeit zugänglich gemacht. Die Pariser Ausgabe von

Stars & Stripes berichtete erstmals davon, dass im Konzentrationslager Buchenwald menschliche Häute von der SS als Erinnerungsstücke gesammelt worden seien. Ein im April erstellter Bericht der amerikanischen Armee bestätigte die Artikel in der Presse: »Jeder Gefangene, der stark tätowiert war, wurde umgebracht und gehäutet«. Sie selbst, so die Berichterstatter, hätten im Hauptquartier der amerikanischen Armee sechs tätowierte Häute sowie einen Lampenschirm gesehen.[41] Hinzu kam der bereits erwähnte Befund in einem Laborbericht der amerikanischen Armee vom Mai 1945, der die menschliche Herkunft dreier tätowierter Häute bestätigte: »Aufgrund dieser Befunde [...] handelt es sich bei allen Proben um tätowierte menschliche Haut«.[42] Zuvor hatten auch amerikanische Soldaten von ihren Beobachtungen berichtet.[43] Diese Berichte wurden vom US-Kriegsministerium freigegeben, womit Ilse Koch zur Schlüsselfigur der Gewaltphantasien wurde, die mit den Tätowierungen verknüpft waren.[44]

Im Juni 1945 veröffentlichte der Korrespondent der *Washington Post* in dem Artikel »German Civilians Forced to See Horror Camp« seine Eindrücke während des von General Patton initiierten Besuchs der Weimarer Bevölkerung im Konzentrationslager Buchenwald am 16. April 1945. Er berichtete, dass die Besucher neben den medizinischen Verbrechen mit der angeblichen Vorliebe der Kommandantengattin für Handtaschen aus menschlicher Haut konfrontiert worden seien.[45]

Auch andere Journalisten verfassten plakative Erzählungen über die Objekte, die nach der Befreiung des Konzentrationslagers Buchenwald angeblich in der Kommandantenvilla gefunden worden waren. So beschrieb Ann Stringer, Korrespondentin der Presseagentur *United Press*, dass sie den Lampenschirm bei ihrem Besuch Buchenwalds selbst berührt habe: »Der Lampenschirm war aus der Haut eines Mannes gemacht. Daneben gab es außerdem Buchumschläge, Lesezeichen und andere Dekorationsgegenstände, alle waren ebenfalls aus Menschenhaut hergestellt. Ich sah sie heute [21. April 1945]. Ich konnte die Poren sehen und die winzigen, zweifellos menschlichen Hautlinien. Ich berührte den Lampenschirm. Er fühlte sich glatt an und haftete auf meiner Hand.«[46] Bereits im Sommer 1945 sendete eine Wochenschau unter dem Titel »Ilse Kochs Lampenschirm« einen Beitrag über den nunmehr mit der ehemaligen SS-Ehefrau Koch verknüpften Vorwurf des Sadismus.[47] Doch obwohl die amerikanischen Soldaten im Konzentrationslager Buchenwald tätowierte Hautstücke vorgefunden hatten, wurden weder ein Lampenschirm noch andere Gegenstände (wie Fotoalben oder Handtaschen) im Rahmen des von den amerikanischen Militärbehörden angestrengten Prozesses gegen die Beschuldigten des Konzentrationslagers Buchenwald als Beweismittel vorgelegt.

Dennoch wird seit diesen frühen Dokumenten der Name Ilse Koch mit der Sammlung menschlicher Häute in Verbindung gebracht. Dieser Themenkomplex appellierte an tradierte Ängste, denn er verwies auf die fundamentale Fragilität und körperliche Verletzlichkeit des Individuums. Im Zentrum der Aufarbeitung von NS-Verbrechen standen in dieser frühen Phase somit die Handlungen einer einzelnen Frau, die sich außerhalb des hauptamtlichen Partei- und SS-Apparates bewegt und in diesen keinerlei Funktionen übernommen hatte.[48] Zwei Jahre nach der Befreiung des Konzentrationslagers Buchenwald, im April 1947, erhob die amerikanische Militärregierung im Rahmen des Dachauer Prozesses Anklage gegen Ilse Koch.

4 Vor Gericht in Dachau: Die Vereinigten Staaten und die Ahndung der ›mass atrocities‹

»15. Ilse Koch, Commandeuse of Buchenwald
Duties: Commanded, together with her husband, Commanding Officer of Buchenwald, from 1939 until December 1941«
An Information Booklet on the Buchenwald Concentration Camp Case[1]

Ab dem 11. April 1947, dem zweiten Jahrestag der Befreiung des Konzentrationslagers Buchenwald, wurde Ilse Koch und 30 weiteren Angeklagten im Rahmen des amerikanischen War Crimes Program auf dem Gelände des ehemaligen Konzentrationslagers Dachau der Prozess gemacht. Nach dem Zweiten Weltkrieg setzten die Vereinigten Staaten ihr bis dahin größtes Programm zur Verfolgung von Kriegsverbrechern um. Bereits im Oktober 1943 hatten die Vereinigten Staaten gemeinsam mit den anderen Westalliierten den Aufbau der United Nations War Crimes Commission (UNWCC) initiiert, um NS-Verbrechen zu dokumentieren und die verantwortlichen Personen zur Rechenschaft zu ziehen.[2] Bis zur Einstellung ihrer Tätigkeit im Februar 1948 machte die Kommission mehr als 36000 wegen NS-Verbrechen zu verurteilende Personen ausfindig.[3]

Die Umsetzung des amerikanischen War Crimes Program lag mit dem Kriegsministerium, der amerikanischen Armee sowie der amerikanischen Besatzungsbehörde zunächst in unterschiedlichen Händen. Somit war zunächst ein unübersichtliches Institutionengeflecht entstanden, das für das Zusammentragen der Beweise, die Ahndung der NS-Kriegsverbrechen sowie der Überprüfung der Urteile zuständig war.[4] Damit die amerikanischen Militärbehörden die Massenverfahren überhaupt administrativ bewältigen konnten, berief das amerikanische Kriegsministerium einen Theater Judge Advocate General, ab Sommer 1946 Deputy Judge Advocate General in Washington ein.[5] Diesem unterstand die War Crimes Group, die wiederum in drei große Arbeitsbereiche bzw. Einheiten – Dachau Detachment, Trial Branch sowie eine Evidence Branch – untergliedert war. Diese planten erstens die Durchführung der Dachauer Prozesse, zu denen die administrative Umsetzung der Verfahren gleichermaßen gehörte wie die von den Teams durchgeführten Filmaufnahmen. Sie verantworteten zweitens die Vorbereitung und Durchführung der Anklageerhebungen, und sie verantworteten drittens die Beweisführung. Schließlich waren sie für die Nachbereitung nach Prozessende zuständig.[6]

Der War Crimes Group waren in Europa 19 professionell ausgebildete Teams zugeordnet, die Beweise ermittelten und diese gleichermaßen schwierigen wie aufwendigen Ermittlungen vor Ort koordinierten. Zu diesen Abteilungen gehörten ausgebildete Juristen, Mediziner, Forensiker und Übersetzer.[7] Insgesamt waren für die War Crimes Group im Dezember 1946 zeitweilig bis zu 1200 Mitarbeiter tätig, darunter 200 Offiziere.[8] Alles in allem stellte das amerikanische War Crimes Program somit ein auch in administrativer Hinsicht komplexes Vorhaben dar – ganz zu schweigen von den unübersichtlichen inhaltlichen Zuständigkeiten.

Bereits im August 1945 hatten sich die Alliierten im Rahmen des Londoner Abkommens auf die Einrichtung eines Internationalen Gerichtshofes verständigt. In Nürnberg und den Folgeprozessen, gemeinsam von den Vereinigten Staaten, Großbritannien, der Sowjetunion und Frankreich durchgeführt, standen die höchsten Parteifunktionäre und politischen Führer des ›Dritten Reichs‹ vor Gericht. Die Verfahren der amerikanischen Besatzungsarmee lassen sich in verschiedene Gruppen einteilen: Es gab die Prozesse vor dem Alliierten Internationalen Militärgerichtshof in Nürnberg, dann die hieraus folgenden nachgeordneten Prozesse und schließlich die Verfahren vor den von der amerikanischen Armee eingerichteten Military Courts.[9] In den

Nürnberger Folgeprozessen wurden 185 Personen angeklagt, die zur wissenschaftlich-administrativen Elite des einstigen ›Dritten Reiches‹ gehört hatten.[10] Die im Schatten der Nürnberger Prozesse agierenden Militärgerichte verhandelten seit Oktober 1945 sämtliche sonstigen Kriegsverbrechen.[11] Insgesamt zogen die Gerichte der alliierten Mächte schätzungsweise 64000 Beschuldigte wegen NS-Verbrechen zur Verantwortung.[12] Nach dem Krieg überstellten die amerikanischen Militärbehörden knapp 4000 verdächtige Kriegsverbrecher an andere europäische Nationen, vor allem an Frankreich und Polen.[13] Die meisten Verurteilungen erfolgten jedoch in der ehemaligen Sowjetunion, wo etwa 26000 Beschuldigte wegen NS- bzw. Kriegsverbrechen verurteilt wurden.[14]

Die amerikanische Armee hatte drei Typen von Militärgerichten (General Military Courts, Intermediate Military Courts, Summary Military Courts) geschaffen, die jeweils unterschiedliche Strafen verhängen durften. Die Dachauer Kriegsverbrecherprozesse fanden vor den Oberen Militärgerichten statt, welche die höchsten Haftstrafen und auch Todesurteile aussprechen konnten.[15]

Die Military Courts agierten auf der Grundlage von Erlassen Eisenhowers, die er in seiner Funktion als Oberbefehlshaber der amerikanischen Besatzungstruppen und Militärgouverneur der amerikanischen Besatzungszone im Frühjahr und Sommer 1946 verfügt hatte.[16] Die Vereinigten Staaten hatten bereits vor Einrichtung der Military Courts in Deutschland Erfahrung mit der Ahndung von Verbrechen durch die Militärgerichtsbarkeit gesammelt. Militärgerichtsverfahren hatten in Italien, in Japan, in China und auf den Philippinen stattgefunden; auch die Marine der Vereinigten Staaten führte auf der Pazifikinsel Guam derartige Prozesse.[17]

Die Prozesse der Military Courts in Deutschland fanden an verschiedenen Orten statt: so unter anderem in Darmstadt, Heidelberg und Wiesbaden.[18] Die meisten Verfahren wurden jedoch auf dem Gelände des ehemaligen Konzentrationslagers in Dachau durchgeführt, weshalb sie auch als Dachauer Kriegsverbrecherprozesse bezeichnet wurden.

Mit der Wahl dieses Ortes verfolgte die amerikanische Armee unter anderem das Ziel, die Aufarbeitung der Verbrechen an den Ort des Geschehens zurückzubringen.[19]

Die Military Courts führten in Dachau insgesamt 489 Verfahren gegen 1672 Beschuldigte durch.[20] Allein in den wegen ›mass atrocities‹ angestrengten Prozessen hatten sich insgesamt 1022 Angeklagte zu verantworten,[21] wobei es sich um eine ausgesprochen heterogene Gruppe handelte: Unter ihnen befanden sich neben der großen Mehrheit von Deutschen (80 Prozent) Österreicher, Niederländer und auch Ungarn. 85 Prozent der Angeklagten waren Mitglieder der SS sowie der Wehrmacht. Auch ehemalige Häftlinge, die in den Konzentrationslagern als sogenannte Funktionshäftlinge eingesetzt worden waren, befanden sich unter den Angeklagten.[22] Ilse Koch war eine der wenigen Frauen, die von den amerikanischen Militärbehörden vor Gericht gestellt wurden.

Im Vordergrund der in Dachau durchgeführten Hauptprozesse stand die Ahndung der in Buchenwald, Dachau und anderen Konzentrationslagern verübten NS-Verbrechen.[23] Die insgesamt sechs Hauptprozesse waren noch einmal untergliedert in sogenannte Haupt- und Folgeverfahren, die gegen Verwaltungsangestellte und Wachmannschaften der Konzentrationslager bzw. auch gegen die Verantwortlichen der sogenannten Außenlager angestrengt wurden. So folgten dem Buchenwald-Hauptverfahren 24 Nachfolgeprozesse mit insgesamt 31 Beschuldigten. Es mussten sich demnach mehr als 60 Beschuldigte, unter ihnen befand sich Ilse Koch, wegen der im Konzentrationslager Buchenwald und seinen Außenlagern begangenen Verbrechen vor den Military Courts in Dachau verantworten.[24]

Angesichts der Massenverfahren gegen mehrere tausend Beschuldigte konzentrierten sich die Ankläger der amerikanischen Armee auf den Tatbestand des ›common design‹ und stellten die Beteiligung an Massenverbrechen (›mass atrocities‹) in den Vordergrund.[25] Grundlage der Anklageerhebung waren nahezu ausschließlich Zeugenaussagen. Vor Gericht wurden auch Aussagen zugelassen, die auf Hörensagen beruhten. In der für die Prozesse grundlegenden Richtlinie, dem »Manual for Trial of War Crimes and Related Cases«, hieß es hierzu, dass die Gerichte alle Beweismittel, die sie für beweiskräftig hielten, zulassen sollten.[26]

Alles in allem hatte das amerikanische Militär somit ein aufwendiges Programm entwickelt, mit dem es die NS-Verbrechen ganz unterschiedlicher Tätergruppen ahndete. Der insgesamt situative Charakter des Kriegsverbrecherprogramms zeigt sich auch in der Vorgeschichte des Buchenwald-Prozesses und in den Diskussionen, die zwischen Washington und Moskau über den Gerichtsort – Weimar oder Dachau – geführt wurden. Obwohl in der Moskauer Erklärung der Alliierten vom Oktober 1943 festgelegt worden war, dass die Besatzungsmächte für die in ihrem jeweiligen Einflussgebiet begangenen Verbrechen zuständig seien, entzündete sich zwischen beiden Großmächten eine Diskussion darüber, wo das Verfahren schließlich ausgetragen werden sollte. Zwischen den amerikanischen und den sowjetischen Militärbehörden war zunächst umstritten, inwieweit den Vereinigten Staaten tatsächlich die Anklageführung im Buchenwald-Prozess oblag, da das ehemalige Konzentrationslager Buchenwald in der sowjetischen Besatzungszone lag.

Die Korrespondenz der amerikanischen Militärbehörde, deren Briefe und Berichte in den National Archives der Vereinigten Staaten einzusehen sind, gibt natürlich ihre eigene Perspektive wieder, die Antwort auf die Frage, was die sowjetischen Militärbehörden dazu bewogen haben mag, den Prozess letztlich abzugeben, lässt sich also mit Hilfe der hier zugrunde gelegten Materialien nicht abschließend rekonstruieren.[27] Im Verlauf eines Jahres bot der spätere amerikanische Militärgouverneur Lucius D. Clay dem Oberbefehlshaber der sowjetischen Streitkräfte General Wassili Danilowitsch Sokolowski (1897–1968) gleich zweimal an, das Buchenwald-Verfahren zu übernehmen. In seinem ersten Schreiben vom November 1945 vermutete Clay, dass die sowjetische Regierung aufgrund der Lage des Konzentrationslagers, vor allem aber angesichts des Ausmaßes der an russischen Kriegsgefangenen verübten Verbrechen, ein großes Interesse »an der Verfolgung von deutschen Straftätern« haben würde.[28] Dabei sagte er den sowjetischen Behörden Unterstützung bei der Sichtung der »zwei Lkw-Ladungen von Beweismitteln über das Lager Buchenwald« zu, die bei der zuständigen Abteilung, der War Crimes Branch in Wiesbaden, eingesehen werden könnten.[29] Die das Konzentrationslager Buchenwald betreffenden Materialien waren offenbar unter abenteuerlichen Bedingungen von Thüringen nach Hessen transportiert worden, wo die amerikanische War Crimes Branch in Wiesbaden ihr Hauptquartier unterhielt.

Abgesehen von den im Londoner Abkommen vereinbarten Rahmenbedingungen zum Gerichtsort der Prozesse hatten sich innerhalb der Militärbehörde scheinbar auch Stimmen zu Wort gemeldet, die dafür plädierten, das Buchenwald-Verfahren aufgrund der gravierenden Schwierigkeiten bei den Ermittlungen abzugeben. Neben der Materialflut wurden vor allem auch die Hunderte von Zeugenaussagen erwähnt. Auch in dieser internen Stellungnahme wies die amerikanische Militärbehörde wiederum auf die massenhafte Ermordung von sowjetischen Kriegsgefangenen hin.[30] Zeitweise erwogen die Militärangehörigen gar, bei einem etwaigen sowjetischen Prozess einen amerikanischen Beobachter zu entsenden.[31] Mit Vehemenz wurde die Abgabe des Verfahrens in den internen Schreiben erörtert und auf die Dringlichkeit der Prozesseröffnung verwiesen, da »die Menschen in Europa vor dem Hintergrund der oft wiederholten Versprechen der alliierten Politiker, dass Kriegsverbrechen ›schnell und mit Sicherheit‹ bestraft würden, längst schon desillusioniert von den Ergebnissen des gegenwärtigen Kriegsverbrecher-Programms« seien. Angesichts der Tatsache, dass sich die Ahndung der begangenen Kriegsverbrechen schon mehrere Monate hingezogen habe, sei nun ein rasches Handeln erforderlich. Zwar wurde betont, dass die Haltung der Amerikaner hinsichtlich der Verfolgung der Kriegsverbrechen entschieden genug sei, um eine solche Entscheidung, also die dringend gebotene Verfolgung der im Konzentrationslager Buchenwald begangenen Verbrechen, mit Vehemenz voranzutreiben.[32]

Allerdings verweist der verantwortliche Militärangehörige in der weiteren Korrespondenz auf die Komplexität eines solchen Verfahrens, zumal der eigentliche ›Tatort‹ außerhalb der amerikanischen Besatzungszone liege. Nach intensiver Zusammenstellung der Materialien seien weder die Beweise hinreichend ausgewertet, noch stünden die Hauptverantwortlichen des Konzentrationslagers Buchenwald zur Verfügung. Hinzu komme, dass die War Crimes Branch nicht über genügend Personal verfüge, außerdem fehle manchem Mitarbeiter die entsprechenden Qualifikationen. Trotz dieser Einschränkungen sei dennoch festzuhalten, dass die »amerikanischen Kriegsverbrechen-Maßnahmen weiter fortgeschritten sind als alle anderen Maßnahmen, sowohl in Hinblick auf die Verfahren wegen Massenverbrechen, die an Angehörigen mehrerer der alliierten Nationen begangen wurden, als auch die Verfahren, die nur US-Amerikaner als Opfer betreffen«.[33]

Im Juni 1946 entschied die amerikanische Militärregierung, dass nunmehr die Beschuldigten, die sich im Gewahrsam der Vereinigten Staaten befänden, ohne weitere Verzögerung anzuklagen seien. Dieses interne, vertrauliche Schreiben, das die Entscheidungsträger des Konzentrationslagers Buchenwald als Beschuldigte benennt, erwähnt ebenso Ilse Koch. Die rothaarige Frau sei, so das Fazit der internen Korrespondenz, noch schrecklicher (»even more terrible«) als ihr Ehemann.[34] Auf welcher Grundlage klagte der amerikanische Military Court Ilse Koch und die anderen Beschuldigten des Buchenwald-Verfahrens in Dachau an?

Der Military Court in Dachau: Zielsetzung und Anklagepunkte des Buchenwald-Prozesses

»Der Fall Buchenwald wird als Die Vereinigten Staaten von Amerika gegen Josias Prinz zu Waldeck et al. in die Geschichte eingehen. Aber die Geschichte wird ebenso zeigen, dass alle Nationen, große wie kleine, an der

Seite der Ankläger stehend gegen Intoleranz und Ungerechtigkeit kämpfen [...], so dass die Welt lernt, die Würde des einfachen Menschen zu achten, damit sich Buchenwald nie wiederholt.«

An Information Booklet on the Buchenwald Concentration Camp Case[35]

Die Military Courts in Dachau klagten die Beschuldigten aufgrund ihrer Mitwirkung am ›common design‹ an. Zudem berücksichtigten sämtliche der in Dachau vor den amerikanischen Militärgerichten verhandelten Prozesse den Vorwurf der Verletzung internationalen Rechts, das heißt der Haager Landkriegsordnung sowie der Genfer Konvention über die Behandlung von Kriegsgefangenen aus den Jahren 1907 bzw. 1929.[36] In concreto bedeutete dies, dass die 31 Beschuldigten des Buchenwald-Prozesses angeklagt wurden, im Zeitraum vom 1. September 1939 bis zum 8. Mai 1945 »in Verfolgung eines gemeinsamen Plans (›common design‹) zur Begehung der nachstehenden Handlungen rechtswidrig den Betrieb des Konzentrationslagers Buchenwald und seiner Nebenlager und Außenstellen gefördert, unterstützt und sich daran beteiligt zu haben«, die aus unzähligen Staaten stammenden Insassen, »zu töten, zu schlagen, zu foltern, auszuhungern, zu misshandeln und zu entwürdigen.«[37]

Während im ersten Dachauer Kriegsverbrecherprozess, der die im Konzentrationslager Dachau begangenen Gewalttaten ahndete, allein die Verbrechen gegen Angehörige kriegsbeteiligter Staaten behandelt wurden, hatte sich im Zuge des Buchenwald-Prozesses der Kreis der nun berücksichtigten Opfer und ihrer Nationalitäten erheblich erweitert.[38]

Die diffuse juristische Kategorie ›common design‹ war vermutlich aus zwei Gründen geschaffen worden: zum einen, wie bereits erwähnt, um die notwendig gewordenen Massenverfahren überhaupt realisieren zu können, zum anderen dürfte aber auch das zu diesem Zeitpunkt mangelnde Wissen über die Dimensionen und Komplexität der NS-Verbrechen eine Rolle gespielt haben. Rückblickend verwies der ehemalige Ankläger William Denson darauf, dass die in der Kriegskonvention von

Den Haag verankerten juristischen Rahmenbedingungen die zentrale Grundlage für die Anklage der Military Courts darstellten. Eine Verurteilung derartiger Gewaltverbrechen aufgrund von Verbrechen gegen die Menschlichkeit sei zukünftig (»as we become more civilized«) wünschenswert, so Denson, zum Zeitpunkt der Dachauer Prozesse spielten sie jedoch keine Rolle.[39]

Das Gelände des ehemaligen Konzentrationslagers Dachau schien der amerikanischen Armee besonders geeignet für die Durchführung der Prozesse zu sein. Neben der Nähe zu Landsberg, wo die meisten Kriegsverbrecher einsaßen, verfügte das Gelände über großzügige Räumlichkeiten, in denen die Gerichte – Anklage, Verteidiger, Übersetzer und die immerhin 31 Buchenwald-Angeklagten – problemlos untergebracht werden konnten. Ein Gebäude, in dem die Konzentrationslager-SS Wehrmachtsbekleidung hatte anfertigen lassen, diente als Gerichtssaal. Hierbei handelte es sich nach einer Beschreibung des ehemaligen Staatsanwalts offenbar um einen sehr großen Raum, in dem die Richter gegenüber den anderen Instanzen und für das Publikum deutlich sichtbar Platz nehmen konnten. Die Angehörigen des Military Court saßen, so der ehemalige Staatsanwalt Denson rückblickend, »erhöht, hoch genug, um sich Respekt zu verschaffen« – eine symbolische Geste, um die Autorität des Gerichts auch räumlich zu unterstreichen.[40]

Die Richter des Military Court blickten auf eine langjährige Militärerfahrung zurück: Alle seien, wie Denson berichtete, ausgewählte »Männer von Format und hohem moralischen Charakter«.[41] Dem Gericht gehörten acht Militärangehörige als Richter an, den Vorsitz führte Brigadegeneral Emil C. Kiel.[42] Der in Harvard ausgebildete Jurist William Denson leitete die Staatanwaltschaft. Ihn unterstützten die Juristen Robert L. Kunzig und Solomon Surowitz.[43] Als (ziviler) Staatsanwalt der Militärgerichtsbarkeit in Deutschland war William Denson immerhin an der Anklage von 177 NS-Tätern beteiligt.[44] Das Gremium der Verteidigung setzte sich aus Angehörigen der amerikanischen Militärbehörde sowie deutschen Rechtsanwälten zusammen; der Jurist und Militärangehörige Major Carl E. Whitney leitete diesen siebenköpfigen

Kreis.[45] Eines der Ziele sei es laut Staatsanwalt Denson gewesen, ein faires Verfahren zu führen.[46]

Zum Tag der Eröffnung des Verfahrens »U. S. versus Josias Prince zu Waldeck et al.« am 11. April 1947 gab die von der amerikanischen Militärbehörde gedruckte Informationsbroschüre (Information Booklet) einen Überblick über die Verbrechen, die den 31 Beschuldigten zur Last gelegt wurden. Die einen Monat zuvor erstellte einseitige Anklageschrift (»charge sheet«) beschuldigte die 30 Männer und Ilse Koch als »Repräsentanten« des Konzentrationslagers Buchenwald, in Verfolgung eines »gemeinsamen Plans« den Betrieb des Konzentrationslagers Buchenwald und seiner Nebenlager und Außenstellen »rechtswidrig und unrechtmäßig gefördert, unterstützt, begünstigt und sich daran beteiligt zu haben«.[47] Eine kurze Einleitung des Information Booklet fasst in wenigen Absätzen die nationalsozialistische Gewaltgeschichte zusammen.

Diese dem gedruckten Information Booklet beigefügte Erläuterung erinnert in ihrer Dramaturgie eher an einen Appell als an eine juristische Abhandlung, denn sie erläuterte die Anklagepunkte sehr allgemein. Im Sinne einer Moralpolitik verknüpft dieser Text den Schock über das Ausmaß nationalsozialistischer Gewalt mit der Hoffnung, dass die Prozesse einer übergeordneten Gerechtigkeit dienen würden. Mit dem Moment der nationalsozialistischen Machtübernahme einsetzend, als Deutschland geglaubt habe, »eine große, neue Welt würde geschaffen: Deutschland, Deutschland ueber alles«, sei das Ziel die Vernichtung (»extermination«) der Gegner gewesen: »Break the body; break the spirit, break the heart«. Auch der Vorwurf, dass tätowierte Häftlinge plötzlich verschwanden und ihre sterblichen Überreste als »Lampenschirme, Buchumschläge oder Handschuhe« wieder auftauchten, wurde hier aufgenommen.[48] Nach einer knappen Schilderung der Jahre unter dem NS-Regime wird die Befreiung des Konzentrationslagers Buchenwald durch die amerikanischen Truppen beschrieben, um sich danach detaillierter den Vorbereitungen des Dachauer Buchenwald-Prozesses zuzuwenden. Geschildert wird, dass die Vorbereitung der Anklage ein

Jahr dauerte und die drei Staatsanwälte von einem Team, bestehend aus Vernehmungs- und Ermittlungsbeamten, Übersetzern usw., unterstützt wurden. In dem gut besuchten Gerichtssaal säßen die Überlebenden der schlimmsten Folterungen seit Jahrhunderten und beobachteten, wie ihre ehemaligen ›Herren‹ sich vor der Welt für die Verbrechen verantworten müssten.[49]

Das Verfahren gegen Ilse Koch und die anderen im Rahmen des Buchenwald-Verfahrens Angeklagten wurde vom 11. April bis zum 14. August 1947 in Dachau geführt. Ein Erlass des Headquarter European Command vom 1. April 1947 berief das Gericht ein.[50]

Die amerikanische Militärbehörde implementierte mit den berufenen Gremien ein aufwendiges Gerichtsverfahren. Alles in allem waren an dem Militärgerichtsverfahren 18 Personen beteiligt – darüber hinaus wirkten Übersetzer, Stenotypistinnen und Aufsichtspersonal am Prozess mit.[51] Zunächst waren nur Offiziere Mitglieder der Military Courts, seit 1946 konnten ebenso Zivilbeamte zugelassen werden; zumindest einer der Richter musste eine juristische Ausbildung aufweisen. Grundlage der Prozesse war das angelsächsische Prozessrecht des Common Law. So präsentierten Staatsanwaltschaft und Verteidigung nach ihren Einzelplädoyers die entsprechenden Beweise. Mit der Urteilsverkündung war der Prozess abgeschlossen – eine Begründung des Urteils erfolgte im Buchenwald-Verfahren nicht.[52] Allerdings mussten die Urteile der Military Courts mit einer Zweidrittelmehrheit beschlossen werden.[53]

Ilse Koch vor Gericht in Dachau

»On a wooded hill six miles from Weimar the site was selected. Near the source of German culture and freedom, the greatest dungeon of democracy was created. Thus begun the infamous career of BUCHENWALD«

Aus dem Information Booklet der amerikanischen Militärbehörde vom April 1947[54]

Ein Film der amerikanischen Armee vom 12. April 1947, dem ersten Prozesstag, zeigt, dass das Dachauer Verfahren gegen die 31 Angeklagten des Buchenwald-Prozesses vor einem breiten Publikum stattfand. Unter den Beschuldigten befand sich als einzige Frau Ilse Koch, die wie die männlichen Strafgefangenen auf der Anklagebank Platz genommen hatte. Der Stummfilm hält fest, dass alle Angeklagten – auch Ilse Koch – auf »unschuldig« plädierten. Neben den Angehörigen des Military Courts, die Uniform tragen, sind Übersetzer und Protokollanten als weitere Prozessbeteiligte zu sehen. Die Besucherreihen sind voll besetzt. Unter ihnen befinden sich Vertreter der Presse – ein Fotograf macht eine Aufnahme von Ilse Koch.[55]

Nachdem offenbar im Münchener Rundfunk über das Dachauer Verfahren berichtet worden war, kamen Neugierige, die sich selbst ein Bild von dem machen wollten, was sie im Rundfunk gehört hatten. Die zur Verhandlung stehenden Anklagepunkte – hierunter auch der Vorwurf des Besitzes menschlicher Häute – seien für manche Zuschauer, so die rückblickende Einschätzung des ermittelnden Staatsanwalts Denson, schier »unglaublich« gewesen.[56] Auch die Wochenschau »Welt im Film« berichtete mehrfach über den Dachauer Buchenwald-Prozess.[57] So wurde das Verhör Ilse Kochs am 18. Juli 1947 gezeigt, gerahmt von Berichten über das Frankfurter Goethehaus und Taucher in Lübeck. Der Film zeigte die Beschuldigte im Zeugenstand sowie die Symbole der Gewalt – die im Raum aufgehängte Karte des Konzentrationslagers Buchenwald, den sogenannten Schrumpfkopf und einzelne tätowierte Hautstücke, aber auch Bilder des sehr gut besuchten Gerichtssaals. Abgesehen von der Unterlegung des Filmausschnitts mit Musik, bemühte sich der Sprecher um eine sachliche Beschreibung der Vorwürfe gegen Ilse Koch und stellte fest, dass Ilse Koch die ihr zur Last gelegten Verbrechen bestritten habe.[58]

Neben dem allgemeinen Anklagepunkt des ›common design‹ und der Zusammenfassung des Falles führt das Information Booklet unter einer Polizeifotografie für jeden einzelnen der Angeklagten (und Ilse Koch) die ihm oder ihr individuell zur Last gelegten Verbrechen auf. Im Zentrum der für alle Beschuldigten gleichlautenden Anklageschrift stand die Verurteilung der Männer und Ilse Kochs für Taten, die sie als Kriegsverbrecher, also nach Ausbruch des Zweiten Weltkrieges, begangen haben. Die Ankläger William Denson, Robert L. Kunzig und Solomon Surowitz bezichtigten Ilse Koch, in ihrer Funktion als Kommandantin an der Seite ihres Mannes in den Jahren 1939 bis 1941 für die Ermordung Tausender Gefangener verantwortlich gewesen zu sein, und legten ihr den Besitz menschlicher Häute (wie Handschuhe oder auch den Lampenschirm) sowie einen besonderen Sadismus zur Last. Als Verantwortungsbereich (»duties«) Ilse Kochs wird aufgeführt, dass sie gemeinsam mit ihrem Ehemann das Konzentrationslager kommandiert habe.[59]

Ilse Koch wurde im Rahmen eines Kreuzverhörs vernommen. Sie sei, so schrieb Staatsanwalt Denson über ihre Vernehmung, im Zeugenstand »scharfsinnig« und »geistig wach« gewesen. Zunächst habe sie alle Anklagepunkte kategorisch verneint und darauf verwiesen, dass sie eine gute Hausfrau gewesen sei. Sie leugnete, von den Bedingungen des Konzentrationslagers Buchenwald gewusst zu haben.[60] Vor Gericht befragt, wann sie zum ersten Mal davon gehört habe, dass sie Objekte aus Tätowierungen besessen haben soll, verwies Ilse Koch darauf, dass sie hierüber zum ersten Mal in der amerikanischen Zeitschrift *Life* gelesen habe, die ein ganzseitiges Bild von ihr veröffentlicht und darauf hingewiesen habe, sie »hätte Befehle ausgeteilt, Gefangene mit Tätowierungen zu töten«, um die Haut zu erhalten. Natürlich habe sie nach dieser Veröffentlichung unbedingt jemanden von der amerikanischen Militärbehörde sprechen wollen, dies sei aber abgelehnt worden.[61] Sie habe sich »nie die Möglichkeit vorgestellt«, dass sie vor ein Gericht gestellt werden könnte, weil sie die ihr unterstellten Taten nicht begangen habe. In den Zeitungen sei in den letzten zwei Jahren »eine Menge Gerede« über sie geschrieben worden. Es gebe »keinen Ausdruck im Deutschen«, der nicht »gewöhnlich genug« sei, auf sie »angewendet zu werden«. In den Zeitungen werde sie als »Höhepunkt von Sadismus, Perversion und Bestechlichkeit« charakterisiert. Dabei werde auf die »Ansammlung von aus menschlicher Haut verfertigten Gegenständen« verwiesen, auch würden die »schlimmsten Dinge« über ihr Privatleben behauptet. Als Mutter könne sie nicht beruhigt sein, wenn ihre Kinder nun in einem Zustand seien, dass sie nicht mehr in die Schule gehen wollten.[62] Im Gegensatz zu den vielen anderen Beschuldigten der War Crimes Trials, die sich als ehemalige Mitglieder der SS in den Verfahren auf einen etwaigen Befehlsnotstand bezogen, präsentierte sich Ilse Koch im Rahmen des Dachauer Prozesses als Opfer der Presse und vor allem in ihrer Rolle als Mutter.[63]

Letztlich beruhte das War Crimes Trial zentral auf der Vernehmung der Überlebenden der Konzentrationslager, die es nur zwei Jahre nach der Befreiung Buchenwalds auf sich nahmen, vor Gericht auszusagen und sich dem Kreuzverhör des amerikanischen Militärtribunals zu stellen. Offenbar bewogen auch Anreize manche Zeugen zu einer Aussage vor Gericht. Das Buchenwald-Komitee, die Nachkriegsorganisation der kommunistischen Häftlinge, schätzte manche der aussagewilligen Überlebenden so ein, dass diese in der Nachkriegskorrespondenz als »allerlei Buchenwalder Kroppzeug« bezeichneten Zeugen die Gelegenheit nutzten, die »verhältnismäßig gute Verpflegung« der Amerikaner zu erhalten.[64] Hintergrund dieser abfälligen Klassifikation der einstigen Mithäftlinge dürften die Querelen um die Rolle des kommunistischen Widerstands in Buchenwald gewesen sein, auf die später genauer eingegangen wird, sowie die interne Hierarchie unter den Häftlingen und das ›Herabsehen‹ auf die ›Asozialen‹.[65] Die »Mülltonnenadler«, so auch die sehr diskreditierende Bezeichnung der im Lager als ›asozial‹ stigmatisierten Häftlinge,[66] seien erpicht darauf, die von den amerikanischen und deutschen Behörden wöchentlich zugeteilten Tabakpäckchen bzw. den ausgezahlten Geldbetrag von zehn Mark für ihre Zeugenaussagen zu erhalten.[67] Letzten Endes sagten im Rahmen des amerikanischen War Crimes Trial sehr unterschiedliche Überlebende aus. Unter den Zeugen befand sich beispielsweise mit Herbert Froboess eine schillernde Persönlichkeit – Froboess hatte sich nach 1945 als Pater ausgegeben, im Konzentrationslager Buchenwald war er als krimineller Gefangener inhaftiert.[68] Unter den verhörten Zeugen befanden sich aber ebenso Überlebende, die wie Eugen Kogon oder Curt Posener in der Häftlingsgemeinschaft anerkannt waren und die auch im bayerischen Prozess gegen Ilse Koch eine besondere Rolle spielten.

Im Laufe des Dachauer Buchenwald-Prozesses wurde mit dem in der Kommandantenvilla als »Haushaltsgehilfe« eingesetzten Häftling Kurt Titz ein Zeuge befragt, der aufgrund seiner Tätigkeit direkt mit dem Ehepaar Koch und seinen Kindern in Kontakt gekommen war.[69] Das an mehreren Tagen stattfindende Kreuzverhör, in dem der Überlebende wiederholt mit ähnlichen Themenkomplexen konfrontiert worden war, dokumentiert anschaulich die kritische Vernehmungspraxis durch die Vertreter der Anklage sowie der Verteidigung: Der allgemeinen Anhörung folgte ein Kreuzverhör, das wiederum in die Überprüfung des Gesagten – in den Wortprotokollen als »re-cross« bezeichnet – mündete.[70] Obwohl also die Beweiserhebung des War Crimes Trial zentral auf Zeugenaussagen beruhte, unterschied das Gericht zwischen eigenen Erlebnissen, Beobachtungen und erzähltem Wissen. Titz, der abgesehen von einer kurzen Unterbrechung vom September 1939 bis zur Befreiung im Konzentrationslager Buchenwald inhaftiert war, versorgte im Kommandantenhaus den Haushalt und kümmerte sich ebenso um die Kinder.[71] Hier offenbar als Haussklave gehalten, wurde er täglich am frühen Morgen aus dem Häftlingslager in die SS-Führersiedlung gebracht und abends zurück. Im Rahmen seines Verhörs berichtete er, wie er, nachdem er eine Flasche Wein entwendet hatte, auf Initiative Ilse Kochs in der Folterkammer des Konzentrationslagers, dem berüchtigten »Bunker«, gequält worden sei.[72]

Titz berichtete ferner, dass er in dem Haus zwei Lampenschirme gesehen habe, über die berichtet worden sei, dass sie aus menschlicher Haut seien.[73] Ferner schilderte er die phantastisch anmutende Geschichte, dass der Sohn Artwin mit einem Totenschädel gespielt habe. (»Der kleine Edwin (sic!) hat mit diesem toten Schädel herumgespielt und ihm die Zähne herausgezogen.«)[74] Mit Bezug auf das allgemeine Wissen im Lager verwies der Zeuge ebenso auf die willkürliche Praxis der Gewalt, wonach Häftlinge »verschwanden«, nachdem Ilse Koch diese bei ihrem Ehemann angezeigt habe: »Frau Koch und ihr Mann regierten sozusagen gemeinsam.«[75] Ebenso schilderte Titz einen Vorfall, bei dem die SS-Ehefrau die Nummer eines Gefangenen aufschrieb, der vor dem Haus der SS-Führersiedlung arbeitete.[76] In der Aussage dieses Zeugen ging es demnach um das spezifische Gewalthandeln der SS-Ehefrau im Konzentrationslager Buchenwald. Dabei zeigt sich auch in dieser Zeugenaussage das typische Phänomen von Erinnerungstexten, dass phantastisch anmutende Passagen über die Grausamkeit der SS (wie das Beispiel des Spielens mit dem Totenschädel, in dem die Gewalthandlungen der SS auf das Kleinkind Artwin pojiziert wurden) mit Schilderungen verbunden werden, die jene Tötungsexzesse, die toten Leiber und die Willkür des Gewalthandelns in Worte zu fassen suchen. In diesem Sinne handelt es sich bei den Aussagen vor Gericht auch um Erinnerungstexte, die für die Memory Studies aufschlussreich sein könnten.

Nach einem sich mehrere Monate hinziehenden Gerichtsverfahren wurde Ilse Koch am 12. August 1947 zu »lebenslanger Gefängnishaft verurteilt, die sogleich im Kriegsverbrechergefängnis Nr. 1 in Landsberg, Deutschland, oder einem anderen derartigen Platz, der von den amerikanischen Behörden bestimmt wird, ihren Anfang« nehmen sollte.[77]

Von den 31 Angeklagten des Buchenwald-Verfahrens verurteilte das Militärgericht 22 zum Tode, 5 zu lebenslanger Haft, weitere 4 Beschuldigten erhielten lange Haftstrafen von 10 bis 20 Jahren. Hermann Pister, der Koch als Kommandant des Konzentrationslagers Buchenwald abgelöst hatte, wurde zum Tode verurteilt. Von den im Rahmen der Dachauer Kriegsverbrecherprozesse 1672 Verurteilten hatte die Mehrheit zum Teil sehr kurze Gefängnisstrafen erhalten. Darüber hinaus waren 256 Beschuldigte freigesprochen worden, während über 420 Menschen die Todesstrafe verhängt worden war.[78] Nicht alle der verhängten Todesurteile wurden vollstreckt.[79] Der höchsten Strafe, dem Todesurteil, war die Beschuldigte Koch vermutlich aufgrund ihrer Schwangerschaft in amerikanischer Haft entkommen.[80]

5 Von der Urteilsrevision zum Skandal: Die Debatte über die ›gerechte‹ Bestrafung Ilse Kochs

»Im Namen der Menschlichkeit, im Namen aller gerecht denkenden Menschen in der Welt, insbesondere des amerikanischen Volkes, protestieren wir gegen diese Amnestie.«

Dresdner Buchenwald-Arbeitsgemeinschaft[1]

Am 8. Juni 1948, also knapp ein Jahr, nachdem der Revisionsprozess eingeleitet worden war, befand General Lucius D. Clay, der als Militärgouverneur der amerikanischen Besatzungszone die Entscheidungen zu bestätigen hatte, endgültig über die Urteile des Dachauer Buchenwald-Prozesses. Im Fall von Ilse Koch bestätigte er das Urteil, wonach sie sich an der im Konzentrationslager Buchenwald verübten Massengewalt beteiligt hatte, entschied aber »dass die Untersuchungsbefunde und das Urteil bestätigt werden, die Strafe jedoch auf vier Jahre Freiheitsentzug herabgesetzt wird«.[2] Diese Entscheidung des Untersuchungsausschusses wurde vom EUCOM-Hauptquartier am 23. September 1948 in einem mehrseitigen Fernschreiben bekannt gegeben. Diesem zufolge konnte weder überzeugend nachgewiesen werden, dass Ilse Koch Insassen zur Tötung selektiert hatte, um »ihre Haut zu bekommen«, noch dass sie im Besitz von »Gegenstände(n) aus Menschenhaut« gewesen war.[3] Die Stellungnahme, die der Revisionsausschuss der amerikanischen Militärbehörde in seinem abschließenden Bericht vorgelegt hatte, kam zu dem Schluss, dass Ilse Koch das Schlagen der Häftlinge veranlasst (und in einem Fall diese Schläge auch selbst ausgeführt) habe: »Das Gericht kam aufgrund der Beweislage zu dem Schluss, dass die Angeklagte die Ausführung des gemeinsamen

Plans (›common design‹) gefördert, unterstützt und sich daran beteiligt hat.« Allerdings rechtfertigten »das Ausmaß und die Art ihrer Beteiligung« nicht die Verhängung einer lebenslänglichen Haftstrafe. Dieses als übertrieben eingestufte Urteil wurde mit Wirkung vom 18. Oktober 1945 rückwirkend in eine vierjährige Haftstrafe korrigiert.[4]

Wie kam es zu dieser Entscheidung, die Ausgangspunkt eines handfesten transnationalen Skandals war? Eines Skandals im Übrigen, der sich diesseits und jenseits des Atlantiks ausbreitete und zudem die Friktionen der deutsch-deutschen ›Vergangenheitspolitik‹ offenlegte.

Zunächst einmal gilt es festzuhalten, dass die Urteilsprüfung durch das Revisionskomitee ein zentrales, vorgeschriebenes Element der Dachauer Kriegsverbrecherprozesse war. Es wurde überprüft, ob die Anklage sorgfältig vorbereitet, der Prozess des War Crimes Trial korrekt durchgeführt und das Urteil rechtmäßig gesprochen worden waren, ob die Angeklagten und ihre Verteidigung vor Gericht ihr Recht geltend machen konnten und, zu guter Letzt, ob das verhängte Urteil und die vor Gericht verhandelten Verbrechen in einer angemessenen Relation zueinanderstanden.[5] Genau mit dieser letzten Frage beschäftigte sich der Revisionsausschuss im Fall Koch. Denn im Zentrum der Überprüfung stand die Frage, ob Ilse Koch für das ›common design‹ der im Konzentrationslager verübten Verbrechen mitverantwortlich bzw. zu welchem Grad sie an diesem gemeinsamen Vorhaben beteiligt war. Und so wurde die Korrektur ihrer lebenslangen Verurteilung in eine vierjährige Haftstrafe begründet mit der Feststellung, dass »die glaubwürdigen Beweismittel nicht den Grad der Beteiligung an dem gemeinsamen Plan (»common design«) erkennen ließen, der eine lebenslange Freiheitsstrafe rechtfertigte«.[6]

Nach Verkündung der Dachauer Urteile im August 1947 wurde ein bürokratischer Revisionsprozess eingeleitet, der die Entscheidungen des Militärgerichts überprüfte. Dieser Prozess zog sich über mehrere Monate hin, da unterschiedliche hierarchische Instanzen daran beteiligt waren.[7] Letztlich korrigierte der Überprüfungsausschuss das Dachauer Urteil gegen Ilse Koch und hob hervor, dass es auf »Propaganda« und

»Massensuggestion« beruht habe. Die Öffentlichkeit sei zum Zeitpunkt dieses Gerichtsverfahrens bereits von der Schuld der ›Bitch of Buchenwald‹ – »die grünäugige, rothaarige Nymphomanin, die mit Vorliebe Lampenschirme und andere aus Menschenhaut gefertigte Gegenstände sammelte« – überzeugt gewesen. Diese Hervorhebung der körperlichen Merkmale schien bestimmte stereotype Geschlechterbilder über Gewalt zu bestätigen. Letztlich bestätigten die Beweise, dass die Beschuldigte im Sinne des ›common design‹ verantwortlich war, allerdings rechtfertige dies keine lebenslange Haftstrafe: »Der Strafrahmen ist sehr weit gefasst.«[8] Somit stellte der Revisionsausschuss zwar die Mitwirkung Kochs am ›common design‹ fest, bezeichnete das Strafmaß – ihre lebenslange Verurteilung – aber als übertrieben. Colonel Harbaugh, der die abschließende Stellungnahme für den amerikanischen Gouverneur Lucius D. Clay vorbereitet hatte, äußerte sich grundsätzlich zur Funktion der verhängten Strafen: »Als allgemeine Regel gilt, dass wir die obersten Anführer und diejenigen Untergebenen hängen, gegen die wir eindeutige Beweise haben, wonach diese Tötungen durch andere angeordnet haben«.[9]

Der amerikanische Verteidiger Ilse Kochs, Carl Whitney, kritisierte zudem die Beweisführung der amerikanischen Ankläger, die sich vor allem auf den Besitz der tätowierten Häute konzentriert hatten.[10] Im Rahmen des Überprüfungsverfahrens wurden die Fotoalben herangezogen, um zu beweisen, dass Ilse Koch »eine häusliche Frau, eine gute Mutter für ihre Kinder und daher nicht der Typ Mensch, der die ihr zur Last gelegte und verurteilte Straftat begehen könnte«, war.[11] Auch die nächste Instanz in dem langwierigen Überprüfungsverfahren kam zu dem Schluss, es gebe »keine Nachweise in den Akten, dass die Angeklagte Ilse Koch jemals einen Gefangenen töten ließ, um seine tätowierte Haut zu erhalten, noch gibt es in den Akten irgendeinen Beweis dafür, dass sie im Besitz eines solchen Artikels gewesen sein könnte [...] oder jemals einen Lampenschirm aus tätowierter menschlicher Haut hat anfertigen lassen«. Dies seien alles Vermutungen gewesen, die das Board of Review nicht davon überzeugten, »dass sie etwas mit der Beauftragung solcher Artikel zu tun hatte«.[12]

Als Ergebnis des Überprüfungsverfahrens wurden 13 der gegen die 31 Beschuldigten erlassenen Urteile – darunter einige Todesurteile – zum Teil erheblich revidiert.[13] Die verbindlichen Urteilsüberprüfungen, weitere Begnadigungen – auch Ilse Koch hatte im September 1947 ein Gnadengesuch an die amerikanische Armee gestellt, dem allerdings nicht stattgegeben wurde[14] – und Amnestien hatten zur Folge, dass mehr als die Hälfte der Todesurteile in Haftstrafen umgewandelt wurden. Von diesen wiederum musste kaum eine Strafe in voller Länge verbüßt werden.[15] Im November 1948 wurden einige der im Rahmen des Dachauer Buchenwald-Prozesses verhängten Todesurteile vollstreckt – die meisten Urteile des Dachauer Militärgerichts waren allerdings einer grundlegenden Revision unterzogen worden. Ilse Koch gehörte zu den wenigen Verurteilten, die in den 1950er Jahren noch in Gewahrsam waren.[16]

Mit einer Verzögerung von einigen Monaten gab der amerikanische Militärgouverneur Clay im September 1948 seine im Sommer getroffene Entscheidung einer Revision des Urteils gegen Ilse Koch öffentlich bekannt. Internationale Organisationen der Überlebenden, Veteranenverbände, die Presse und Vertreter der Politik reagierten auf diese Urteilskorrektur mit Entsetzen. So schrieb ein Politiker aus Connecticut an die amerikanische Militärbehörde, »wenn auch nur ein kleiner Teil der Aussagen, die während des Prozesses gegen sie gemacht wurden, wahr wäre, käme dies einer unglaublichen Umkehrung der Gerechtigkeit gleich«.[17] Auch Arthur G. Klein, Mitglied des amerikanischen Kongresses, forderte die nochmalige Verurteilung Ilse Kochs, er selbst war – wie die interne Korrespondenz zeigt – aufgrund dieser öffentlichen Stellungnahme antisemitisch beleidigt worden.[18] Auch von außerhalb der Vereinigten Staaten gingen Protestbriefe ein, wie aus der sowjetisch besetzten Zone. Im Namen der Dresdner Buchenwald-Arbeitsgemeinschaft forderten die ehemaligen Häftlinge des Konzentrationslagers im November 1948 »im Namen der Menschlichkeit« und der »100 000 ausländischen Kameraden« die erneute Verurteilung Ilse Kochs. Ilse Koch sei für die Ermordung Tausender Häftlinge verantwortlich, die erfolgt sei, »um in den Besitz von menschlicher Haut mit besonderen Tätowierungen zu gelangen«. Ebenso hätten sich auf ihrem Schreibtisch Totenköpfe ermordeter Häftlinge befunden.[19]

Der internationale Protest gegen die Urteilsrevision führte zur Bildung eines Untersuchungsausschusses durch den amerikanischen Senat. In der Institution des Senatsausschusses, die eines der zentralen Instrumente politischer Gewalt der Vereinigten Staaten war und als solches politische Entscheidungen überprüfte und ggf. auch korrigierte, ging es jedoch nur auf den ersten Blick um Ilse Koch – die Senatoren unterzogen auch das War Crimes Program der Vereinigten Staaten einer kritischen Würdigung.

Der Senatsausschuss und die Revision des Dachauer Urteils

»Der Fehler im Fall Koch ist ein einmaliger Fehltritt in Bezug auf die Sorgfalt und Zuverlässigkeit dieser demokratischen Justiz.«
Fazit des Senatsausschusses nach Prüfung des Falls Koch[20]

Nur wenige Schritte vom Kapitol entfernt, im Senate Office Building, in dem 1912 auch die berühmte Anhörung zur *Titanic* stattgefunden hatte und in den siebziger Jahren die zum Watergate-Skandal stattfinden sollte, traf sich der vom amerikanischen Senat eingerichtete Ausschuss Conduct of Ilse Koch War Crimes Trial, der im September 1948 seine Arbeit aufgenommen hatte. Der Senatsausschuss tagte dreimal unter Vorsitz des republikanischen Senators Homer S. Ferguson; dem Ausschuss gehörten sechs Mitglieder an.[21] Mit seiner Konstituierung waren nunmehr die höchsten politischen Kreise der Vereinigten Staaten mit der Verurteilung Ilse Kochs befasst – immerhin befragte der Ausschuss als ersten Zeugen Kriegsminister Kenneth C. Royall.

Verschiedene nicht dem Ausschuss angehörende Senatoren bekräftigten die Notwendigkeit einer Verurteilung Ilse Kochs zu einer höheren Strafe. Unabhängig vom Senatsausschuss wandten sie sich direkt an Kenneth C. Royall und kritisierten die Revision des Urteils.[22] Protestschreiben erreichten den Ausschuss ebenso aus einzelnen Staaten sowie sogar von Wirtschaftsverbänden. So polemisierte die Junior Chamber of Commerce aus Alabama gegenüber dem zuständigen Senator, dass die Armee bald verbreiten werde, Ilse Koch sei »eine Dame und Adolph [sic] ein Herr« gewesen. Immerhin seien 163 der 420 der von den amerikanischen Militärgerichten verhandelten Fälle korrigiert worden, offenbar glaube jemand, dass »unsere Gerichte in 39 Prozent ihrer Urteilssprüche falschlagen«. Es bestehe offenbar Einigkeit darüber, so das Protestschreiben weiter, dass bei einigen dieser Prozesse »nicht genügend Beweise« vorhanden gewesen seien. Der Grund dafür liege auf der Hand: »Tote können nicht sprechen.« Wenn die Toten von Malmedy sprechen könnten, würden diese sich »unserer Forderung anschließen«, nämlich »dass Sie alles in Ihrer Macht Stehende tun werden, um in diesen Fällen für mehr Gerechtigkeit zu sorgen«.[23]

Im Rahmen der unter Ausschluss der Öffentlichkeit stattfindenden Anhörungen wurden die am Dachauer Verfahren beteiligten Militärangehörigen, die am Revisionsverfahren beteiligten Mitglieder der amerikanischen Militärregierung in Deutschland sowie Überlebende des Konzentrationslagers Buchenwald befragt. Übergeordnet ging es in diesem Ausschuss zunächst um die Frage, auf welcher juristischen Grundlage das Militärgericht die Urteile gesprochen hatte, wie das Delikt des ›common design‹ genauer zu definieren sei und welche Verantwortung Ilse Koch für die Umsetzung dieses »gemeinsamen Plans« konkret beizumessen war.

Das gedruckt vorliegende, mehrere hundert Seiten umfassende Wortprotokoll und die beigefügten Anhänge geben einen detaillierten Überblick über die Kritik der Senatoren an den Militärgerichten, das Bemühen um eine Einordnung des nationalsozialistischen Systems der Konzentrationslager und vor allem die Rekonstruktion der gegen Ilse Koch erhobenen Vorwürfe. Die Selbstverpflichtung des Komitees bestand darin, »darauf zu drängen«, dass – ohne die Regeln zu verletzen, die von den Alliierten für den Umgang mit den Kriegsverbrechern aufgestellt worden seien – alle Anstrengungen unternommen würden, »Ilse Koch vor Gericht zu bringen«.[24] Auch sei es erklärtes Ziel des Senatsausschusses, das juristische Verfahren des Militärgerichts einer genaueren Prüfung zu unterziehen und, sollten »Schwachstellen im System entdeckt werden«, zu gewährleisten, dass »diese Mängel unverzüglich der zuständigen Behörde gemeldet werden«.[25]

Als Auftakt der Anhörung am 28. September 1948 befragte der Ausschuss zunächst Kriegsminister Royall sowie die Angehörigen der Militärgerichtsbarkeit in Deutschland. In dieser Befragung wurde unter anderem auch die Frage nach den Zuständigkeiten für die Militärgerichte (die amerikanische Militärregierung in Deutschland) sowie für das Revisionsverfahren (General Clay) erörtert.[26]

Vor dem Senat wurden ebenso drei Überlebende des Konzentrationslagers Buchenwald angehört. Die drei Männer – der Physiker Kurt Sitte, der Arzt Paul Heller sowie der Politiker und ehemalige Bürgermeister Prags Petr Zenkl – hatten dem tschechoslowakischen Widerstand angehört. Alle drei waren im Konzentrationslager Buchenwald als politische Gefangene inhaftiert gewesen. Zum Zeitpunkt ihrer Anhörung durch den amerikanischen Senat waren sie jeweils bereits in die Vereinigten Staaten emigriert – jeder der drei Männer konnte auf eine engagierte politische Biographie verweisen.[27] Im Rahmen ihrer Vernehmungen gaben die Überlebenden einen detaillierten Überblick über ihre Inhaftierung im Konzentrationslager Buchenwald. Die Augenzeugen berichteten, dass sie selbst von Ilse Koch geschlagen worden seien bzw. gesehen hätten, wie die SS-Ehefrau am Tor zum Häftlingslager Häftlinge öffentlich ausgepeitscht habe.[28]

Hinsichtlich der Verbrechen Ilse Kochs beschäftigten den Senatsausschuss insgesamt drei Themenkomplexe, auf die während der Anhörungen immer wieder zurückgekommen wurde. Dies war zum einen die Frage nach dem Hintergrund der Sammlung tätowierter Hautstücke, nach der der Vorsitzende Senator Ferguson ebenso detailliert wie beharrlich fragte.[29] Zum anderen ging es um das Ausmaß der von der

Inhaftierten konkret verübten Gewalttaten und darum, ob sie als Frau vor Gericht eine Sonderstellung eingenommen hatte. William Denson, der die Anklage gegen Ilse Koch während des Dachauer Prozesses vorbereitet hatte, betonte im Rahmen seiner Anhörung durch den Senat, dass es ihn überrascht habe, wie sehr die Frage nach den Tätowierungen die Öffentlichkeit beschäftigt hatte. Er selbst habe »wegen der schwachen Beweismittel« nicht gedacht, dass »diese Hautsache von so großer Bedeutung« sei.

Seines Erachtens habe diese Thematik lediglich den Hintergrund dessen gezeigt, was im Konzentrationslager Buchenwald insgesamt vorgegangen sei. Das amerikanische War Crimes Committee habe von verschiedenen Orten des Konzentrationslagers insgesamt einen Stapel von Dokumenten »in der Höhe von zwei Fuß« zusammengetragen, aber Ilse Koch sei letztlich wegen der Schläge und des Antreibens zur Gewalt verurteilt worden.[30] Aus Densons Sicht hatte sich Ilse Koch besonders schuldig gemacht, da sie im Gegensatz zu den anderen Tätern ihre Taten freiwillig und ohne Bezahlung begangen habe. Sie sei daher in besonderer Weise zur Verantwortung zu ziehen.[31] Ein weiterer Aspekt, der Ilse Kochs Sonderstellung als Frau vor Gericht betraf, berührte die Frage ihrer Schwangerschaft in amerikanischer Haft.[32] Da sich die Gefangene Koch seit Sommer 1945 ohne Unterbrechung in amerikanischer Haft aufgehalten hatte, spekulierte die Presse über den Vater ihres während der Haft geborenen Sohns Uwe. Im Rahmen des Senatsausschusses wurde die Frage erörtert, ob ihre Schwangerschaft zu einer Reduktion des Strafmaßes – also zu einer lebenslänglichen Haft- statt einer Todesstrafe – geführt hatte, was der zuständige Richter verneinte.

Erklärtes Ziel des Senatsausschusses war es, ein weiteres Gerichtsverfahren gegen Ilse Koch einzuleiten, doch ging es dem republikanischen Senator Ferguson auch darum, Kritik an der amerikanischen Militärbehörde zu formulieren.[33] Denn letztlich brachte der Senatsausschuss hinsichtlich der Verbrechen Ilse Kochs keine neuen Erkenntnisse zutage, sondern kritisierte einige eklatante Mängel innerhalb des Überprüfungsverfahrens durch den Untersuchungsausschuss unter General

Clay. Während der Senatsausschuss die gravierenden formalen Mängel (wie den Ausschluss der Anklagevertretung innerhalb des Revisionsverfahrens) sowie die späte öffentliche Bekanntgabe der Begnadigung Ilse Kochs unterstrich, problematisierte er vor allem die unterschiedliche Auslegung des ›common design‹ – also des gemeinsamen Plans und Vollzugs der im Konzentrationslager Buchenwald begangenen Verbrechen. Zur Diskussion stand, inwieweit es notwendig war, dem einzelnen Angeklagten neben der allgemeinen Beteiligung am Vollzug innerhalb des Konzentrationslagers Buchenwald konkrete Delikte nachzuweisen. Im Gegensatz zur Revisionsinstanz, die das Urteil aufgehoben hatte, weil die Beweise gegen Ilse Koch keine lebenslange Haftstrafe rechtfertigten, interpretierte der Untersuchungsausschuss des Senats den Straftatbestand des ›common design‹ umfassender.

Dieser Interpretation zufolge war lediglich der Nachweis notwendig, »dass die Angeklagten den gemeinsamen kriminellen Plan (›common design‹) gefördert, unterstützt, begünstigt und daran teilgenommen haben«.[34] Zudem mache das freiwillige Eingreifen Ilse Kochs in den Lageralltag ihr Verhalten im Gegensatz zu den auf Weisung handelnden SS-Männern besonders verwerflich. Denn die meisten Beschuldigten, die mit ihr zusammen verurteilt worden seien, hätten darauf verweisen können, dass sie »Teil einer militärischen Organisation und als solche verpflichtet waren«, Befehle auszuführen, egal wie sehr sie persönlich dagegen waren. Im Gegensatz dazu sei jede von Ilse Koch begangene Handlung, wie die Beweise zeigen, die Handlung einer »Freiwilligen«. Außerdem seien aufgrund der Tatsache, dass Ilse Koch eine Frau sei, ihre Handlungen mehr als »unnatürlich und eher gewollt« einzuordnen.[35] Auch die zeitverzögerte Bekanntgabe der Urteilsrevision wurde in scharfen Worten kritisiert: »Nichts erweckt«, so das Resümee der Senatoren, »in der Öffentlichkeit so schnell den Glauben an eine mögliche Verfehlung wie das Verheimlichen« von Informationen.[36] Die Rüge des Senatsausschusses richtete sich vor allem gegen »das Versäumnis der zuständigen Behörden, die Politik des Programms und die Aufgaben der ihm zugeteilten Beamten sorgfältig zu koordinieren«, was der Ausschuss als Niederlage bezeichnete: »Es mangelte und mangelt nicht an Beweisen gegen sie.«[37] Ebenso sollten bei zukünftigen Revisionsverfahren auch die Staatsanwälte an der Prüfung der Unterlagen beteiligt sein.[38]

Hiermit grenzte der Untersuchungsausschuss Ilse Koch, die im Bericht als äußerst bestialisch bezeichnet wurde, von dem für die Verbrechen der SS konstruierten »Befehlsnotstand« ab. So war eine Argumentationsfigur geschaffen worden, die auch im deutschen Prozess gegen Ilse Koch eine Rolle spielen sollte. In seiner Bilanz des Dachauer Prozesses forderte der Senatsausschuss die nochmalige (nunmehr lebenslange) Verurteilung Ilse Kochs durch deutsche Gerichte. Um zu verhindern, dass sie zweimal wegen derselben Sache (ne bis in idem) verurteilt werde, müssten bei einem neuerlichen Verfahren die Verbrechen an Deutschen im Zentrum stehen: Gleichwohl es bedauerlich sei, so das Resümee des Ausschusses, dass die Militärbehörden so verfahren müssten, sei es »äußerst wichtig, dass Ilse Koch die Strafe erhält, die sie zu Recht verdient, ohne die seit langem bewährten Grundsätze der demokratischen Justiz weiter zu verletzen«.[39] Die amerikanische Militärbehörde sei gehalten, den deutschen Behörden jede Unterstützung zuzusagen.[40] Die Aufgabe der Militärgerichte sei die Verteidigung demokratischer Grundsätze, für die dieser Krieg gekämpft worden sei und für die Männer und Frauen gestorben seien.[41] Diese politische Vorgabe legte die Rahmenbedingungen des Augsburger Prozesses unmissverständlich fest.

Mit der im Februar 1949 durch den amerikanischen Militärgouverneur Lucius Clay ausgesprochenen Weisung an den bayerischen Ministerpräsidenten Ehard, Ilse Koch für ihre an Deutschen begangenen Verbrechen zur Rechenschaft zu ziehen, formulierte die amerikanische Besatzungsbehörde den Anspruch, an dem deutschen Prozess beteiligt zu werden.[42] Hierfür war auch die in der amerikanischen Öffentlichkeit vorhandene Skepsis gegenüber der deutschen Justiz verantwortlich, wie sie beispielsweise vom Präsidenten des Jewish World Congress, Stephen S. Wise, vorgebracht worden war.[43] Er schaltete sich mehrfach in die Debatte über eine nochmalige Verurteilung Ilse Kochs ein. Da seines

Wissens, so erklärte er, bisher seitens der deutschen Behörden noch keine entsprechenden Schritte eingeleitet worden seien, könnte der Fall eintreten, dass Ilse Koch im Oktober ohne weitere Verhandlung freigelassen werde. Aufgrund des komplizierten Verfahrens empfahl er außerdem, dass das Verfahren nicht allein den deutschen Behörden überlassen, sondern dass dafür Sorge getragen werde, dass diese durch amerikanisches Personal unterstützt werde, das über Erfahrungen bei der Verfolgung von Kriegsverbrechern verfüge.[44]

Eine weitere politische Stellungnahme eines amerikanischen Bundesstaats signalisiert, dass sich der nationale Diskurs innerhalb der US-Öffentlichkeit über Sinn und Zweck des amerikanischen War Crimes Program mittlerweile verlagert hatte. So brachte der Senat Ohios im Mai 1949 eine Resolution ein, mit der die Verantwortlichen der Politik aufgefordert wurden, dafür Sorge zu tragen, »dass das Ziel der Gerechtigkeit gewahrt bleibt«. Auch diese Resolution erwähnte die bekannten Vorwürfe gegen Ilse Koch. Allerdings solle ebenso die Erinnerung an »die Staatsbürger der Vereinigten Staaten des Zweiten Weltkriegs, die auf den Schlachtfeldern und in den Gefangenenlagern zur Verteidigung ihres Landes die größten Opfer erbrachten«, gewürdigt werden.[45]

Parallel zu den Senatsanhörungen beschäftigte sich die amerikanische Militärbehörde nochmals mit den gegen Ilse Koch zusammengetragenen Beweisen ihrer Verbrechen, also mit den mündlichen Zeugenaussagen. Bezugnehmend auf den von Senator Ferguson geleiteten Senatsausschuss wurden der Militärgouverneur Clay bzw. die War Crimes Branch, namentlich Colonel Straight, darum gebeten, alle formellen wie informellen Informationen zusammenzustellen, die eine präzise Rekonstruktion des Revisionsverfahrens erlaubten. Unter anderem sollten einige der im Rahmen des Überprüfungsverfahrens als unglaubwürdig eingeschätzten Zeugen (wie beispielsweise der erwähnte Froboess) genauer eingeordnet werden.

Außerdem seien weitere Anklagepunkte zusammenzustellen, die – wie es ein Mitglied des Kongresses gefordert hatte – ein nochmaliges, dieses Mal von Deutschen angestrengtes Gerichtsverfahren ermöglichen würden. Zudem wäre es wünschenswert, Zeitungsartikel zu erhalten, die eine mögliche Bestechung im Zusammenhang mit der Strafreduktion angesichts Ilse Kochs Schwangerschaft belegten.[46] Dieser ohnehin schon bemerkenswerte Arbeitsauftrag an eine untergeordnete Behörde wird von der Qualität des Antwortschreibens noch übertroffen. Denn in dieser, als streng vertraulich klassifizierten Zusammenstellung des Militärgouverneurs Clay, erfolgte im Wesentlichen die Demontage der Zeugenaussagen. Unter den vielen Dokumenten, auf die sich dieses Buch stützt, ist dieses zwölfseitige Papier besonders bemerkenswert, da es die Grenzen einer juristischen Bestrafung der SS-Ehefrau Ilse Koch besonders anschaulich illustriert.

Abgesehen von formalen Mängeln bei der Durchführung des Verfahrens vor dem Military Court (es fehlten etwa die Unterschriften unter den Verhörprotokollen), monierte der Militärgouverneur ebenso in einigen Fällen, dass manche der Zeugenaussagen aufgrund der chronologischen Begebenheiten gar nicht zutreffen konnten. Dies gilt beispielsweise für die Aussage eines amerikanischen Kriegsgefangenen zu dem Vorwurf, Ilse Koch habe Gegenstände aus tätowierten menschlichen Häuten anfertigen lassen. Es sei kaum wahrscheinlich, so Clay zu diesem Beispiel, dass er »persönliche Kenntnis« über ihre Aktivitäten gehabt habe. Insgesamt werden dessen Aussagen, auch den Lampenschirm betreffend, als »wenn überhaupt, dann allenfalls von geringer Beweiskraft gegen sie« bezeichnet.[47] Ein weiterer Punkt betrifft die Frage des sogenannten »Hörensagens«, also Aussagen, in denen sich Zeugen auf das generelle Lagerwissen bezogen hatten: Wiederholungen seien häufig vorgekommen, »da die Zeugen eng beieinander saßen und sich gegenseitig Informationen über die laufenden Ermittlungen zukommen ließen«.[48] Neben der Standardisierung bzw. der Etablierung einer spezifischen Erzählung über Ilse Koch thematisierte das Schreiben ebenso Zweifel an der Integrität mancher Zeugen, die – wie beispielsweise Herbert Froboess – die eigene Biographie mehrfach neu erfunden hatten. Skepsis gegenüber seinen Aussagen war auch deshalb geboten, weil der

Zeuge offenbar von der Ehefrau eines SS-Beschuldigten Geld erhalten hatte, um diesen vor dem War Crimes Trial zu entlasten.[49] Alles in allem hatte Clay also ein Schreiben verfasst, das die Grenzen der bisherigen Ermittlungen zum Fall Koch betonte, statt der nunmehr verantwortlichen deutschen Justiz Optionen für das avisierte Gerichtsverfahren zu skizzieren.

Welche Bedeutung hatte es, dass der amerikanische Senat einen Untersuchungsausschuss einrichtete, vor dem sogar der Kriegsminister Rechenschaft ablegen musste? Die Beantwortung dieser Frage bewegt sich auf verschiedenen Ebenen. Zwar konnte der Ausschuss zu den Koch konkret vorgeworfenen Gewalttaten (wie das Schlagen der Häftlinge) keine weiteren Erkenntnisse zusammentragen, doch wurde der strukturelle Zusammenhang der Ausübung von Gewalt im Konzentrationslager – und dies gilt auch für die tätowierten menschlichen Häute – mit der Anhörung von Überlebenden des Konzentrationslagers klar benannt. Das Wortprotokoll der Anhörung sowie der Anhang, der die nationalsozialistische Gewalt mit Hilfe von Zeugenaussagen ausführlich und detailliert dokumentierte, wurden mit Abschluss des Verfahrens im Dezember 1948 der Öffentlichkeit zugänglich gemacht. Von diesem Zeitpunkt an konnten diese Aussagen über NS-Verbrechen von interessierten Zeitgenossen und Zeitgenossinnen gelesen und interpretiert werden. In diesem Sinne handelt es sich bei dem Protokoll des Senatsausschusses um einen gleichwohl auch von den politischen Interessenlagen geprägten Erinnerungstext. Zudem herrschte unter den beteiligten Akteuren weitgehend Unklarheit über das Gerichtsverfahren, das Rechtskonstrukt des ›common design‹ und letztlich ebenso über das anschließend eingeleitete Revisionsverfahren. Nicht zuletzt zeigen die Anhörungen des Senats, dass die Ahndung der nationalsozialistischen Gewalttaten auf keinem einheitlichen Programm zu beruhen schien. Dieser Sachverhalt gab den Militärgerichten einen immensen Deutungs- und Handlungsspielraum.

Hinzu kamen die Interventionen einer sich angesichts der Kriegsverbrecherprozesse zunehmend entrüstet zeigenden deutschen Öffentlichkeit, die nicht davor zurückschreckte, die Repräsentanten des War Crimes Program zu verunglimpfen. Ernest Landau berichtete beispielsweise im New Yorker *Aufbau*, dass John McCloy, der später eingesetzte amerikanische Militärgouverneur, als »Sendbote des Judentums« bezeichnet worden war.[50] Viele Angehörige der bundesdeutschen Eliten empfanden die alliierte Besatzung, wie die Geschichtswissenschaft herausarbeitete, als »Episode nationaler Demütigung«.[51] Vor allem die evangelische Kirche hatte sich in den ersten Monaten nach Kriegsende als Kritikerin der amerikanischen Kriegsverbrecherprozesse profiliert.[52] Höhepunkt dieser Initiativen war eine Stellungnahme zu den Prozessen vom Dezember 1950, in der konstatiert wurde, dass hierdurch nicht »echte Verbrechen« gesühnt würden, sondern solche, »die untrennbare Bestandteile eines politischen und militärischen Gesamtgeschehens darstellten, in das der einzelne verstrickt war«. Ein Verfahren, das die Aufarbeitung dieser schwierigen Phase der deutschen Geschichte zum Gegenstand habe, überschreite die Grenzen menschlicher Gerichtsbarkeit.[53] Das Begleitschreiben, immerhin von Martin Niemöller verfasst, brachte den konstruierten Gewissenskonflikt für die Justiz folgendermaßen auf den Punkt: »Werden hier nicht Richter zum Urteil über Fragen gezwungen, in denen nur Der, Der Herr über den Menschen und das Gewissen ist, ein gerechtes Urteil finden kann?«[54]

Letztlich war mit dem Dachauer Prozess samt seinen diversen Überprüfungsverfahren ein kompliziertes Rechtsgebilde geschaffen worden, mit dessen Hilfe es gelang, viele der nationalsozialistischen Gewalttaten innerhalb kürzester Zeit zu ahnden und gleichzeitig mit Hilfe eines komplexen Aushandlungsprozesses nach Gerechtigkeit zu suchen. Die SS-Ehefrau Ilse Koch war dabei zum Symbol der nationalsozialistischen Verbrechen geworden – weite Teile der amerikanischen Öffentlichkeit standen im Bann der mit ihr in Verbindung gebrachten Gewalttaten. Die Einberufung eines Senatsausschusses zur Korrektur eines amerikanischen Militärurteils war bereits ungewöhnlich genug, dass dieses Vorgehen aber außerdem zu einem erneuten deutschen Prozess führte, sei – so ein zeitgenössischer Kommentar in einer amerikanischen Rechtszeitschrift – »ein höchst bemerkenswertes Phänomen sowohl auf dem Gebiet der legislativen Ermittlungen als auch auf dem der internationalen Beziehungen«.[55]

6 *›Doing‹ Democracy?* Die amerikanische Presse und die NS-Verbrechen

»Why should Ilse Koch go free. *Look* presents two opposing viewpoints on the mistress of Buchenwald. But both sides agree: Society has been cheated of Justice.«

Zeitungsartikel der Ankläger William Denson und Robert Lowe Kunzig in Look[1]

Die skandalisierende Darstellung des Falls Ilse Koch in den amerikanischen Medien steht im Kontext der allgemeinen Thematisierung von Gewalt in der Presse. Die mediale Repräsentation von Gewalt spielte daher eine zentrale Rolle, was gerade in Bezug auf die nationalsozialistische Vergangenheit und ihre mediale Verarbeitung etwa im Rahmen von Fotografien keine ganz neue Beobachtung ist.[2] Wenn hier diese aus geschichtswissenschaftlicher Perspektive durchaus intensiv erörterte Frage erneut aufgefächert wird, dann um zu zeigen, dass es vor allem die Interventionen der amerikanischen Presse gewesen sein dürften, die zu einer erneuten Verhandlung des Falles Koch vor einem deutschen Gericht führten.

Die erstaunliche und vor allem nachhaltende Intensität, mit der die amerikanischen Medien über die SS-Ehefrau Ilse Koch berichteten, zeigt die Faszination gegenüber dem Fall Koch – die insbesondere auf den vermuteten Besitz von aus tätowierter menschlicher Haut hergestellten Alltagsgegenständen zurückzuführen sein dürfte.[3] Zwei Stränge sollen hier verfolgt werden: Zunächst wird rekonstruiert, wann und in welcher Form die Berichterstattung über die nationalsozialistischen Verbrechen in den Vereinigten Staaten überhaupt erfolgte. Der zweite

Strang ist das ›Faszinosum‹ Koch, wie es in der amerikanischen Presse zu beobachten ist.

Die amerikanische Presse und die ›atrocities‹ der Konzentrationslager

Im ersten Jahr ihrer Machtübernahme gestatteten die Nationalsozialisten ausländischen Delegationen noch Besuche in Konzentrationslagern. Bereits im April 1933 veröffentlichten amerikanische Zeitungen Berichte ihrer Deutschlandkorrespondenten über das in den Lagern herrschende Terrorregime.[4] In den folgenden Jahren wurde ausländischen Journalisten kein Zutritt mehr zu den Konzentrationslagern gewährt. Die wenigen nach dem Zutrittsverbot für Journalisten noch erschienenen Artikel stützten sich auf Gerüchte oder auf Berichte von Emigranten, denen die Flucht gelungen war. Einzelne Emigranten, die aus der Konzentrationslagerhaft entlassen worden waren, wie der aus Oranienburg geflohene sozialdemokratische Reichstagsabgeordnete Gerhart Seger, berichteten in der amerikanischen Öffentlichkeit über ihre Erfahrungen.[5] Seit Beginn des Krieges im September 1939 stand die Berichterstattung über diesen im Vordergrund. Nachdem 1941 die Deutschen den Amerikanern den Krieg erklärt hatten, mussten auch die letzten der noch in Berlin verbliebenen amerikanischen Korrespondenten ihre Tätigkeit einstellen. Einige von ihnen veröffentlichten nach ihrer Rückkehr Reportagen über Nazideutschland.[6] Exemplarisch sei das Gemeinschaftsprojekt »This is the Enemy« (1942) der Korrespondenten um Frederick Oechsner erwähnt, in dem die Deportationen der jüdischen Bevölkerung geschildert und prognostiziert wird: »Der Plan der Nazis sieht vor, alle europäischen Juden in den Osten zu bringen, wo ein dauerhafter jüdischer Staat gegründet werden soll.«[7]

Immerhin veröffentlichte die *New York Times* zwischen 1933 und 1939 mehr als 70 von amerikanischen Korrespondenten verfasste Zeitungsartikel über die Haftbedingungen in den Konzentrationslagern. Einzelne Journalisten, wie die Korrespondenten der *Chicago Daily Tribune*, publizierten zudem Augenzeugenberichte. Allerdings war die Berichterstattung nicht durchweg negativ, so publizierte das *New York Times Magazine* im Februar 1937 Fotos und einen geschönten Bericht über die Zustände im Konzentrationslager Dachau. Der bekannte Journalist Fred Birchall, ebenfalls von der *New York Times*, bilanzierte nach den Olympischen Winter- und Sommerspielen im Februar und August 1936 gar, dass die Deutschen »wieder in die Gemeinschaft der Nationen eingetreten« seien.[8] Sporadisch berichteten amerikanische Zeitungen über die antisemitischen Ausschreitungen in den ersten Jahren der nationalsozialistischen Machtübernahme. Das Interesse hieran nahm jedoch (nachdem 1933 noch ausführlich berichtet worden war) in den folgenden Jahren ab.

Diese zögerliche Berichterstattung erstaunt angesichts der Tatsache, dass Vertreter der internationalen Presse bis Ende der dreißiger Jahre im Deutschen Reich lebten und amerikanische Korrespondenten sich hier bis in das Jahr 1941 hinein aufhielten.[9] Vor diesem Hintergrund bilanziert die Historikerin Deborah Lipstadt, dass die Öffentlichkeit in den Vereinigten Staaten den Charakter des nationalsozialistischen Antisemitismus bis 1945 nicht vollständig erfasst und erst reagiert habe, nachdem dieser bereits seinen vollen Tribut vom europäischen Judentum gefordert habe.[10] Bis zum Kriegsende, so paraphrasiert der deutsche Historiker Norbert Frei, habe die amerikanische Presse den Holocaust in »bestürzender Weise« heruntergespielt.[11]

Mit der Befreiung der Konzentrationslager durch die alliierten Truppen wurde das Ausmaß der nationalsozialistischen Verbrechen einer internationalen Öffentlichkeit bekannt. Noch in der Moskauer Erklärung vom 30. Oktober 1943 war die Kriegs- und Vernichtungspolitik der Deutschen als das Treiben von »recoiling Hitlerite Huns« bezeichnet worden.[12] Der im Juni 1942 von der polnischen Exilregierung veröffentlichte Bericht über die Ermordung von 700 000 Juden in Polen wurde nicht aufgegriffen.[13] Selbst bedeutende Zeitungen wie die *New*

York Times zeigten sich zurückhaltend, als im Oktober 1943 Berichte über die Massenexekution von Tausenden Menschen in der Schlucht von Babyn Jar bei Kiew eintrafen.[14] Die von der SS in den Konzentrationslagern zurückgelassenen Spuren der nationalsozialistischen Vernichtungspolitik, wie sie die Soldaten der Roten Armee im Juli 1944 bei ihrem Eintreffen im Konzentrations- und Vernichtungslager Majdanek vorfanden, hatten in der amerikanischen Öffentlichkeit zunächst nicht zu einem Wandel der Interpretation der Berichte über die nationalsozialistische Vernichtungspolitik geführt, die als »kommunistische Propaganda« wahrgenommen wurden.

Mit der Befreiung der Konzentrationslager durch die amerikanische Armee und nach deren Begehungen durch Journalisten wandelte sich die Berichterstattung in den amerikanischen Medien fundamental. Offenbar mussten die Amerikaner die NS-Verbrechen mit eigenen Augen sehen und sich dem Schock der Konfrontation aussetzen, der sich bei einem Besuch der Lager auch physisch niederschlug, wie es Soldaten in dramatischen Worten beschrieben.[15] Nach der Befreiung des Konzentrationslagers Buchenwald besuchten nahezu täglich internationale Delegierte von Parlamenten sowie Vertreter der Presse das ehemalige Lager. So reisten noch im April 1945 unter anderem eine britische Parlamentskommission, eine amerikanische Senatskommission sowie amerikanische Arbeitervertreter der Eisenbahnbrüderschaft nach Weimar und suchten das ehemalige Konzentrationslager Buchenwald auf.[16] Wenig später besuchte die United Nations War Crimes Commission das ehemalige Konzentrationslager.[17] Auch internationale Pressedelegationen kamen nach Buchenwald, deren Vertreter – wie beispielsweise die Redakteure der Londoner *Times* – zugaben, dass sie die aus Moskau kommenden Berichte über die Nazigräuel nicht ernst genommen hätten.[18] Bereits im April 1945 besuchte eine Delegation amerikanischer Pressevertreter das Konzentrationslager Buchenwald. Unter ihnen befanden sich unter anderem Korrespondenten der *New York Times*, der *Chicago Sun*, des *St. Louis Post-Dispatch*, des *Minneapolis Star-Journal* und der *Los Angeles Times*.[19]

Auch die Journalisten erlebten die Besichtigung des Konzentrationslagers als Schock. So versicherte der Rundfunkjournalist Edward A. Murrow seinem Publikum, dass alles, was er über das Konzentrationslager Buchenwald berichtete, auf seinen eigenen Beobachtungen beruhe, ihm allerdings für eine angemessene Beschreibung die Worte fehlten.[20] In den Staaten riefen die Berichte des amerikanischen Militärs, aber auch der vor Ort gewesenen Journalisten neben dem Schock und der Überraschung über das Ausmaß der Verbrechen auch eine aufrichtige Skepsis hinsichtlich ihrer Authentizität hervor, auch unter Medienvertretern. Ein Journalist der *Detroit Free Press* konstatierte beispielweise, er sei »offen gestanden skeptisch gegenüber Anklagen wegen Gräueltaten« gewesen. Er selbst habe den Ersten Weltkrieg miterlebt, über den es etliche Berichte über Gräueltaten gegeben habe, die sich später als Mythen entpuppt hätten. Deshalb sei er zu der Haltung übergegangen, dass er aus Missouri komme und ihn diese Schreckensnachrichten nichts weiter angingen. Diese Einschätzung habe er allerdings revidiert.[21]

Bezug auf die Gräuelpropaganda des Ersten Weltkrieges nahm auch Joseph Pulitzer, der als Verleger des *St. Louis Post-Dispatch* an der erwähnten Reise der Pressedelegierten teilnahm und Ende April 1945 einen langen Bericht verfasste. Zugegebenermaßen habe er, so Pulitzer, mit einer »misstrauischen Grundhaltung« die Reise angetreten, da sich Schreckensmeldungen über den Ersten Weltkrieg nach und nach als »unwahr« erwiesen hätten. Nun aber müsse er berichten, dass sich die Schreckensmeldungen über die Konzentrationslager als richtig und sogar als Untertreibungen herausgestellt hätten.[22] Angesichts dieses Schocks habe Pulitzer gar die Gründung eines Atrocity Club erwogen, dessen Auftrag es sein sollte, die gemeinsamen Eindrücke dieser Reise nach Europa zu bündeln und über die eigentliche journalistische Tätigkeit hinausgehend einer breiteren Öffentlichkeit zur Verfügung zu stellen.[23] Diese etwas makabre Idee verwarf er zwar, aber das Nachdenken darüber, welches mediale Format den Dimensionen der Gewalt und dem Wunsch nach Aufklärungsarbeit gerecht würde, währte fort.[24]

Neben den Berichten in den Tageszeitungen veröffentlichten die Kommissionsmitglieder, so auch Pulitzer, Broschüren, die Tagebuchnotizen und Artikel über die Konzentrationslager enthielten.[25] Mit diesen Veröffentlichungen wurde nicht nur das Ziel verfolgt, so umfassend wie möglich über die Konzentrationslager zu berichten, sondern ebenso etwaige Spekulationen über ›Gräuelpropaganda‹ auszuräumen. So widmete beispielsweise das Verbandsorgan der American Society of Newspaper Edition eine ihrer Titelseiten dem Thema »Reflections on Atrocities«, in dem die Unterschiede zwischen den Konzentrationslagern und den Lagern für Kriegsgefangene betont wurden.[26] Pulitzer setzte sich auch dafür ein, dass die Filme des U.S. Army Corps in St. Louis gezeigt würden, er begründete diese öffentlichen Vorführungen so: »Jeder, der diese Filme gesehen hat, wird mehr gesehen haben als wir Zeitungsleute, denn unsere Recherche war auf zwei Lager begrenzt.«[27] Zu den ausverkauften Filmvorführungen, die im lokalen Opernhaus stattfanden, kamen mehr als 80 000 Besucher.[28] Ende Juni fanden weitere Vorführungen in der bedeutenden Library of Congress in Washington statt, die wiederum Tausende von Besuchern anzogen. Ebenso hatte Pulitzers *St. Louis Post-Dispatch* eine Ausstellung konzipiert, die 25 lebensgroße Fotos aus den Konzentrationslagern zeigte.[29] Auch die Ausstellung zog Tausende Besucher an – sowohl in Missouri als auch in Washington D.C. Kurzum: Die medialen Interventionen waren vielfältig. Bisher unerwähnt blieben die Vorträge, die von den Mitgliedern der Delegation in den unterschiedlichsten Zusammenhängen – vor der Belegschaft der *New York Times* oder im Princeton Club in der Metropole – gehalten worden waren.[30]

Angesichts dieser Vielfalt unterschiedlichster Berichte sei davon auszugehen, dass im Frühsommer 1945 fast »jeder Amerikaner mit den Nachrichten über die deutschen Konzentrationslager konfrontiert« worden sei.[31] Nach einer Gallup-Umfrage von Anfang Mai 1945 hielten etwa 80 Prozent der befragten Amerikaner die Informationen über die massenhaften Ermordungen in den Konzentrationslagern für wahr, lediglich neun Prozent der befragten Personen hielten sie für übertrieben.[32]

In der Umfrage wurde ebenso die Frage gestellt, wie mit Deutschland als Nation umzugehen sei. Die große Mehrheit der befragten Amerikaner und Amerikanerinnen sprach sich für einen rigiden Umgang mit den Deutschen aus.[33] Dennoch zeigen sich die bereits angesprochenen blinden Flecken hinsichtlich der NS-Judenverfolgung auch in dieser Gallup-Umfrage, die folgende Frage stellte: »Niemand weiß, wie viele getötet wurden oder verhungert sind, aber was würden Sie schätzen?« Der Durchschnitt der Befragten ging von einer Million Opfer aus.[34]

Zusammenfassend lässt sich festhalten, dass die amerikanischen Medien ihre Leser und Leserinnen mit einer deutlichen zeitlichen Verzögerung über die nationalsozialistischen Verbrechen informierten. Die renommierte Journalistin Martha Gellhorn formulierte diese Kritik, die sich aus der mangelnden Anerkennung der nationalsozialistischen Repressionspolitik des ›Dritten Reiches‹ ergab, wie folgt: »Wir sind nicht ganz schuldlos, wir, die Alliierten, denn wir haben zwölf Jahre gebraucht, um die Tore von Dachau zu öffnen. Wir waren blind und ungläubig und langsam, und das dürfen wir nie wieder sein. Wir müssen wissen, dass es niemals Frieden geben kann, wenn es derartige Gräuel auf der Welt gibt«.[35] Ab dem Moment allerdings, als amerikanische Soldaten und Pressevertreter die befreiten Konzentrationslager selbst aufsuchen konnten, berichteten sie ausführlich über die nationalsozialistische Gewalt. So drastisch und detailliert diese Berichterstattung war, so wenig spezifisch erschien wiederum das in der Presse repräsentierte Bild der für diese Verbrechen Verantwortlichen. In der amerikanischen Presse bildete sich eine stereotype, schablonenhafte Erzählung über die SS-Ehefrau Koch heraus.

Ilse Koch und das Böse

»The Witch of Buchenwald«

Newsweek, *Juli 1947*[36]

Für viele Journalisten der amerikanischen Tagespresse verkörperte Ilse Koch das absolut Böse. Diese Geschichte ist schnell erzählt, da ihre zentralen Elemente im Wesentlichen unverändert blieben. So wurde Koch immer wieder mit dem Besitz von Objekten aus menschlicher tätowierter Haut (der Lampenschirm, das Fotoalbum, die Handtasche) sowie sexuell konnotierten Verhaltensweisen, wonach sie sich angeblich den Häftlingen im Garten der SS-Führersiedlung bewusst in Badebekleidung präsentierte, assoziiert.[37] Das *Time Magazine* führte unter der Schlagzeile »The Bitch Again« Berichte an, wonach die SS-Ehefrau »Männer aus Vergnügen auspeitschen« ließ.[38] Auch ihre angebliche Promiskuität wurde immer wieder aufgegriffen. Diesbezügliche Phantasien erhielten zusätzliche Nahrung, da die Gefangene Koch in amerikanischer Haft in Landsberg erneut schwanger geworden war.[39] In dieser Hinsicht ist der Artikel des Pulitzer-Preisträgers Hal Boyle aufschlussreich, der nach Verkündung des lebenslangen Urteils unter der Überschrift »Queen of Buchenwald« erschien.[40] Er selbst habe das Konzentrationslager Buchenwald besucht, »wo sich die Toten wie Holzscheite stapelten, kurz nachdem die 3. Armee von General George Patton siegreich durch die Geburtsstätte der kurzlebigen deutschen Republik nach dem Ersten Weltkrieg gezogen war«.[41] Ilse Koch erscheine für jene als ›irreal‹, die die nationalsozialistischen Verbrechen nach wie vor als Kriegspropaganda missverstünden. Solche Personen gebe es. Auch Boyle verwies auf die von Ilse Koch veranlassten Auspeitschungen: »Ilse, eine füllige Frau, genoss es auch, obszöne Bemerkungen an die Gefangenen zu richten und sie zu sexuellen Annäherungsversuchen zu verleiten, woraufhin sie die Gefangenen zu ihrem Vergnügen auspeitschen ließ.«[42]

Die Pornographie des Schreckens, jene lustvolle Erzählung über Bestialität, findet ihre visuelle Entsprechung in den ganzseitigen Hochglanzartikeln, die Fotografien aus den privaten Alben der Familie Koch – wie die Fotos der SS-Weihe oder Urlaubsfotos von einem Badeurlaub auf Norderney – zeigen.[43] Während die Fotoalben noch vier Jahre zuvor für den privaten Kreis die familiäre Idylle und den sozialen Aufstieg inszenierten, erhielt die Veröffentlichung dieser Alben – die Mitglieder des Gerichts lanciert haben müssen – nunmehr eine komplett andere Bedeutung: Gerade die ›Normalität‹ des Familienalltags belegte nun die Monstrosität Ilse Kochs und die Verbrechen der nationalsozialistischen Konzentrationslager.

Neben diesen privaten Abbildungen zirkulierte ein zweiter Typus von Fotografien, jene Aufnahmen, nämlich Polizeifotos, die Ilse Koch unmittelbar nach ihrer Verhaftung oder auch im Gerichtssaal zeigen, verquollen und mit zerzausten Haaren. Die Bilder präsentieren die SS-Ehefrau als »plumpe«, ungepflegte Angeklagte im Gerichtssaal.[44] Auch diese Fotos bewegen sich innerhalb bestimmter tradierter Sehgewohnheiten, die beispielsweise mit der Professionalisierung der Polizeifotografie und dem darin inszenierten spezifischen Blick der Kriminologie auf Verbrecher Verbreitung gefunden haben.[45] Der Körper der SS-Ehefrau wurde zum Symbol ihrer Bestialität.

Fotografien wurden als wirkungsvolles Instrument eingesetzt, um mit den anonym erscheinenden ›mass atrocities‹ spezifische Personen in Verbindung bringen zu können. Journalisten jenseits und diesseits des Atlantiks nutzten zunehmend die Fotografie, um ihrer Leserschaft die bisher ungekannten Dimensionen der ›mass atrocities‹ anschaulich und möglichst wirklichkeitsnah zu vermitteln. Der Holocaust war im 20. Jahrhundert der Ausgangspunkt einer weiteren Verschiebung der medialen Verarbeitung extremer Gewalt, wie sie in vielen Darstellungen der »Tat als Bild« erfolgte.[46] In dieser Ikonographie der Gewalt nahm Ilse Koch einen prominenten Platz ein. Flankiert wurden die Repräsentationen des Bösen in ihrem Fall von Abbildungen der Objekte, die wie der Lampenschirm, tätowierte Hautstücke und der Schrumpfkopf zu

Symbolen der nationalsozialistischen Gewalt in den Konzentrationslagern geworden waren. Diese Objekte wurden während des Dachauer Prozesses im Gerichtsaal ausgestellt und unter anderem im Rahmen der von der amerikanischen Militärbehörde produzierten Wochenschau »Welt im Film« in deutschen Kinos gezeigt.[47] Als »subhuman« dargestellt,[48] wird die ehemalige Ehefrau des Kommandanten von Buchenwald außerhalb der menschlichen Gemeinschaft situiert. Dieser Diskurs über die SS-Ehefrau als Bestie wird in den Tageszeitungen so oft und lustvoll nacherzählt, dass es scheint, als habe allein der Akt des Erzählens selbst über absolute Grausamkeit Journalisten wie Leser fasziniert. In zahlreichen Varianten blieb die Erzählung über Ilse Koch als das personifizierte Böse bis in die spätere Nachkriegsgesellschaft erhalten.[49] Die voyeuristische Neugier und die Lust an der Nacherzählung der Gewalt zeigen sich auch empirisch in Gestalt von mehreren hundert Artikeln, die in digitalen Archiven wie in Presseausschnittsammlungen zu finden sind.[50]

Demokratie vermitteln

»Nichts war menschlich an Ilse Koch, außer ihren Lampenschirmen aus der tätowierten Haut der Lagerhäftlinge.«

The Washington Post, *20. 9. 1948*

»Das war ein weiteres wertvolles Stück praktischen Unterrichts in Demokratie.«

Der amerikanische Militärgouverneur Clay über den Fall Koch[51]

Auffällig ist, dass die Berichterstattung über den ›Fall Koch‹ sowohl hinsichtlich ihrer quantitativen Dimension als auch der Länge der ihr zugeordneten Beiträge erst nach der Korrektur des Urteils durch den amerikanischen Militärgouverneur Clay explosionsartig anstieg. »Im Laufe des Wochenendes gab es eine Vielzahl von Pressekommentaren und auch Leitartikeln zu diesem Thema«, konstatierte die amerikanische Militärbehörde.[52] Eine weitere Stimme der Militärbehörde hält fest, dass die Bekanntheit des Falls sowie dessen Handhabung durch die amerikanische Militärbehörde zu dieser »ungünstigen Berichterstattung« geführt habe.[53]

Zwar berichtete die Presse über das Dachauer Urteil, wobei einige Artikel die bereits oben ausführlich beschriebene Charakterisierung der Angeklagten Koch aufgriffen,[54] die eigentliche Skandalisierung zeichnete sich jedoch erst ein Jahr später ab. Wie sehr das politische System der Vereinigten Staaten von den Medien beeinflusst wurde, zeigt sich an der Dynamik, die der ›Fall Koch‹ in der Öffentlichkeit nach der Entscheidung Clays erreichte. Dieser musste sich im Rahmen einer im Pentagon abgehaltenen Pressekonferenz den kritischen Fragen der Journalisten stellen. Clay betonte, dass er in den Revisionsverfahren mehr als 200 Todesurteile und diverse Haftstrafen zu prüfen hatte. Er selbst hege keinerlei Sympathie für Ilse Koch, die einen »verdorbenen Charakter« und »schlechten Leumund« habe. Sie sei allerdings nicht als eine der Hauptverantwortlichen des Konzentrationslagers Buchenwald zu bezeichnen, zumal die meisten gegen sie erhobenen Vorwürfe auf »Hörensagen« beruhten. Vermutlich werde sie nach Ende ihrer vierjährigen Haftstrafe von deutschen Gerichten zur Rechenschaft gezogen.[55]

Wenn für die Kriegsjahre und das in der Presse kommunizierte Wissen über den Holocaust konstatiert wurde, dass die Tagespresse in den Vereinigten Staaten ihre »Berichterstattungspflicht« unzulänglich einlöste,[56] dann lässt sich hinsichtlich der Berichterstattung über den ›Fall Koch‹ Gegenteiliges sagen: Er löste wahrlich einen Medienboom aus. Zur Disposition stand nicht mehr allein eine als ›gerecht‹ wahrgenommene Korrektur des Strafmaßes angesichts der mit Ilse Koch in Verbindung gebrachten Schrecken der nationalsozialistischen Konzentrationslager, sondern die Beurteilung aller gegen die Deutschen von der amerikanischen Militärbehörde verhängten Maßnahmen.

Ein Sturm der Entrüstung entbrannte, nachdem Ilse Kochs Strafmaß reduziert worden war.[57] Die Presse zeigte sich über die Entscheidung empört.[58] In einem längeren Bericht für die *New York Herald Tribune* meldete sich der Journalist Walter Millis zu Wort. Angesichts der »weltweiten Beachtung«, der »world-wide sensation«, die der Fall Koch in der Presse erfahren habe, sei zunächst anzunehmen, dass die Anklagepunkte und die Beweisstücke in der führenden Tagespresse – etwa in der *New York Times* – umfassend in der Presse erörtert worden seien. Das Gegenteil sei zu konstatieren: In der *New York Herald Tribune* seien gerade einmal sechs oberflächliche Artikel erschienen. Auch das Register der *New York Times* weise gerade einmal fünf Zeitungsartikel auf. Alles in allem hätten beide New Yorker Tageszeitungen in »erstaunlicher Kürze« über den Ilse-Koch-Fall berichtet. In den Artikeln seien einige pikante Details beschrieben sowie der allgemeine Vorwurf erhoben worden, Ilse Koch sei für die Ermordung Tausender Häftlinge verantwortlich gewesen.[59] Vor allem die Berichterstattung über die Tätowierungen sei immer weiter ausgeschmückt worden und habe dazu geführt, dass die zunächst harmlose Geschichte nach Bekanntwerden der Revisionsentscheidung immer weiter angewachsen sei.[60] Auf einmal hätten sich unzählige Menschen gemeldet, »die leidenschaftlich und umfassend ›wussten‹, dass Ilse Koch das Ungeheuer war, das Männer töten ließ, um aus ihren tätowierten Häuten Lampenschirme zu machen, und dass die Strafumwandlung ein grausamer Justizirrtum war«.[61] Lediglich ein einziger Bericht, nämlich der Artikel von Hartrich, der Mitte Oktober in der *Herald Tribune* erschienen sei, habe die Argumente, die zur Revision des Urteils führten, sorgfältig geprüft. Er sei zu dem Schluss gekommen, dass die Revision des Strafmaßes möglicherweise klug und »im Interesse der uneingeschränkten Gerechtigkeit der amerikanischen Justiz« in Deutschland sei. Hartrichs Artikel habe viele empörte Reaktionen hervorgerufen.[62] Hartrich, der selbst die Dokumente des Dachauer Prozesses studiert hatte und die Revision des Urteils durch die Überprüfungskommission weitgehend verteidigte, zweifelte an der Beweisführung der Dachauer Ankläger in Bezug auf den Tätowierungsvorwurf, indem er vor allem die widersprüchlichen Aussagen einzelner Zeugen hervorhob. Ebenso wies er darauf hin, dass einige der wichtigsten Beweisstücke während des Dachauer Verfahrens nicht erbracht worden seien: wie zum Beispiel der aus menschlichen Häuten gefertigte Lampenschirm, der nach Darstellung der amerikanischen Militärbehörden verloren gegangen sei. Zudem habe eine Vorverurteilung Ilse Kochs durch die Presse und die Ankläger stattgefunden, die in ihr eine »sadistische Mörderin« gesehen hatten. In besonderer Weise hätten die einzelnen Akteure des Dachauer Prozesses die Presse genutzt, indem sie beispielsweise Beweismittel – wie die erwähnten Fotografien aus den privaten Fotoalben – an die Presse lancierten.[63] Die Anklage wie die Verteidiger und auch einige Zeugen seien ferner mit Artikeln an die Öffentlichkeit getreten, in denen sie darauf verwiesen, dass nur ein Bruchteil der Beweise gegen Ilse Koch ausgewertet worden sei. Angesichts dieser Bilanz, schlussfolgerte Millis in seiner Wiedergabe abschließend, sei die Entscheidung des Militärgouverneurs Clay mehr als verständlich.[64]

Edwin C. Hartrichs Beitrag – der überschrieben war mit »The Evidence Against Ilse Koch. No Proof Buchenwald Commandant's Wife Collected Tattoed Human Skin« – hatte eine hitzige Debatte ausgelöst.[65] Hartrich berief sich auf die in den amerikanischen Medien formulierte Kritik am amerikanischen Kriegsverbrecherprogramm. Diese spiegelt sich in der folgenden Statistik wider: Einer internen Aufstellung des Kriegsministeriums zufolge äußerten sich in dem Zeitraum vom 19. September bis zum 18. Oktober 1948 16 Zeitungskolumnen »negativ« und drei Beiträge »positiv« über die Entscheidung im Fall Koch.[66] Kritik formulierten beispielsweise der *Philadelphia Inquirer* am 7. Oktober 1948: »Es braucht den Fall Ilse Koch, um vielen Amerikanern das Ausmaß unseres psychologischen und politischen Wandels gegenüber dem ›Reich‹ seit 1945 bewusst zu machen.«[67] Seinen Artikel unter der rhetorischen Frage »Whitewashing Buchenwald?« subsumierend, äußerte *The Christian Science Monitor* sich ähnlich kritisch: »Unvermeidlich erschien sie [die Korrektur des Urteils] der Öffentlichkeit als Versuch, die Folterkammern von Buchenwald in einer Zeit, in der die Vereinigten Staaten um ihren ehemaligen Feind warben, zu beschönigen.«[68] Für die Deutschen müsse diese Urteilskorrektur wie ein Eingeständnis der »Unwahrheit« der Erzählungen über die im Konzentrationslager Buchenwald begangenen Verbrechen erscheinen. Die letzte Entscheidung liege nun bei Präsident Truman. In jedem Fall habe der Fall Koch einen Punkt erreicht, »an dem die öffentliche Meinung das Recht hat, die Fakten, und alle Fakten zu verlangen, egal auf welcher Seite sie stehen«.[69]

Der Staatsanwalt William Denson, der sich übrigens mit eigenen Artikeln an dieser Debatte beteiligte, stellte fest, dass der Rundfunk das öffentliche Interesse an den Prozessen zunehmend gesteigert hatte. In seinen auch in den beiden deutschen Staaten veröffentlichten Zeitungsartikeln bescheinigte Denson Ilse Koch eine »nie dagewesene sadistische Perversität«. Ihm sei allmählich klar geworden, dass sie »keine Frau im üblichen Sinne« sei, sondern eine »Kreatur aus einer anderen, unmenschlichen Welt«.[70]

In polemischer Zuspitzung kritisierte dagegen der Beitrag »How not to Teach Democracy to Germans« den Versuch, die »Verbrechen gegen die Menschlichkeit« in Anbetracht eines drohenden weiteren Weltkrieges, der offenbar eine Besänftigung Deutschlands notwendig mache, justiziell zu bewältigen: »Hängt die Verbrecher, aber verschont das Gesetz.«[71] Bis auf vereinzelte Stimmen war die Resonanz auf die Urteilsmilderung durch die amerikanische Armee im Fall von Ilse Koch in der amerikanischen Presse somit vernichtend. Symptomatisch in dieser Hinsicht war ein Kommentar in den *Newark News*: »Die amerikanische Militärregierung könnte jetzt genauso gut alle weiteren Bemühungen um Entnazifizierung aufgeben [...]. Der Fall von Frau Koch war im wahrsten Sinne des Wortes ein Versuchsballon.«[72]

Die Zielsetzung des amerikanischen Kriegsverbrecherprogramms verschob sich angesichts des Kalten Krieges zugunsten einer Integration bestimmter Tätergruppen. Ilse Koch war in dieser Debatte zum Synonym des US-amerikanischen Umgangs mit den Kriegsverbrechern geworden. Vor diesem Hintergrund überrascht es wenig, dass ein offener Brief des Militärgouverneurs Clay auf oberste Weisung hin im

Dezember 1948 der Öffentlichkeit vorenthalten wurde, da er »zu viel Nachdruck« auf die bereits abgebüßte Strafe Ilse Kochs gelegt habe.[73] Noch zwei Monate zuvor hatte sich Clay den kritischen Fragen von Journalisten gestellt, die während einer im Pentagon einberufenen Pressekonferenz zusammengekommen waren. Hier hatte er die Urteilsrevision damit begründet, dass die »schwerwiegendsten Anschuldigungen gegen Ilse Koch auf Hörensagen und nicht auf Tatsachen beruhten«. Ilse Koch sei nicht für ihre Verbrechen an Deutschen belangt worden. Er mag mit seiner Entscheidung falsch gelegen haben, so Clay im Rahmen einer Pressekonferenz im Pentagon Ende Oktober 1948, aber er sei seinem Gewissen gefolgt.[74]

Zunehmend geriet auch die Haltung der amerikanischen Militärbehörde selbst in den Fokus der Kritik, diese habe zwar führende Nationalsozialisten verurteilt, aber insgesamt scheine es so, als habe sie »einen erheblichen Teil der nationalsozialistischen Verbrechen aus dem Gedächtnis verdrängt«.[75] Auch die amerikanische Militärbehörde selbst kritisierte die Urteilskorrektur.[76] Aufgegriffen wurde insbesondere die Tatsache, dass die »Kommunisten« die Revision des ergangenen Urteils kritisierten.[77] Hintergrund dieses sich zuspitzenden Tons dürfte die vom amerikanischen Militärgouverneur Lucius D. Clay hergestellte (und bis September 1949 aufrechterhaltene) Luftbrücke nach West-Berlin gewesen sein, die während der sowjetischen Blockade ab Juni 1948 die Berliner Bevölkerung versorgte.[78]

Der Fall Ilse Koch erreichte nun endgültig das politische Washington.[79] In die Debatte schaltete sich selbst Präsident Truman ein.[80] Vor allem auch einzelne Mitglieder des Senats äußerten sich zur Revision des Strafmaßes und betrachteten die Urteilsrevision als einen gravierenden Fehler.[81] In ihrer überwiegenden Mehrheit waren die Reaktionen auf die Korrektur des Urteils wahrlich vernichtend.[82] Die Kritik an der Urteilsrevision erreichte über die Nachrichtenagentur United Press sogar Hongkong.[83] Auch die Nachricht, dass Ilse Koch alsbald den deutschen Behörden übergeben würde, verbreitete sich, lange bevor der Senatsausschuss offiziell seine Untersuchungen abgeschlossen hatte.[84] Vorwürfe seitens der Angeklagten, dass entlastende Argumente »unterdrückt« worden seien, wurden in der Presse verbreitet.[85]

Einige Journalisten berichteten regelmäßig über den Fall Koch, wie Carl Levin von der *New York Herald Tribune*. In seinen Berichten über den Senatsausschuss stellte er der Öffentlichkeit die unterschiedlichen Positionen vor, die im Rahmen der Senatsanhörungen vorgebracht wurden. So auch der Aspekt des vom Dachauer War Crimes Trial ›unausgeschöpften‹ Beweismaterials, vor allem der sie belastenden Zeugenaussagen.[86]

Neben diesen Debatten rund um den Prozess meldeten sich immer wieder auch Überlebende des Konzentrationslagers Buchenwald zu Wort. Zahlreiche Leserbriefe erreichten die Zeitungsredaktionen. Für manche Briefschreiber verkörperte Ilse Koch die »Inkarnation des Satans«.[87] So erklärte ein Leser der *New York Herald Tribune*, der mit 15 Jahren in die Vereinigten Staaten gekommen war, dass ihn die Begnadigung Kochs mit »Entsetzen und Fassungslosigkeit« erfülle, denn sie stelle eine Verkehrung der Gerechtigkeit dar: »Dieser Akt verhöhnt die Toten und beleidigt die lebenden Opfer von Hitlers Schergen. Der Vorgang ist eine Pervertierung des wahren Edelmuts des amerikanischen Volkes.«[88] In Presseartikeln wie Leserbriefen war Ilse Koch zum Sinnbild der nationalsozialistischen Verfolgung und der Holocaust-Erfahrung insgesamt geworden. Der Buchenwald-Überlebende Max Temkin berichtete, er sei als Junge ins Lager gekommen und habe als einziges Mitglied seiner Familie den Holocaust überlebt. In seinem Leserbrief an die *New York Herald Tribune* betonte er seine Dankbarkeit gegenüber den Vereinigten Staaten, die ihn als Emigranten aufgenommen hatten.

Die Presse war zu einer entscheidenden Arena geworden, in der konträre Positionen über die Beteiligung Ilse Kochs an den nationalsozialistischen Verbrechen im Besonderen, aber auch über die generelle Einschätzung des War Crimes Program der Vereinigten Staaten im Allgemeinen ausgefochten wurden. Eine Zeitung, die sich kontinuierlich mit dem Fall Ilse Koch beschäftigte, war *Stars & Stripes* – die Zeitschrift der amerikanischen Streitkräfte. Sie berichtete regelmäßig über die unterschiedlichen Phasen der politischen Handhabung des Falles wie auch über die gegen Ilse Koch erhobenen Vorwürfe, sie habe aus tätowierten menschlichen Häuten Alltagsgegenstände anfertigen lassen.[89]

Letztlich wurde die Begnadigung Ilse Kochs auch zum medialen Kampfplatz der sich verhärtenden Fronten zwischen Ost und West und als Ausdruck eines »neuen Kurses der amerikanischen Deutschlandpolitik« bewertet, die »offen auf Begünstigung aller ehemaligen faschistischen und reaktionären Elemente« ausgehe.[90] Hintergrund dieser Kalte-Kriegs-Rhetorik der SED-Tageszeitung *Tägliche Rundschau* dürfte wiederum die im Sommer 1948 von den sowjetischen Truppen verhängte Blockade West-Berlins gewesen sein.[91]

In seinen Memoiren bezeichnete Lucius D. Clay, der zwei Jahre – vom 15. März 1947 bis zum 15. Mai 1949 – amerikanischer Militärgouverneur war, die öffentlichen Debatten über Ilse Koch als ein »wertvolles Stück praktischen Unterrichts in Demokratie«. Beim Studium ihrer Akten habe er nicht zu der »Überzeugung kommen« können, dass sie zu den »Hauptbeteiligten der Verbrechen von Buchenwald gehörte«. Die Angeklagte verfüge indes über einen »gemeine(n) und niedrige(n) Charakter« und habe es darauf angelegt gehabt, »in engen Pullovern und kurzen Röcken ihre weiblichen Reize vor den männlichen Gefangenen, die seit Jahren eingesperrt waren, spielen zu lassen; sie hatte sich dadurch bitter verhasst gemacht«. Bedauerlicherweise sei seine Entscheidung, ihre Strafe zu mildern, »Monate verspätet bekanntgegeben« worden. »Ich bin gefragt worden«, so Clay rückblickend in seinen Memoiren, »ob die Vorwürfe im Falle Ilse Koch und in der Malmedy-Affäre [die amerikanische] Rechtspflege in Deutschland in Verruf gebracht haben. Zweifellos hat die kommunistische Propaganda sie groß herausgestellt. Andererseits war die deutsche Bevölkerung von der ausführlichen Behandlung der Fälle in Presse und Rundfunk und von dem unverkennbaren Interesse des amerikanischen Volkes, Gerechtigkeit zu üben und Fair Play zu wahren, ziemlich beeindruckt. Zumindest wurde deutlich, dass sich die Tätigkeit eines offiziellen Vertreters der

Vereinigten Staaten im vollen Scheinwerferlicht der Öffentlichkeit vollzieht.«[92]

Im Februar 1949 forderte Lucius D. Clay, wie bereits beschrieben, den Ministerpräsidenten Bayerns Hans Ehard auf, einen führenden Beamten zu entsenden, der gemeinsam mit der War Crimes Branch Anklagepunkte erarbeiten sollte, die sich auf die Verbrechen Ilse Kochs gegen deutsche Staatsbürger konzentrierten.[93] Doch entgegen der Stilisierung, die Clay in seinen Memoiren vornahm, und im Widerspruch zu der gegenüber den deutschen Behörden signalisierten Kooperationsbereitschaft hatte sich der Militärgouverneur noch im November 1948 in einem internen Schreiben alles andere als positiv gegenüber einem etwaigen deutschen Verfahren geäußert. Bezugnehmend auf den Problemkomplex einer zweifachen Strafverfolgung, die ein deutsches Verfahren gegenüber Ilse Koch möglicherweise nicht vollständig werde ausräumen können, wäre ein weiteres Strafverfahren gegen die ehemalige SS-Ehefrau, das die gleichen Anklagepunkte zugrunde legen würde, »Verfolgung« und nicht »Strafverfolgung«.[94] Insgesamt war das War Crimes Program von »divergierende(n) Faschismuskonzepte(n)« geprägt, die im Hintergrund zwischen den unterschiedlichen Fraktionen im Außen- und Kriegsministerium ausgehandelt wurden. Andererseits zeigt der Fall Koch, dass Entscheidungen oftmals improvisiert und gegebenenfalls kurzfristig unterschiedlichen Interessenlagen angepasst wurden.[95]

Vor allem die Presse agierte selbstbewusst und kritisierte mit Vehemenz das amerikanische War Crimes Program. Mit dem amerikanischen Senatsausschuss hatte der Fall Koch die große internationale Bühne erreicht. Zu den Anhörungen wurden als Zeugen der amerikanische Kriegsminister und auch der ehemalige Bürgermeister Prags, Petr Zenkl, geladen. Angesichts dieser in jeder Hinsicht erstaunlichen Eigendynamik des Skandals um eine ›angemessene‹ Bestrafung der SS-Ehefrau sollen hier noch einmal abschließend die zentralen Aspekte dieses zweiten Teils *Konfrontieren* zusammengefasst werden. Wie lässt sich dieses enorme Echo auf den Fall Koch deuten?

Erstens gilt es, noch einmal besser jenen Moment zu verstehen, in dem die nationalsozialistischen Konzentrationslager befreit wurden. Von der amerikanischen Öffentlichkeit wurde das Wissen über das Ausmaß der nationalsozialistischen Gewalt zunächst zeitverzögert, nach den Schockerfahrungen, die ein Besuch Buchenwalds für Soldaten und Journalisten gleichermaßen darstellte, jedoch intensiv durch die Presse verarbeitet. Daher soll für einen Moment innegehalten werden, um nochmals die Eindrücke zu schildern, die eine solche erste Begegnung mit dem Konzentrationslager Buchenwald für die befreienden Soldaten und die Pressedelegationen im April und Mai 1945 bedeutet haben könnte. Der Gestank und der Anblick der Leichenberge sowie der ausgemergelten Körper der Überlebenden wurden von erfahrenen Soldaten der amerikanischen Armee und den ehemaligen Häftlingen in Tagebüchern oder auch autobiographischen Berichten immer wieder beschrieben.

Die bis dahin für eine breitere Öffentlichkeit unvorstellbare Tat,[96] dass Menschen andere Menschen häuten lassen, um die tätowierte Haut als scheinbar wissenschaftliches oder gar kurioses Anschauungsobjekt zu verwenden, schien angesichts dieser ersten Konfrontation mit dem Lager plausibel, zumal die pathologische Abteilung der amerikanischen Armee einige Hautstücke geborgen hatte. Dass ein solches Tabu einige Jahre zuvor aus einem ursprünglich kriminologischen Forschungsprojekt hervorgegangen war, haben die amerikanischen Militärbehörden im Rahmen ihrer aufwendigen Vernehmungen von Zeugen herausgearbeitet, wenngleich dieses Wissen von ihnen nicht systematisiert und schon gar nicht abschließend bewertet wurde.

Die vernommenen Zeugen (die Überlebenden und die Befreier des Konzentrationslagers Buchenwald) bestätigen im Rahmen der Verhöre in Dachau sowohl den Sachverhalt, dass tätowierte Häftlinge als Grundlage einer Dissertation registriert wurden, als auch den ›Handel‹ mit tätowierten Hautstücken. Im Rahmen der Nachkriegsprozesse wurde aber der Lampenschirm niemals gezeigt.[97] Gleichwohl kursierten immer wieder Zeugenaussagen zu den tätowierten Hautstücken – selbst nach Abschluss der amerikanischen Ermittlungen. Der eigentliche Auslöser ihres Erscheinens bei der Behörde, so berichtete ein ehemaliges Mitglied des Women's Army Corps, sei ein Artikel in der *Washington Post* über Ilse Koch gewesen. Sie selbst habe in der Sammlung des Army Medical Museum mit eigenen Augen einige Häute gesehen.[98]

Dass Ilse Koch Gegenstände besaß, die aus menschlicher Haut hergestellt worden waren, wurde – etwa im Fall der Familienalben – während des Prozesses ausgeräumt und in einem Schreiben Clays noch einmal bestätigt: »Diese Alben waren in schwarzes Leder gebunden und enthielten ganz normale Familienfotos«.[99]

Für die Presse erwies sich die Geschichte Ilse Kochs zweitens als ein dankbares Sujet, das mit Hilfe der seit den amerikanischen War Crimes Trials in der Öffentlichkeit kursierenden privaten Fotos der Verlobten Koch ausgeschmückt wurde. Diese zeigten das Paar unter anderem während eines Badeurlaubs auf der Nordsee-Insel Norderney. Für die Nachkriegsgesellschaft stellten derlei Fotografien, die mit Aufnahmen der befreiten Konzentrationslager oder auch den einzelnen Hautstücken kontrastiert wurden, offenkundig eine Zumutung dar, wenngleich sie möglicherweise auch eine voyeuristische Faszination bedienten. Abgesehen von dieser offensichtlichen Bedeutung nahm die Presse den Fall Koch zum Anlass, um fundamentale Kritik an der amerikanischen Militärbehörde in Deutschland und ihren Demokratisierungsbestrebungen in der Bundesrepublik vorzubringen. Obwohl die amerikanischen Medien der Militärbehörde keine substanziellen Fehler unterstellten, ebbte die Kritik an der amerikanischen Militärbehörde nicht ab.

Dass sich die amerikanischen Besatzungsbehörden als »politischer und moralischer Wegbereiter der Anstrengungen zur Bestrafung der Nazi-Verbrecher«[100] profilierten, kann für den Fall Koch nicht bestätigt werden, denn dieser hat drittens die Schwächen des von der amerikanischen Militärbehörde installierten Verfahrens zur Ahndung von NS-Verbrechen offengelegt. Die Revision der Revision – also das Plädoyer der amerikanischen Behörden, Ilse Koch vor ein deutsches Gericht zu stellen – muss vor dem Hintergrund dieser Erwartung an die amerikanische Militärbehörde verstanden werden. Zwar zeigt sich mit den von den Alliierten angestrengten Prozessen der transatlantische bzw. »europäische Ahndungswille«, die Effekte dieser gegen Tausende von NS-Verbrechern eingeleiteten Ermittlungen schienen jedoch nicht mehr im öffentlichen Bewusstsein präsent zu sein.[101]

Eine weitere Dimension des amerikanischen Prozesses berührt viertens die Zeugenschaft bzw. den Akt des Zeugnisablegens durch die Überlebenden des Konzentrationslagers Buchenwald. Hinsichtlich der Rolle Ilse Kochs bestätigten die Männer deren Eingreifen in das Lagergeschehen, indem sie Gewaltakte, wie das Schlagen von Häftlingen, initiierte. Das im Rahmen des Verfahrens erhobene Wissen über die nationalsozialistischen Konzentrationslager ging bei weitem über das hinaus, was im Kontext eines juristischen Verfahrens überhaupt bearbeitet werden konnte bzw. was angesichts der Logiken eines solchen Verfahrens von Belang war. Von den Tausenden Seiten von Prozessakten, die der historischen Forschung zur Verfügung stehen, sei anhand nur eines Protokolls die Komplexität der Zeugenschaft im Kontext des skizzierten Gewaltzusammenhanges angedeutet.

Ursprünglich wegen seiner Kenntnis der Tätowierungen befragt, hatte der Zeuge, dessen Aussage in diesem Protokoll festgehalten ist, ausführlich zu den im Konzentrationslager Buchenwald verübten Verbrechen gegen die Menschlichkeit Stellung bezogen. Er hatte unter anderem detailliert über die von einem Mitarbeiter des Robert-Koch-Instituts im Konzentrationslager Buchenwald verübten medizinischen Experimente berichtet.[102] Auch dieses Beispiel zeigt, dass es sich bei den Zeugenaussagen vor Gericht auch um Erinnerungstexte handelt, die in einer sehr frühen Phase – 1947 – der Aufarbeitung der nationalsozialistischen Verbrechen produziert wurden.

In den neunziger Jahren wurde William Denson, der im Rahmen des Dachauer Prozesses die Anklage vertreten hatte, von Experten des amerikanischen Holocaust Memorial Museum in Washington zu seinen Erfahrungen vor Gericht befragt. In diesem Interview blieb Denson trotz der konträren Bilanz des Revisionsverfahrens bei seiner Einschätzung von Ilse Koch (»sie hatte eine Vorliebe für Lampenschirme«), beschrieb die eigenen Albträume und merkte an, dass er Reue oder auch nur die Einsicht, einen Fehler gemacht zu haben, bei keinem der Angeklagten beobachtet habe.[103] Allerdings, so räumte der amerikanische Staatsanwalt ein, hätten die meisten der Beschuldigten einen »normalen Hintergrund« gehabt, sich jedoch im Laufe ihres Einsatzes in Buchenwald zunehmend an die Gewalt im Konzentrationslager angepasst und entsprechend radikalisiert.[104]

Die amerikanischen Militärbehörden beobachteten und unterstützten das als Folge des Senatsausschusses eingeleitete deutsche Verfahren gegen Ilse Koch »to the utmost degree«, wie es der Entscheidung des amerikanischen Senats entsprach.[105] Im Dezember 1957, als die letzten Landsberger Gefangenen amnestiert worden waren,[106] war Ilse Koch längst von einem deutschen Gericht verurteilt worden und lebte als Strafgefangene im Frauengefängnis in Aichach. Wie die deutsche Öffentlichkeit die Geschichte Kochs zu Beginn der fünfziger Jahre behandelte und in welcher Form sie sich in dieser unmittelbaren Nachkriegszeit ihrer Verantwortung stellte, ist Gegenstand des nächsten Teils.

Dritter Teil

VERANTWORTEN

»Unser Volk hat beinahe vor allem Angst. Es ist seelisch schwer erkrankt.«

Dieter Sattler, bayerischer Kulturpolitiker, in den Frankfurter Heften *im Jahr 1947*[1]

Am Tag ihrer Entlassung aus dem amerikanischen Kriegsverbrechergefängnis in Landsberg erhielt Ilse Koch im September 1949 vor dem Gefängnistor ihren deutschen Haftbefehl – zu diesem Ereignis fanden sich zahlreiche Vertreter der internationalen Medien ein, Fotografen, Kameraleute und Journalisten.[2] Für die Biographie Kochs markiert dieses Datum einen Wendepunkt, da sie das Frauengefängnis Aichach – abgesehen von ihren Verhören im Gerichtssaal und Aufenthalten in der Psychiatrie – nicht mehr verlassen sollte.

In diesem Teil *Verantworten* werden die komplexen Aushandlungsprozesse skizziert, die letztlich zu ihrer lebenslangen Verurteilung führten. Ausgehend von mehreren Kartons ausführlicher Gerichtsakten bestehend aus Ermittlungsprotokollen, der Korrespondenz der Staatsanwaltschaft und auch psychiatrischen Gutachten sollen auf den folgenden Seiten die unterschiedlichen Perspektiven auf den Koch-Prozess rekonstruiert werden: Gerade einmal fünf Jahre nach Kriegsende trafen im Kolpinghaus, wo der deutsche Prozess stattfand, eine heterogene Gruppe Überlebender, ehemalige NSDAP-Mitglieder sowie Angehörige der SS, die Beschuldigte und ›normale‹ Deutsche aufeinander: Sie berichteten im Gerichtssaal über ihre unterschiedlichen Erfahrungen mit nationalsozialistischer Gewalt und präsentierten heterogene Deutungen für ihr jeweiliges Handeln während des ›Dritten Reiches‹. Hinsichtlich der justiziellen Aufarbeitung von NS-Prozessen handelt es sich bei dem bayerischen Gerichtsverfahren gegen die SS-Ehefrau Ilse Koch – etwa verglichen mit dem Ulmer Einsatzgruppenprozess und dem Frankfurter Auschwitzprozess in den späten fünfziger bzw. sechziger Jahren – nicht einmal um den bedeutendsten Prozess, der in der Bundesrepublik geführt wurde.[3] Weshalb der Augsburger Prozess als Ausgangspunkt für eine Analyse der unmittelbaren Nachkriegsgeschichte so aufschlussreich erscheint, liegt einerseits in der politischen Empfehlung der amerikanischen Militärbehörde, dass Ilse Koch von einem deutschen Gericht zu lebenslanger Haft zu verurteilen sei, und andererseits in dem Sachverhalt begründet, dass für die Zeitgenossen eine solche Verurteilung der ehemaligen SS-Ehefrau keineswegs ›eindeutig‹ erschien. So stießen vor Gericht unterschiedliche Erfahrungen mit NS-Gewalt, heterogene politische Interessenlagen und Perspektiven auf diesen Prozess aufeinander. Die Rekonstruktion dieser unterschiedlichen Erzählungen der beteiligten historischen Akteure über Ilse Koch ist Gegenstand dieses Teils.

Juristische Wissenskulturen und die Vorstellungen von ›Wahrheit‹

»Im Verfahren gegen Ilse Koch hat es sich als notwendig erwiesen, jeden Zeugen, der irgendetwas von Wichtigkeit bekundet, einer genauen Überprüfung zu unterziehen.«

Staatsanwalt Ilkow an die Bayerische Justizbehörde im Juli 1949[4]

Um die Austauschbeziehungen zwischen juristischen Normen und alltäglichem Wissen über Verbrechen zu beschreiben, prägte der Literaturwissenschaftler Jörg Schönert den Begriff der »Rechtskultur«.[5] »Ausgangspunkt ist dabei«, so Schönert, »daß die Definitionsleistungen und Handlungen des ›Sozialsystems Recht‹ von soziokulturellen Aktionen der Sinnverständigung und ›Symbolproduktion‹ begleitet (legitimiert und kritisiert) werden und auf diese Handlungen und auf ›symbolische Formen‹ (wie Texte, Bilder usf.) einwirken.«[6] Dabei sind juristisch kommuniziertes Expertenwissen und andere Formen kulturellen Wissens (wie etwa literarische Bezüge) miteinander verflochten. Diese verschiedenen Wissenskulturen unterliegen zudem einem historischen Wandel.[7] Dem Literaturwissenschaftler geht es in seinen Überlegungen darum, die unterschiedlichen Ebenen des Erzählens von Kriminalität im Gerichtssaal, in einer journalistischen Reportage oder in einem literarischen Text zu unterscheiden. Mit Hilfe dieses multiperspektivischen Vorgehens werden die jeweils spezifischen Erzählungen der historischen Akteure und Akteurinnen und ihre Deutungen juristischer ›Wahrheit‹ interpretiert. Diese Überlegungen sowie methodische Impulse aus der Kriminalitätsforschung der Frühen Neuzeit möchte ich auf den folgenden Seiten fruchtbar machen.[8] Bisher interpretierte die Geschichtswissenschaft NS-Prozesse oftmals vor dem Hintergrund einer juristischen ›Vergangenheitspolitik‹, in dem sie als Akte justizieller ›Selbstreinigung‹ gedeutet wurden.[9] Manche Historiker und Historikerinnen sprechen angesichts der wenigen Verurteilungen sowie der Aufweichung der juristischen Grundlagen vom Scheitern oder mit Blick auf die von der Justiz selbst zu verantwortenden NS-Verbrechen gar von einer gezielten Verhinderung einer solchen Aufarbeitung durch die Justiz.[10] Eine juristische Dissertation zum Thema spricht gar von der »Tendenz der partiellen oder vollständigen Exkulpation von NS-Verbrechen«.[11]

Der Augsburger Prozess gegen Ilse Koch kann vor dem Hintergrund dieser Bilanz von NS-Verfahren als Erfolg gewertet werden, da der juristische Rahmen des Strafgesetzbuches genutzt wurde, um eine lebenslange Verurteilung der Angeklagten Ilse Koch zu erwirken. Das Augsburger Urteil bezeichnet Ilse Koch als »schuldig eines Verbrechens der Anstiftung zu einem Verbrechen des Mordes und eines Verbrechens des versuchten Mordes« sowie der Anstiftung zur Körperverletzung in mehreren Fällen. Das Augsburger Landgericht verurteilte die ehemalige SS-Ehefrau am 15. Januar 1951 »zu lebenslangem Zuchthaus«.[12] Doch unabhängig von diesem eindeutigen Urteil folgte der Prozess unterschiedlichen Logiken, es entstanden unterschiedliche Erzählungen der am Prozess beteiligten historischen Akteure und Akteurinnen.

Kriminalität erzählen

»Mich interessiert, wie unterschiedlich die Geschichten waren, je nachdem, wer sie erzählte und wer ihnen zuhörte.«

Natalie Zemon Davis, »Der Kopf in der Schlinge«[13]

Kriminalität erzählen – was heißt das im Fall Koch? Auf den nächsten Seiten werden fünf unterschiedliche Deutungen des Augsburger Prozesses gegen Ilse Koch vorgestellt.[14] Der Prozess ist zunächst im Kontext der allgemeineren Geschichte der von der Justiz angestrengten NS-Verfahren zu interpretieren. An die Debatte zwischen Staatsanwaltschaft und Verteidigung über die juristische Rechtsgrundlage, aufgrund derer eine lebenslange Verurteilung Ilse Kochs vor dem Hintergrund der politischen Dimension des Falls zu erwirken war, knüpfen sich erstens unterschiedliche Erwartungen an ein Strafverfahren als Medium der Beurteilung nationalsozialistischer Schuld. Bereits die Entscheidung, dass ein bayerisches Gericht den Prozess gegen Ilse Koch führen sollte, beruhte auf einem Machtkampf zwischen ›Ost‹ und ›West‹. In diesem Kampf ging es zentral um die Frage nach legitimer und illegitimer Erinnerung an die im Konzentrationslager Buchenwald verübten Verbrechen durch die politischen Häftlingsorganisationen in der Bundesrepublik und der DDR und damit auch um die gesellschaftspolitische Einordnung des Falls Koch. Die politisch inszenierte Zwietracht und das enorme Misstrauen unter den politischen Häftlingen in beiden deutschen Staaten stellt zweitens einen der zentralen Erzählstränge des Prozessgeschehens dar. Die Frage nach der strafrechtlichen ›Schuldfrage‹ führt uns drittens näher an das Prozessgeschehen und den Gerichtsort, die oberschwäbische Stadt Augsburg, heran: Der Staatsanwalt, der Richter, das Geschworenengericht, der Verteidiger und vor allem die befragten Zeugen gestalteten das Verfahren. Ihre Deutungsstränge waren wiederum viertens ganz zentral mit der Frage verbunden, wie die Angeklagte selbst ihre Rolle vor Gericht ausfüllte und wie Geschlechtervorstellungen über Gewalt auf das Gerichtsverfahren zurückwirkten. Nicht zuletzt prägte fünftens die öffentliche Berichterstattung in der deutschen Presse die Wahrnehmung des Falls vor Gericht.

Bevor diese Stränge auf den folgenden Seiten entworren werden, sei daran erinnert, dass der Leser und die Leserin mit zwei Aspekten bereits vertraut gemacht wurden, die den Prozess im schwäbischen Augsburg im Hintergrund prägten: Im ersten Teil *Peinigen* wurde gezeigt, dass die SS-Ehefrau im Konzentrationslager Buchenwald innerhalb eines klar umrissenen Rahmens agierte und in das Gewaltgeschehen – als Initiatorin und Beobachterin von Gewalt – eingriff. Der zweite Teil *Konfrontieren* fokussierte die sich verändernde Haltung der amerikanischen Politik und Öffentlichkeit zu den nationalsozialistischen Gewaltverbrechen – in diesem Zusammenhang spielte Ilse Koch eine derart prominente Rolle, dass ein amerikanischer Senatsausschuss das gegen sie von der amerikanischen Militärbehörde verhängte Urteil überprüfte und alle weiteren juristischen Entscheidungen, nach Möglichkeit eine Verurteilung, an die deutschen Behörden delegierte. Dieses Spannungsverhältnis, das sich aus den mit den Instrumentarien des Strafgesetzbuches nur schwer zu ahndenden Gewalttaten und der Eindeutigkeit des amerikanischen Votums hinsichtlich Ilse Kochs Verantwortung für NS-Verbrechen ergibt, prägte die fünf Erzählungen, die nun betrachtet werden sollen. Die deutsche Rechtsprechung sah zu diesem Zeitpunkt keine dem ›common design‹ vergleichbare Konstrukion vor.[15] Ein erstes Augenmerk sei gerichtet auf die Bemühungen der deutschen Justiz, nationalsozialistische Gewalt vor Gerichten zu ahnden.

7 Extreme Gewalt und die Nachkriegsjustiz

Konjunkturen der Strafverfolgung

Der Augsburger Prozess gegen Ilse Koch fand zu einem Zeitpunkt statt, zu dem noch unklar war, in welche Richtung sich die Haltung der Justiz gegenüber den NS-Verbrechen entwickeln würde. Erste von den amerikanischen Besatzungsbehörden veranlasste Entscheidungen zur Neuordnung der Justizbehörden waren teilweise wieder zurückgenommen worden. Ebenso zeichnete sich hinsichtlich der Höhe der verhängten Strafen in den frühen fünfziger Jahren – also zu jenem Zeitpunkt, als Ilse Koch in Augsburg zu lebenslanger Haft verurteilt worden war – ein Rückgang bei der justiziellen Verfolgung von NS-Verbrechen ab.[1]

Unmittelbar nach der Befreiung verfügten die Alliierten die Schließung aller deutschen Gerichte. NS-Gesetze waren für ungültig erklärt worden, außerdem wurde die Rückkehr zum Strafgesetzbuch verfügt.[2] Zunächst erwies es sich als schwierig, eine juristische Infrastruktur aufzubauen, zumal Anfang Juni 1945 immer noch eine Postsperre herrschte.[3]

Mit dem Kontrollratsgesetz Nr. 4 vom 30. Oktober 1945 hatte der Alliierte Kontrollrat die Entlassung aller aktiven NSDAP-Mitglieder aus dem Justizdienst veranlasst. Aufgrund des Personalmangels musste jedoch ein hoher Prozentsatz der Beamten, die aus politischen Gründen entlassen worden waren, wieder beschäftigt werden. Schon im Frühjahr 1949 handelte es sich bei 75 Prozent der im Justizdienst beschäftigten Richter und Staatsanwälte nachweislich um Männer, die zuvor der NSDAP und ihren Gliederungen angehört hatten. Ein interner Bericht der US-Militärregierung in Deutschland nennt eine noch höhere Anzahl der belasteten NS-Richter und Staatsanwälte, die in den Justizapparat reintegriert wurden.[4] In Niedersachsen erwies sich die Kontinuität im Justizbereich als besonders hoch, hier galten im Jahr 1948 sogar 80 bis 90 Prozent der Richter aufgrund ihrer ehemaligen Zugehörigkeit zur NSDAP als politisch belastet.[5]

Mit Gründung der Bundesrepublik im Mai 1949 ging die Strafverfolgung auf die Länder über. Einige Rahmenbedingungen veränderten sich zu Beginn der fünfziger Jahre. Mit dem Kontrollratsgesetz Nr. 10 vom 1. Januar 1950 ging die Zuständigkeit für die Strafverfolgung der nationalsozialistischen Verbrechen auch bei nicht-deutschen Opfern an die bundesdeutschen Gerichte über. Für die gesamte Bundesrepublik war mit dem Strafgesetzbuch eine einheitliche Rechtsgrundlage zur Strafverfolgung geschaffen worden. [6]

Nach einer neun Jahre später von der West-Berliner Senatsverwaltung erstellten Übersicht gehörten zu diesem Zeitpunkt bundesweit immerhin mindestens 474 Angehörige von NS-Sondergerichten, 26 ehemalige Mitarbeiter des Volksgerichtshofs und 300 frühere Kriegs- und Feldrichter den Staatsanwaltschaften bzw. Gerichten an oder arbeiteten für Justizbehörden.[7]

Noch 1961 konnten sich immerhin 135 Richter und Staatsanwälte in den einstweiligen Ruhestand versetzen lassen, die im ›Dritten Reich‹ eine besondere Rolle ausgefüllt hatten. Nicht alle der politisch belasteten Juristen machten von dieser Option Gebrauch.[8] Auch das höchste deutsche Gericht, der Bundesgerichtshof, setzte den durch den Obersten Gerichtshof der Britischen Zone als höchster Revisionsinstanz für die Jahre 1948 bis 1950 eingeleiteten Bruch mit der personellen Kontinuität nicht fort: So hatte der erste BGH-Präsident, Hermann Weinkauff, während des Nationalsozialismus dem Reichsgericht angehört, wo er Mitglied des 3. Strafsenats unter dem Vorsitz von Erich Bumke wurde, der Revisionsentscheidungen wegen sogenannter ›Rassenschande‹-Verfolgung bearbeitete.[9] In der DDR war die Wiedereingliederung von belasteten Deutschen im Wesentlichen auf nominelle NSDAP-Mitglieder beschränkt, hiervon ausgenommen blieb die ehemalige NS-Elite, der ein Zugang zu zentralen Verwaltungspositionen verwehrt war.[10]

Die ernüchternde Bilanz von Historikern und Historikerinnen über die gesellschaftlichen Wirkungen der juristischen ›Vergangenheitsbewältigung‹ korrespondiert mit der quantitativen Dimension der Gerichtsverfahren: So sind etwa von den 6500 namentlich bekannten Personen, die im Konzentrations- und Vernichtungslager Auschwitz eingesetzt waren, nur 49 verurteilt worden.[11] Insgesamt ermittelte die (west-)deutsche Justiz von 1945 bis 2005 gegen 172 000 Beschuldigte. Von diesen hatten sich allerdings nicht einmal 10 Prozent (also 14 693 Beschuldigte) vor Gericht zu verantworten. Knapp 50 Prozent der rechtskräftigen Urteile (13 952) endeten mit einem Freispruch (5184). Gerichtlich verurteilt wurden 6656 Personen, darunter befanden sich 369 Täterinnen.[12] Frauen standen seltener als Männer wegen NS-Verbrechen vor Gericht. Sie mussten sich vor allem wegen Denunziationen verantworten. Einen vergleichsweise hohen Anteil hatten Frauen an den Beschuldigten und Verurteilten im Kontext sogenannter Euthanasie-Verfahren (27 bzw. 38 Prozent).[13] Die Strafmaße spiegeln die verhaltene Ahndungspraxis der bundesdeutschen Justiz in jenen Jahren wider: Höhere Haftstrafen von mehr als fünf Jahren wurden in insgesamt neun Prozent der Verurteilungen verhängt, darunter befanden sich 166 lebenslange Haftstrafen. Bis zur Gründung der Bundesrepublik verurteilen westdeutsche Gerichte 16 Menschen zum Tode. Vier dieser Urteile wurden vollstreckt, elf in Haftstrafen umgewandelt. Einem der Verurteilten gelang die Flucht.[14]

Hohe bzw. extrem hohe Strafen stellten bei den verurteilten Frauen die absolute Ausnahme dar. Letztlich erfolgten nach 1945 in den westlichen Besatzungszonen bzw. der Bundesrepublik nur wenige Anklageerhebungen gegen Frauen, von denen wiederum nur einige mit einer Verurteilung endeten. Diese Relation lässt sich auch mit der Übermacht von Männern in den NS-Verbänden erklären.[15] In einigen Fällen sprachen sich die Gerichte für ein Todesurteil gegen die weiblichen Beschuldigten aus. So verurteilte das britische Militärgericht drei SS-Aufseherinnen zum Tode, die Urteile wurden bereits im Januar 1946 vollstreckt.[16] Auch das Landgericht Berlin vollstreckte 1946 zwei Todesurteile, die es gegen die Oberärztin Hilde Wernicke sowie die Pflegerin Helene Wieczorek aufgrund der Ermordung von Menschen mit Behinderungen verhängt hatte.[17] Die ehemalige Aufseherin im Vernichtungslager Majdanek Hermine Braunsteiner-Ryan wurde von der bundesdeutschen Justiz zu Beginn der achtziger Jahre zu einer lebenslangen Haftstrafe verurteilt.[18] Angesichts dieser sehr übersichtlichen Anzahl hoher Strafen, die gegenüber Frauen aufgrund ihrer Verbrechen im Rahmen der Krankenmorde sowie im Kontext ihrer Tätigkeit in einem Vernichtungslager ausgesprochen wurden, ist das Urteil gegen Ilse Koch besonders auffällig. Es handelt sich um eines der wenigen hohen Urteile, die gegen NS-Täterinnen angestrengt wurden, und es sollte die bundesdeutschen Gerichte aufgrund der von ihr sowie ihren Rechtsanwälten angestrengten Revisions- und Gnadenverfahren bis in die späten sechziger Jahre beschäftigen. Innerhalb dieser Jahrzehnte verschoben sich sowohl der öffentliche als auch der juristische Diskurs von einer zögerlichen Haltung hin zur Befürwortung einer offensiveren Ahndung der NS-Verbrechen.

Der Augsburger Prozess gegen Ilse Koch fand statt, als die erste Phase einer vergleichsweise intensiven strafrechtlichen Aufarbeitung von NS-Verbrechen durch die deutschen Behörden allmählich abgeklungen war. In den Jahren 1945 bis 1949 trugen die Gerichte beider deutscher Staaten zunächst zu einer verschärften strafrechtlichen Aufarbeitung bei.[19] Im Zentrum dieser ersten Prozesse standen vor allem die in deutschen Städten und Kommunen verübten NS-Verbrechen, wie etwa Gewalttaten gegenüber politischen Gegnern oder gegenüber Juden während der Novemberpogrome. Öffentliches Aufsehen erregte zum Beispiel der Freispruch Veit Harlans, Regisseur des antisemitischen NS-Propagandafilms »Jud Süß«, durch das Hamburger Landgericht. Ein Urteil, das zu massiven öffentlichen Protesten führte.[20]

In diese erste Phase der bundesdeutschen Aufarbeitung von NS-Verbrechen fielen ebenso Prozesse, die wegen der in den Vernichtungslagern Auschwitz, Treblinka und Sobibor gegen Juden verübten Verbrechen geführt wurden.[21] Auch in dem von der Sowjetunion besetzten Teil Deutschlands lässt sich für diesen frühen Zeitraum eine intensivere Aufarbeitung von NS-Verbrechen beobachten. Bis Ende 1949 verurteilten dort die so genannten 201-Kammern immerhin mehr als 8000 Personen. Diese Kammern waren mit dem sogenannten SMAD-Befehl 201, also mit einer Anweisung der Sowjetischen Militäradministration in Deutschland, am 16. August 1947 eingerichtet worden, um die NS-Prozesse zu beschleunigen.[22] Allerdings nahmen diese Kammern lediglich eine Einstufung der politischen Belastung der Beschuldigten vor und ahndeten keine NS-Verbrechen im strafrechtlichen Sinne, weshalb die statistischen Übersichten zwischen den in der sowjetisch besetzten Zone ergangenen Urteilen (8059) und den Westzonen (4667) »bedingt vergleichbar« seien.[23] In den Westzonen übernahmen sogenannte Spruchkammer-Verfahren die Kategorisierung der Beschuldigten.[24] Eine literarische Verarbeitung dieser Verfahren findet sich in dem Roman »Der Fragebogen«, den Ernst von Salomon 1951 vorlegte.[25]

Auch in der sowjetischen Besatzungszone erregten einige NS-Verfahren größere Aufmerksamkeit, hierzu gehörte unter anderem der vom Landgericht Dresden angestrengte Prozess gegen die Beschuldigten der Tötungsanstalt Pirna-Sonnenstein im Jahr 1947.[26] Eine Zäsur stellten 1950 die Waldheimer Prozesse dar. Mehr als 3000 Personen, die in den erst nach Gründung der DDR aufgelösten sowjetischen Spezillagern interniert gewesen waren, wurden wegen NS-Verbrechen vor Gericht gestellt. Die im Rahmen von geheimen Schnellverfahren und einigen Schauprozessen verurteilten Beschuldigten erhielten zum Teil drakonische Strafen, dabei orientierten sich die Gerichte an den sowjetischen Militärtribunalen. Mit diesen Verfahren sollte im Nachhinein die »Willkür der sowjetischen Internierungspraxis« legitimiert und zudem ein »symbolischer Schlussstrich unter die NS-Vergangenheit« gezogen werden. Entgegen dem »sorgfältig gepflegten antifaschistischen Gründungsmythos« ging schließlich in den fünfziger Jahren auch die Strafverfolgung in der DDR zurück.[27]

Die folgenden Jahre der justiziellen NS-Aufarbeitung in der DDR waren somit nun gekennzeichnet von einer »Synthese sozialhygienischer Kategorien stalinistischer Prägung, ordnungspolitischem Pragmatismus, tradtionellen anti-kaplitalistischen Denkmustern« einerseits und von den Konsequenzen eines weitgehend »unterdrückten deutschen Schulddiskurses« andererseits.[28] Dieser zeichnete sich nach den zu diesem Themenkomplex vorliegenden Forschungen dadurch aus, dass die SED nicht davor zurückschreckte, »tatsächliche oder potentielle ›Feinde der neuen Ordnung‹ mit Hilfe alliierten Rechts auf strafrechtlichem Wege auszuschalten«.[29] Gleichzeitig konnten NS-Belastete darauf hoffen, von strafrechtlichen Konsequenzen ihres Handelns während des ›Dritten Reiches‹ verschont zu bleiben, sofern sie sich gegenüber dem politischen System der DDR loyal verhielten.[30]

Auch in der Bundesrepublik lässt sich in den fünfziger Jahren hinsichtlich der Ahndung von NS-Verbrechen eine Zäsur beobachten, denn nachdem das Engagement für eine Verfolgung der NS-Täter zunächst erlahmte, war die Gründung der Zentralen Stelle zur Aufklärung von NS-Verbrechen in Ludwigsburg im Jahr 1958 für die systematische Verfolgung von NS-Verbrechen eine zentrale Weichenstellung.[31] Zudem markierten der Ulmer Einsatzgruppenprozess (1958), der Frankfurter Auschwitz-Prozess zu Beginn der sechziger Jahre sowie der Düsseldorfer Prozess gegen das SS-Personal des Konzentrations- und Vernichtungslagers Majdanek in den späten siebziger Jahren (1975 bis 1981) zentrale Eckpunkte der bundesdeutschen NS-Strafverfolgung.[32] Zeitgleich kam es immer wieder zu Rückschlägen, die einer justiziellen Aufarbeitung von NS-Verbrechen entgegenstanden: So beschloss der Bundestag, zum Mai 1960 die Verjährung von Totschlag eintreten zu lassen. Fortan konnten ausschließlich Mord und die Beihilfe zum Mord juristisch geahndet werden. Weitere Debatten im Bundestag folgten ebenso über die Verjährung dieser beiden Delikte, bis schließlich 1979 die Verjährung von Mord grundsätzlich aufgehoben wurde.[33] Einen weiteren Aspekt, der den Prozess der juristischen ›Vergangenheitspolitik‹ maßgeblich erschwerte, stellten die personellen Kontinuitäten der bundesdeutschen Behörden dar. So hatte das höchste deutsche Gericht, der Bundesgerichtshof, in zahlreichen Urteilen demonstriert, dass es die Verurteilung ehemaliger NS-Richter nicht unterstützte.[34]

Möglicherweise liegt diese Entscheidungspraxis auch in der schichtspezifischen Nähe der entscheidenden Richter begründet. In jedem Fall haben rechtshistorische Studien herausgearbeitet, dass das soziale Milieu der Richter ihre Entscheidungen maßgeblich beeinflusste. So wurden tendenziell jene NS-Verbrechen von der westdeutschen Justiz eher milde geahndet, an denen Personen aus den bürgerlichen Führungsschichten wie Ärzte, Juristen oder ehemalige Wehrmachtsangehörige maßgeblich beteiligt waren. Diese Beobachtung trifft vor allem auf die seit 1948 rückläufige Tendenz der Ahndung von ›Euthanasie‹-, Justiz- und Kriegsverbrechen an Zivilisten zurück. Davon ausgenommen waren offenbar jene Verbrechen an Juden, die vor allem von der Lager-SS begangen worden waren, deren Mitglieder anderen gesellschaftlichen Milieus entstammten.[35] Einen maßgeblichen Beitrag zur Aufarbeitung der NS-Verbrechen leisteten jüdische Remigranten wie der berühmte Staatsanwalt Fritz Bauer, der aus dem Exil nach Deutschland zurückkehrte, seine erste Stelle als Generalstaatsanwalt in Braunschweig antrat und in den sechziger Jahren den Frankfurter Auschwitz-Prozess maßgeblich vorantrieb.[36]

Insgesamt hatte aber die wechselseitige Beobachtung der beiden deutschen Staaten zu einer Intensivierung der strafrechtlichen Aufarbeitung der NS-Verbrechen diesseits und jenseits der Grenze geführt. Gezielte Pressekampagnen durch die SED, wie die Veröffentlichung von Namenslisten bundesdeutscher Richter und Staatsanwälte, die für die von Sonder- und Kriegsgerichten ausgesprochenen Todesurteile verantwortlich waren, veranlassten zwar 1957 nicht die gezielte Überprüfung des Justizapparates, intern jedoch diskutierte das Justizministerium darüber, wie es auf die öffentlich lancierten Vorwürfe reagieren könne.[37]

Parallel zu den Debatten über die Begnadigungen von NS-Tätern engagierten sich beide deutsche Staaten für die Rückkehr der deutschen

Kriegsgefangenen aus der Sowjetunion. Dieses Engagement mündete in eine intensive Massenentlassung Deutscher aus sowjetischer Haft in den Jahren 1950 und 1956. Beide politischen Systeme konnten aus diesen Maßnahmen politisches Kapital erzielen: So gewann die Adenauer-Regierung im September 1957 mit großem Vorsprung die Bundestagswahlen. Zwar fokussierte sich die DDR auf die »faschistischen Kriegsverbrecher« in der Bundesrepublik, allerdings war auch sie angesichts der belasteten Rückkehrer zu einer »Reduzierung ihres antifaschistischen Anspruchsniveaus« gezwungen.[38] Kurzum: Angesichts der in beiden deutschen Staaten zu beobachtenden Verschleppung einer justiziellen Aufarbeitung von NS-Verbrechen wäre es, wie die Historikerin Weinke vermutet, »ohne die spezifischen Ausgangsbedingungen und Ausprägungen der deutschen Zweistaatlichkeit« gewiss nicht zu einem (wenn auch verzögerten) Wiedereinstieg in die NS-Strafverfolgung gekommen.[39] Seit dem »Vermächtnis« der von den Alliierten unmittelbar nach Kriegsende durchgeführten Nürnberger Prozesse stand die strafrechtliche Aufarbeitung der NS-Prozesse im Zentrum der öffentlichen Wahrnehmung – die gesellschaftlichen Bemühungen, sich der Schuldfrage anzunehmen, stießen auf deutlich weniger Interesse.[40] Im Gegenteil: Die bundesdeutsche Öffentlichkeit forderte die Rücknahme der angeblichen Siegerjustiz, die mit den Nürnberger Prozessen assoziiert wurde. Diese gesellschaftlichen Debatten bewirkten, dass im Mai 1958 auch die letzten verurteilten Massenmörder – die SD-Einsatzgruppenführer aus dem Gefängnis in Landsberg – entlassen wurden.[41]

Diese ersten Nachkriegsjahre lassen sich hinsichtlich der Demokratisierung der Bundesrepublik als fragil bezeichnen. Auf die Widrigkeiten beim Aufbau eines funktionstüchtigen Justizapparates wurde bereits hingewiesen. Dies hatte unmittelbare Konsequenzen für den bayerischen Prozess gegen Ilse Koch. Hinzu kommt, dass die Überlebenden des Konzentrationslagers, die als Zeugen vor Gericht aussagen würden, sich gegenseitig beobachteten. Manche von ihnen, wie die Kommunisten, organisierten sich in Interessenvertretungen wie dem Buchenwald-Komitee. Zwei Aspekte, um die es im folgenden Abschnitt gehen wird, beeinflussten die Haltung des Buchenwald-Komitees, das zunächst vor allem die Interessen der kommunistischen Überlebenden des Konzentrationslagers Buchenwald vertrat: zum einen der sich zuspitzende gesellschaftliche Druck auf die kommunistischen Überlebenden; zum anderen die sich verhärtenden Fronten zwischen Ost und West als Folge des Kalten Krieges. Beide Faktoren wirkten auf den bayerischen Prozess gegen die SS-Ehefrau zurück.[42]

8 Wolfsgesellschaft: Die deutsch-deutsche Beziehungsgeschichte und der Fall Ilse Koch

> »Er setzt sich kompromisslos für die Interessen der Arbeiterklasse ein.«
>
> *Charakteristik der VVN Naumburg/Saale über Walter H. [...] vom 24.11.1950*[1]

An verschiedenen Orten der ehemaligen DDR finden sich Materialien, mit denen die Haltungen der Häftlingsorganisationen, der Justiz sowie des Politbüros zum Fall Koch rekonstruiert werden können, denn er beschäftigte das Buchenwald-Komitee, die Staatsanwaltschaft Weimar und die obersten Gremien der SED. Aufrufe, Protokolle und Ermittlungsakten befinden sich in den staatlichen Archiven und dem Archiv der Gedenkstätte Buchenwald. Vor dem Hintergrund dieser dichten Quellenlage zur Geschichte des Buchenwald-Komitees mag im Folgenden der Eindruck entstehen, dass »unter dem Firnis des offiziellen Antifaschismus kein anderes deutsches Volk lebte«.[2] Dies ist natürlich mitnichten der Fall – die Materialien gewähren einen Einblick in die Mentalitätsgeschichte einer Minderheit. Es handelt sich um Protokolle über Hintergrundgespräche, Beurteilungen Einzelner oder auch politische Pamphlete. Sie zeigen, wie die kleine Gruppe der ehemaligen kommunistischen Häftlinge, seit 1945 vereint im Buchenwald-Komitee, die Erinnerungspolitik an den Nationalsozialismus prägte, und sind zugleich Zeugnisse einer Kultur des Misstrauens. Diese speiste sich zum einen aus den Binnenstrukturen der kommunistischen Partei.[3] Und sie ist zum anderen mit der zunehmenden Kalte-Kriegs-Rhetorik zu erklären, die sich auch auf die NS-Verbrechen bezog. Die Tendenz zur

»Universalisierung« des Nationalsozialismus (Rainer M. Lepsius) und die propagandistische Instrumentalisierung des Antifaschismus beeinträchtigten zunehmend die deutsch-deutsche Kooperation im Bereich der NS-Strafverfolgung, insbesondere vor dem Hintergrund des deutschlandpolitischen Strategiewechsels der SED.[4]

Ilse Koch, ein ehrgeiziger Staatsanwalt und der Kalte Krieg: Weimar oder Augsburg

Die Forderung der amerikanischen Militärbehörde an den bayerischen Staatsanwalt nach einer »umfassenden Publizität dieses Verfahrens« entsprach der Einschätzung des Falls in der DDR: Der Fall Ilse Koch, so Staatsanwalt Ilkow, habe »die ganze östliche und westliche Welt in größte Erregung« versetzt.[5] Die Übereinstimmung der beiden deutschen Staaten in der Beurteilung der ›Kommandeuse von Buchenwald‹ und das Interesse, den Prozess gegen sie öffentlich wirksam zu instrumentalisieren, zeigten sich bereits hinsichtlich der Entscheidung über den Gerichtsort – Weimar oder Augsburg. Die bayerischen Behörden hatten sich im November 1948 zunächst mit der Übernahme des Verfahrens aus Thüringen einverstanden erklärt.[6] Die Intervention von Lucius D. Clay führte jedoch dazu, dass die bayerischen Behörden schließlich eigene Ermittlungen gegen Ilse Koch einleiteten. Offenbar hatte die amerikanische Militärbehörde eine Kontaktperson nach Weimar entsandt, um die Position der Amerikaner genauer darzulegen. Diese habe, so berichtete der Weimarer Staatsanwalt Rodewald, mitgeteilt, dass die »amerikanische Justiz kompromittiert werden könnte, wenn gegen die Ilse Koch in der Ostzone eine höhere Strafe verhängt werden könnte, als sie durch das amerikanische Gericht und in Folge durch die Urteilsrevision durch den amerikanischen Militärgouverneur bekommen hat. Aus diesem Grund würde es für die Amerikaner eine Ehrensache sein, die finanziellen Belastungen durch das neuerdings eingeleitete Ermittlungsverfahren von deutscher Seite auf sich zu nehmen.«[7] Der Weimarer Staatsanwalt Rodewald, von Beruf Dekorationsmaler, absolvierte den zweiten Volksrichterlehrgang, in dem aufgrund der in den Justizbehörden Thüringens vorherrschenden personellen Engpässe geeigneter Nachwuchs geschult wurde.[8] Rodewald übernahm bei allen wichtigen politischen Prozessen die Anklage und war in den Jahren 1949/1950 die bestimmende Figur in der Justiz Thüringens.[9] Er war zudem die treibende Kraft hinter dem geplanten, aber gescheiterten Weimarer Großprozess gegen Ilse Koch.[10]

In der Tat hatte die unklare Haltung sowohl der amerikanischen Militärbehörde als auch des Bayerischen Justizministeriums dazu geführt, dass das Amtsgericht Weimar im November 1948 gegen Ilse Koch einen Haftbefehl wegen Verbrechen gegen die Menschlichkeit ausstellte, da sie als Ehefrau des Kommandanten die Misshandlung von Häftlingen »in roher Weise« sowie deren Tötung veranlasst habe.[11] »Ich glaube nicht«, so resümierte der später für den Augsburger Prozess verantwortliche Staatsanwalt Johann Ilkow, »daß man sich bayerischerseits irgendetwas vergibt, wenn man unumwunden zugesteht, daß das bayerische Verfahren erst durch ein Einschreiten des Hauptquartiers der amerikanischen Streitkräfte in Europa oder, ganz konkret gesprochen, durch General Clay ausgelöst wurde, Ilse Koch nicht nach Weimar auszuliefern.«[12]

Diese politische Entscheidung für den Gerichtsort Augsburg statt Weimar hatte gravierende Konsequenzen für das Verfahren, da die Entscheidungsträger in der SBZ bzw. der DDR zunächst mit einem auch in der ostdeutschen Presse offensiv verteidigten Boykott, dann mit einem Ausreiseverbot der als Zeugen zu vernehmenden ehemaligen Häftlinge Buchenwalds reagierten. Die Aussagen der Genossen seien zu kontrollieren, und diese müssten zu Protokoll geben, »daß das Verfahren vor die thüringischen Justizorgane« gehöre.[13] Offenbar hatte das Bayerische Justizministerium den Thüringer Kollegen angeboten, »einen Angestellten der thüringischen Justiz als Vertreter der Verhandlung nach Augsburg zu entsenden, wo dieser als Beamter der Staatsanwaltschaft in Erscheinung treten soll«.[14] Die Überlegung, dass die Zeugen ausschließlich in der Hauptverhandlung aussagen sollten, wurde verworfen, da die »Frage der Sicherheit einiger unserer Genossen keine unerhebliche Rolle« spielte.[15] Offenbar trat zu diesem Zeitpunkt die Maxime der Deutschlandpolitik in den Hintergrund, die nur wenige Jahre zuvor noch als Richtschnur für den entstehenden ostdeutschen Staat durch die KPD formuliert worden war: Die »Aufrichtung eines antifaschistischen demokratischen Regimes, einer parlamentarisch-demokratischen Republik mit allen Rechten und Freiheiten für das Volk«, so der Aufruf des Zentralkomitees am 11. Juni 1945, trat angesichts der sich verändernden machtpolitischen Konstellationen in den Hintergrund. Dies zeigt sich auch an den offiziellen Stellungnahmen der DDR zum Fall Koch.[16]

Aufgrund dieser Haltung des Buchenwald-Komitees entstand eine für die Prozessführung schwierige Ausgangskonstellation – schließlich beruhte das bayerische Strafverfahren gegen Ilse Koch auf den Aussagen der deutschen und österreichischen Häftlinge. Deshalb erwog der bayerische Staatsanwalt gar, »wichtige Zeugen aus der Ostzone illegal über die Grenzen zu schaffen«. Mit einer Ausreise sei ja unter »den gegebenen Umständen« nicht zu rechnen.[17] Trotz der politischen Entscheidung, den Prozess nun in Augsburg stattfinden zu lassen, setzte sich der Weimarer Staatsanwalt Rodewald für ein Verfahren in der Goethestadt ein, indem er an den bayerischen Justizminister appellierte und nach einer Rechtfertigung seiner Entscheidung fragte: »Wie gedenken Sie Ihr ungesetzliches Handeln zu rechtfertigen? Wann gedenken Sie dem deutschen Recht Genüge zu tun? Wann gedenken Sie die Mörderin und Sadistin Ilse Koch ihrem gesetzlichen Richter zuzuführen? Wollen Sie«, so lautete die letzte einer Reihe rhetorischer Fragen in seinem mehrere Seiten umfassenden Bericht, »neben der Spaltung Deutschlands nun auch noch die Spaltung des Rechts?« Und an die ehemaligen Häftlinge des Konzentrationslagers Buchenwald appellierte Rodewald, »alles Material an die Staatsanwaltschaft Weimar unter dem Stichwort: Ilse Koch« zu senden: »Nur im vereinten Kampf werden wir des Unrechts Meister [...]. Helft uns, ein fortschrittliches demokratisches Deutschland zu schaffen und unser Recht zu sichern.«[18] Der von Weimar aus agierende Staatsanwalt Rodewald glaubte, dass sich der »Fall Ilse Koch« eigne, die Forderung nach der Einheit Deutschlands zu zementieren, da es sich hierbei um einen Fall von Rechtseinheit handele: Man müsse die Chancen einer »Mobilisierung der öffentlichen Meinung [...] im Zuge der Bildung der nationalen Front« nutzen.[19] Der Agitationswert Ilse Kochs war offenbar derart bedeutend, dass die ehemalige SS-Ehefrau in der sowjetischen Besatzungszone in einem historischen Moment symbolische Bedeutung erlangte, als sich mit der Bildung der Nationalen Front die Spaltung Deutschlands abzeichnete. Parallel zu den hier skizzierten Debatten über die Verurteilung Kochs konstituierte sich in den folgenden Monaten der Zusammenschluss der Parteien und Massenorganisationen in der DDR: Das einige Monate nach der Staatsgründung im Oktober 1949 vorgestellte »Manifest der Nationalen Front des demokratischen Deutschlands« präsentierte deren zentrale Zielsetzung.[20]

Der Weimarer Staatsanwalt trat an Walter Bartel heran, Vorsitzender des Buchenwald-Komitees, um die Presse gezielt mit Informationen über die Prozesse gegen Ilse Koch zu versorgen. »Da dieser Fall,« so Rodewald, »nun in ein Stadium getreten« sei, »welches die Zuständigkeit einer kleinen Staatsanwaltschaft« übersteige, bat er Bartel darum, »im Sekretariat der SED einmal entsprechende Anregungen zu geben, um den Fall in der Öffentlichkeit so zu behandeln wie in Bayern«. Der Fall Ilse Koch sei »jedem Bayern« ein Begriff.[21]

Zeitgleich fand die Pressekampagne »Aktion Ilse Koch« statt, an der sich auch der Demokratische Frauenbund Deutschlands (DFD) beteiligte, »um an Hand von Tatsachen die Empörung der Frauen zu entfachen«.[22] 1947 gegründet, handelte es sich beim DFD um einen der größten Nachkriegsvereine von Frauen.[23] Der Verein bemühte sich im Fall Koch vor allem um eine Mobilisierung der ehemaligen Häftlinge.

Der Frauenbund sammelte im Rahmen seiner Protestaktion »Tatsachenberichte ehemaliger Buchenwaldhäftlinge«, also Aussagen von

Überlebenden, die aufgrund der politischen Verfolgung der Kommunisten durch die Nationalsozialisten zu den Ersten im Lager gehört hatten und oftmals, sofern sie überhaupt überlebten, bis zur Befreiung der Konzentrationslager inhaftiert geblieben waren. Mit einer vorformulierten Resolution wandte sich der DFD außerdem an die ehemaligen Häftlinge, von 227 versandten Briefen erhielt die Frauenorganisation immerhin knapp 200 unterschriebene Resolutionen zurück. Über Ilse Koch heißt es hier unter anderem, sie habe »uns politischen Gefangenen durch ihre Unmenschlichkeit und sadistische Freude, Menschen zu quälen, die Leiden des Konzentrationslagers erhöht und den Tod vieler Häftlinge auf ihr Gewissen geladen. Besonders unseren toten Brüdern und Schwestern sind wir es – frei von aller Rachsucht – schuldig, nicht eher zu ruhen, bis ihr Leid gesühnt ist.«[24]

Für die ehemaligen Häftlinge stand Ilse Koch für die nationalsozialistischen Verbrechen insgesamt. So berichtete ein Justizoberwachmeister, dass er zwar in den sieben Jahren seiner Lagerhaft nicht mit Ilse Koch in Berührung gekommen sei, er habe aber durch seine Kameraden von ihr erfahren: »[...] soviel steht fest, daß sie den Tod verdient hat nach den Grausamkeiten, die sie verschuldet hat an unseren guten Kameraden.« Ein anderer ehemaliger Häftling forderte in besonders plakativer Weise Vergeltung: »Dieses Tier ist nicht mehr wert, in die Menschheit aufgenommen zu werden, denn dieses Weib muß ja endgültig die Strafe erleiden, die sie [...] unseren Brüdern und Schwestern (angetan) hat.« Und ein dritter Zeitzeuge unterstrich den Einfluss des »teuflischen Weibes auf den Kommandanten«. Fest stehe, Ilse Koch sei »über das ganze Treiben in Buchenwald informiert gewesen« und habe ihren Mann nicht »als Frau und Mutter« zu »menschlichen Regungen« gebracht.[25]

Auch Aufrufe der Vereinigung der Verfolgten des Naziregimes (VVN) bestätigten dieses Frauenbild. In diesen galt Ilse Koch als »ein Satan in Frauengestalt«, der die »Ehre der deutschen Frauen auf das gröblichste geschändet« habe und es daher verdiene, »aus der Gemeinschaft der schaffenden Menschen« ausgestoßen zu werden. Bemerkenswert sind an diesem Schreiben die Beschwörungen der ›Volksgemeinschaft‹ einerseits und der vollzogenen demokratischen Wende andererseits: »Solange sich derartige Fremdkörper im deutschen Volk befinden«, sei »eine Erziehung der Deutschen zur Demokratie und zum Humanismus« unmöglich. Die Mitglieder der VVN-Ortsgruppe Plauen verabschiedeten die Resolution einstimmig.[26] Diese Erzählungen über Ilse Koch beschworen die Phantasmagorien, die sich auch in der Gemeinschaft der Überlebenden herausgebildet hatten.

Die Forderung nach einer erneuten Verurteilung Ilse Kochs in Weimar, wie sie in den Resolutionen des VVN oder auch des Demokratischen Frauenbundes erhoben worden waren, erfolgte just zu dem Zeitpunkt, als einige zentrale Mitglieder des kommunistischen Widerstandes im Konzentrationslager Buchenwald in der SBZ aufgrund ihrer Funktionen im Konzentrationslager unter Druck geraten waren. Auch vor diesem Hintergrund, und nicht allein als Folge der sich verschärfenden Fronten zwischen ›Ost‹ und ›West‹, ist die widersprüchliche Haltung des Buchenwald-Komitees zum Prozess gegen Ilse Koch zu interpretieren. Denn parallel zu den Vorbereitungen des Prozesses gegen Ilse Koch mussten sich kommunistische Häftlinge vor Gericht wegen Verbrechen gegen die Menschlichkeit verantworten.

Das Buchenwald-Komitee: Antifaschismus und Kontrolle

»Wir können nicht die Verantwortung übernehmen,
daß diese Genossen zu diesem Prozeß nach dem Westen fahren.«

*SED-Hausmitteilung zu den Zeugenaussagen der Ostdeutschen
im Rahmen des Ilse-Koch-Prozesses*[27]

Die eingeleiteten Untersuchungen in Bezug auf die umstrittene Strategie des Internationalen Lagerkomitees (die organisierten Kommunisten Buchenwalds), die Herrschaft der SS in Buchenwald durch die

Übernahme bestimmter Funktionen zu untergraben, erfolgten in verschiedenen Phasen: Bereits mit der Befreiung Buchenwalds kursierten in amerikanischen Geheimprotokollen Vorwürfe gegen das Internationale Lagerkomitee, das Herrschaftssystem der SS nach innen durch die Übernahme zentraler Positionen gestützt zu haben.[28] Ein hinsichtlich der Selbststilisierung zentrales Narrativ war die Bedeutung des kommunistischen Widerstandes, die durch Erzählungen über die ›Selbstbefreiung‹ des Konzentrationslagers gestützt wurde.[29]

Die von den ehemaligen Häftlingen bereits kurz nach der Befreiung Buchenwalds herausgegebene Lagerzeitung forderte schon in dieser frühen Phase bestimmte Strategien des Gedenkens ein sowie eine Auseinandersetzung mit dem Nationalsozialismus auf unterschiedlichen gesellschaftlichen Ebenen, konkret die Verurteilung der NS-Täter und Täterinnen. Für beide Haltungen seien zwei Beispiele benannt, um die Erinnerungspolitik im Moment der Befreiung des Konzentrationslagers Buchenwald zu skizzieren: Neben wiederholten Gedenkfeiern, auf denen unter anderem der amerikanische Kommandant des Lagers (Major Schmuhl) die Opfer des »verruchten Hitlerterrors« als »Kämpfer gegen den Faschismus« sowie deren »geschlossene internationale Solidarität« würdigte,[30] protokollierten die nach der Befreiung des Lagers erscheinenden *Buchenwalder Nachrichten* Festnahmen und andere Vergeltungsmaßnahmen gegenüber den Nationalsozialisten. Die Zeitung der organisierten Antifaschisten berichtete, wie etwa »150 Nazifrauen u. BDM Mädels aus Weimar« von einem Kameraden über die »Nazigreuel in Buchenwald« und den »Frauenlagern« aufgeklärt wurden.[31] Erinnerungs- und Aufklärungsarbeit prägten diesen frühen erinnerungspolitischen Diskurs.

Die Vorbereitungen des Dachauer War Crimes Trial führten bereits 1945/46 innerhalb der SED zu einer parteiinternen Überprüfung von in Buchenwald organisierten Kommunisten, denen vorgeworfen wurde, für einzelne Tötungen von Häftlingen verantwortlich zu sein, denn man fürchtete die Instrumentalisierung dieser Vorwürfe durch die Amerikaner.[32] Eine zweite, von der Sowjetischen Militäradministration angestrengte Überprüfung endete mit der Verhaftung einiger ehemaliger Häftlinge, die im Konzentrationslager Buchenwald eine bestimmte Funktion übernehmen mussten. Am 29. März 1950 wurde Ernst Busse, ehemaliger Funktionshäftling im Häftlingskrankenbau des Konzentrationslagers Buchenwald und zeitweise Innenminister Thüringens, von den sowjetischen Behörden verhaftet, am 8. Juni Erich Reschke. Er war als Lagerältester und Führer des Lagerschutzes eingesetzt gewesen. Am 27. Februar verurteilte ein sowjetisches Militärtribunal beide wegen Verbrechen gegen die Menschlichkeit zu lebenslanger Haft. Ernst Busse hatte im Rahmen der Vernehmungen eingeräumt, dass er in den Jahren 1943 und 1944 ca. dreimal auf Anforderung der SS-Ärzte Listen mit 150 Todeskandidaten zusammengestellt habe. Der ehemalige Funktionshäftling verwies auf die Strategie des Internationalen Lagerkomitees, dessen Leitung er selbst neben Walter Bartel und Harry Kuhn angehört hatte, an bedeutenden Funktionen innerhalb der Lagerhierarchie festzuhalten.[33]

Während Reschke 1955 in die DDR zurückkehrte, wurde Busse im Frühjahr 1951 in den Gulag deportiert, wo er am 31. August 1952 starb. Die Kommission hatte ebenso erwogen, ihre Untersuchungen auf Walter Bartel, von 1946 bis 1953 Referent Wilhelm Piecks (Staatspräsident der DDR), und Harry Kuhn auszuweiten. Kuhn war zu diesem Zeitpunkt Generalsekretär der VVN, die in der DDR wenig später, im Jahr 1953, verboten wurde.[34] Weitere politische Funktionäre und ehemalige Häftlinge waren von diesen Untersuchungen betroffen.[35]

Darüber hinaus wurden auch andere Zeugenaussagen einer internen Kontrolle unterzogen, denn innerhalb des Buchenwald-Komitees wurde die Befürchtung geäußert, dass die Amerikaner im Rahmen des Dachauer Prozesses die »kommunistische Walze« erneut bedienen würden: Es bestehe der Verdacht, dass die amerikanischen Militärbehörden den Dachauer Prozess »gegen die Kommunisten, besonders gegen die deutschen Kommunisten« auszunutzen wüssten. Um dies zu verhindern, seien »völlig einwandfreie, prägnante« (auch internationale) »Zeugenaussagen über die wirklichen Verbrechen, über den

Kampf in Buchenwald gegen Spitzel und andere Verbrecher in Häftlingskleidung« notwendig.[36]

Bereits im Juli 1948 informierte der bayerische Kommunist Karl Feuerer (1907–1968), Überlebender des Konzentrationslagers Buchenwald, das Buchenwald-Komitee über die Korrektur des Urteils gegen Ilse Koch durch den amerikanischen Militärgouverneur.[37] Drei im Rahmen der erwähnten internen Ermittlungen wegen Verbrechen gegen die Menschlichkeit unter Verdacht geratene bzw. verurteilte Personen, nämlich Walter Bartel, Harry Kuhn und Ernst Busse, unterzeichneten im September 1948 eine Resolution des Buchenwald-Komitees, in der die Überstellung Ilse Kochs nach Weimar gefordert wurde, damit diese in räumlicher Nähe zum Konzentrationslager Buchenwald wegen ihrer Verbrechen an deutschen Häftlingen angeklagt werden könne, »um endlich auch« die Verbrechen des deutschen Faschismus zu sühnen.[38]

Die West-Berliner Zeitung *Der Abend* verweigerte den Abdruck dieser Resolution, da sie auch von Ernst Busse unterzeichnet war.[39] Offenbar war das weitere Schicksal Busses dem späteren Vorsitzenden des Buchenwald-Komitees auch zu einem späteren Zeitpunkt noch nicht bekannt. In einem Schreiben an Pieck wies Walter Bartel daraufhin, dass im Fall einer »längeren Isolierung Busse[s]« nicht nur die Absicherung von dessen Ehefrau geregelt werden müsse, sondern es müsse auch eine offizielle Erklärung für sein Verschwinden gefunden werden, »da Busse in seiner Eigenschaft als Vorsitzender des Buchenwald-Komitees weit über die Grenzen Deutschlands bekannt« sei. Bartel befürchtete, »dass durch Indiskretion unsere Feinde von der Isolierung Busses erfahren und sie in der Weise ausnutzen, dass selbst die Sowjets Beweise haben über die Haltung der Kommunisten in Buchenwald, die der der Ilse Koch gleichzusetzen« sei.[40] Eine erneute Resolution des deutschen Buchenwald-Komitees vom April 1949 rief die »demokratischen Bevölkerungsschichten ganz Deutschlands dazu auf, die Auslieferung Ilse Kochs nach Weimar und ihre Aburteilung von dem dortigen Landgericht zu fordern«. Die »deutschen Buchenwaldkameraden« wurden darum gebeten, die »Tatsachenberichte und Zeugenerklärungen über Ilse Koch direkt an die Oberstaatsanwaltschaft Weimar zu senden«. An »alle Widerstandskämpfer in Deutschland« erging der Aufruf, »ihre Anstrengungen zu verstärken, um die Verbrecher der KZs der verdienten Strafe zuzuführen«.[41]

Das Buchenwald-Komitee begründete den Boykott damit, dass die unmittelbar vor der Augsburger Hauptverhandlung verstorbenen Zeugen ihr Leben hätten lassen müssen, weil bestimmte politische Kräfte sie ausgeschaltet hätten. Die kommunistischen Zeugen seien daher besonders gefährdet. Diese unglaubwürdige und fadenscheinige Begründung wurde selbst vom westlichen Teil der VVN vehement kritisiert. Auch Walter Bartel begründete das Nichterscheinen der Zeugen aus der DDR mit der Furcht vor Inhaftierung – das einzige, was »selbstkritisch« über die Haltung des Buchenwald-Komitees anzumerken sei, sei, dass »keine rechtzeitige, präzise Stellungnahme und entsprechende politische Stellungnahme« abgegeben worden sei.[42]

Schließlich revidierte das Buchenwald-Komitee seinen zunächst ausgesprochenen Boykott auch öffentlich. Ein vorläufiges Plazet des Sekretariats der SED vom 20. Dezember 1949 gestattete den »VVN-Kameraden im Westen wie im Osten die dementsprechenden Stellungnahmen«, also die Zeugenaussagen. In einer zweiten Resolution forderte das Buchenwald-Komitee die Überlebenden des Konzentrationslagers nun sogar zur Zeugenaussage auf. Dieser Meinungsumschwung lässt sich auf die Unterstützung zurückführen, die der Augsburger Prozess in einigen westlichen Regionalvereinen der VVN gefunden hatte. So wartete die VVN in Düsseldorf nicht erst auf die Unterstützung der Ost-VVN, sondern rief bereits im August 1949 ihre Mitglieder zur Zeugenaussage auf: »Wir benutzen diese Gelegenheit, erneut darauf hinzuweisen, daß jedermann, der Aussagen in Sachen Ilse Koch zu machen vermag, verpflichtet ist, sich dem Gericht zur Verfügung zu stellen.«[43]

Der mehrfach revidierten Haltung des Buchenwald-Komitees lag auch die Befürchtung zugrunde, dass die öffentliche Bekanntmachung einer Verweigerung von Zeugenaussagen die Etablierung einer »Lex

Koch« zur Folge haben könnte, die »bei dem Prozeß eine nicht notwendige Rolle spielen könnte«.[44] In einer Gesprächsrunde im ›Büro Pieck‹ wurde explizit der Befürchtung Ausdruck verliehen, dass in Augsburg auch das internationale Lagerkomitee attackiert werden könnte.[45] Es wurde entschieden, dass die Aussagen jedes einzelnen Genossen zu kontrollieren waren, was ein aufwendiges Verfahren nach sich zog, bei dem die regionalen Vereine der VVN in der DDR eine tragende Rolle spielten.[46] Vor allem der Vorsitzende Walter Bartel bekundete mehrfach das Interesse, den Inhalt »aller Aussagen« der vernommenen Häftlinge zu erfahren.[47] Auch eine offenbar vom Buchenwald-Komitee unterstützte Initiative, einzelne Überlebende noch vor dem Augsburger Gericht aussagen zu lassen, scheiterte aufgrund der Widerstände durch die DDR-Behörden.[48]

Die Beurteilung der moralischen wie politischen Integrität der kommunistischen Zeugen war an die Basis, also die lokalen Vertretungen der VVN, delegiert worden. In sogenannten »Charakteristiken« beurteilten die Genossen ihre einstigen Weg- und Kampfgefährten. Im Vordergrund dieser Stellungnahmen stand neben der antifaschistischen Grundhaltung während des Nationalsozialismus auch das Engagement für Staat und Gesellschaft der DDR. Die Ost-VVN ermittelte nicht nur etwaige Abtrünnige in den eigenen Reihen, sie nahm auch kritisch Stellung zu anderen verfolgten Häftlingsgruppen (wie beispielsweise den Zeugen Jehovas).[49] Wie viele der Zeugen durch die VVN beurteilt wurden, lässt sich nur schwer ermitteln. Aber immerhin liegen im Bestand des Augsburger Verfahrens mehrere Bände mit Zeugenaussagen aus dem ›Osten‹ vor.[50]

Um den Jargon dieser internen Beurteilungen zu illustrieren, seien im Folgenden zwei Beispiele vorgestellt, die das Spektrum der möglichen Stellungnahmen widerspiegeln und deren technokratische Sprache anschaulich dokumentieren. Nicht alle ehemaligen politischen Häftlinge trafen auf Wohlwollen bei ihren politischen Weggefährten. So bezeichnete der Kreisvorstand der VVN in Weimar den Kameraden Richard Franz als in den letzten fünf Jahren »rückschrittlich«, in einem anderen Schreiben wiederum galt er gar als passiv. Er nehme am politischen Leben keinen Anteil, arbeite angeblich für die Russen. Sein Vater sei im antifaschistischen Kampf gefallen.[51] Die politische Vita Adolf Schusters (»Politischer Hintergrund: Sohn eines Arbeiters«) hingegen wurde von der VVN in Naumburg / Saale positiv eingeschätzt: »In seiner Tätigkeit als Kommandeur bei der Volkspolizeischule hat er sich dort außerordentliche Verdienste in Bezug auf politische Schulung erworben. Sch. ist moralisch einwandfrei und ist aufgrund seiner klaren objektiven Beurteilung aller Dinge bei den Werktätigen Naumburgs sehr angesehen. Er ist klassenbewußt und steht fest auf dem Boden seiner Partei. Sch. ist ein vorbildlicher Propagandist und setzt sich vorbehaltlos für die Beschlüsse seiner Partei und den Fortschritt ein.«[52] Das Misstrauen, welches das Führungsgremium des Buchenwald-Komitees den einstigen Schicksalsgenossen entgegenbrachte, hatte sich bereits zwei Jahre zuvor während des amerikanischen War Crimes Trial gezeigt, als herablassende Kommentare der Kommunisten zu einzelnen Zeugen lanciert worden waren.[53]

Im Zentrum der öffentlichen Kritik des Buchenwald-Komitees stand im November 1950 nicht mehr nur die Forderung nach einer Verurteilung Ilse Kochs, sondern die grundsätzlichere Warnung vor einer »Remilitarisierung und Refaschisierung« der Bundesrepublik: »Die ehemaligen Buchenwald-Häftlinge in allen Ländern Europas hegen die größte Befürchtung, daß die erwiesenen Mißhandlungen der Häftlinge durch Ilse Koch, ihre unzähligen Taten, die zur Ermordung unschuldiger Menschen führten, durch das Schwurgericht in Augsburg nicht in entsprechender Weise geahndet werden«.[54] In einer weiteren Stellungnahme, von der VVN veröffentlicht, forderte das Buchenwald-Komitee die »demokratische Öffentlichkeit auf, mit größter Aufmerksamkeit den Verlauf des Prozesses gegen Ilse Koch« zu verfolgen und im »Interesse der Säuberung der Welt von diesen Bestien jeden Versuch, die Koch als unschuldiges Opfer reinzuwaschen, mit aller Entschiedenheit abzuwehren. Im Namen der Hinterbliebenen, der Witwen und der Waisen erwarten wir Gerechtigkeit.«[55]

Vermutlich hatten diese öffentlichen Appelle auch die Funktion, darüber hinwegzutäuschen, dass den Zeugen aus der DDR und der Ostsektoren Berlins die Reise nach Augsburg und somit die Aussage vor Gericht nicht genehmigt worden waren: Ihre Aussagen wurden in ihrer Abwesenheit im Gerichtssaal verlesen – Verschwörungsphantasien verbreiteten sich. So erschien in der von den sowjetischen Besatzungsbehörden herausgegebenen *Täglichen Rundschau* eine weitere Pressemitteilung, wonach »der geheimnisvolle Tod von sechs Belastungszeugen« zeige, dass die »Forderungen der VVN und aller friedliebenden Menschen, die Angeklagte am Tatort ihrer Verbrechen in der DDR abzuurteilen, vollberechtigt sind«.[56] Innerhalb der VVN wurde Kritik an einer weiteren, zugespitzten Version dieser Meldung laut, so habe *Die Tat* gar berichtet, dass »6 innerhalb kurzer Zeit verstorbene Überlebende von der SS erledigt« worden seien.[57]

Welchen Radius diese Stellungnahmen der VVN hatten, lässt sich nicht abschließend rekonstruieren. Letztlich hatte die Vereinigung im Osten Deutschlands zwar immerhin 873 Ortsgruppen, jedoch zu ihren Hochzeiten gerade einmal 37 000 Mitglieder.[58] Es kann aber kein Zweifel daran bestehen, dass die antifaschistische Vereinigung der Verfolgten des Naziregimes in der DDR vehement unter Druck geraten war, bis sie im Februar 1953 endgültig aufgelöst wurde. Unter der Überschrift »Die VVN hat ihre Aufgaben gelöst« erschien in der letzten Nummer der Vereinszeitschrift *Die Tat* eine abschließende Stellungnahme, wonach in der DDR die »Ausrottung aller Wurzeln des Faschismus« erfolgt sei und »Faschismus und imperialistische Knechtschaft im Gebiet der Deutschen Demokratischen Republik nicht wiederkehren« könnten, womit sich eine Fortsetzung des Vereins erübrige.[59] Parallel zu diesem Schritt setzte aufgrund von antisemitischen Vorfällen eine Fluchtbewegung führender Repräsentanten des jüdischen Lebens aus der DDR ein, womit die VVN bedeutende Führungsmitglieder verlor.[60]

Innerhalb weniger Jahre hatte sich der tiefe Riss offenbart, der innerhalb der heterogenen Gruppe der Überlebenden und ihrer Organisationen verlief. Dieser Riss, forciert und instrumentalisiert von der politischen Führung der DDR, hatte in seiner Konsequenz dazu geführt, dass im Augsburger Gerichtssaal die Stimmen der kommunistischen Häftlinge aus dem Osten Deutschlands ungehört blieben, wenngleich ihre Aussagen verlesen wurden. Eine konkrete Einflussnahme auf die Geschehnisse und die Spaltung zwischen den beiden deutschen Staaten bot sich ihnen nicht. Auch interne Konflikte um Fragen der Parteiführung dürften im Hintergrund eine Rolle gespielt haben. In jedem Fall entschied das Sekretariat der SED am 12. Dezember 1949, dass »unbeschadet der Aufrechterhaltung unseres Standpunktes, dass Weimar für dieses Verfahren zuständig ist – unsere Freunde in ganz Deutschland autorisiert werden, als Zeugen in dem von den bayerischen Behörden eingeleiteten Verfahren auszusagen.« Curt Posener (Hamburg) sowie Alfons Kieper (Montabaur) wurden ferner als Sachverständige empfohlen.[61] Außerdem seien die Zeugenaussagen zu kontrollieren.

Das »Potential dieser älteren Kadergruppe«, so resümiert Lutz Niethammer über diese Gruppe von Kommunisten, sei »nicht zuletzt durch die innerkommunistischen Auseinandersetzungen und Säuberungen äußerst begrenzt« gewesen. Gleichwohl also keineswegs repräsentativ für den politischen Apparat insgesamt, benötigte die politische Führungsschicht diese Gruppe von Kommunisten, die sich im Buchenwald-Komitee organisiert hatten, »als komplementäre Sinngebungs- und Beglaubigungsinstanz«.[62] Dass dieser ›Kampfplatz‹ der Kommunisten nicht der einzige blieb, der auf den Augsburger Prozess gegen Ilse Koch zurückwirkte, zeigen die Geschehnisse im dortigen Kolpinghaus, wo das Gerichtsverfahren unter den Augen einer interessierten Weltöffentlichkeit stattfand.

9 Strafen: Die ›Kommandeuse‹ von Buchenwald in Augsburg

»[G]egenüber der zweifellos ins Gigantische reichenden Schuld des tausendfachen Mörders Sommer [würde] das Verschulden Ilse Kochs als bloßer Anstifterin mehr und mehr verblassen.«

Staatsanwalt Ilkow im Mai 1950 an die Bayerische Justizbehörde[1]

Das folgende Kapitel wendet sich der Dramaturgie des Augsburger Prozesses zu – gefragt werden soll danach, wie die unterschiedlichen historischen Akteure im Gerichtssaal einander begegneten und welche anderen gesellschaftlichen Debatten den Verlauf des Prozesses prägten bzw. an welchen Punkten derartige gesellschaftliche Diskussionen ausblieben: In concreto werden nun die unterschiedlichen Perspektiven der Justizvertreter, der Überlebenden und letztlich der Strafgefangenen Koch auf den Prozess dargestellt. Im folgenden Abschnitt wird das Augsburger Verfahren als Konfliktgeschichte beschrieben, das heißt, es wird nach den Rollen der verschiedenen Akteure vor Gericht, nach den jeweiligen Interpretationen von Schuld, Wiedergutmachung und Antisemitismus gefragt. Denn auch diese Diskurse prägten das Gerichtsverfahren.

Bisweilen wurde ein Strafprozess mit einer Bühnenaufführung verglichen, »in der nach festgelegten Rollenvorgaben und gleichsam nach einem Drehbuch Vergangenheit vergegenwärtigt und im Sprachspiel Schuld zugerechnet wird«.[2] Mit dem Begriff ›Sprachspiel‹ ist gemeint, dass ein Strafprozess von der Wahl des Gerichtsortes über die Vernehmung von Zeugen im Rahmen des Ermittlungsverfahrens bis hin zu den tatsächlichen oder imaginierten Zuschauern einer unterschwelligen Logik folgt und die beteiligten Akteure und Akteurinnen innerhalb der ihnen zugewiesenen Rollen vor Gericht kommunizieren. Eine Analyse dieser unterschiedlichen Rollen der Gerichtsakteure, so wird argumentiert, legt die unterschiedlichen Erzählstränge des Augsburger Prozesses gegen Ilse Koch frei.

Das Gericht: Juristische Akteure und andere Männer im Hintergrund

»Bislang, obwohl die Sache seit etwa anderthalb Jahren im Gange ist, waren wir in der Lage, allen Anforderungen gerecht zu werden, ohne dass die Verantwortung für den Fall auf uns übergegangen wäre.«

Die amerikanische Militärbehörde zur Kooperation mit den deutschen Behörden, Juli 1950[3]

»Ich darf aber auch darauf hinweisen, daß ich in dieser nicht nur technisch schwierigen, sondern gerade wegen ihres politischen backgrounds überaus heiklen Sache auf mich allein gestellt, grob ausgedrückt mein eigener Ober- und Generalstaatsanwalt bin.«

Schreiben des ermittelnden Staatsanwalts Ilkow über den Verlauf der Ermittlungen, April 1950[4]

Wenige Wochen nach Kriegsende, noch im Juli 1945, nahm das Landgericht Augsburg seine Tätigkeit wieder auf. Zum Jahreswechsel 1946 folgten dann die Oberlandesgerichte.[5] Der Prozess gegen Ilse Koch wurde vor einem Schwurgericht geführt. Nachdem die Schöffen- und Geschworenengerichte im Bereich der Strafjustiz 1939 eingestellt worden waren, nahmen sie nach 1945 wieder ihre Tätigkeit auf. In Bayern bestand bis zum Inkrafttreten des (bundesdeutschen) Gesetzes zur Wiederherstellung der Rechtseinheit am 1. Oktober 1950 für kurze Zeit eine Sonderform des Geschworenengerichts, über die der Bayerische Landtag heftig gestritten hatte.[6] Die meisten Länder der Westzone hatten nach 1945 die Form des Schwurgerichts eingeführt, die 1924 von dem damaligen Reichsjustizminister Erich Emminger, seitdem genannt Emminger'sche Reform, durchgesetzt worden war. Auf dieser Grundlage erfolgte die Verkleinerung der Geschworenengerichte um die Hälfte (von zwölf auf sechs Geschworene), und Laien- und Berufsrichter entschieden nun gleichberechtigt über die Schuldfrage und das Strafmaß.[7] Diese Debatte berührte auch die Verfolgung der NS-Verbrechen, denn immerhin standen, laut eines internen Protokolls des Bayerischen Justizministeriums vom Februar 1949, 90 Prozent der bei den Schwurgerichten anhängigen Strafverfahren im Zusammenhang mit den im ›Dritten Reich‹ begangenen Gewaltverbrechen.[8]

Im Rahmen der Debatte verhandelten die beteiligten historischen Akteure – die bayerische Justizbehörde sowie die Staatsanwälte der einzelnen Oberlandesgerichte – auch die Frage einer Demokratisierung der Rechtspraxis. Diese Wiedereinführung der Laiengerichtsbarkeit war in den Justizbehörden insgesamt durchaus umstritten. So bezeichnete der Oberstaatsanwalt in Augsburg die Entscheidung als »bedauerliche[n] Mißgriff« sowie als »unverantwortliche[n] Rückschritt (um ein volles Vierteljahrhundert) in der Rechtspflege zum Nachteil der Gerechtigkeit«. So seien die Geschworenen »nicht in der Lage, den Kerngehalt der ihnen gestellten (sie zum Teil in ihrer notgedrungenen Fülle verwirrenden) Fragestellungen so aufzufassen, daß sie deren Tragweite begriffen hätten. Sie hielten sich an die Politik des kleineren Übels und wichen klaren Entscheidungen nach Möglichkeit aus.« Ein Staatsanwalt habe sogar berichtet, dass die »Schuldaussprüche der Geschworenen durchwegs unrichtig« gewesen seien. Auch erfreue sich das Ehrenamt unter den Geschworenen keiner besonderen Wertschätzung, hierbei spielten vor allem ökonomische Gesichtspunkte sowie die Sorge vor politischen Konsequenzen eine Rolle.[9]

Das Strafverfahren gegen Ilse Koch wurde nach der Vereinheitlichung des Bundesrechts angestrengt. Obgleich der bayerische ›Sonderfall‹ der großen Laiengerichte also keine Konsequenzen für dieses Strafverfahren hatte, verweist die Debatte über das Pro und Kontra der Beteilung von Geschworenen an Strafverfahren auf die Handlungs-

und Deutungsräume der Justiz sowie deren Selbstverständnis nach 1945.

Unter den Geschworenen, die das Urteil gegen Ilse Koch fällten, befanden sich zwei Landwirte, ein Händler, ein Handwerker, ein Arbeiter und ein Angestellter.[10] Gleichwohl die bayerische Verfassung von 1946 vorsah, dass an der Rechtspflege Männer und Frauen mitwirken sollten, hatte das Augsburger Gericht keine Frauen auf die Geschworenenbank berufen. Über die politische Orientierung der Geschworenen vor und nach 1945 ist nichts weiter bekannt. Die bayerischen Behörden hatten Wert auf eine ausgewogene Zusammensetzung des Gerichts gelegt.[11] Die Zusammensetzung der Geschworenen, die den »Kreisen der ländlichen, streng gläubigen Bevölkerung Schwabens« angehörten, beeinflusste die Auswahl der Zeugen, bei der Wert darauf gelegt wurde, dass diese »aus anderen Schichten, insb. aus dem Bürgertum und der Geistlichkeit beider Konfessionen« stammten.[12]

Bei der Aufnahme des Verfahrens gegen Ilse Koch war es zu Verzögerungen gekommen, da es »keine unbelasteten Richter« gegeben habe, die »in der Lage« gewesen wären, »diesen Prozeß zu führen«.[13] Als Richter stand dem Staatsanwalt Ilkow zunächst der ursprünglich ebenfalls am Oberlandesgericht Bamberg tätige Erich Jagomast zur Seite, da sich in Augsburg zunächst keine Person gefunden hatte, die ein politisch so brisantes Verfahren leiten konnte. Der aus Ostpreußen stammende Katholik Jagomast, in der Weimarer Republik Mitglied der Zentrumspartei, wechselte nach Abschluss der Voruntersuchungen gegen Ilse Koch als Vorsitzender an die Entschädigungskammer des Oberlandesgerichts München und wurde dort Senatspräsident. Staatsanwalt Ilkow beschrieb ihn als erfahrenen Juristen, außerdem spreche er Englisch und Jiddisch. Jagomast war seit 1934 Förderndes Mitglied der SS und trat dem NS-Rechtswahrerbund bei. Mitglied der NSDAP wurde er nicht.[14]

Als Richter wurde er von Landgerichtsdirektor Georg Maginot, 1898 in der Pfalz geboren, abgelöst, der den Vorsitz über den Prozess gegen Ilse Koch übernahm. Als Amtsgerichtsrat in Pirmasens hatte Maginot zu Beginn der dreißiger Jahre Prozesse gegen Anhänger der NSDAP geführt, weshalb er sich nach der Machtübernahme gegen Angriffe der Partei wehren musste. Nach seiner Ernennung zum Ersten Staatsanwalt in Zweibrücken im Juni 1933 spitzten sich diese Angriffe zu, weshalb er Ende 1933 zunächst nach Würzburg versetzt wurde. Wie er selbst angab, folgte nach einem Konflikt mit der Gestapo Anfang 1937 der Wechsel an das Landgericht Augsburg. Maginot war seit 1934 Förderndes Mitglied der SS gewesen und gehörte seit 1937 ebenso der NSDAP an. Nach dem Prozess gegen Ilse Koch wurde Maginot zunächst zum Oberstaatsanwalt ernannt, bis zu seiner Pensionierung 1963 war er Landgerichtspräsident in Augsburg.[15]

Auch der ermittelnde Staatsanwalt Johann Ilkow wurde von Bamberg nach Augsburg berufen und vertrat dort die Augsburger Staatsanwaltschaft. 1899 in Brünn geboren, hatte er Jura in Wien und Prag studiert und war seit 1922 im tschechoslowakischen Justizdienst tätig gewesen. Da seine Ehefrau einer jüdischen Familie entstammte, war er 1943 als Staatsanwalt am Oberlandesgericht Brünn in den Ruhestand versetzt worden. Seine Frau wurde nach Theresienstadt deportiert, er und sein Sohn leisteten im Erzgebirge Zwangsarbeit. Aufgrund der deutschfeindlichen Stimmung in der Tschechoslowakei zog die Familie nach Deutschland, wo Ilkow bereits im November 1945 in den bayerischen Staatsdienst eintrat.[16] Bevor er mit dem Fall Koch beauftragt worden war, vertrat er vor dem Landgericht Bamberg erfolgreich die Anklage gegen Männer, die während der Novemberpogrome in Würzburg einen Juden derart misshandelt hatten, dass dieser an den Folgen verstarb.[17] Nach dem Prozess gegen Ilse Koch wechselte Ilkow in die Zivilgerichtsbarkeit und wurde Richter für Familiensachen.[18] Da seine Gesundheit angeschlagen war, ruhten die Ermittlungen gegen Ilse Koch im Sommer 1950 für längere Zeit. Ein ärztliches Gutachten hatte bei dem Staatsanwalt einen »Zustand schwerster seelischer und körperlicher Erschöpfung« festgestellt.[19] Auch nach Prozessende blieb seine Gesundheit angeschlagen. Ilkow verstarb im Frühjahr 1958.[20]

In den von Ilkow überlieferten schriftlichen Zeugnissen finden sich nur wenige persönliche Spuren zum Prozess gegen Ilse Koch, der den Staatsanwalt möglicherweise belastete. Im Oktober 1950 schrieb Ilkow die folgenden Zeilen an einen der Zeugen: »So schwierig meine ganze Lage ist und so wenig gesund ich mich fühle, möchte ich doch meinen Platz nicht aufgeben. Ich weiß nicht, ob es mir gelingen wird, die Unannehmlichkeiten, die mir von allen Seiten gemacht werden, durchzutrotzen. Nur weil ich vor meinem Gewissen die Überzeugung habe, daß es um eine gerechte Sache geht, daß dieser Prozeß etwas unbedingt Notwendiges ist, glaube ich, den Kampf, den ich nun einmal begonnen habe, nicht aufgeben zu dürfen.«[21]

Der promovierte Rechtsanwalt Alfred Seidl (1911–1993) dürfte zu den bekanntesten historischen Akteuren gehört haben, die entscheidend am Prozess gegen Ilse Koch beteiligt waren. Seidl erlangte im Rahmen der Nürnberger Prozesse als Pflichtverteidiger von Rudolf Heß Berühmtheit. Zufällig an dieses Mandat gelangt, profilierte er sich während des Nürnberger Hauptprozesses als der »radikalste« der Anwälte, der dem alliierten Gerichtshof unterstellt hatte, »Siegerjustiz« zu exekutieren.[22] In der Bundesrepublik hatte Seidl diverse politische, zum Teil auch sehr bedeutende Ämter inne: Über Jahrzehnte war er für die CSU Mitglied des Bayerischen Landtages gewesen, Ende der siebziger Jahre war er zeitweise gar zum bayerischen Staatsminister aufgestiegen.[23] Nach seinem Tod wurden seine Verbindungen zu rechtsextremen Kreisen durch eine Veröffentlichung im Wochenmagazin *Der Spiegel* bekannt.[24] In der Bundesrepublik verteidigte Seidl zudem einige NS-Täter und -Täterinnen vor Gericht. Auf Wunsch Kochs wurde er am 31. Oktober 1949 zu ihrem Pflichtverteidiger ernannt. Seidl füllte seine Rolle als Verteidiger nicht weniger radikal aus als in Nürnberg. In zahlreichen Schriftstücken unterstellte Seidl dem Augsburger Gericht eine tendenziöse, da voreingenommene Ermittlungspraxis. Außerdem diskreditierte er immer wieder die Ermittlungsbehörden, Gutachter und Zeugen, die vor Gericht aussagten.[25]

Über einen psychiatrischen Gutachter, der eine Einweisung Ilse Kochs in die psychiatrische Anstalt veranlasste, konstatierte Seidl, dass es wohl keinen Zweifel gebe, in »welche Richtung hier gearbeitet« würde.[26] Auch die Aussagen der Zeugen focht er an. So intervenierte der Verteidiger, als ein Zeuge im Rahmen der Vernehmungen betonte, dass für die Häftlinge letztlich »jeder Angehörige der SS gefährlich« gewesen sei. Seidl führte aus, dass die Anklage bei Berücksichtigung solcher Zeugenaussagen »ins Uferlose« wachsen würde.[27] Während des Prozesses beantragte er, »eine Original KZ-Kleidung mit den aufgenähten Nummern zu beschaffen, um festzustellen, ob die Nummer aus einiger Entfernung zu lesen war«. Außerdem beantragte Seidl, »dass der gesamte Schriftwechsel, der im Zusammenhang mit der Zeugenermittlung mit den verschiedenen Stellen – dem bayerischen Justizministerium, der VVN usw. – geführt worden« sei, dem Gericht vorzulegen sei.[28]

Abgesehen von diesen (juristischen) Hauptakteuren des Prozesses agierten im Hintergrund des Prozesses weitere Personen: Zunächst sei der Holocaust-Überlebende und Leiter des Wiedergutmachungsamtes Philipp Auerbach (1906–1952) genannt, der 1946 zum ›Staatskommissar für die Opfer des Faschismus‹ (wenig später in ›Staatskommissar für rassisch, religiös und politisch Verfolgte‹ umbenannt) berufen wurde; drei Jahre später, im November 1949, berief ihn die bayerische Landesregierung zum kommissarischen Präsidenten des neu errichteten Bayerischen Landesentschädigungsamtes. Seit Beginn der fünfziger Jahre war Auerbach in einen Skandal verwickelt, da ihm die Unterschlagung von Wiedergutmachungsgeldern vorgeworfen wurde. Die entsprechenden Ermittlungen mündeten in einen Prozess vor dem Landgericht München. Auerbach nahm sich als Folge der Verurteilung wegen Veruntreuung im Jahr 1952 das Leben.[29] Bei seiner Beisetzung kam es zu Zusammenstößen der Polizei mit jüdischen Demonstranten.[30] Noch im Mai 1950 war Auerbach mit einem Orden der französischen Résistance ausgezeichnet worden.[31]

Einige Aspekte des tragischen Scheiterns des ehemaligen Leiters des Bayerischen Entschädigungsamtes werden im Folgenden erörtert werden, da er letztlich den Prozess gegen Ilse Koch maßgeblich initiiert hatte und die Geschichte seines Niedergangs die gesellschaftliche Atmosphäre des frühen Nachkriegsdeutschlands besonders eindrücklich widerspiegelt. Diese Atmosphäre war von den auf verschiedenen Ebenen ausgetragenen Kulturen des Misstrauens gekennzeichnet, wie sie unter den Häftlingsverbänden existierten.[32] Natürlich habe die »Auerbach-Angelegenheit nicht dazu beigetragen, den Antisemitismus zu beseitigen, aber die Reaktion auf den Harlan-Film [...] zeigt, dass es mehr anständige Menschen, vor allem aber mehr Gruppen und Organisationen Wohlgesinnter gibt, als selbst ich es angenommen habe. Und ich stecke«, so der Schriftsteller Wolfgang Hildesheimer in einem Brief an seine Eltern im Frühjahr 1951, »meinen Kopf auch nicht in den Sand.«[33] Mit dem Hinweis auf den Harlan-Film spielte Hildesheimer auf die Proteste an, zu denen es in verschiedenen Städten – so in Hamburg und in Göttingen – aufgrund des Freispruches von Veit Harlan gekommen war, dem Regisseur des antisemitischen Hetzfilms »Jud Süß«.

Seine eigenwillige Interpretation, wie eine Entschädigung der Opfer einerseits und eine Ahndung der NS-Verbrechen andererseits miteinander verknüpft werden könnten, trug Auerbach die Gegnerschaft sowohl vonseiten der bayerischen Politik als auch von den Häftlingsverbänden ein.[34] Diese Auseinandersetzungen hatten letztlich dazu geführt, dass ihm zu Beginn der fünfziger Jahre vor dem Landgericht München der Prozess gemacht wurde.

Die Hintergründe dieses Skandals, in dem es übergeordnet sowohl um die Frage einer ›angemessenen‹ Entschädigung der Holocaust-Opfer als auch um die Virulenz des Antisemitismus im Nachkriegsdeutschland ging, können hier nicht skizziert werden. Eine Geschichte der Skandale, in denen Bilder des Jüdischen oder auch antisemitische Vorstellungen für die Bundesrepublik systematisch untersucht werden, steht nach wie vor aus.[35] In jedem Fall hatte der Skandal um den bayerischen Entschädigungsbeauftragten eine solche öffentliche Aufmerksamkeit erfahren, dass Zeitgenossen den ›Fall Auerbach‹ mit der Dreyfus-Affäre verglichen. Zehrend für Auerbach dürften vermutlich ebenso die unmittelbar nach der Befreiung des Konzentrationslagers Buchenwald von der illegalen KPD-Gruppe Waterkante gegen ihn lancierten Vorwürfe gewesen sein, nach denen er als Spitzel für die Gestapo tätig gewesen sein soll.[36] Gegen diesen Verdacht bezog Auerbach, noch auf dem Gelände des ehemaligen Konzentrationslagers Buchenwald, in einem äußerst emotionalen, mehrseitigen Schreiben Stellung, in dem er betonte, dass er fünf Jahre für Antifaschismus und Demokratie gelitten habe und sich weder die Ehre noch seine Gesinnung von »leichtfertigen Menschen« abschneiden lasse.[37]

Letztlich habe der Verdacht gegen Auerbach eine solche Breitenwirkung erzielt, merkte ein Vertreter einer jüdischen Hilfsorganisation an, weil es sich bei ihm »um den fast einzigen Juden« gehandelt habe, der in der »bayerischen Staatsverwaltung einen hohen Posten bekleidete«.[38] Doch weder diese Intervention noch das einberufene »Committee on Fair Play for Auerbach« konnten etwas ausrichten. Dass Auerbach keineswegs mit seiner Verurteilung gerechnet hatte, geht aus einem Schreiben hervor, in dem er dem Komitee für die »moralische Stütze« sowie die finanzielle Unterstützung dankte. Er hoffe, so Auerbach weiter, »auf einen vollen Erfolg bereits in der 1. Instanz«. Es sei »traurig nach diesem geleisteten Werk« diese Zeilen schreiben zu müssen, doch habe er die Hoffnung auf ein »freisprechendes Urteil«.[39]

Der Skandal hatte solche Wogen geschlagen, dass Bruno Weil, der Begründer der in New York ansässigen Axis Victims League, gegenüber Bundeskanzler Adenauer seine Sicht der Dinge darlegte. »Wir haben keinen Zweifel daran«, so Weil, »daß in dem Verfahren gegen Auerbach bewußt oder unbewußt der Unwille eines Teils des deutschen Volkes eine Rolle gespielt hat, Wiedergutmachungen nach Maßgabe der von den Alliierten und der deutschen Gesetzgebung eingeführten Bestimmungen leisten zu müssen. [...] Philipp Auerbach, der arme Mann, der selbst ein begeisterter Vorkämpfer für die individuelle Wiedergutmachung war, ist letzten Endes ein Opfer seines Eifers und Kampfes für die Wiedergutmachung geworden. Er ist gefallen, weil er vielleicht in Übereifer Dinge hat durchsetzen wollen, die nicht im Einklang mit den Absichten der ihm vorgesetzten Behörden und der öffentlichen Meinung seines Landes gestanden haben. Er war ein Mann, der von dem Wesen der Bürokratie und den Notwendigkeiten des Beamtentums kraft Vorbildung, Temperament und Eifer nichts verstand.«

Weil forderte deshalb: »Einmal, dass in Zukunft kein Jude, kein KZler und kein Angehöriger einer Gruppe, die zu den Geschädigten gehören, vor einem Richter zu erscheinen und sich zu verantworten haben, der Parteigenosse gewesen ist. Zum anderen und vielleicht weit an Bedeutung darüber hinausgehend, sollte der Tod Auerbachs ein Anlass sein, um der Frage der Wiedergutmachung der geschichtlichen Individuen einen neuen Impuls zu geben und den Versuch zu machen, sie von den Ansprüchen souveräner Staaten und in Verhandlungen mächtiger Organisationen einer Lösung zuzuführen, die von Wahrhaftigkeit und Wiedergutmachungswillen getragen ist und Günstigeres zuwege bringt, als es die bisherige zum Teil völlig unvollkommene Gesetzgebung« tue.[40] In seinem Antwortschreiben ging Adenauer auf die »Globalzahlung« ein, zu der sich die Bundesregierung entschlossen habe, »um einen Teil des materiellen Schadens wiedergutzumachen, den diejenige Gruppe unter den durch den Nationalsozialismus Verfolgten erlitten hat, gegen die sich die nationalsozialistische Verfolgung mit einer unvergleichlich stärkeren Wucht gerichtet hat als gegen alle übrigen Gruppen.«[41]

Neben seinem Engagement für Fragen der Wiedergutmachung setzte sich Philipp Auerbach für die Ahndung von NS-Verbrechen ein. So bezeichnete er in einem polemischen und leidenschaftlichen Artikel den ehemaligen Reichswirtschaftsminister des ›Dritten Reiches‹, Hjalmar Schacht, der im Rahmen der Nürnberger Prozesse freigesprochen worden war, als Kriegsverbrecher.[42] Auerbach hatte sich maßgeblich für den Prozess gegen Ilse Koch eingesetzt, indem er den Kontakt zur amerikanischen Militärbehörde suchte und bei den Staatsanwaltschaften sowohl in Thüringen als auch in Bayern für ihre Verurteilung eintrat.

Offenbar hatte sich Auerbach bereits vor Aufnahme der Ermittlungen gegen Ilse Koch an den bayerischen Justizminister Josef Müller (1898–1979) gewandt.[43] Er sei von amerikanischer Seite angefragt worden, so Auerbach in seinem Schreiben an Müller, ob Ilse Koch nicht vor ein Strafgericht »für diejenigen Schandtaten« gestellt werden könnte, die »sie vom Jahre 1933 an bis 1945 an deutschen Staatsangehörigen verübt« habe. In einem solchen Verfahren könne er »Belastungsmaterial« zur Verfügung stellen.[44] Ebenso veröffentlichte er einen an die »Konzentrationäre der KZ-Lager Sachsenhausen und Buchenwald« adressierten Aufruf, mit dem Zeugen für ein etwaiges deutsches Verfahren gegen Ilse Koch gesucht wurden. Diese werde sich »vor einem deutschen Gericht wegen Verbrechens gegen die Menschlichkeit zu verantworten haben«.[45] Auerbach schickte den Aufruf an das Buchenwald-Komitee und ebenso an den Chefredakteur des *Jüdischen Gemeindeblatts* mit der Bitte, ihn zu veröffentlichen, damit »all die Grausamkeiten, begangen an wehrlosen Opfern der KZ-Lager Buchenwald und Sachsenhausen, einer gerechten Strafe« zugeführt würden.[46]

Auerbach erhielt als Folge seines Eintretens für diesen Prozess offen antisemitische Anfeindungen. So betonte ein Deutsch-Amerikaner ihm gegenüber, dass mit derlei Initiativen »das arme, geknechtete Deutschland« noch mehr in den Schmutz gezogen würde: »Haben Sie immer noch nicht gelernt, daß diese Erzählungen, die nach Ansicht der meisten Deutschamerikaner grundlose Lügen sind, aber Anlaß für die scheußliche Ausraubung und Demontage sind? Vielleicht ein Jude, aber bestimmt kein Deutscher sollte so tief sinken, um einen solchen Aufruf zu erlassen. Haben etwa Engel München und die anderen deutschen Städte zerstört?«[47] Ebenso erfolgten Angriffe vom rechten Rand, in denen offenbar auch, so berichtet es das *Hamburger Echo* im Mai 1950, Tötungsphantasien gegenüber Auerbach formuliert wurden.[48]

Eine weitere zentrale Figur, die den Augsburger Prozess im Hintergrund prägte, war der Überlebende und ehemalige politische Häftling Curt Posener (1902–1972), der 1933 aus politischen und rassischen Gründen in das Konzentrationslager Sachsenhausen eingeliefert worden war; es folgten als weitere Stationen seines Leidens Dachau, Buchenwald und Auschwitz. Posener beobachtete für das Buchenwald-Komitee in der DDR den Augsburger Prozess gegen Ilse Koch und vermittelte zwischen den Fraktionen in ›Ost‹ und ›West‹. Im Rahmen des Ilse-Koch-Prozesses hatte Posener eine Rolle als Sachverständiger abgelehnt. Er sei bereits bei anderen Prozessen in Erscheinung getreten, er beteilige sich – wie schon in den Konzentrationslagerprozessen Neuengamme und Ravensbrück – als Assistent der Staatsanwalt und schlage als Nebenkläger das Buchenwald-Komitee vor.[49]

Mitte der fünfziger Jahre, nachdem also das Verfahren gegen Ilse Koch abgeschlossen war, zog das Ministerium für Staatssicherheit Erkundungen über Posener ein. Posener, zu diesem Zeitpunkt Vorsitzender der VVN in Schleswig-Holstein, galt als »politisch zuverlässig und sehr aktiv«. Während des Nationalsozialismus sei er in mehreren Zuchthäusern und Konzentrationslagern gewesen und lebe nun »in sehr bescheidenen Verhältnissen«. Hintergrund dieses Interesses an Posener waren diffamierende Artikel und Bilder, die im Hamburger Magazin *Stern* über den ehemaligen Holocaust-Überlebenden und politisch aktiven Antifaschisten veröffentlicht worden waren.[50]

Alles in allem lässt sich also festhalten, dass sich vor Gericht sowohl Menschen wiederfanden, die (wie der Richter Maginot und Rechtsanwalt Seidl) als Juristen mit Partei- oder SS-Mitgliedschaften in das nationalsozialistische Deutschland verstrickt waren, als auch solche, die zu den Verfolgten des NS-Regimes und Überlebenden der nationalsozialistischen Konzentrationslager gehörten. Möglicherweise liegt hierin, nämlich in seiner Inszenierung als demokratisch, die eigentliche Leistung des Gerichtsverfahrens gegen Ilse Koch, und nicht in der konkreten justiziellen Aufarbeitung von Schuld: Vor Gericht trafen sich ehemalige Täter und Opfer des ›Dritten Reiches‹, deren Rollen im Gerichtssaal von der Reichsstrafgesetzordnung aus dem Jahr 1877 festgelegt worden waren. Entlang dieser Regeln nahmen die unterschiedlichen Akteure (und die Akteurin Koch) ihre jeweiligen Rollen wahr. Dass diese Aushandlungsprozesse immer wieder auch mit der Überschreitung von Grenzen verknüpft waren und der Gerichtssaal so auch zum ›Kampfplatz‹ wurde, soll in den nächsten Abschnitten gezeigt werden.

Zeugen, Bezeugen, Objekte: Überlebende und Täter

»Nun ist die Schlacht geschlagen.«[51]

Schreiben Curt Poseners an das Buchenwald-Komitee vom 16. 1. 1951

Ein Karteikasten aus Holz gibt einen Überblick über die Häftlinge, die im Rahmen der Prozessermittlungen durch den Staatsanwalt in Augsburg vernommen wurden. Reiter in unterschiedlichen Farben ordnen die Aussagen der Zeugen: Mit Rot sind die Tötungshandlungen gekennzeichnet, mit Schwarz die Körperverletzungen, Braun symbolisiert den juristischen Anklagepunkt des ›Tätowierungskomplexes‹[52] und Weiß bedeutet ne bis in idem (nicht zweimal in derselben Sache), womit jene Aussagen gemeint sind, die bereits zu einer Verurteilung Ilse Kochs durch das amerikanische War Crimes Trial geführt hatten.[53] Der Karteikasten gehört zu den im Archiv in Augsburg befindlichen Prozessunterlagen. Hier können die Akten der Staatsanwaltschaft (Korrespondenz, Anklageschrift, Gnadengesuche Kochs) eingesehen werden – mehrere Kartons mit Hunderten von Vernehmungsprotokollen, die vom ermittelnden Staatsanwalt zusammengetragen wurden.[54]

Bei den Ermittlungsprotokollen handelt es sich um Dokumente, die von der Staatsanwaltschaft oder der Polizei erstellt wurden, um die Straftaten Ilse Kochs durch die Befragung von Augenzeugen zu belegen. Die einzelnen Protokolle umfassen nur wenige Seiten, sie halten Alter und Beruf der Zeugen fest, es werden die Gründe der Inhaftierung dargelegt, die verschiedenen Stationen der Verfolgung werden kompakt referiert, etwas ausführlicher ist der anschließende Bericht über die Zeit im Konzentrationslager Buchenwald. Bei den im Rahmen eines Ermittlungsverfahrens erstellten Protokollen handelt es sich um Momentaufnahmen, die Erinnerungen zu einem spezifischen Zeitpunkt (hier nur wenige Jahre nach der erfolgten Inhaftierung) festhalten und dabei einer bestimmtem Logik folgen: nämlich die juristische Bestrafung – in diesem Fall Ilse Kochs – zu erwirken.

Nur in sehr wenigen Fällen drückten die Überlebenden des Konzentrationslagers Buchenwald während des Ermittlungsverfahrens bzw. im Gerichtssaal explizit die erlebte Tortur aus. Dass die Überlebenden eine besondere Erfahrung des Schmerzes gemacht haben, spiegelt sich selten in den standardisierten Ermittlungsprotokollen wider. Die umfassende Erfahrung von Schmerz blieb eingeschlossen im Körper.[55] Als einsame körperliche Erfahrung bleibt sie für die Geschichtswissenschaft meist unsichtbar. Oftmals kommt der Erfahrungsbruch in den Ermittlungsprotokollen, den die Überlebenden während der Konzentrationslagerhaft erlebten, scheinbar beiläufig zum Ausdruck. Insofern lassen die Vernehmungsprotokolle die Dimensionen der Verfolgung zumindest erahnen und halten trotz dieser Leerstellen auf wenigen Seiten die Brüche in der Biographie – Verfolgung, Emigration, beruflicher Neuanfang – der Überlebenden fest.

Diese Traumatisierung der Shoah-Überlebenden hat der als Gutachter an Entschädigungsverfahren beteiligte Psychiater William G. Niederland als »Überlebenden-Syndrom« beschrieben. In der Einleitung zu den Fallstudien, in denen er einen Überblick über die körperliche und seelische Beeinträchtigung der von ihm behandelten Personen gibt, fasst Niederland diese Folgen zusammen: »Dem Leser«, so der Psychiater, »sei schon an dieser Stelle gesagt, daß es sich bei aller Unterschiedlichkeit der medizinisch-psychiatrischen Benennung im Wesentlichen um Schmerz, Pein und große innere Drangsal der an solchen Störungen leidenden Menschen handelt.« Diese Verfolgungsschäden wirkten sich mit hoher Wahrscheinlichkeit in die nächste Generation aus, denn auch viele Kinder der Verfolgten seien »marked by stress«.[56] Für dieses von Niederland bereits in den frühen achtziger Jahren beobachtete Phänomen prägte die amerikanische Literaturwissenschaftlerin Marianne Hirsch den Begriff »Postmemory«.[57]

Zu dieser Belastung kommt der psychische Stress der Mitwirkung an einem Prozess, der die Erinnerung an das traumatisierende Ereignis zum Gegenstand hat. Insgesamt gestaltete es sich als schwierig, Überlebende des Konzentrationslagers Buchenwald als Zeugen für den

Prozess gegen Ilse Koch zu gewinnen, da sie – wie der Staatsanwalt festhielt – nirgendwo registriert waren und die ehemaligen Häftlinge zudem »an ihre frühere KZ-Zeit nicht mehr erinnert« werden wollten.[58] Hinzu kamen die Zweifel an den Aussagen der Zeugen, die der Verteidiger Ilse Kochs im Rahmen der Ermittlungen im Vorfeld und vor Gericht säte.[59]

Der Untersuchungsrichter, der Staatsanwalt und auch der Verteidiger Kochs reisten auf Anregung der amerikanischen Militärbehörde für sechs Wochen in die Vereinigten Staaten, um dort Zeugen zu vernehmen, die sich – da offenbar jüdische Organisationen Anzeigen aufgegeben hatten – zahlreich gemeldet hatten. Dabei hatten die Vereinigten Staaten als Anforderung an den untersuchenden Richter formuliert, dass dieser in politischer Hinsicht »besondere Qualitäten aufweisen« müsse, er dürfe weder der NSDAP noch jemals einer ihrer Gliederungen angehört haben. Dies treffe auf den Richter (Jagomast) zu.[60] Für Kochs Verteidiger Seidl war die Reise, wie er viele Jahrzehnte später feststellte, »vergleichsweise ergebnislos« verlaufen. Zu den zentralen Vorwürfen, auch zum Häutungsvorwurf, habe kein Mensch »nur andeutungsweise irgendetwas aussagen können«.[61]

Neben der grundlegenden Problematik der Traumatisierung erschwerten weitere Umstände das Zusammentragen von Zeugenaussagen. Dazu gehörten erstens der zeitweilige Boykottaufruf des Buchenwald-Komitees und zweitens die Skepsis der Ermittlungsbehörden gegenüber den Aussagen ehemaliger »krimineller« Häftlinge. Der Boykott des Buchenwald-Komitees beeinflusste nicht nur ostdeutsche Kommunisten, sondern auch Kommunisten, die in Bayern oder Hessen lebten. Manche von ihnen wollten ihre Aussagen zunächst rein »informatorisch« machen, da sie sonst der »Entschließung des Weimarer Buchenwaldkomitees« zuwiderhandelten.[62] Bei vielen Zeugen aus der DDR mussten »Widerstände« gegen das Verfahren überwunden werden. Ähnliches berichteten die Polizeistellen in Norddeutschland. Auch in der französischen Besatzungszone trafen die bayerischen Ermittlungsbehörden auf Widerstände, die nur den Schluss zuließen, so

Staatsanwalt Ilkow, »daß eine fest geformte Organisation aufmerksam den Gang der Ermittlung verfolgt, wobei nicht anzunehmen ist, daß sie diese fördern will«.[63] Einige der kommunistischen Häftlinge gingen mit ihrer Obstruktionspolitik offenbar deutlich über die bloße Verweigerung einer Zeugenaussage hinaus. So beklagte Staatsanwalt Ilkow, dass es »hier und dort zu offensichtlich wahrheitswidrigen Aussagen« gekommen sei, »die eindeutig den Zweck verfolgten, die Untersuchungsorgane in die Irre zu führen«. Zwischenzeitlich hatte der Staatsanwalt offenbar den Eindruck gewonnen, dass das Verfahren hätte scheitern können, wenn es »nicht gelungen wäre, in Westdeutschland, Österreich und besonders in den Vereinigten Staaten von Amerika unbedenkliche Zeugen aus anderen politischen Lagern zu gewinnen«.[64] Auch andere, für die Nachkriegsgeschichte wichtige Zeugen wie beispielsweise Emil Carlebach bekundeten, dass sie keine eigenen Aussagen beitragen könnten, da sie »mit der Beschuldigten nicht unmittelbar zusammengestoßen« seien.[65]

Zusätzlich erschwert wurden die Ermittlungen dadurch, dass Staatsanwalt Ilkow entschieden hatte, die Aussagen sogenannter krimineller Häftlinge nicht zu berücksichtigen (»Kriminelle und asoziale Elemente sollen als Zeugen nach Möglichkeit ausgeschaltet werden«). In seinem längeren Bericht an die bayerischen Justizbehörden, in dem er die bereits angesprochenen Punkte hinsichtlich der Problematik der Zeugenaussagen noch einmal zusammenfasst, erwähnt der Staatsanwalt einen weiteren Aspekt. Es müsse die Beobachtung gemacht werden, dass sich die »Prominenz aus dem Verfahren« bisher herausgehalten habe und mit wenigen Ausnahmen »nur kleine Leute den Untersuchungsbeamten als Zeugen namhaft gemacht« worden seien.[66]

Bemerkenswert ist, dass sich einer der bekanntesten Häftlinge Buchenwalds dem Augsburger Gericht nicht als Sachverständiger zu Verfügung stellte und sich auch insgesamt bei diesem für die deutschen Behörden so zentralen Gerichtsprozess zurückhielt: Gemeint ist Eugen Kogon, der Verfasser des einflussreichen Buches »Der SS-Staat«. In diverse Sprachen übersetzt, erreichte das bereits 1946 erschienene

Buch über das System der deutschen Konzentrationslager (so der Untertitel) mehrere Auflagen.[67] Obwohl »Der SS-Staat« offenbar für eine längere Zeit nicht auf dem (westdeutschen) Buchmarkt erhältlich war, behauptete sich dieser Bericht eines Überlebenden des Konzentrationslagers schlussendlich auch auf dem deutschen Buchmarkt. Vermutlich liegt dies einerseits an der dichten Beschreibung des Häftlingsalltags, andererseits aber auch an der das Lesepublikum insgesamt entlastenden Interpretation der SS als Sadisten.[68] Dies trifft im Übrigen ebenso auf die Darstellung der Angeklagten Koch zu, die bereits in diesem frühen Text zur ›Kommandeuse‹ von Buchenwald erklärt wurde.[69] Eine Rezension im *Handelsblatt*, die dessen Leser und Leserinnen von der Notwendigkeit einer »geistigen Neu- und Wiedergeburt« zu überzeugen suchte, bescheinigt Kogons »SS-Staat« immerhin, dass das Buch die »Grundfragen unserer nationalen Existenz« aufgreife. Allerdings wird auch betont, dass es für »Millionen einzelner Deutscher« feststelle, sie hätten »von diesen Lagern des Grauens wenig« gewusst.[70]

Gegenüber dem Augsburger Gericht begründete Kogon seinen Verzicht auf seine Vernehmung damit, dass sein »Erinnerungsvermögen hinsichtlich [seiner] KZ-Zeit seit längerem entscheidend nachzulassen begonnen« habe. Er führe dies darauf zurück, dass ihn diese Erinnerungen um seine »Nachtruhe« gebracht hätten. Es wäre für ihn eine »wahre Katastrophe«, bei einem »derartigen Großprozeß« zur Verfügung stehen zu müssen. Er habe jahrelang geradezu als »professioneller Zeuge« an Dutzenden von Prozessen teilgenommen und könne deshalb nicht an einem weiteren Verfahren mitwirken.[71] Bei anderer Gelegenheit habe Kogon betont, so formulierte es einer der Prozessbeobachter, dass er sein Buch so nicht mehr schreiben, er sogar seine Aufzeichnungen heute am liebsten ungeschehen machen würde.[72] Auch protestierte Kogon dagegen, dass eine Gedenkfeier des Konzentrationslagers Buchenwald stattfinde, obwohl die »Baracken wieder ›belegt‹« seien (der Journalist spielte auf das nach dem Krieg eingerichtete sogenannte Speziallager[73] an).[74] Vor Gericht – wo er schließlich doch befragt wurde –

relativierte Kogon seine Berichte zu Koch, indem er erklärte, dass sein Wissen über Ilse Koch auf »Hörensagen« beschränkt sei.[75]

Doch nicht nur die Überlebenden sagten vor Gericht aus. Auch Familienangehörige und ehemalige Mitglieder der SS kamen zu Wort. Insgesamt vernahm das Gericht auf Antrag der Verteidigung 50 Zeuginnen und Zeugen, die zum Zwecke der Entlastung Ilse Kochs angehört wurden. Hierunter befanden sich auch ehemalige SS-Männer, die noch im Kriegsverbrechergefängnis Landsberg einsaßen. Sie besaßen – wie es im Urteil heißt – eine »Scheu vor offenem Bekunden« und demonstrierten »ihre ablehnende Haltung gegenüber dem vorliegenden Verfahren offensichtlich«.[76] SS-Ehefrauen äußerten sich vor Gericht kaum, es liegen aber vereinzelte Aussagen vor. So berichtete eine der Zeuginnen von dem schlechten Ruf, den Ilse Koch unter den »Kameraden-Frauen« gehabt habe.[77] Auch die Schwägerin sprach von sexuellen Verhältnissen (»Hurerei«) und einer Vorliebe Ilse Kochs für Alkohol (»reichlich«).[78]

Manche der ehemaligen SS-Männer nutzten den Prozess zu ihrer eigenen Entlastung. Dies betraf vor allem die Mitwirkenden am gegen Karl und Ilse Koch angestrengten SS-Gerichtsverfahren. Vor allem die Aussagen der ehemaligen SS-Richter, so das Resümee des Staatsanwalts, müssten »einer genauen Nachprüfung« unterzogen werden. Er habe »die Erfahrung gemacht«, dass »alle SS-Richter, die auch nur am Rande mit der Sache Koch befasst waren, diesen Fall zu ihrer Entlastung vorgebracht haben, um damit ihren Widerstand gegen das Nazisystem nachdrücklich zu dokumentieren«.[79] Zu diesem Personenkreis gehörte auch Josias Prinz zu Waldeck und Pyrmont, der gar behauptete, »30 Kommissionen in den verschiedensten KZs« initiiert zu haben. Vor dem Verfahren gegen das Ehepaar Koch sei er vor die Wahl gestellt worden, »entweder die Finger von Koch zu lassen und dann wirtschaftlich entschädigt zu werden, oder Nachteile zu gewärtigen«.[80] Ähnlich bemerkenswert sind Behauptungen des ehemaligen SS-Richters Konrad Morgen, der offenbar im Rahmen des Dachauer Prozesses unter Eid bekundet hatte, dass das SS- und Polizeiverfahren gegen die Eheleute

Koch wegen »Verbrechen gegen die Menschlichkeit« geführt worden war. Auch diese Aussage hatte wenig mit dem historischen Sachverhalt zu tun.[81]

Außer um die erwähnten Zeugen bemühte sich die Staatsanwaltschaft ebenso darum, Sachverständige bis in die Reihen der Bundesregierung hinein zu gewinnen. Auch dies gelang nicht.[82] Alles in allem lässt sich also festhalten, dass die Ermittlungen mit einem immensen Aufwand geführt worden waren, so dass das Bayerische Justizministerium im April 1950 mit Hinblick auf das »lebhafte Interesse« der »breiteste(n) Öffentlichkeit des In- und Auslandes« auf den Abschluss des Gerichtsverfahrens drängte. Auch gegenüber der Presse, die immer wieder mit zahlreichen Anfragen an die Behörde herangetreten sei, wäre eine »weitere Verzögerung schwer zu rechtfertigen«.[83]

Im Gerichtssaal: Kriegsschauplatz im Nachkrieg

4 JS 360/49

Aktenzeichen der 160 Seiten umfassenden Anklageschrift gegen Ilse Koch[84]

»Schau, Täubchen, der Alte könnte mal robben.«

Zeugenaussage, Bericht vom 5. Verhandlungstag am 1. 12. 1950[85]

Schwurgerichtsverhandlungen fanden in Augsburg zu dieser Zeit, da das Landgericht selbst über keinen ausreichend großen Sitzungsraum verfügte, im großen Saal des Kolpinghauses statt. Da die internationale Presse, wie vorauszusehen war, das Prozessgeschehen aufmerksam verfolgen würde, musste für den Prozess gegen Ilse Koch ein großer Saal gefunden werden.

Der Augsburger Staatsanwalt war sich bewusst darüber, dass die Veranschaulichung des Lagergeschehens auch mit Blick auf die Geschworenen von zentraler Bedeutung für den Ausgang des Prozesses sein würde. Um den aus dem »einfachen Volk« stammenden Geschworenen gerecht zu werden, müsse auf die »lebendige« Darstellung des Lageralltags geachtet werden, so Ilkow in einem Schreiben an den Senatspräsidenten.[86] Von der VVN Hamburg wurden daher ein Ochsenziemer und ein Bock entliehen. Im Geschworenengericht, erklärte Ilkow, säßen »einfache Leute aus dem Volk«, die von den »toten Protokolle[n]« der Vernehmungen nur gering beeindruckt würden. Deshalb sollte der Untersuchungsrichter als »Kronzeuge« im Gerichtssaal angehört werden, um »mit lebendigen Worten, wie die Zeugen selbst, die vor ihm gemachten Aussagen (zu) reproduzieren und den Geschworenen ein lebendiges Bild der Vorgänge im Lager« zu zeichnen. Zudem könne er dem Gericht schildern, »wer die Zeugen sind, welchen Eindruck sie auf ihn gemacht haben, ob ihnen geglaubt werden kann und warum ihnen geglaubt werden muß«.[87]

Die Frage, wie der Lageralltag im Gerichtssaal anschaulich in Szene gesetzt werden könnte, beschäftigte den Staatsanwalt bereits Monate vor dem eigentlichen Prozessbeginn. Die »mitwirkenden ›bayerischen‹ Schöffen« müssten »einen derartigen grauenhaften Eindruck« von den Lagerbedingungen erhalten, so Ilkow, »dass sie für ein ›lebenslänglich‹ ihre Laienstimme abgeben« würden.[88] Zu diesem Zweck wurde der Lageralltag im Gerichtssaal inszeniert wie auf einer Bühne.

Ein handschriftliches Sitzungsprotokoll, es umfasst knapp 250 Seiten, gibt den Verlauf der 28 Verhandlungstage sehr allgemein wieder. Es gewährt daher keinen Einblick in die konkreten Vernehmungen und möglichen Spannungen im Gerichtssaal. Allerdings erfahren wir hier, dass beispielsweise an einem Tag die Öffentlichkeit wegen »Gefährdung der Sittlichkeit« ausgeschlossen wurde – es war der Tag, an dem Ilse Kochs Affären mit SS-Männern erörtert wurden.[89] Neben diesem offiziellen Sitzungsprotokoll fertigten die vom Buchenwald-Komitee nach Augsburg entsandten Beobachter, die den Prozess kritisch begleiteten, tägliche Protokolle an.[90] Damit liegt letztlich eine umfangreiche Überlieferung des Prozessverlaufs vor, so dass sich ein zentrales Defizit juristischer Materialien, wenn auch nicht beheben, so doch teilweise ausräumen lässt: Denn im Allgemeinen können sie die Mündlichkeit des Verfahrens, die ein zentraler Bestandteil der sozialen Praxis und für ein Gerichtsverfahren von immenser Bedeutung ist, nicht abbilden.

Die einzelnen Akteure haben vor Gericht eine klar definierte Rolle: der Richter, die Staatsanwaltschaft, die Verteidigung, die Sachverständigen, die Zeugen und die Zuschauer des Prozesses. Über Letztere erfahren wir – abgesehen von dem Hinweis ihrer potenziellen Gefährdung – nichts. Weitere Akteure des Verfahrens waren als Sachverständige befragte Experten. So erörterte beispielsweise ein Rechtsexperte im Gerichtssaal die Frage, ob Österreicher von 1938 bis 1945 als Deutsche zu betrachten seien, da diese »seinerzeit die deutsche Staatsangehörigkeit besaßen und sich auch in Amerika usw. immer als Deutsche« haben melden müssen.[91] Auch Überlebende des Konzentrationslagers Buchenwald wurden – wie der Österreicher Benedikt Kautsky, der Sohn des Sozialdemokraten Karl Kautsky – als Sachverständige in das Verfahren einbezogen. Sie hatten aufgrund ihrer langjährigen Haftzeit und ihrer herausgehobenen Funktionen im Lager ein umfangreiches Wissen über das Konzentrationslager und galten dem Gericht aufgrund ihrer beruflichen Laufbahn als Kaufmann oder auch Journalist nach 1945 als vertrauenswürdig.[92] Zu den kommunistischen Überlebenden und Prozessbeobachtern hieß es in einer Hausmitteilung des Büros Pieck, sie hätten vom Buchenwald-Komitee vor dem Prozess die »Marschroute bekommen, jeden Versuch der Vertuschung der Schandtaten, jeden Versuch, aus dem Prozeß der Ilse Koch einen Prozeß gegen das Internationale Lagerkomitee zu machen, mit einem entsprechenden Protest und mit ihrem Rücktritt zu beantworten«.[93]

Alles in allem beruhte dieses Gerichtsverfahren auf einer Dramaturgie, die sich aus dem Auftrag ergibt, Schuld nachzuweisen. Als einer der Zeugen, ein Überlebender des Konzentrationslagers Buchenwald, seine Aussage verweigerte, da er »durch seine jahrelange Haft in Buchenwald von dieser Prozessmethode angewidert war und in dem Beisein der Koch nicht aussagen wollte«, wurde er mit einem Tag Haft belegt.[94] Gleichzeitig barg das Gerichtsverfahren einige Überraschungen und wurde immer wieder von einzelnen Akteuren beeinflusst. So erwähnte der Richter gegen Ende des Prozesses, dass er »täglich Hunderte von Zuschriften erhielte«, in denen »gefordert« werde, »mit der Angeklagten kurzen Prozess zu machen und das Verfahren zu beendigen«.[95] Kurzum: Im Augsburger Kolpinghaus standen sich Menschen gegenüber, die noch fünf Jahre zuvor während des ›Dritten Reiches‹ unterschiedliche Funktionen innegehabt und das Regime zum Teil auch unterstützt hatten und sich nun vor diesem Gericht in neuen Rollen wiederfanden – sie hatten als Staatsanwalt, Richter, Geschworene einerseits und als Zeugen andererseits, worunter sich viele Überlebende des Konzentrationslagers Buchenwald befanden, über die Frage zu entscheiden, wie die Schuld Ilse Kochs mit Hilfe juristischer Mittel zu ahnden war.

Ausgangspunkt des Prozesses war die von einem Prozessbeobachter der CDU-nahen Zeitung *Der Tag* als »Sittengeschichte des SS-Staates« bezeichnete Anklageschrift.[96] Ein weiterer Beobachter hob die Würdigung des kommunistischen Widerstandes hervor, ein angesichts des sich abzeichnenden Kalten Krieges vermutlich seltener Aspekt in einer Anklageschrift vor einem westdeutschen Gericht.[97] Hier sei zum ersten Male »im Westen der Wert der Widerstandsbewegung in Buchenwald eindeutig unterstrichen worden«.[98]

Zu dieser ›Sittengeschichte‹ gehörte auch, dass sich die Anklage mit dem System der Konzentrationslager im Allgemeinen und dem Konzentrationslager Buchenwald im Besonderen auseinandersetzte. Insgesamt benennt die Schrift mehrere hundert Delikte. Ilse Koch wurde wegen Körperverletzung in zahlreichen Fällen sowie wegen Anstiftung zur Misshandlung von Häftlingen angeklagt.

Der Augsburger Staatsanwalt sah sich somit mit einem Paradoxon konfrontiert: Um eine lebenslange Freiheitsstrafe zu erreichen, musste Ilse Koch die gezielte Tötung von Häftlingen nachgewiesen werden, diesbezüglich hatte jedoch bereits die Anklageschrift Zweifel formuliert.[99] Das Geschworenengericht im Augsburger Kolpinghaus hatte nun die komplexe und eigentlich im Rahmen eines Gerichtsverfahrens nur schwer zu erfüllende Aufgabe zu lösen, zwischen der »allgemeinen Lagerkenntnis« über die Beschuldigte Koch auf der einen und konkret beobachteten bzw. sogar selbst erfahrenen Brutalitäten auf der anderen Seite zu unterscheiden.[100] Dieses Dilemma sowie die juristischen Folgerungen aus dem Dachauer Verfahren, wonach Ilse Kochs Verbrechen gegen die ausländischen Häftlinge – also die Mehrheit der Überlebenden – kein zweites Mal zur Anklage kommen durften, markierten die Hürden des Prozesses.[101] All diese Aspekte bildeten den Rahmen für die Dramaturgie des deutschen Gerichtsverfahrens gegen Ilse Koch.

Im Rahmen des Prozesses wurden mehr als 240 Zeugen vernommen, wobei viele Häftlinge der Verhandlung aus Krankheitsgründen immer wieder fernblieben. Im Gerichtssaal wurde vermutet, dass die Abwesenheit mancher Zeugen auf die Boykotthaltung des kommunistischen Buchenwald-Komitees zurückzuführen sei,[102] zumal etliche der in der DDR lebenden Zeugen nicht vor Gericht erschienen waren.[103] Insgesamt scheinen die Fronten, die zwischen den einzelnen Häftlingsgruppen bereits in Buchenwald herrschten, auch im Gerichtssaal wieder aufgebrochen zu sein: So beschrieb ein Sachverständiger, auch ein Überlebender, die Feindschaft, die zwischen den sogenannten kriminellen und den politischen Häftlingen bestehe.[104] Andere bezeichneten sich gegenseitig als »Berufszeugen«.[105]

Die Aussage vor einem deutschen Gericht in der hier geschilderten Zusammensetzung dürfte eine besondere Belastung gewesen sein. Dass manche Überlebende die erlittenen Qualen im Augsburger Kolpinghaus wieder durchleben mussten, zeigt der Verlauf einiger Verhandlungstage.[106] So sei ein Zeuge, der »unter deutlichen Gemütsbewegungen seine Ausführungen« begann, »nach und nach« unter dem Eindruck des vor ihm im Gerichtssaal aufgestellten »Bocks unter Schreikämpfen« zusammengebrochen und habe aus dem Gerichtssaal herausgetragen werden müssen.[107] Angesichts der Schilderungen der Zeugen spüre, so der Prozessbeobachter, »auch der letzte in dem großen Saal jene Atmosphäre«, »in der die Gehetzten, Gejagten, minütlich von Todesdrohungen umschwebten Häftlinge ihr Leben in Buchenwald führen mußten«.[108]

Am dritten Verhandlungstag begann die Anhörung der vom Augsburger Gericht vorgeladenen Zeugen. Die Überlebenden des Konzentrationslagers beschrieben die Gewalthandlungen Ilse Kochs sehr anschaulich, worauf diese Schilderungen im Gerichtssaal vom Verteidiger sowie durchaus auch von anderen Zeugen angefochten wurden. Diese Konstellation zeigt sich deutlich im Disput um die Befragung des österreichischen Journalisten Jakob Ihr, die im Folgenden ausführlicher beschrieben wird.[109] Ihr, laut Prozessbeobachter »ohne Zweifel der interessanteste und sympathischste Zeuge im bisherigen Prozess-Verlauf«, erklärte – »sichtlich unter dem gewaltigen Eindruck der Erinnerung« –, dass die »Ära Koch die schlimmste der ganzen Lagerzeit« gewesen sei. »Eindringlich«, so der Bericht weiter, »schildert der Zeuge die Bestialitäten der SS im Allgemeinen und die der Koch oder durch sie verursachten im Besonderen«.[110] Konkret beschrieb Ihr, dass die SS-Ehefrau in einem Fall die Bestrafung eines Häftlings veranlasst und sich über die »Qualen des Häftlings« amüsiert gezeigt habe. Im Gefolge dieser Zeugenaussage ergab sich im Gerichtssaal eine tumultartige Episode, in der es um die Frage ging, ob der Journalist als »Berufszeuge« zu bezeichnen sei. »Die Vernehmung des Zeugen Ihr [wurde] fortgesetzt, der zunächst gebeten wurde, seinerseits Bemerkungen gegen die Angeklagte zu unterlassen. Der Zeuge Ihr erklärte daraufhin«, so der Protokollant weiter, »unter nochmaliger Bezugnahme auf den Vorwurf der Berufszeugenschaft, er ersuche das hohe Gericht, davon Kenntnis nehmen zu wollen, dass er noch nie freiwillig von Österreich nach Deutschland gekommen sei, weder 1939 noch heute. Es wäre ihm sympathischer, seine Zeugenschaft wäre nicht notwendig heute nach 5 Jahren, da es ihm an sich unbegreiflich erscheine, warum man bei dieser Person solange« zögere.[111] In dieser Zeugenaussage im Kolpingsaal überlagern sich unterschiedliche Aspekte: Die präzise Schilderung des Gewalthandelns des Überlebenden ist verflochten mit Vorstellungen über das rollenspezifische Verhalten einer Frau – der Konflikt unter den ehemaligen Häftlingen über die eigene Rolle im Rahmen eines NS-Prozesses ist verflochten mit dem generellen Verdacht, dass die Justiz bei der Bewältigung von NS-Verbrechen versagte.

Auch die Familie Ilse Kochs wurde im Rahmen des Augsburger Prozesses angehört. So bestätigte ihre Schwägerin, dass sich Karl Koch »als SS-Führer« an die Weisung Himmlers und dessen Heiratspolitik gebunden gefühlt und deshalb ein weiteres Mal geheiratet habe.[112] Deren Tochter bestätigte, dass Ilse Koch eine Reitpeitsche besessen hatte.[113] Beide Frauen waren wiederholt zu Gast in der SS-Führersiedlung Buchenwalds gewesen. Ein weiterer Zeuge – einer der Pflichtverteidiger des amerikanischen Verfahrens – sagte aus, dass das Dachauer Militärverfahren ein »Kollektivprozess« gewesen sei und die Beschuldigte Koch letztlich wegen Verbrechen gegen die Menschlichkeit auch gegenüber Deutschen verurteilt worden sei.[114] Thematisiert wurde auch der Grundsatz des ne bis in idem, da durch das War Crimes Trial auch deutsche Überlebende Buchenwalds angehört worden waren.

Erwartungsgemäß beschäftigte die Frage, ob Ilse Koch für die Häutung tätowierter Häftlinge verantwortlich war, auch das Augsburger Gericht. An einem der Prozesstage fasste der Richter die diesbezüglichen Aussagen zusammen und konstatierte, dass »während des ganzen Prozesses noch kein Zeuge aufgetreten wäre, der behaupten konnte, dass tätowierte Häftlinge auf Veranlassung der Koch getötet wurden«.[115] Einer der zentralen Zeugen zu diesem Themenkomplex bestätigte wie auch schon andere Überlebende während der Senatsanhörung das »Aussuchen der tätowierten Häftlinge, das Sammeln und die Auswahl ihrer Tätowierungen, das Streben der Gezeichneten und die Präparierung ihrer Häute« durch die SS, brachte diese aber nicht direkt mit der Beschuldigten in Verbindung.[116] Von der Verteidigung befragt, wie Ilse Koch im Vergleich zu anderen Gewaltverbrechern der SS einzuordnen sei, konstatierte Josef Ackermann, einst als politischer Häftling in der Pathologie des Konzentrationslagers eingesetzt und nun als Sachverständiger vor Gericht konsultiert, dass Ilse Koch im Verhältnis zu den SS-Angehörigen als »Heilige von Thüringen« zu bezeichnen sei. Sie habe aber aufgrund ihrer Kenntnis des Lagers gewusst, dass jede von ihr initiierte ›Bestrafung‹ der Häftlinge deren Tod hätte bewirken können.[117] Als Folge dieser Aussagen, wonach Ilse Koch im Konzentrationslager Buchenwald lediglich eine Randerscheinung gewesen sei, forderte ihr Anwalt deren Freispruch.[118]

Wie von der Logik des Verfahrens vorgegeben, beantragte der Augsburger Staatsanwalt dagegen die lebenslange Verurteilung Kochs. In seinem Plädoyer hob er hervor, dass der »Prozess in die Geschichte eingehen« werde, und führte unter anderem aus, dass die »ganze Welt und das ganze deutsche Volk« von diesen »Grauen und Barbareien durch die Hitlers (sic!) in ein Licht gestellt« worden seien, das »nur durch gerechte Urteile wieder gut gemacht werden« könne. Das Ausland habe es nicht »wahrhaben« wollen, dass auch »deutsche Häftlinge in den Konzentrationslagern« gestorben seien. Hierunter hätten sich »ehrliche Kommunisten, Christen und Widerstandskämpfer aller politischen Parteien« gefunden, die von den »Nazis und Hitlers (sic!) in den Tod« getrieben worden seien. Neben einer Würdigung des deutschen Widerstands verwies der Staatsanwalt auch auf die ausländische Bewegung. In seinem Plädoyer bezog sich der Augsburger Staatsanwalt auf Ikonen des politischen bzw. religiösen Widerstandes – so auch auf Ernst Thälmann, bis 1933 Vorsitzender der Kommunistischen Partei Deutschlands, und Paul Schneider, der als ›Prediger von Buchenwald‹ in die Erinnerungsgeschichte des Konzentrationslagers einging.[119] Dieser Widerstand habe gegen Hitler gekämpft, um »den Sieg der Freiheit der ganzen Welt zu geben«.[120]

In seinem Schlusswort stellte der Richter fest, dass »95 Prozent der Zeugenaussagen der Wahrheit entsprächen«. Der »durch den ganzen Prozess wie ein roter Faden sich hinziehende Versuch« des Verteidigers, »auf die Unglaubwürdigkeit der Zeugen hinzuwirken«, habe sich nicht bewahrheitet.[121] Der Richter Maginot ging in seiner Stellungnahme in der Hauptverhandlung gar so weit, nicht nur den politischen Widerstand zu würdigen, sondern ebenso zu betonen, dass das deutsche Volk zum größten Teil erst nach 1945 von dem »furchtbaren Grauen« in den Konzentrationslagern erfahren habe. Die vorzeitig entlassenen Häftlinge seien so eingeschüchtert gewesen, dass sie ihre Hafterlebnisse selbst im »engsten Familienkreise« nicht erzählt hätten.[122] Beide Stellungnahmen bemühten sich mit ihrer Betonung des deutschen Widerstandes auch darum, die große Mehrheit der deutschen Bevölkerung zu entlasten.

Am 15. Januar 1951 verurteilte das Geschworenengericht die Angeklagte Koch unter Aberkennung der bürgerlichen Ehrenrechte zu lebenslanger Haft im Zuchthaus.[123] Einem Beobachter aus dem Westen erschien dieses lebenslange Urteil angesichts der »herrschende(n) Propaganda« sowie der »Mentalität« in der Bundesrepublik überraschend.[124] Aufgrund der widersprüchlichen Haltung des Buchenwald-Komitees und der vielen unbrauchbaren Zeugenaussagen aus der DDR sei die Entscheidungsgrundlage des Geschworenengerichts letztlich »bedenklich« gewesen.[125]

»Grausamkeitsroboter«: Ilse Koch vor Gericht und in der Psychiatrie

»Warum und seit wann es dieses letzte Wort vor Gericht überhaupt gibt, darüber verlieren die juristischen Kommentare kaum Worte. […]
Seine Bezeichnung als letztes Wort, das dem Angeklagten gewährt wird, lässt an Vermächtnis und Schafott denken.«

Cornelia Vismann über das Rederecht des Angeklagten vor Gericht[126]

»Wenn mich Zeugen irgendwie belastet haben, dann sprechen sie die Unwahrheit. Mehr habe ich nicht zu sagen.«

Wiederholte Aussage Ilse Kochs im Rahmen ihres Strafverfahrens[127]

Am Tag der Urteilsverkündung, am 15. Januar 1951, erschien Ilse Koch nicht im Gerichtssaal und machte somit nicht von ihrem Rederecht Gebrauch.[128] Über die Bedeutung des letzten Wortes eines Angeklagten vor Gericht schreibt die Rechtshistorikerin Cornelia Vismann: »Die Stimme, die […] im Prozess zu vernehmen ist, ist demnach die fürsprecherlose Stimme. Aus Fürsprechern werden Verteidiger. Sie können zwar anstelle ihrer Mandanten reden, können Anträge stellen, Zeugen befragen, Schlussplädoyers halten, doch ersetzt die Advokatenrede nicht die des Angeklagten. Auch wenn dieser während des gesamten Prozesses geschwiegen hat, soll ihm am Ende der Verhandlung, nachdem die Beweisaufnahme abgeschlossen und die Schlussvorträge von Staatsanwaltschaft und Verteidiger gehalten sind, noch einmal die Möglichkeit eingeräumt werden, selbst zu reden. Das letzte Wort, das einer im Alltag meist behalten will, wird ihm vor Gericht gewährt. [...] Das letzte Wort gehört mithin einem Typ von Rede an, der keine Stellvertretung duldet. Es wird stets in eigener Person gesprochen und kann auf niemanden übertragen werden.«[129] Bevor ein Angeklagter, so Vismann weiter, »nun aber durch übermäßige Theatralisierung oder Artikulation bloßer Worthülsen seine Glaubwürdigkeit aufs Spiel setzt, ergreift er das letzte Wort besser nicht«.[130]

Der Verzicht der Angeklagten Ilse Koch lässt sich in eine grundsätzlichere Strategie der Leugnung einordnen, auf die später zurückgekommen wird. Hier soll zunächst auf die Wechselwirkungen eingegangen werden, die zwischen der Haltung der Beschuldigten vor Gericht und dem von ihr während des Gerichtsverfahrens gezeichneten Bild bestehen – in anderen Worten, es geht um die ›Gerichtsfigur‹ Ilse Koch, die mit dem ›realen‹ Handeln der SS-Ehefrau und Gattin des Kommandanten des Konzentrationslagers zwar verbunden bleibt, deren erzählerischer Kern aber ein anderer ist.

Insgesamt prägte ein beredtes, larmoyantes Schweigen die Haltung Kochs gegenüber dem Gericht. Von ihrem Recht auf Verweigerung der Aussage machte die Beschuldigte vor Gericht sowie im Rahmen des Ermittlungsverfahrens immer wieder Gebrauch. Als Ilse Koch im September 1949 ihren Haftbefehl erhielt, beteuerte sie ihre Unschuld. Sie gebe keine »weiteren Erklärungen« ab, und sie werde entsprechende Belege während des Gerichtsprozesses nachreichen.[131] Darüber hinaus wandte sich die Angeklagte direkt an die Vertreter der Anklage: Man werde ja sehen, was mit all denen, die sie politisch fertig machen wollten, geschehe.[132]

Insgesamt war die Beschuldigte letztlich nur an einigen wenigen Tagen im Augsburger Kolpingsaal anwesend. Vor Gericht präsentierte sie sich als »harmlostreue Ehefrau und sorgenvolle Mutter ihrer Kinder« und bezeichnete sich als »sittenreine Frau und Mutter«. Sie habe, hielt der Prozessbeobachter fest, mit dem »ganzen Lagerbetrieb« überhaupt »keinerlei Kontakt« gehabt und habe nie etwas gesehen, das gegen die Gesetze der Menschlichkeit verstoßen habe. Mit »erhobener Stimme« habe sie den Vorsitzenden des Gerichts unterbrochen und sich selbst als Opfer einer »Verschwörung« bezeichnet: »Alle Häftlinge haben sich gegen sie verschworen« und ließen jetzt ihre »schmutzige Phantasie spielen«, sie erfänden diese »Sachen«, um gegen sie als »vollkommen normale und sittenreine Frau und Mutter« vorzugehen.[133] An einem anderen Tag hält der Prozessbeobachter fest, dass sie auf die ihr gemachten Vorwürfe entgegnet habe, »kein Mann, der seine Frau gern habe«, würde dieser von »solchen Scheußlichkeiten erzählen«.[134] An einem anderen Verhandlungstag verzichtete die Angeklagte auf eine Stellungnahme, nachdem der Richter gefragt hatte, was das Ehepaar Koch – zumal »auf dem Gebiet der Liebe jeder seine eigenen Wege ging« – überhaupt miteinander gesprochen habe.[135]

Die Gerichtsfigur Koch zeichnet sich neben dem von ihr vorgebrachten Narrativ der Leugnung dadurch aus, dass sie aus gesundheitlichen Gründen an vielen Verhandlungstagen fehlte. An den Tagen, an denen sie auf der Anklagebank saß, machte sich die Angeklagte dem Prozessbeobachter zufolge durch dezidierte Gesten (»schnippisches Kopfüberwerfen und dem Zurechtrücken ihrer ondulierten Haarrolle«)[136] bemerkbar, sie blieb »stumm und unbeteiligt« und zeigte ein zunehmend zerrüttetes Äußeres (»zerzauste Haare«).[137]

Oft aber war sie – so die übereinstimmenden Gutachten der Sachverständigen – »nicht verhandlungsfähig«, sie zeige »psychogene Reaktionen«, in die sie sich selbst »hineinmanövriert« habe.[138] Die Begutachtung Ilse Kochs durch Psychiater kennzeichnete seit ihrer Verhaftung durch die deutschen Justizbehörden bis zu ihrem Suizid ihren Aufenthalt in der Frauenvollzugsanstalt Aichach. Bereits vor Prozessbeginn veranlasste der Staatsanwalt, dass der Psychiater Werner Leibbrand, der zu diesem Zeitpunkt Professor und Direktor der Heil- und Pflegeanstalt Erlangen war, gemeinsam mit seiner Assistentin und späteren Lebensgefährtin, der Ärztin Annemarie Wettley, die »Gefangene Ilse Koch auf ihren Geisteszustand« untersuchte.[139]

Das Gericht beauftragte also psychiatrische Sachverständige mit der Begutachtung Ilse Kochs: Neben Werner Leibbrand und seiner Assistentin wurde Albert Sighart (1885–1956) angefragt, der Leiter der Heil- und Pflegeanstalt Günzburg war. Hinsichtlich ihrer Schwerpunkte sind beide Gutachten ähnlich strukturiert. Vor dem Hintergrund des laufenden Verfahrens hatten sich die beiden Ärzte zunächst zur Schuldfähigkeit Ilse Kochs zu äußern. Beide Stellungnahmen bestätigten diese. Insgesamt habe sich, so konstatierte der Günzburger Arzt, die Beschuldigte »außerhalb der Buchenwalder Zeit« wohl nicht in einem »psychischen Ausnahmezustand« befunden. Es habe keinen »Anhaltspunkt für einen abnormen Geisteszustand« gegeben.[140] Zwar reichten die ihr zum Vorwurf gemachten Handlungen auch ins Pathologische, »wenn sie aus einer Anlage und der besonderen Stellung ihrer ehelichen Verhältnisse, aus den zeitlichen und räumlichen Bedingungen des Lagerlebens resultieren, so ist doch bei der Ausführung dieser strafbaren Handlungen jede Einschränkung der Verantwortlichkeit abzulehnen«.[141]

Ein zweiter Themenkomplex betrifft die Bewertung ihrer Rolle bzw. die Einordnung der ihr zugeschriebenen Gewalt. Diese, vor allem auch das Schlagen mit der Reitgerte, wird von beiden Gutachtern sexualisiert. Albert Sighart erstellte zunächst ein Psychogramm ihrer Charaktereigenschaften, wobei er ihre Grausamkeit als Resultat einer »psychopathischen Gemütskälte« beschrieb.[142] Zu dieser Gemütskälte sei die »sexuelle Triebrichtung« gekommen: »Auslösender Faktor bei den auf sexuellem Hintergrund sich abzeichnenden inkriminierten Handlungen der Ilse Koch dürften eheliche Konfliktbestimmungen gewesen sein, hervorgerufen durch die schwer zugängliche Natur des Ehemannes, seine sexuelle Abhängigkeit, wenn nicht Hörigkeit von der Frau, ferner Langeweile, Ressentiment gegen das Milieu, Mitwisserschaft bei den Veruntreuungen ihres Mannes, Angst vor den Folgen und schlechtes Gewissen.« Hieraus sei »Hass gegen die Menschen« und ihre Umgebung entstanden. Dabei werde der Wunsch zu quälen zum »sexuellen Reiz bei vorhandener Neigung zu sadistisch-sexueller Grausamkeit.«[143] Das Beschimpfen bzw. das Schlagen der Häftlinge mit einer Peitsche wird als »Wortsadismus« bzw. als Zeichen »sexueller Lust« gewertet. Auch der vor Gericht nicht bestätigte Vorwurf, tätowierte menschliche Häute zu besitzen (»solche seltsame Neugierde und die Gier nach dem Besitz solcher Hautstücke«), stehe in »gleicher Linie mit dem sexuell gefärbten Grausamkeitsinstinkt«.[144]

Auch der zweite Gutachter, dessen Schriftsatz im Gerichtssaal verlesen wurde, schrieb Ilse Koch eine »abnorme Persönlichkeit« zu. Gleich einem lüsternen »Grausamkeitsroboter« aus der literarischen Welt eines Marquis de Sade habe die Beschuldigte Freude an sexuellen Perversionen gezeigt. Für eine »gefühlskalte, sadistische Psychopathin« sei das Konzentrationslager ein den individuellen Neigungen entsprechender Ort gewesen. In einer vorzivilisatorischen Epoche, und so hätten wir den Nationalsozialismus hier zu verstehen, sei »die Grausamkeit der Frauen [...] viel intensiver als diejenige der Männer«.[145] Der Hinweis auf den französischen Schriftsteller und Namensgeber des Sadismus ist symptomatisch für die Wahrnehmung Kochs, die durch das Augsburger Gericht sowie die psychiatrischen Gutachter unterstrichen wurde: Sie sahen in Ilse Koch eine sadistische, sexuell motivierte Einzeltäterin.

Angesichts dieser eindeutigen Psychogramme der medizinischen Gutachter sollte nicht unerwähnt bleiben, dass Albert Sighart, 1914 an der Universität München promoviert, die Heil- und Pflegeanstalt Günzburg von 1930 bis 1952 leitete und in dieser Funktion für die in der Anstalt während des Nationalsozialismus begangenen medizinischen Verbrechen (die Durchführung von Zwangssterilisationen) und Tötungen von Schutzbefohlenen (wie die als ›arbeitsunfähig‹ klassifizierten ehemaligen Zwangsarbeiter und -arbeiterinnen) verantwortlich war.[146] Sighart gab nach Kriegsende an, er habe erst nach dem letzten

Transport von Kranken aus Günzburg in Richtung Tötungsanstalten von deren Schicksal erfahren.[147]

Mit dem zweiten Mediziner, Werner Leibbrand, hatte das Augsburger Gericht einen hinsichtlich seines gesellschaftspolitischen Engagements und seiner intellektuellen Interessen beeindruckenden Gutachter gewonnen, dessen Lebensweg sich in vielerlei Hinsicht von der typischen deutschen Arztbiographie des 20. Jahrhunderts unterschied.[148] Leibbrand interessierte sich bereits in den sechziger Jahren für die Schriften Michel Foucaults, der erst sehr viel später breit in der Bundesrepublik rezipiert wurde. Als junger Mann hatte der Psychiater sich im Verein sozialistischer Ärzte und in der Liga für Menschenrechte engagiert, 1943 war er gezwungen, gemeinsam mit seiner jüdischen Frau unterzutauchen. Nach 1945 äußerte er sich kritisch zur ›Euthanasie‹.[149] Als Medizinhistoriker war er in Nürnberg-Erlangen, München und auch an der Sorbonne tätig. Im Jahr 1947 war er zum außerordentlichen Professor für Medizingeschichte an der Universität Erlangen und im Rahmen des Nürnberger Prozesses als einziger deutscher Arzt zum Gutachter des Alliierten Militärgerichts bestellt worden.

Urteil: Ilse Koch und die anderen Frauen

»Der Häftling war für sie [Ilse Koch] kein Mensch im eigentlichen Sinne des Wortes.«

Augsburger Urteil 1951 über die Angeklagte Koch[150]

In seinem Urteil hielt das Augsburger Gericht 1951 fest: »Mit der Frage nach Tötungsverbrechen im Zusammenhang mit dem Tätowierungskomplex brauchte sich das Schwurgericht infolge der nach § 154 Abs. 2 verfügten Einstellung des Verfahrens nicht weiter auseinanderzusetzen. Fest steht jedoch, dass tätowierte Hautstücke den toten Häftlingen abgezogen, gegerbt und zu Gegenständen der verschiedensten Art verarbeitet wurden. Die Beweisaufnahme ergab ferner, dass man die Köpfe von toten Häftlingen mit markanten oder seltenen Gesichtszügen vom Körper trennte, aushöhlte, mit heissem Sand füllte und wiederum in heissen Sand legte, bis sie etwa auf die Grösse einer Faust zusammengeschrumpft waren. Diese Schrumpfköpfe, bei denen die Gesichtszüge erhalten blieben, fanden als Schaustücke oder als Geschenkartikel Verwendung.«[151] Der Vorwurf, dass Ilse Koch aus menschlicher tätowierter Haut hergestellte Gegenstände als Gebrauchsgegenstände nutzte, konnte im Rahmen des Augsburger Prozesses nicht nachgewiesen werden. Wie aber ordnete das Gericht ihr Gewalthandeln ein? An welche tradierten Erklärungsmuster knüpfte es an?

Ein zentrales Motiv in der Geschichte der Kriminologie stellt das Bild der kriminellen Frau dar. Bereits im deutschen Kaiserreich hatte sich dieser Diskurs herausgebildet: Neben der Thematisierung von Sexualität – in der Ambivalenz zwischen nicht vorhandener bzw. exzessiver Triebhaftigkeit – stellte das Fehlen der Mutterliebe und Fürsorge ein weiteres Element dieses um 1900 herausgebildeten Diskurses über die Frau als Verbrecherin dar. Auch in diesem Kontext lassen sich transnationale Bezüge etwa zu dem italienischen Psychiater und Gerichtsmediziner Cesare Lombroso feststellen.[152] Darüber, wie diese Erzählung nach 1945 nachwirkte, weiß die Geschichtswissenschaft bisher wenig, und dies gilt vor allem auch für die wenigen Frauen, die sich vor deutschen Gerichten wegen einer Mitwirkung an nationalsozialistischem Gewalthandeln zu verantworten hatten. Dass auch der in den späten siebziger Jahren vor dem Landgericht Düsseldorf geführte Majdanek-Prozess durch den Diskurs über die besonders ausgeprägte, auch als pathologisch wahrgenommene Brutalität von Frauen beeinflusst worden sein könnte, deutete der Staatsanwalt einmal an. Er habe, so der zuständige Staatsanwalt, für seine These »zwar keinerlei Beweise, aber vielleicht wären SS-Männer tatsächlich etwas zurückhaltender Frauen und Kindern gegenüber gewesen, weil sie ja auch von diesem Klischee geprägt waren. Vielleicht hätten die Männer manchmal nicht so hart durchgegriffen, wie es die Frauen gemacht haben. Die hätten vielleicht gar nicht so eine Mordlust entwickelt, wie ich das manchmal bei den Aufseherinnen feststellen konnte«.[153] Bisher liegt keine geschichtswissenschaftliche Untersuchung vor, die NS-Prozesse und die entsprechenden Urteile hinsichtlich ihrer Bilder von Männlichkeit und Weiblichkeit analysiert.[154] Darüber hinaus wissen wir nach wie vor wenig über die von deutschen Gerichten insgesamt gegen weibliche Beschuldigte wegen NS-Verbrechen eingeleiteten Strafverfahren. Aufgrund der bisherigen Kenntnis ist zu vermuten, dass die ostdeutschen Gerichte mehr Frauen zu hohen Haftstrafen verurteilten – letztlich ist das Sample mit insgesamt gerade einmal 30 verurteilten Frauen aber mehr als übersichtlich.[155]

Übergeordnet soll in diesem Abschnitt rekonstruiert werden, welche Erzählungen sich über nationalsozialistische Gewalt in dieser frühen Phase der Nachkriegsgeschichte innerhalb der Justiz herausbildeten und wie die Beteiligung von Frauen generell und insbesondere auch die von Ilse Koch gewichtet wurde. Hierbei handelt es sich um eine Momentaufnahme zu einem sehr spezifischen Zeitpunkt, das heißt, es geht um die justizielle Aufarbeitung von NS-Verbrechen nur wenige Jahre nach Kriegsende.

Zunächst einmal ist festzuhalten, dass während der knapp zweijährigen Ermittlungen gegen Ilse Koch ein profundes und differenziertes Wissen über die Gewalt und die Willkür des Strafens im Konzentrationslager Buchenwald zusammengetragen wurde. Nach einer allgemeinen Einführung in die Organisationsform des Konzentrationslagers wendet sich der Urteilstext sehr genau den diversen Lagerstrafen zu, die an unterschiedlichen Arbeitsorten sowie auf dem Appellplatz innerhalb des Häftlingslagers – das Strafe-Stehen, das Antreiben, das Auspeitschen – von den SS-Wachmannschaften vollstreckt wurden.[156] Das Urteil erwähnt ebenso, und dies ist angesichts der sich erst Jahrzehnte später als akademische Disziplin formierenden Memory Studies besonders bemerkenswert, dass die Erinnerung der Häftlinge von der »Einförmigkeit des Lagerlebens« besonders geprägt gewesen und so eine »Verwischung von Zeitbegriffen« möglich sei.[157]

Auf der Grundlage der ausführlichen Beschreibung des Strafsystems wendet sich der Urteilstext den einzelnen gegen Ilse Koch zusammengetragenen Gewalthandlungen zu, wobei deutlich zwischen den sehr wahrscheinlichen und den im Rahmen des Gerichtsverfahrens von mehreren Zeugen bestätigten Taten der SS-Ehefrau unterschieden wird.

Zwei Zeugenaussagen sollen hier als Beispiele dienen, um dieses Vorgehen sowie das Spektrum der vor Gericht verhandelten Gewaltakte zu illustrieren. Die erste Aussage veranschaulicht die Perfidie des Strafens, wie es im Lagersystem insgesamt alltägliche Praxis war. Der Zeuge schilderte, dass Häftlinge, wenn sie bei Bauarbeiten einen Wagen zu ziehen hatten, singen mussten. Diese »Singenden Pferde« zogen dabei stets auch am Führerhaus der SS vorbei. Der Zeuge »erinnerte sich mit Bestimmtheit« daran, »einmal an der Villa Koch vorbeigezogen zu sein, als die Koch mit ihrem Ehemann vor dem Haus Tischtennis spielte«.[158] Aus dieser Beschreibung – das Urteil führt weitere vergleichbare Ereignisse an – lässt sich zwar nicht auf eine unmittelbare Gewalthandlung Kochs schließen, es veranschaulicht allerdings die Demütigung, wie sie die Häftlinge tagtäglich erleben mussten.

Die zweite Aussage beschreibt eine sich im Sommer 1940 zugetragene Begegnung der SS-Ehefrau mit Männern, die im Steinbruch arbeiteten und auf ihren Schultern schwere Steine zu tragen hatten. Aus nicht näher beschriebenen Gründen war das sogenannte Arbeitskommando zum Stehen gekommen; Ilse Koch, die dies beobachtete, machte einen SS-Unterscharführer auf einen Häftling aufmerksam. Es ereignete sich folgende Gewalttat: »Der Unterscharführer, der erst durch den Hinweis der Koch auf den Häftling aufmerksam geworden war, sprang auf den Mann zu, riss diesen aus der Reihe und trat diesen mit seinen Stiefeln wahllos gegen den Körper: Als der Häftling am Boden lag – die Kolonne stand immer noch – hob der Unterscharführer den entfallenen Stein auf und warf ihn mit voller Wucht unmittelbar auf den Kopf des Opfers, so dass das Blut nach allen Seiten spritzte.« Es sei »noch ein kurzes Wimmern des regungslos daliegenden Häftlings zu hören« gewesen, »dann nichts mehr«.[159] Das Augsburger Gericht kam in seinem Urteil zu dem Schluss, dass diese Initiative Ilse Kochs und die sich hieraus ergebende Gewalthandlung durch den SS-Mann in beiden Fällen als vorsätzliche Tötung zu interpretieren sei. Es war im Wesentlichen dieser zweite Fall, der die Grundlage für die lebenslange Verurteilung Ilse Kochs darstellte.[160] Nach den Ausführungen des Gerichts wurde der Unterscharführer »als Mörder« im Sinne des Strafgesetzbuches bezeichnet, Ilse Koch galt als Initiatorin dieser Gewalttat.[161]

Das Urteil analysiert die internen Gewaltmechanismen des Konzentrationslagers und wendet sich zudem der konkreten Machtposition Ilse Kochs sowie den etwaigen Motiven ihres Gewalthandelns zu. Zum einen arbeitet es die informellen Strukturen der Lagerhierarchie heraus, die ihr als SS-Ehefrau und Gattin des Kommandanten innerhalb dieser Hierarchie eine besondere Rolle zuwies und so das Gewalthandeln zu legitimieren schien.[162] In einem zweiten Schritt stellt das Urteil einen grundsätzlichen Gegensatz zwischen Ilse Koch und den anderen SS-Ehefrauen her, die »durchwegs gut« waren und den Häftlingen halfen, »wenn es im Verborgenen geschehen konnte«.[163] Gerade weil sie eine Frau war, hätten die herrschenden Verhältnisse das Mitgefühl der Kommandantengattin erregen müssen.[164] Im Gegensatz zu den anderen SS-Ehefrauen habe die Beschuldigte Koch kein »zurückgezogenes« und »auf den häuslichen Wirkungskreis beschränktes Leben« geführt, sie habe sich nicht nur als Ehefrau, sondern ebenso als »Frau des Kommandanten« gefühlt.[165] Sie habe keinerlei dienstliche Funktionen innegehabt, deshalb sei es ihre »Pflicht gewesen«, »sich aus dem KL-Geschehen völlig fernzuhalten«. Das Urteil der Augsburger Geschworenen fasste das Psychogramm der Beschuldigten wie folgt zusammen: »Sie empfand es als eine innere Befriedigung, wenn sie einen fühlbaren Beitrag zu der möglichst linientreuen Verwirklichung des im Lager herrschenden Systems leisten konnte.«[166]

Die Anklage sieht die SS-Ehefrau in vielerlei Hinsicht als Profiteurin der Ehe mit dem Kommandanten Koch, der ihr »alles zu bieten« vermochte, was »sie vom Leben verlangte; ein luxuriös eingerichtetes Heim, die teuersten Toiletten, Schmuck jeder Art, die mannigfachsten Vergnügungen, weite Reisen«.[167] Umgekehrt sah die Staatsanwaltschaft

Karl Koch in einer sexuellen Abhängigkeit gegenüber seiner Frau, die selbst Verhältnisse zu anderen Männern unterhalten und bei Feiern angeblich auch dem Alkohol zugesprochen hatte. In charakterlicher Hinsicht sei sie ihrem Ehemann in »jeder Hinsicht wesensverwandt« gewesen: So sei sie »habsüchtig und grausam« in einer Weise gewesen, wie dies »bei Frauen nur selten« vorkomme. Sie sei »nicht einmal eine gute Mutter gewesen«.[168] Während die psychiatrischen Gutachter ein Psychogramm der Beschuldigten erstellten und ihr eine sadistische Persönlichkeit attestierten, die ihre ›Schuldfähigkeit‹ nicht beeinträchtige, betonen die Gerichtstexte die Freiwilligkeit der Gewalthandlungen Ilse Kochs.[169] Sie habe, so die Anklageschrift, »aus sich selbst heraus« gehandelt und sei »viele Jahre hindurch unumschränkte Gebieterin« Buchenwalds gewesen.[170]

Im Urteilstext wurde gegenüber der Anklage aber insofern eine Akzentverschiebung vorgenommen, als ihr Gewalthandeln nun stärker mit der informellen Lagerhierarchie, ihrer besonderen Stellung als SS-Ehefrau und ihrem Abweichen von der Geschlechterrolle begründet wurde: »Die Koch hat sich jeglicher besseren Einsicht und jeglicher Ausrichtung ihres Verhaltens nach dieser eigenwillig verschlossen, obwohl hier Regungen des Mitleids und des Mitgefühls für jede Frau besonders nahe lagen. Sie war in Buchenwald als Ehefrau des Lagerführers und als Mutter ihrer Kinder und hatte dort keinerlei dienstliche Funktionen. Während das Aufsichtspersonal beruflich in die Führung des KL eingegliedert war und sich bei seinem Zusammensein mit den Häftlingen auch mit dienstlichen Belangen auseinandersetzen musste, wäre es für die Koch Pflicht und für sie als Frau auch ein leichtes gewesen, sich aus dem KL-Geschehen völlig fernzuhalten und gleich den anderen Frauen nur [sic!] Familie zu leben. Die Koch aber fühlte sich nicht nur als Frau und Mutter, sondern als die Kommandeuse. Sie machte es sich zur Aufgabe, in das eigentliche KL-Geschehen einzugreifen.«[171]

Alles in allem nimmt der Urteilstext eine »dichte Beschreibung« der im Konzentrationslager Buchenwald exekutierten Gewalt vor. Er unterstreicht die Handlungsspielräume der SS und die Entwürdigung der Häftlingsgesellschaft. Der Logik des Strafverfahrens oblag es, die Schuld der SS-Ehefrau im strafrechtlichen Sinne zu belegen. Dieser Verantwortung stellten sich die Augsburger Richter und arbeiteten zudem den Mikrokosmos der Gewalt heraus – dies betrifft ebenso das Gewalthandeln der SS-Ehefrau. Die in dem Urteil zum Ausdruck gebrachte Erwartung eines aus der Mutterrolle erwachsenden ›fraulichen‹ Gefühls entspricht einerseits dem Geschlechterbild der fünfziger Jahre, dem die Angeklagte in mehrfacher Hinsicht zuwiderlief, und verkennt andererseits die Integrations- und Aufstiegschancen, die der NS-Staat im Allgemeinen und Frauen im Besonderen bot. Von den mehr als hundert konkreten Fällen, die noch in der Anklageschrift gegen Ilse Koch aufgezählt worden waren, hatten letztlich nur sehr wenige vor Gericht Bestand. Auch dass Ilse Koch »viele Jahre hindurch unumschränkte Gebieterin« des Konzentrationslagers Buchenwald gewesen sei, konnte während des Augsburger Prozesses nicht belegt werden.[172]

Gegen das Augsburger Urteil legte der Rechtsanwalt Kochs, Alfred Seidl, Revision ein, die der Bundesgerichtshof im April 1952 verwarf.[173] Der Anwalt hatte, wie es das Revisionsverfahren vorsah, einige Verfahrensmängel moniert, wie beispielsweise das Verlesen der ostdeutschen Zeugenaussagen. An die gesellschaftliche Debatte über die Entlassung der Kriegsverbrecher anknüpfend argumentierte er, dass das Augsburger Urteil gegen das Gleichheitsprinzip verstoße, das im Artikel 3 des Grundgesetzes festgelegt worden war. Die Beschuldigte sei »von zahlreichen Verurteilten der amerikanischen Militärgerichte« die einzige Angeklagte, die »noch vor einem deutschen Gericht angeklagt und verurteilt« worden sei. In einem Strafverfahren komme es, so habe es der Bundesgerichtshof festgestellt, allein auf die »Schuld oder Unschuld der Angeklagten« an und nicht darauf, ob eine andere Person – also die von den amerikanischen Militärgerichten verurteilten Kriegsverbrecher – wegen ähnlicher Straftaten verfolgt werde.[174]

Hinsichtlich der übergeordneten Frage, ob Ilse Koch für die Anstiftung der Tötung von Häftlingen zu verurteilen war, hielt das Gericht zunächst fest: Die »allgemeine Haltung der SS-Männer gegenüber den

Häftlingen« würde »für sich allein nicht den Schluss zulassen, ausnahmslos jeder Angehörige der Bewachungsmannschaft sei stets bereit gewesen, bei der Gelegenheit Häftlinge zu töten«.[175] Der Bundesgerichtshof sei aber davon überzeugt, dass der bei der »SS im Lager herrschende Geist« das »Menschentum der Häftlinge schlechthin verleugnet und diese für Nichts geachtet« habe.[176] Der Gerichtshof äußerte sich ebenso zu Motiven, die dieses Handeln bedingten, indem er die »Kollektivbereitschaft der SS-Mannschaften« zu den beschriebenen Gewalttaten als gegeben ansah sowie die »niedrigen Beweggründe, nämlich aus politisch-menschlicher Verachtung des Häftlings«, unterstrich.[177]

Angesichts der moderaten Haltung, die der Bundesgerichtshof insgesamt gegenüber der Ahndung von NS-Verbrechen, vor allem auch gegenüber denjenigen von Mitgliedern der Justiz selbst zu verantwortenden, eingenommen hatte, überrascht das klare Votum im Fall Koch.[178] Die maßgeblichen Entlassungswellen der in Landsberg und andernorts inhaftierten Kriegsverbrecher erfolgten just zu dem Zeitpunkt, als Ilse Koch von einem deutschen Gericht zu lebenslanger Haft verurteilt wurde.[179] Diese Entlassungen lassen sich auch mit dem gesellschaftlichen Druck erklären, der insbesondere von Repräsentanten der Kirchen – wie dem katholischen Theologen und späteren Weihbischof von München Johannes Neuhäusler und dem evangelischen Landesbischof von Württemberg Theophil Wurm – ausgeübt wurde. Um politische Einflussnahme hinsichtlich der Freilassungen verurteilter NS-Verbrecher bemühten sich auch diverse Interessenverbände.[180]

10 Der Prozess und die Gesellschaft: Reaktionen auf den Augsburger Prozess

»Wir wollen es nie vergessen!«

Constanze, *August 1948*[1]

Auf den nun folgenden Seiten werden die privaten und öffentlichen Reaktionen auf diesen frühen NS-Prozess vorgestellt. Fritz Bauer, der angesehene Frankfurter Staatsanwalt und Ankläger des Auschwitz-Prozesses, beobachtete, dass unter den Deutschen die Vorstellung verbreitet sei, sie seien im ›Dritten Reich‹ kein »weitgehend besessenes, auf den Nazismus versessenes, sondern ein vom Feind besetztes Land« gewesen.[2] Umfragen unter der deutschen Bevölkerung, wie sie von amerikanischen und deutschen Behörden bzw. Institutionen in Auftrag gegeben worden waren, erlauben eine Annäherung an mentalitätshistorische Einstellungen der westdeutschen Bevölkerung.

Etwas anders als in Bauers Feststellung wird die Haltung der Deutschen in einer Umfrage der amerikanischen Militärbehörde akzentuiert. Die vom Office for Military Government in Germany (OMGUS) beauftragte Studie kam zu dem Schluss, dass etwa 65 Prozent der Anfang 1949 in der amerikanischen Besatzungszone und in Westberlin befragten 1900 Personen erklärten, die Entnazifizierung – die Entlassung NS-belasteter Personen aus den Behörden – sei mangelhaft. Diese Kritik war besonders in den höheren Einkommensschichten verbreitet (83 Prozent).[3] Die Erhebungen des OMGUS beobachten allerdings insgesamt ein »beständiges Muster« unter den Befragten: »Die Mehrheit der Deutschen lehnte die spezifisch nationalsozialistischen Aspekte und Führer ihrer jüngsten Geschichte entschieden ab. Und es schien, zumindest für die nahe Zukunft, unwahrscheinlich, dass sie erneut einem Rattenfänger vom Kaliber Hitlers folgen würden – vor allem, wenn er in explizit nationalsozialistischem Gewand auftrat. Andererseits […] kehrten die Deutschen der AMZON (Amerikanischen Zone) dem Nationalsozialismus keineswegs uneingeschränkt den Rücken. Sie äußerten zunehmend die Ansicht, dass der Nationalsozialismus im Grunde eine gute Idee war, wenn auch schlecht umgesetzt.«[4]

Eine eher atmosphärische denn analytische Annäherung erlauben die vom Allensbacher Institut für öffentliche Meinung vorgelegten Befragungen der westdeutschen Bevölkerung, das auf die Lebenswelt des Gesprächpartners abzielende Fragen (etwa: »Machen Sie sich eigentlich viel oder wenig Sorgen, wie es Ihnen in den nächsten Jahren ergehen wird?«) stellte, anstatt präzise Erkundungen zur Aufarbeitung des Nationalsozialismus durchzuführen.[5] Insgesamt bezeichnete im Jahr 1951 die Mehrheit der 1000 Befragten die Jahre 1945 bis 1948 als die »schlechteste« Periode deutscher Geschichte, wohingegen mehr als ein Drittel die ersten Jahre nach der nationalsozialistischen Machtübernahme als die »beste« Zeit qualifizierten.[6]

Individuen fordern Rache

»Warum hat man die ›Bestie‹ schon lange nicht erledigt am Galgen?«
Schreiben einer Mutter, deren Sohn gefallen ist, an die Augsburger Staatsanwaltschaft[7]

An dem Tag, als der bayerische Staatsanwalt im Gerichtssaal des Augsburger Kolpinghauses sein Plädoyer mit den zentralen Anklagepunkten hielt, hatten sich vor dem Gebäude nicht nur Schaulustige, sondern auch einige Demonstranten der VVN eingefunden. Sie hielten Plakate hoch, die das Augsburger Verfahren gegen Ilse Koch kritisierten: »Kochprozeß eine Million Mark / Unterstützungsempfänger 35 DM« oder »Die Toten von Buchenwald fordern ein gerechtes Urteil« war darauf unter anderem zu lesen.[8] Neben diesen verhaltenen, vermutlich von der kommunistischen VVN initiierten öffentlichen Demonstrationen vor dem Kolpinghaus wandten sich auch einzelne Bürgerinnen brieflich an das Augsburger Gericht. Ob es tatsächlich Hunderte Briefe waren, wie der Richter – gewiss mit Blick auf die Geschworenen – während des Prozesses behauptete, ist angesichts einiger weniger überlieferter Briefe ungewiss.[9] Doch immer wieder griffen Privatpersonen zur Feder, um sich zur Biographie Kochs, ihrem Verbleib inner- und außerhalb der Gefängnismauern und vor allem zu einer ihrer Meinung nach angemessenen Strafe zu äußern. Solche Briefe sind sowohl in ihrer Gerichts- als auch in ihrer Gefängnisakte zu finden, und sie waren nicht zuletzt auch an Alfred Seidl, den öffentlich bekannten Rechtsanwalt Kochs, gerichtet. Nicht alle Briefe gingen hart mit Ilse Koch ins Gericht: So berichtete ein sich selbst als Kunstmaler bezeichnender Korrespondent im Februar 1961, er habe einen Film über die Frauenstrafanstalt Aichach gesehen, der ihn »zutiefst erschüttert« habe. Ilse Koch sei als eine »gebrochene alte Frau mit dem Verlust ihres eigenen Ich« gezeigt worden. Da sie »ihren Mann und Ernährer« verloren habe, sei schon »viel gesühnt« worden, sie sei »Produkt ihrer Umgebung« gewesen, und ihr Ehemann hätte sie im »Lebensborn« unterbringen sollen.[10]

Einem anderen Verständnis von Sühne folgten jene Korrespondentinnen, die sich kurz vor der Urteilsverkündung an das Augsburger Gericht wandten. Ob diese Zuschriften auf eine Initiative des Demokratischen Frauenbundes zurückgehen, der bereits im September 1949 zu der insbesondere an Frauen adressierten »Aktion Ilse Koch« aufgerufen hatte, kann hier nur vermutet werden.[11] Denn die Schreiben, die auf den öffentlichen Diskurs der Bestie rekurrierten, waren sehr homogen. In jedem Fall äußern die Autorinnen dieser Briefe unverblümt ihre Gewaltphantasien gegenüber Ilse Koch. So stellt eine Frau fest: »Das ist ein Tier, aber keine Frau«, und beschließt ihren Brief mit folgender Forderung: »Durchpeitschen bis das Blut aus ihrem sadistischen Körper spritzt«.[12] Für eine andere Autorin gehörte die Beschuldigte »ausgemerzt aus dieser menschlichen Gesellschaft [...]. Dieses pervers veranlagte Weib ist eine Schande für alle ehrlichen Frauen, und eine Kulturschande für die Menschheit.«[13] Aber auch Überlebende der Konzentrationslager wandten sich direkt an das Augsburger Gericht. So berichtete eine Überlebende des Frauenkonzentrationslagers Ravensbrück von Quälereien durch die Angeklagte, was möglicherweise eine Verwechslung mit einer dort eingesetzten SS-Aufseherin oder aber eine Folge der Verlagerung von Erinnerung war.[14]

Eine Einordnung von derartigen Momentaufnahmen erweist sich als schwierig, zumal die für eine Typisierung notwendigen sozialhistorischen Informationen fehlen und die (wenigen) vorhandenen Briefe eher assoziative denn systematische Schlussfolgerungen erlauben. Dass mit derlei Schreiben Vergeltungsphantasien ausgedrückt werden, wie sie auch unmittelbar nach der Befreiung des Konzentrationslagers Buchenwald von der Weimarer Bevölkerung artikuliert wurden, wäre eine der möglichen Deutungen. Zweifellos greifen diese Briefe zentrale Topoi der Presseberichterstattung auf.

Deutsch-deutsche Berichterstattung: Die ›Kommandeuse‹ von Buchenwald und die ›Schmach‹ aller Deutschen

»In der Messalina der KZ hatten die Deutschen eine Person gefunden, mit der sie Tonnen voll feigem Schweigen, Nichts-Gewußt-Haben und bequemem Befehlsnotstand erledigten.«

Der Gerichtsreporter Gerhard Mauz im Spiegel *1967*[15]

Das Augsburger Gericht erwartete offenbar einen großen Andrang der Presse beim Prozess gegen Ilse Koch. Bereits im Vorfeld wurden Eintrittskarten verteilt. Insgesamt nahmen an dem Gerichtsverfahren mehr als hundert Journalisten aus dem In- und Ausland als Prozessbeobachter teil. Ebenso hatten sich Filmteams im Augsburger Kolpinghaus eingefunden. Führende amerikanische Zeitungen wie die *New York Times*, aber auch *Stars & Stripes*, das Blatt der amerikanischen Armee, entsandten Korrespondenten. Und auch die großen Nachrichtenagenturen wie Reuters übermittelten Nachrichten aus dem Gerichtssaal. Sogar im fernen Australien wurde über den Auftakt des Prozesses berichtet: »Ilse Koch steht vor langem Prozess«.[16] Offenbar entsandte sogar die von der Roten Armee herausgegebene *Tägliche Rundschau* (Untertitel: Zeitung für die deutsche Bevölkerung) einen Prozessbeobachter. Bei der Verkündung des Urteils sei, so berichtete das Blatt, der Saal mit etwa 300 Personen bis auf den letzten Platz gefüllt gewesen.[17]

Der Fall Koch habe, so beobachtete der ermittelnde Staatsanwalt, die »ganze östliche und westliche Welt in größte Erregung«, geradezu in »Aufruhr gebracht«. Dies zeigten die aus »aller Welt« eingehenden Briefe und Pressemeldungen. Daher dürfe der Zutritt zum Gerichtssaal in keiner Weise beschränkt werden. Es sei merkwürdig, so fasste der Staatsanwalt seine Beobachtung hinsichtlich des medialen Interesses zusammen, dass gerade in diesem Punkt, nämlich dem »Verlangen nach umfassender Publizität dieses Verfahrens, die Auffassung des ganzen Westens mit jener der Ostzone völlig konform« gehe.[18] Obwohl sich also in der unmittelbaren Nachkriegszeit die Gräben zwischen Ost- und Westdeutschland auf diversen Ebenen – den politischen, gesellschaftlichen, ökonomischen – zunehmend vertieft hatten und auch die juristische Aufarbeitung der NS-Verbrechen äußerst unterschiedlich gehandhabt wurde, stieß der Fall Koch in beiden deutschen Staaten auf ein intensives öffentliches Interesse.

Der Prozess schien an sich eine Sensation gewesen zu sein. Dies mag daran gelegen haben, dass – wie bereits während des Dachauer Prozesses – auch die Angehörigen des Gerichts Informationen über die Ermittlungen in die Öffentlichkeit lancierten: So gerieten Details über einen Erfolg hinsichtlich des sensibelsten Vorwurfes, die Häutung tätowierter Häftlinge, an die Öffentlichkeit.[19] Aber auch der Verteidiger Kochs, dieser »Koch-Verteidiger aus Passion«, wie ihn der Staatsanwalt in einem Schreiben bezeichnete, hatte offenbar im Vorfeld Gerichtsmaterialien verbreitet und behauptet, dass die Geschworenen (»alles biedere Schweinemetzger und Schneidermeister«) bereits vor der Verhandlung davon ausgingen, dass Ilse Koch schuldig sei.[20] Diesem Verteidiger sei »jedes Mittel recht«, den Kampf mit dem Staatsanwalt »vor Gericht in der Presse auszutragen«.[21] So berichtete die (ostdeutsche) *Tägliche Rundschau* von der Retraumatisierung (ohne dieses Wort zu benutzen) der ehemaligen Häftlinge, die vor Gericht von ihren Gewalterfahrungen berichteten.[22] Auch andere spektakuläre Nachrichten, wie die in der Augsburger Lokalzeitung vom Frühjahr 1950, dass die Befreiung Ilse Kochs durch den »Mussolinibefreier« Otto Skorzeny zu befürchten sei, hielten das Interesse an der ›Kommandeuse‹ von Buchenwald wach.[23] Eine weitere Nachricht, die gegen Ende des Augsburger Prozesses öffentlich, das heißt in den Zeitungen der DDR, erörtert wurde, war die Frage, ob während des bayerischen Gerichtsverfahrens einige Zeugen von dort verschwunden seien. Auch die amerikanische Presse berichtete immer wieder über pikante Details, zum Beispiel, dass ein anonym gebliebener Beobachter Ilse Koch Nylonstrümpfe zugeschickt habe.[24] Erwähnt werden ebenso ihre Einweisung in die Psychiatrie[25] oder einzelne Aussagen Kochs, wonach sie zu »beschäftigt« gewesen sei, um die ihr zugeschriebenen Gewalttaten zu begehen.

Die amerikanische Presse kolportierte sogar die Vermutung, die Deutschen würden ein Todesurteil erwarten.[26] Aber auch andere Sentenzen aus dem Gerichtsverfahren zirkulierten. Die Zeitschrift der US-Armee, *Stars & Stripes*, hatte die Verfahren gegen Ilse Koch immer wieder ironisch begleitet. 1948 kommentierte sie ein Foto Kochs mit: »Meine ist eine tragische Geschichte.«[27]

Einen atmosphärischen Einblick in den ersten Verhandlungstag gab der *Austin American Statesman*, eine Tageszeitung aus Texas. Sie hatte offenbar einen eigenen Korrespondenten entsandt. »Der Prozess am Montag«, so der Journalist, »der sechs Wochen dauern und etwa 25 000 Dollar kosten soll, wurde mit einer Fanfare von Wochenschau-Scheinwerfern, Fotografenblitzen und einer Versammlung von Zeitungsleuten aus aller Welt eröffnet. Die Veranstaltung fand in der großen Versammlungshalle der katholischen Gewerkschaft statt, da das im Krieg zerbombte Augsburger Gerichtsgebäude noch nicht wieder instand gesetzt worden war.«[28] Die Beschuldigte Koch, offensichtlich verärgert, als sich die Kameras vor ihr in Position gebracht hatten, wird mit folgenden Worten zitiert: »Sie war sichtlich aufgebracht und verzog den Mund, als sie die Zeitungsleute fragte: ›Was ist das für ein Prozess, der Millionen kostet, zu einer Zeit, in der die Amerikaner Kriegsverbrecher in Landsberg freilassen?‹ «[29] In anderen Worten: Auch die amerikanische Presse berichtete ausführlich und nicht zuletzt mit einem voyeuristischen Interesse über das Augsburger Gerichtsverfahren.[30] Doch während die Berichterstattung über die Anhörungen des amerikanischen Senats zum Fall Koch auch die generelle Programmatik des War Crimes Program ins Visier genommen hatte, bezogen sich die Zeitungsartikel nun auf den Einzelfall und die individuellen Dispositionen einer von einem deutschen Gericht zu verurteilenden Einzeltäterin, die, wie es in einem Bericht der *Washington Post* aus dem Gerichtssaal geschildert wird, jede Schuld von sich weise und bei belastenden Zeugenaussagen »rot« anlaufe.[31]

Auf den nun folgenden Seiten sollen die deutsch-deutsche Perspektive sowie die in den Medien – ausgehend von der Figur Koch – grundsätzlicher verhandelten Themen genauer in den Blick genommen werden. Dabei sei vorangestellt, dass mit der zunehmenden Bedeutung der Massenpresse während des Deutschen Kaiserreichs immer mehr und en detail über juristische Prozesse aus den Gerichtssälen berichtet wurde (vor allem über sogenannte Sittlichkeitsverbrechen).[32] In Gerichtsverfahren und der Berichterstattung darüber werden nicht nur die jeweiligen Fälle, sondern ebenso gesellschaftliche Normen und Wertvorstellungen verhandelt.[33] Daher werden die zahlreich vorliegenden Zeitungsartikel, die seit dem amerikanischen Prozess über die Figur Koch in der deutsch-deutschen Presse erschienen sind, entlang von zwei Schwerpunkten analysiert: So soll es erstens um die Geschlechtervorstellungen bzw. konkreter um das Frauenbild gehen, das mit einer sehr spezifischen Interpretation von NS-Verbrechen verflochten war. Und es wird zweitens grundlegender um die übergeordnete Einordnung der

Gewalt im Sinne einer deutsch-deutschen Beziehungsgeschichte gehen. Bereits im Mai 1945 begann in der sowjetischen Besatzungszone der Wiederaufbau des Pressewesens, der über die Vergabe von Lizenzen erfolgte. Die bereits erwähnte *Tägliche Rundschau* war von den Sowjetbehörden ursprünglich als Zeitung für Gesamtdeutschland gegründet worden, es folgten die Gründungen der in der DDR später zugelassenen Parteien, und im Herbst wurden die ersten Lizenzen für die staatsnahen Publikationen erteilt – das *Neue Deutschland*, Aushängeschild der SED-Presse, erschien erstmals am 23. April 1946 und erreichte in den Spitzenzeiten immerhin eine Auflage von über einer Million Exemplaren.[34]

Erwartungsgemäß handelte es sich bei der Presse in der DDR um ein Herrschaftsinstrument, das in ein komplexes hierarchisches politisches Gefüge eingebunden war.[35] Jeder Journalist unterstand diesen Reglementierungen der öffentlichen Meinung, und die Partei nutzte die Presse und die anderen Medien als »Transmissionsriemen«, um der Bevölkerung Maßnahmen und Einschätzungen mitzuteilen.[36] Agitation und Propaganda waren die zentralen ideologischen Säulen der Meinungslenkung.[37] In der DDR wie in der Bundesrepublik galt Ilse Koch als »Bestie von Buchenwald« bzw. »rothaarige grünäugige Hexe von Buchenwald«. Hierin stimmten die offizielle Berichterstattung der SED und die lokal erscheinende *Nordbayerische Zeitung* überein.[38] Andere Blätter bezeichneten Ilse Koch als einen »perversen, nymphomanischen (sic) Dämon«[39] oder auch als »rotblonde Bestie«.[40]

Die Zeitungen ließen sich auch immer wieder über ihren Körper aus. So berichtete das *Hamburger Abendblatt* beispielsweise wenige Tage vor der Urteilsverkündung über den körperlichen Verfall der Beschuldigten: »Jetzt«, so konstatierte das Springer-Blatt, mache »sie einen so ungepflegten und verschlampten Eindruck«, dass es schwerfalle, »an den einstigen Sex-Appeal dieser rothaarigen ›Hexe‹ zu glauben. Ihre Haut ist gelb und blaß und die Haare hängen wirr und völlig aufgelöst über die Schulter.«[41] Andere Beobachter der Presse konstatierten einen apathischen Eindruck der Beschuldigten, während der Zeugenvernehmung habe Ilse Koch die »Geistesabwesende« gespielt und »Bonbons« gekaut.[42]

Die öffentliche Wahrnehmung Ilse Kochs stilisierte die ›Kommandeuse von Buchenwald‹ zum Inbegriff nationalsozialistischer Gewalt. In ihrem Fall verschränkte sich die schablonenhafte Wahrnehmung des Nationalsozialismus mit tradierten Weiblichkeitsbildern, von denen Ilse Koch als Ehefrau und Mutter abzuweichen schien. Das Interesse der ostdeutschen Justiz am ›Fall Koch‹ – gemeinsam mit Ilse Koch waren ebenso die Strafen für andere Vertreter des Konzentrationslagers Buchenwald korrigiert worden – lässt sich auf die für eine umfangreiche Medialisierung geradezu ideale Verknüpfung der ›Kommandeuse‹ mit der Abweichung von tradierten Weiblichkeitsbildern zurückführen, die in Ost und West gleichermaßen zur Disposition standen: Nicht nur Ilse Kochs Desinteresse allen häuslichen Pflichten und ihrer Mutterschaft gegenüber, sondern ebenso ihre Liebschaften mit SS-Männern wurden von der Presse dankbar aufgegriffen. Die *Tägliche Rundschau* ging sogar so weit, die Angeklagte Koch als ehemalige »Prostituierte«, als eine der »grauenvollsten Gestalten der grauenvollen Geschichte der nazistischen Konzentrationslager« oder gar als »ungekrönte Königin von Buchenwald« zu bezeichnen.[43]

Angesichts dieser nahezu exorzistischen Dimension der Presseberichterstattung sei nach der übergeordneten gesellschaftlichen Funktion des Hexenbildes gefragt, das in unterschiedlichen Varianten wiederholt wurde. Neben der offensichtlichen Interpretation der Schuldabwehr – denn letztlich wurde die Gewalt im Konzentrationslager Buchenwald auf die dämonischen Kräfte einer einzelnen Frau zurückgeführt – zeichnet sich hier eine grundsätzlichere Interpretation ab, wie die Rolle von (deutschen, nichtjüdischen) Frauen in der Gesellschaft des ›Dritten Reiches‹ eingeordnet wurde: Im Gegensatz zur Phantasmagorie ›Bestie‹ oder ›Kommandeuse‹, mit der die Gesellschaft des Nationalsozialismus als Ausnahmezustand interpretiert wird, bleiben die ›anderen‹, ›normalen‹ Frauen – also die Mehrheit der deutschen Gesellschaft – mit der Sphäre des Haushalts und der Familie verknüpft. Sie waren nach dieser Logik private und nicht politische Akteurinnen. Parallel zu der Phantasmagorie Koch entfaltete sich ein deutsch-deutscher Diskurs über die

Rolle, die von der deutschen Gesellschaft gegenüber den NS-Verbrechen insgesamt einzunehmen sei.

Bereits im April 1947 – also wenige Tage, nachdem Ilse Koch und die anderen Beschuldigten des Dachauer Prozesses ihre Anklageschrift erhalten hatten – konstatierte das *Neue Deutschland*, dass bisher lediglich »KZ-Prozesse vor alliierten Militärgerichten« stattgefunden hätten. Vor »deutschen Gerichten« seien die an der »Ermordung von zehntausenden Deutschen direkt oder indirekt Schuldigen überhaupt noch nicht abgeurteilt worden«. Jedoch verlange der Mord an »Rudolf Breitscheid, Ernst Thälmann oder Erich Mühsam nicht weniger Sühne« als der »verabscheuungswürdige Mord an einem alliierten Flieger«. Daher werde die ausgebliebene Bestrafung derer, die sich gegenüber »deutschen Menschen« schuldig gemacht hätten, als »Aufforderung an das deutsche Volk« betrachtet, »gegen die Intellektuellen der KZ-Verbrechen und gegen die Mordbuben selbst aus eigenem Entschluß vorzugehen«.[44] Einige Jahre später, nachdem die Urteilsrevision Kochs gerade bekannt geworden war, hatte sich dieser Argumentationsrahmen verschoben. Die Presse in der DDR bewertete die Korrektur des Strafmaßes für Ilse Koch als einen weiteren »Beweis für den im Westen vor sich gehenden Prozeß der Wiederbelebung des Faschismus«.[45]

Auch der Lampenschirm avancierte in dieser Erzählung zum Symbol eines antifaschistischen Gegenentwurfs zum Faschismus bzw. zum Umgang mit ihm. Ein weiterer Artikel zu dieser Thematik verweist auf den diesbezüglichen Bedeutungswandel: Bereits 1946 hatte der in Berlin äußerst bekannte Journalist und Kabarettist Karl Schnog (1897–1964), der zunächst vor den Nationalsozialisten floh, jedoch in Luxemburg von der Gestapo gefasst wurde und einige Jahre in Konzentrationslagern verbrachte, in der literarischen *Weltbühne* über die »Sache mit der Menschenhaut« geschrieben. In diesem Artikel beantwortete Schnog die von ihm zuvor gestellten rhetorischen Fragen: »Warum denn nur (das Sprechen über die Tätowierungsgeschichten, A. P.)? Um Euch zu quälen, um ›unser Nest zu beschmutzen‹? Um das Ausland immer wieder gegen uns aufzubringen? So fragt ihr mich. Nein, um der Wahrheit, der grausigen Wahrheit zu ihrem Recht zu verhelfen, um Euch begreifen zu lassen, woher der Haß auf uns kam. Um endlich den Wunsch in Euch wach werden zu lassen: Nie, nie wieder solche Taten in unserem Namen!«[46] Schnog, bekannt als versierter Literat und – sogar während seiner Lagerhaft aktiver – Kabarettist, formulierte hier einen klaren, eindeutigen Appell des ›Nie wieder‹.[47]

Andere Zeitungsartikel stellten die Augsburger Anklage in eine bruchlose Kontinuität mit dem Nationalsozialismus. In der DDR-Ausgabe der VVN-Zeitschrift *Die Tat* hieß es beispielsweise, dass die Anklageschrift zentral auf den Akten des SS- und Polizei-Gerichtsverfahrens beruhe.[48] Ein wenig später erschienener Beitrag setzte Faschismus und den Imperialismus der Bundesrepublik gleich: Erst mit dem nicht zu bezweifelnden »Endsiege der Weltfriedensbewegung« würden die »Bestien endgültig vom Boden verschwinden«.[49]

Ein Appell des *Neuen Deutschland* vom Dezember 1950 nach »Sühne« der KZ-Verbrechen bringt die geradezu religiös anmutende Vision einer gesellschaftlichen Katharsis auf den Punkt, die auf die gewiss berechtigte Verurteilung der NS-Verbrechen folge: »Ilse Koch ist Symbol für jene Zeit der tiefsten Schmach und Erniedrigung aller anständigen Deutschen. Die Verbrechen der Ilse Koch ungesühnt zu lassen, hieße Verrat an den von ihr ermordeten Kämpfern für Frieden und Völkerverständigung, wäre ein Beweis, daß man die Methoden der faschistischen Verbrecher billigt, daß man sich mit den KZ-Henkern gemein macht.«[50] Und ein weiterer Artikel deutet Ilse Koch als »Symbol für jene Zeit der tiefsten Schmach und Erniedrigung aller anständigen Deutschen«.[51] Laut der offiziellen Presse-Information der DDR verkörperte die »Bestie von Buchenwald«, die mit »ihrer Lampenschirmproduktion aus Menschenhaut sämtliche Megären der Weltgeschichte in den Schatten stellte«, zwar für die »ganze gesittete Welt de[n] Inbegriff faschistischer Grausamkeit«, zunehmend aber erscheint die Berichterstattung von einem trivialen Anti-Amerikanismus durchdrungen, der sich an der Oberfläche durch die amerikanische Korrektur der gegen Ilse Koch verhängten Strafe zu legitimieren versuchte.[52]

In der westdeutschen Öffentlichkeit stieß das Augsburger Urteil im Allgemeinen auf ein positives Echo. Der Prozessbeobachter der *Schwäbischen Landeszeitung* zeigte sich insgesamt mit dem Ergebnis zufrieden, da die Beschuldigte trotz mancher Übertreibungen angesichts der insgesamt dichten Zeugenaussagen als überführt zu betrachten sei, was zudem durch deren weitgehende Abwesenheit bestätigt scheine.[53] Allein Ernst Müller-Meiningen, der bekannte Journalist der *Süddeutschen Zeitung*, bezeichnete den Prozess gegen Ilse Koch angesichts ihrer bereits erfolgten Verurteilung durch die amerikanische Militärbehörde als »überflüssig wie ein Kropf« und die verhängte Haft wegen Anstiftung zum Mord angesichts der begrenzten Beweislage als nicht fundiert. Ebenso räumte der Journalist ein, dass der Prozess den Missbrauch »ihrer bösen Macht« durch deren »willkürlich-tückische Anzeigen« aufgezeigt und gleichzeitig die sensationsheischende »Lampenschirm-Fabel« widerlegt habe.[54]

Während die Presse in der DDR zum Zeitpunkt des Dachauer Verfahrens nur punktuell – wenngleich mit einem deutlichen Hang zur Skandalisierung durch die Geschichte über die Menschenhaut – berichtet hatte,[55] veröffentlichte sie im November 1950 in der *Berliner Zeitung* den Appell des Buchenwald-Komitees, in dem eine Verurteilung der Beschuldigten Koch sowie der »Säuberung der Welt von diesen Bestien faschistischer Barbarei« gefordert wurde.[56] Trotz Hunderten von Zeitungsartikeln, die zur Frage des Gerichtsortes (Weimar oder Augsburg) und auch zu einzelnen Verhandlungstagen erschienen sind, kommentierten die führenden Zeitungen der DDR den Ausgang des Prozesses im Januar 1951 nicht, sie veröffentlichten lediglich eine kurze Meldung über die lebenslange Haft der ›Kommandeuse‹.[57] Dieses Schweigen ist bemerkenswert.

Die DDR-Presse wusste Ilse Koch wenig später als politische Folie zu nutzen, indem sie in diversen Zeitungsartikeln das Stereotyp der ›Kommandeuse‹ bediente, aber sich offenkundig nicht auf die SS-Ehefrau und Kommandantengattin bezog. Vermutlich prägten das mediale Echo des Koch-Prozesses sowie die Bemühungen der Weimarer Justiz, die ›Kommandeuse von Buchenwald‹ vor ein Gericht der DDR zu bringen, den im Gefolge des 17. Juni 1953 eingeleiteten Prozess gegen Erna Dorn, die angebliche ›Kommandeuse von Ravensbrück‹. In einem Zeitungsartikel der *Freiheit* vom März 1953 wird diese als »SS-Kommandeuse« bezeichnet.[58] Dorn hatte gegen fundamentale Prinzipien des jungen sozialistischen Staates verstoßen: Sie hatte sich nach 1945 einen antifaschistischen Lebenslauf ersonnen, auch ihre Angaben zu ihrer Biographie während des ›Dritten Reiches‹ sind widersprüchlich. Am 1. Oktober 1953 wurde Dorn als »Rädelsführerin des faschistischen Putschversuches« hingerichtet.[59]

Mit der realen Person Dorns und ihren konkreten Tätigkeitsfeldern im Konzentrationslager während des Nationalsozialismus hatten die Bezeichnung ›Kommandeuse‹ und die Darstellung des Falls in der offiziellen DDR-Presse wenig zu tun: Erna Dorn wurde im *Neuen Deutschland* als »Bestie in Menschengestalt« bezeichnet, die von Adenauer und Konsorten auf die »friedliebenden Menschen unserer Republik« losgelassen worden sei, »um zu morden und zu zerstören, was die Werktätigen mit ihren Händen aufgebaut haben«.[60] An den folgenden Tagen erschienen weitere Berichte im *Neuen Deutschland* und der *Berliner Zeitung*. Ende Juni 1953 titelte Letztere gar: »SS-Kommandeuse im Führungsstab der Provokateure«. In diesem Artikel wurde behauptet, Erna Dorn habe sich an den »faschistischen Provokationen« beteiligt.[61] In einem weiteren Beitrag im *Neuen Deutschland* berichteten »antifaschistische Widerstandskämpferinnen« allgemeiner über ihre Erfahrungen mit den KZ-Aufseherinnen, die sie als »vertierte Subjekte«, »SS-Banditen« oder auch als »SS-Hyänen« bezeichneten.[62]

Eine so bekannte wie brisante literarische Übertragung des zeitgenössischen Falls Erna Dorn stellt Stephan Hermlins Novelle »Die Kommandeuse« dar, die bereits 1954 in der germanistischen Fachzeitschrift *Neue Deutsche Literatur* (NDL) erschien, eine bedeutende Zeitschrift der DDR, die immer wieder auch literarische Texte veröffentlichte. Darin deutet Hermlin die Figur Dorn als faschistisch gesinnte Rädelsführerin und folgt so der SED-offiziellen Interpretation der Proteste um den 17. Juni. Einem breiteren Publikum wurde der Text erst in den neunziger Jahren in einer Ausgabe des Aufbau-Verlags bekannt. Die klare Zuweisung von ›gut‹ und ›böse‹ im Sinne der antifaschistischen Staatsdoktrin stieß auf Kritik – allein der Literaturkritiker Marcel Reich-Ranicki lobte die »vortrefflich beobachteten Details, zumal psychologischer Natur«.[63] Andere Schriftsteller faszinierte der Fall Koch – Uwe Johnson etwa sammelte Zeitungsausschnitte über den Prozess gegen Ilse Koch sowie ihren späteren Suizid.[64]

Vermutlich wurden derlei Artikel und Reportagen aus dem Gerichtssaal nicht verfasst, um ihre potenziellen Leserinnen und Leser zu unterhalten, obgleich die Presseberichterstattung über Ilse Koch oftmals auch eine voyeuristische Neugier zu bedienen schien. Meist verbreitete sie ebenso wenig neue Informationen. Viele Zeitungsartikel bewegen sich, wie die Berichte aus dem *Neuen Deutschland*, innerhalb eines eindeutigen Schwarz-Weiß-Musters und finden für diejenigen Frauen, die als SS-Frauen weder dem Ideal der arbeitsamen Frau noch dem der Mutter und Hausfrau entsprachen, eine harsche und angesichts der Anleihen aus der Tierwelt (»Rattengesicht«)[65] auch sozialdarwinistisch gefärbte Sprache. Mit dem Diskurs über eine ›gerechte‹ Verurteilung nationalsozialistischer Verbrechen und der Wiederholung der immer gleichen Erzählung über die historische Figur ›Ilse Koch‹ waren somit Reinheitsrituale verknüpft, die mit einer strukturellen ›Aufarbeitung‹ von NS-Verbrechen wenig zu tun hatten. Auch hinsichtlich einer Geschichte der Emotionen erweist sich der mediale Diskurs als äußerst ergiebig. Bisher wurde diese frühe Phase der deutschen Nachkriegsgeschichte als Angstgeschichte interpretiert, als eine Zeit, in der offenbar manche Deutsche eine Vergeltung durch die Soldaten der Siegermächte oder auch durch die Überlebenden der Konzentrationslager zu befürchten schienen und sich so in eine »Gemeinschaft imaginierter Opfer« hineinphantasierten.[66] In dem hier aufgefächerten öffentlichen Diskurs sind negative Emotionen (wie etwa Hass) zu beobachten, und diese sollten nicht allein, wie jüngst geschehen, ausschließlich vor dem

Hintergrund einer Geschichte der Angst interpretiert, sondern in eine komplexe, von ambivalenten Emotionen geprägte Nachkriegserzählung eingebunden werden.[67]

Ilse Koch selbst verfolgte offenbar die Berichterstattung über ihre Person, und in einem überlieferten Fall intervenierte sie sogar dagegen. Die Frauenzeitschrift *Constanze* hatte im August 1948, also noch bevor die Revision des amerikanischen Urteils durch den amerikanischen Militärgouverneur bekannt geworden war, unter der Überschrift »Wir wollen es nie vergessen!« einen Artikel veröffentlicht, in dem einige der Koch zugeschriebenen skandalisierten Verhaltensweisen (wie das Baden in Madeira-Wein und der Besitz menschlicher Häute) zusammengefasst wurden; der Bericht gab sich aber durchaus kämpferisch: »Wir wollen uns in Erinnerung rufen, daß dieses Bild aus einem amerikanischen Kriegsverbrechergericht über die ganze Welt gegangen ist. ›Das ist Deutschland!‹ stand über solchen Aufnahmen und solchen Menschen, wie hier etwa über Ilse Koch [...] Eine von vielen – das beweist die Zahl der Kriegsverbrecherprozesse vor den alliierten Gerichten. Und doch nicht Deutschland – das zu beweisen ist unsere Aufgabe. Wir erfüllen sie, wenn wir den Ungeist einer menschheitszerstörenden Idee, dem jene dienten, endgültig vernichten.« Die *Constanze* erhielt daraufhin ein Schreiben des katholischen Seelsorgers, der Ilse Koch im amerikanischen Kriegsverbrechergefängnis Landsberg betreute. Er bat in ihrem Namen darum, in einem weiteren Bericht auf die Korrektur des amerikanischen Urteils hinzuweisen und insbesondere auf die Kritik einzugehen, die gegenüber einigen Zeugen vorgebracht worden war: »Es wäre aber dringend notwendig, diese Tatsachen, besonders die Revision des Urteils, ebenso in die Weltöffentlichkeit zu bringen, wie das erste Urteil und die angeblichen Scheusslichkeiten der Frau Ilse Koch, die sie in der Weltöffentlichkeit zu einer Bestie gemacht haben.«[68]

***

In diesem Teil stand die Frage im Vordergrund, welchen moralischen Kompass die deutschen Nachkriegsgesellschaften herausbildeten, um die von (vielen) Deutschen begangenen NS-Verbrechen mit juristischen, medialen, aber auch zivilgesellschaftlichen Mitteln zu ächten. Anders als die von Zeitzeugen und Zeitzeuginnen gemachte Beobachtung, dass sich die Deutschen in jenen Jahren den Ereignissen aufgrund ihrer »tief verwurzelten, hartnäckigen und gelegentlich brutalen Weigerung« nicht stellten, wird hier argumentiert, dass dieses Schweigen mit komplizierten, widersprüchlichen und – für viele Überlebende – bereits in diesen frühen Nachkriegsjahren auch mit schmerzhaften Prozessen des Durcharbeitens der eigenen Erfahrungen verbunden war.[69] Dieses Fallbeispiel von den Rändern der deutschen Gesellschaft richtet das Augenmerk auf einige zentrale Aspekte der ›Vergangenheitspolitik‹ (Norbert Frei) der unmittelbaren Nachkriegszeit.

An die wichtigen Forschungen zur justiziellen ›Aufarbeitung‹ der NS-Verbrechen anknüpfend wurde gefragt, welche unterschiedlichen Erzählungen das Gerichtsverfahren prägten und wie die unterschiedlichen Perspektiven der historischen Akteure auf diese zurückwirkten. Es ging also nicht um die Frage des Erfolgs oder Misserfolgs hinsichtlich des vom Gericht erlassenen Strafmaßes, sondern darum, wie die Akteure das Gerichtsverfahren als Bühne nutzten, um die für die Nachkriegsgesellschaften so relevante Frage der Sühne der nationalsozialistischen Verbrechen miteinander zu verhandeln. Dabei ist zunächst zu konstatieren, dass sich Staatsanwaltschaft und Geschworenengericht auf ein Bild einer NS-Täterin verständigten, das gleichsam abstrakt und exterritorial erscheint (obwohl Kochs Wirken umfassend beschrieben wurde). So wurde die deutsche Gesellschaft, dies geschah sogar expressis verbis, entlastet. Trotz dieser Lesart sollte ebenso erwähnt werden, dass das Gericht den politischen, vor allem kommunistischen Widerstand zu einem Zeitpunkt würdigte, als der Ost-West-Konflikt die deutsch-deutsche Beziehungsgeschichte zu prägen begann. Mit dieser Würdigung leistete der Prozess auch einen Beitrag zu den Memory Studies, da hier die Erinnerung an den politischen Widerstand in einer spezifischen Weise erfolgte. Das im Rahmen dieses und auch der vielen anderen NS-Prozesse zusammengetragene Wissen steht der historischen Forschung zur Verfügung.[70]

Weiterhin soll festgehalten werden, dass das (mediale) Sprechen über die Figur Koch nahezu exorzistische Dimensionen angenommen hatte. Dabei überlagerten sich in der öffentlichen Wahrnehmung unterschiedliche Bilder und Diskurse. Diese Bilder haben gemeinsam, dass sie das gemeinschaftliche Gewalthandeln der nationalsozialistischen Institutionen – beispielsweise der SS – auf den Sadismus einzelner Figuren zurückführen, die sich (da animalisch) außerhalb des menschlichen Kollektivs bewegen. Zusätzlich werden diese Vorstellungen eines exzeptionellen Gewalthandelns mit stereotypen Geschlechterbildern verknüpft. Mit dieser Erzählung etablierte sich in der unmittelbaren Nachkriegszeit eine ›Reinheitserzählung‹ über nationalsozialistische Schuld, die bis weit in die späten Nachkriegsgesellschaften fortgeschrieben wurde. Diese Erzählungen entstanden nicht im ›luftleeren‹, sondern im politischen Raum.

In dieser frühen Phase der unmittelbaren Nachkriegsgeschichte treten die Verflechtungen, die zwischen den sich konstituierenden deutschen Staaten hinsichtlich einer Vergangenheitspolitik bestehen, deutlich zutage, und sie sind in diesem Fall nicht von einer »asymmetrisch verflochtenen Parallelgeschichte« geprägt.[71] Diese Verflechtungsgeschichte zwischen Ost- und Westdeutschland zeigt sich in den medialen Diskursen, die sich über das mit der – gleichwohl unterschiedlich interpretierten – ›Schmach‹ des deutschen Volkes verknüpfte Bild der Hexe verständigen. Als besonders komplex sind jene Aushandlungsprozesse zu bezeichnen, die sich mit Vorstellungen des Opfers nationalsozialistischer Verfolgung auseinandersetzen. Unter vielen ehemaligen Häftlingen, und nicht nur unter denjenigen, die im Buchenwald-Komitee versammelt waren, hatte sich eine Kultur des Misstrauens herausgebildet, die daraus folgenden Bespitzelungen – sanktioniert von der politischen Führung der sowjetischen Besatzungszone und der DDR – führten zur internen Kontrolle der Aussagen im Augsburger Prozess. Das menschliche Drama, das sich mit dem Aufstieg und dem Fall des bayerischen Entschädigungsbeauftragten und Überlebenden des Holocaust Philipp Auerbach verknüpfte, berührt eine Deutung des unmittelbaren Nachkriegsdeutschlands: die Kontinuität des Antisemitismus.

Der folgende und letzte Teil *Leugnen* setzt sich mit der übergeordneten Frage auseinander, wie sich die demokratische Gesellschaft dem Problem der wenigen verurteilten NS-Verbrecher in ihrer Mitte näherte und welche Anforderungen sie an den Strafvollzug und die Optionen einer ›Resozialisierung‹ stellte. Zudem werden die bereits angedeuteten Strategien der Leugnung dargestellt, wie sie die Beschuldigte seit ihrer Verurteilung bis zu ihrem Suizid im September 1967 verfolgte. Übergeordnet geht es also darum, einerseits den Gefängnisalltag, wie er sich für die Strafgefangene Koch darstellte, zu rekonstruieren und andererseits ihre und die von dem sie unterstützenden Netzwerk vorgebrachten Entlastungsstrategien zu kontextualisieren und in der deutschen Nachkriegsgeschichte zu verorten.

Vierter Teil

LEUGNEN

»Die Erklärungen laufen Gefahr, nicht zu erklären, sondern wegzuerklären.«

David Blackbourn über sein Buch »Marpingen«[1]

Im Jahr 1950 besuchte die Philosophin Hannah Arendt erstmals nach ihrer Emigration in die Vereinigten Staaten Deutschland.[2] Zur selben Zeit bereitete der Augsburger Staatsanwalt Johann Ilkow den Prozess gegen Ilse Koch vor, einen von der internationalen Presse beachteten NS-Prozess. Hannah Arendt, die Ilse Koch nie erwähnt hat, skizzierte nach ihrer Rückkehr in die USA ein wenig ratlos die Verfassung vieler Deutscher, die »keine Reaktion auf das Geschehene« zeigten. Dieser »allgemeine Gefühlsmangel«, so Arendt weiter, »ist jedoch nur das auffälligste Symptom einer tief verwurzelten, hartnäckigen und gelegentlichen brutalen Weigerung, sich dem tatsächlich Geschehenen zu stellen und sich damit abzufinden«.[3]

Diese zeitgenössische Beobachtung Arendts aufgreifend, untersucht der folgende vierte Teil *Leugnen* die Entlastungs- und Legitimationsstrategien der deutschen Nachkriegsgesellschaften und beleuchtet sowohl den diskursiven Rahmen als auch die soziale Praxis des Leugnens.[4] Anders als bei Arendt soll im Folgenden von ›Leugnen‹ und nicht von ›Weigerung‹ gesprochen werden, da die Entlastungsstrategien der Strafgefangenen Koch sowie ihres Umfelds gegenüber deren NS-Vergangenheit ernst genommen werden sollen. Ihre Haltung soll als kognitiver wie affektiver Prozess wahrgenommen werden.[5]

Der amerikanische Historiker Peter Fritzsche beobachtete, dass die Unterstützung des Nationalsozialismus für viele Deutsche auf einem Akt der Konversion beruhte, der Bürger und Bürgerinnen der Weimarer Republik zu Volksgenossen und -genossinnen des ›Dritten Reiches‹ machte. Wenn diese Beobachtung richtig ist, stellt sich die Frage, mittels welcher

Emotionen und Erzählstrategien dieser Akt der Konversion nach der Zäsur von 1945 in die eigene Biographie integriert werden konnte.[6]

Die historische Aufarbeitung der Erinnerungspolitik füllt Bücherregale.[7] Der Fall Koch dient hier – wie zu Beginn dargelegt – als Sonde, um an ihrem Beispiel die diskursiven Mechanismen der Leugnung sowie deren strukturelle Verankerung in den deutschen Nachkriegsgesellschaften herauszuarbeiten. Als eine von wenigen verurteilten NS-Tätern sowie als weibliche Strafgefangene stellt Ilse Koch im Gefängnisalltag der Nachkriegsgesellschaft eine absolute Ausnahme dar. Denn die überwiegende Mehrheit (95 Prozent) der insgesamt inhaftierten Strafgefangenen waren Männer: Im Jahr 1965 standen knapp 50 000 männliche 2550 weiblichen Häftlingen gegenüber, deren Anzahl unter den Strafgefangenen weiterhin sank. Insgesamt jedoch war die Anzahl der Strafgefangenen in Relation zur erwachsenen Gesamtbevölkerung gering und blieb in dem Zeitraum von 1965 (0,12 Prozent) bis 1985 (0,10 Prozent) insgesamt konstant.[8] Im Jahr 1967, in diesem Jahr verübte Ilse Koch Suizid, befanden sich 1028 lebenslänglich verurteilte Gefangene in Haft, von denen 124 Frauen waren.[9]

Die Amnestien von NS-Verurteilten – wie beispielsweise die sogenannte ›Weihnachtsamnestie‹ zum Jahreswechsel 1950/51, in deren Folge mehrere hundert verurteilte Kriegsverbrecher aus dem Landsberger Gefängnis entlassen worden waren – führten dazu, dass die aufgrund ihrer im ›Dritten Reich‹ verübten Verbrechen verurteilten Gefangenen in den deutschen Haftanstalten eine absolute Minderheit unter den Gefangenen darstellten. Ende der fünfziger Jahre begnadigten die Alliierten die letzten der von ihnen verurteilten Kriegsverbrecher, die noch in Landsberg einsaßen: Am 1.4.1950 befanden sich insgesamt 3643 der Gefangenen in internationalem Gewahrsam, davon waren 663 Personen in Landsberg untergebracht; bereits am 15.12.1951 waren es insgesamt nur noch 1650 Gefangene; im Zeitraum vom 1.4.1950 bis 25.8.1952 waren 2610 Gefangene entlassen worden, davon allein 325 Personen aus dem Kriegsverbrechergefängnis Landsberg. Am 15.11.1953 befanden sich noch 290 verurteilte Kriegsverbrecher in

Landsberg; es waren zwischen dem 1.12.1953 und dem 18.12.1953 weitere Entlassungen von mehr als 200 Verurteilten erfolgt.[10]

Dieser umfassenden und gesellschaftlich verankerten Politik der Entlassung nationalsozialistischer Massenmörder und Hauptakteure des NS-Regimes zum Trotz verblieb Ilse Koch bis zu ihrem Lebensende hinter den Gefängnismauern Aichachs, obwohl sie von ihrem Recht des Gnadengesuchs offensiv Gebrauch gemacht hatte. Unabhängig von einer moralischen Beurteilung der Person Ilse Kochs, die manchem Zeitgenossen (wie es selbst ihr langjähriger Anwalt ausgedrückt hatte) möglicherweise »unsympathisch« erschien,[11] geht es auf den folgenden Seiten darum zu erklären, wie die Figur Ilse Koch in der deutschen Nachkriegsgesellschaft zu einer der zentralen Phantasmagorien über die Verbrechen der NS-Zeit werden konnte – und warum sie weiterhin in Haft verblieb. Die von weiten Teilen der bundesdeutschen Öffentlichkeit geforderte Entlassung der wegen NS-Verbrechen verurteilten Väter und Söhne, seltener Mütter und Töchter, erstreckte sich nicht auf die Strafgefangene Ilse Koch.

Die komplexe Geschichte des letzten Lebensabschnitts Ilse Kochs im Frauengefängnis Aichach wird aus zwei unterschiedlichen Perspektiven erzählt. Ein erster Abschnitt wendet sich dem Gefängnisalltag zu und rekonstruiert auf Grundlage der persönlichen Korrespondenz Ilse Kochs die von der Strafgefangenen selbst sowie einem Netzwerk an Unterstützern herausgebildeten Strategien des Leugnens. Ein letztes Kapitel wendet sich den Erinnerungen von Frauen zu, die während des Nationalsozialismus Karriere gemacht haben, und rekonstruiert die Entlastungsphantasien, die sich in der privaten Korrespondenz von Ilse Koch finden.

Obwohl Ilse Koch nahezu ein Dutzend Gnadengesuche auf den Weg gebracht hatte und weiter um ihre Freilassung kämpfte, verbrachte sie bis 1967 knapp 20 Jahre im Gefängnis Aichach. Nachdem sie im Herbst 1949 vom Kriegsverbrechergefängnis in Landsberg in die schwäbische Kleinstadt gebracht worden war, hatten die Ermittlungsbehörden Demonstrationen und Proteste von »4000 heimatlosen Juden« in einem nahe gelegenen Displaced-Persons-Lager befürchtet.[12] Diese blieben aus, und es sind auch keine weiteren Demonstrationen vor den Toren des Frauengefängnisses überliefert. Als Ilse Koch 20 Jahre später Suizid beging, kommentierten die führenden Zeitungen diesseits und jenseits des Atlantiks zwar durchaus ihren Tod, eine breitere öffentliche Resonanz der deutschen Gesellschaft auf ihren Suizid gab es aber nicht. Ihre Wahrnehmung als ›Bestie‹ oder ›Hexe‹ von Buchenwald indes währte fort und erreichte sogar die Leser und Leserinnen der in Hongkong herausgegebenen Tageszeitung *South China Sunday Post*.[13]

11 Im Gefängnis: Die Strafgefangene Ilse Koch

»Unser Volk trägt noch immer schwer an der unbewältigten Last der auch von der Koch mit verschuldeten Vergangenheit.«

Gutachten Frauenhaftanstalt Aichach vom 9. 6. 1960[1]

Am 2. September 1967 wurde Ilse Koch erhängt in ihrer Zelle aufgefunden. Die polizeilichen Ermittlungen hätten keinen Verdacht auf eine strafbare Handlung ergeben. Auch für eine Verletzung der Aufsichtspflicht, so der Bericht der bayerischen Landespolizei, lägen keine Anhaltspunkte vor.[2]

Im Folgenden geht es um das ›Innenleben‹ des Strafvollzugs in der Bundesrepublik. Ausgehend von der persönlichen Korrespondenz Ilse Kochs, die in den Strafvollzugsakten der Frauenstrafanstalt Aichach für die Jahre 1951 bis zu ihrem Suizid 1967 weitgehend erhalten ist, sollen die letzten Lebensjahre der Strafgefangenen Koch vorgestellt werden. Ein Kapitel widmet sich anhand dieser Materialien ihren persönlichen Netzwerken und geht der Frage nach, wie in ihrem privaten Umfeld die Problematik der Schuld thematisiert wurde. Mit Hilfe dieser Briefe soll ebenso untersucht werden, wie die Gefangene ihre eigene Rolle während des ›Dritten Reiches‹ einordnete und wie sie ihren Gefängnisalltag samt seinen Routinen beschrieb.

In struktureller Hinsicht untersucht dieser Abschnitt den Gefängnisalltag, wie er sich auf Grundlage dieser Briefe sowie der regelmäßigen Stellungnahmen der Vollzugsbeamten zur Entwicklung der Strafgefangenen Koch rekonstruieren lässt. Übergeordnet geht es in diesem Kapitel um die Frage, wie die mit dem ›Fall Koch‹ konfrontierten Beamten die Chance ihrer Rehabilitierung als verurteilte NS-Täterin einschätzten und ob diese Interpretation über den ›erzieherischen‹ Charakter des Strafvollzugs in den 20 Jahren, in denen die NS-Täterin Koch in Aichach einsaß, einem Wandel unterlag. Bezogen auf diese Ausgangsproblematiken werden in den nächsten Kapiteln die folgenden Fragen analysiert: Welche Haltung nahm Ilse Koch gegenüber ihrer Verurteilung ein? Wer unterstützte sie? Wie entwickelte sich während ihrer Haft das Verhältnis zu den heranwachsenden Kindern Artwin, Gisela und Uwe? Welche Stellung nahm die Strafgefangene Koch in der Institution Gefängnis selbst ein? Und: Veränderte sich der ›Blick‹ der Institution auf die verurteilte NS-Täterin mit den Debatten über eine Reformierung des Strafvollzugs, wie sie in den sechziger Jahren einsetzten? Diese Fragen zielen direkt auf das ›Innenleben‹ in der Frauenstrafvollzugsanstalt, das sich anhand der Strafvollzugsakten, die im Gefängnis Aichach über Ilse Koch angelegt wurden und die mehrere Bände umfassen, sehr gut rekonstruieren lässt.[3]

Diese Akten enthalten ihre Gnadengesuche, die Gutachten der Gefängnisverwaltung und der Psychiatrie, die Korrespondenz mit den Anwälten und anderen Unterstützern und vor allem die Briefe Ilse Kochs an ihre Familie sowie persönliche Notizen: Gedichte oder alltägliche Beobachtungen. Da es ihr gelegentlich an Notizpapier fehlte, schrieb sie ihre Texte teilweise sogar auf Toilettenpaper nieder. Die Gefängnisverwaltung las Ilse Kochs persönliche Briefe und behielt diese oftmals zurück, sofern die Gefangene sich darin kritisch über ihre Haftbedingungen geäußert hatte oder ihre Unschuld reklamierte. Daher sind viele der originalen Briefe oder zumindest Abschriften ihrer Korrespondenz erhalten. Neben dieser Justizöffentlichkeit traten immer wieder auch Korrespondenten internationaler Zeitungen an die Gefängnisleitung heran, um an Informationen über die Gefangene Koch zu gelangen, vor allem hinsichtlich ihrer möglichen Entlassung.[4]

Aufgrund zahlreicher Kontakte Ilse Kochs zur ›Außenwelt‹ bewegten sich auch ihre privaten Briefe in einem halböffentlichen Raum. Auch andere Materialien über die Gefangene Koch verließen die Gefängnismauern – wie beispielsweise die regelmäßigen Berichte der Anstaltsleiter über sie. Ebenso begutachteten medizinische Sachverständige die Strafgefangene. Im Gegensatz zu anderen Lebensphasen Ilse Kochs (hinsichtlich ihrer NSDAP-Mitgliedschaft ab 1932 gibt es nur ein einziges, eine Seite umfassendes Dokument), liegt mit der Strafvollzugsakte ein ausgesprochen dichter Quellenbestand vor.[5] Weder die Briefe noch die Gedichte besitzen eine literarische Qualität.[6] Obwohl sie sich über einen Zeitraum von gut 20 Jahren erstrecken, verfolgen sie eine stringente Erzählung: Die ehemalige SS-Ehefrau leugnet jede Verantwortung.

Im Oktober 1949 wurde Ilse Koch aus dem Landsberger Gefängnis entlassen, um nach Aichach überführt zu werden. Da sie aufgrund einer Entscheidung des amerikanischen Gouverneurs Clay aus der amerikanischen Haft offiziell in die ›Freiheit‹ entlassen werden musste, bestanden die Militärbehörden darauf, dass ihr der deutsche Haftbefehl außerhalb des Landsberger Gefängnisses überstellt wurde. Für die amerikanischen Behörden war zudem die Anwesenheit der Presse vor dem Gefängnis unerlässlich, »Reporter und Filmoperateure« waren zugelassen. Ilse Koch ließ sich, wie der bayerische Staatsanwalt etwas konsterniert feststellte, »interviewen und fotografieren«. Am »Eingangstor des Gefängnisses« erhielt sie den Haftbefehl. Als sie in Aichach ankam, knapp 50 Kilometer entfernt von Landsberg am Lech, erwarteten 20 bis 30 weitere Presse- und Filmleute die Angeklagte, die unmittelbar nach ihrer Ankunft vernommen wurde. Hierbei habe Ilse Koch sich in ganz »unqualifizierter Weise« zu ihrer erneuten Inhaftierung geäußert. Sie drohte mit dem baldigen Ende des gegenwärtigen Regimes.[7] Dies war der erste Tag Ilse Kochs in der Frauenvollzugsanstalt Aichach.

Aichach

»Die Beschäftigung der Gefangenen, von Eigenbetrieben abgesehen, erstreckt sich auf Verwendung in Küche, Bäckerei, Hausarbeiten, Feld- und Gartenwirtschaft, Wäscherei, Schneiderei, Stricken, Sticken, Wäschebügeln, zur Erledigung von Privataufträgen oder für Unternehmerfirmen. Vom Frühjahr bis Herbst werden auch für einzelne größere landwirtschaftliche Güter Gefangene abgestellt.«

Bericht über die Arbeitsdienste der Gefangenen in der Frauenstrafanstalt Aichach (1951)[8]

Ilse Koch erhielt in der Frauenstrafanstalt Aichach[9] die Häftlingsnummer ›Z 596‹. Das Frauengefängnis in der kleinen Stadt in Oberbayern (seit 1972 Schwaben), gelegen zwischen Augsburg und Ingolstadt, entstand zu Beginn des 20. Jahrhunderts. Ursprünglich allein für katholische Strafgefangene bestimmt, wurden bereits im Jahr der Eröffnung 1909 auch protestantische Häftlinge aufgenommen.[10] Über das noch heute existierende Frauengefängnis, das seit den siebziger Jahren auch männliche Gefangene aufnimmt, ist wenig bekannt, wie letztlich über den Frauenstrafvollzug in der Bundesrepublik insgesamt.[11] Die Wahl des Frauengefängnisses Aichach begründeten die bayerischen Ermittlungsbehörden auch mit der Befürchtung, Ilse Koch würde sich, wie während des Dachauer Prozesses, auf »ihre Weise« der Justiz entziehen, durch eine erneute Schwangerschaft. Daher stelle eine Strafanstalt »mit männlichem Bewachungspersonal keine ausreichende Sicherung der Untersuchungsgefangenen für das weitere Strafverfahren« dar.[12]

1951 verfasste der katholische Oberpfarrer Kraus, der gemeinsam mit einem protestantischen Pfarrer für die Seelsorge der Gefangenen zuständig war, einen Bericht über das Frauengefängnis Aichach.[13] Als würde er eine Idylle beschreiben, schildert Pfarrer Kraus ausführlich die Vorzüge der Anstalt, wie den mit Blumen geschmückten Anstaltshof, das umfangreiche Freizeitprogramm oder auch den Erfolg des Chors –

allein, dass das Gefängnis über kein Arbeitshaus verfüge, merkte der Pfarrer kritisch an.[14] Dem panoptischen System folgend, verteilte sich das Gefängnis auf vier Zellenflügel, in denen sich der Krankenbau, die Wirtschafts-, Arbeits- und Schulräume befanden. Das architektonische Vorbild, das international den Gefängnisbau prägte, stellte das englische Zellengefängnis Pentonville in London dar.[15] Alle Flügel gingen von der Zentralhalle aus, deutlich zu erkennen an der Glaskuppel. Das Gefängnis hatte eine Bibliothek mit 4000 Büchern. Im Schulsaal konnten Filme gezeigt und Vorträge gehalten werden, auch ein Klavier stand zur Verfügung. In der Anstaltskirche fanden Gottesdienste für beide Konfessionen statt, es gab eine Orgel und einen Anstaltschor. Ein evangelischer und ein katholischer Pfarrer organisierten die wöchentliche Bibelstunde. Dem Unterricht (auf dem Lehrplan standen Krankenpflege, Haushaltsführung, Buchführung) wurde wie den diversen Freizeitaktivitäten viel Platz eingeräumt, dabei stand insbesondere bei jungen Gefangenen die »Förderung der Charakterentwicklung« im Zentrum.[16] Die Häftlinge arbeiteten in gefängniseigenen Betrieben oder für die Landwirte der Umgebung. Das weibliche Arbeitshaus, das während des Nationalsozialismus eingerichtet worden war, hatte die amerikanische Besatzungsbehörde geschlossen. »Leider«, so kommentiert Pfarrer Kraus, seien »alle bisherigen Anregungen auf gesetzlich geregelte Wiedereinführung des Arbeitshauses« ohne Erfolg geblieben.[17]

Neben dem eigentlichen Gefängnisbau gab es einen zweiten Bau, der für kranke Häftlinge vorgesehen war. Im Jahr 1945 waren mehr als 3000 Gefangene in Aichach unterbracht, davon etwa 1000 außerhalb des Gefängnisses.[18] Insgesamt gab es im Jahr 1967 in der Bundesrepublik Deutschland 302 Strafanstalten, unter ihnen befand sich das Frauengefängnis Aichach. In diesem Jahr lebten hier 285 Gefangene, worunter sich auch fünf Männer befanden.[19] 1951 saßen insgesamt 20 Frauen in Aichach ein, die zu lebenslanger Haft verurteilt worden waren. Ilse Koch war eine von ihnen. Zu diesem Zeitpunkt arbeiteten mehr als hundert Personen für die Gefängnisverwaltung – geleitet wurde die Strafvollzugsanstalt zunächst von Therese Stephan. In späteren Jahren fertigten andere Anstaltsleiter die erforderlichen Berichte und Gutachten über die Strafgefangene Ilse Koch an.[20] Ilse Koch war in Einzelhaft untergebracht, gelegentlich auch im Krankenbau, sie hielt sich von den anderen Gefangenen fern, arbeitete zeitweise in der Bibliothek und erledigte kleinere Näharbeiten.

Reformierung des Strafvollzugs

»Der Gefangene ist in vorsichtig geführten Unterredungen dahin zu leiten, daß er freiwillig und verantwortungsbewußt seine Erlebnisse innerlich verarbeitet.«
Über die Aufgabe des Erziehungsstrafvollzugs (1950)[21]

In den 20 Jahren, in denen sich Ilse Koch in Haft befand, erfuhr der Strafvollzug einen fundamentalen Wandel. Das während der NS-Zeit dominierende rassenbiologische Paradigma wurde sukzessive zugunsten eines Plädoyers für die Resozialisierung der Gefangenen abgelöst.[22] Zeitgleich wurde die Zuchthausstrafe abgeschafft, diese Maßnahme trat allerdings erst zwei Jahre nach dem Tod Ilse Kochs, im Jahr 1969, in Kraft.[23] Bereits mit der Kontrollratsdirektive Nr. 19, mit der die Alliierten im November 1945 die »Grundsätze für die Verwaltung der deutschen Gefängnisse und Zuchthäuser« festlegten, rückte die »Rehabilitierung und Umerziehung der Verurteilten« in den Vordergrund des Strafvollzugs: »Kein menschliches Geschöpf«, so die Anordnung, sei »hoffnungslos verwahrlost oder verdorben«.[24] Allerdings war das erste Nachkriegsjahrzehnt – und damit die ersten zehn Jahre von Ilse Kochs Haftzeit in Aichach – noch von Kontinuitäten der NS-Zeit geprägt. Führende Vertreter der Kriminalbiologie setzten ihre Karrieren in der Bundesrepublik oftmals fort.[25] Und auch auf internationaler Bühne propagierten einzelne Akteure (wie das US-amerikanische Ehepaar Sheldon und Eleanor Glueck) immer noch den Zusammenhang zwischen Delinquenz und physischem Erscheinungsbild, womit eine längere Kontinuität zur Geschichte des Kaiserreiches hergestellt wird. Diese longue durée betrifft auch die Debatten über die Resozialisierung von Strafgefangenen.[26] Erst vergleichsweise spät setzte sich die Kriminalsoziologie als Leitdisziplin des Strafvollzugs durch – der Kriminologe Thomas Würtenberger (1907–1989) gilt als einer ihrer auch international angesehenen Repräsentanten und vertrat die Vorstellung einer Resozialisierung der Strafgefangenen.[27]

Auch der renommierte hessische Generalstaatsanwalt Fritz Bauer plädierte in einem 1960 erschienenen Essay »Die Rückkehr in die Freiheit« für eine Liberalisierung des Strafvollzugs: »Der soziale Rechtsstaat, den unser Grundgesetz gebietet, erfordert, wie mir scheint, die Resozialisierung des Täters.«[28] Die »Rückkehr des Flüchtlings«, wie Bauer mit Friedrich Schiller die Resozialisierung nennt, könne nicht »erst mit seiner Entlassung beginnen«, sie müsse bereits mit dem Tage des Strafantritts eingeleitet werden. Da die »resozialisierende Aufgabe unseres Strafvollzugs« immer noch umstritten sei, müsse die Behandlung der Strafgefangenen, so Bauer, den »Mindestgrundsätze(n) für die Behandlung« von Gefangenen folgen, wie sie von den Vereinten Nationen festgelegt worden seien.[29] Im Zentrum der Resozialisierung stehe das »Behandlungsbedürfnis« des individuellen Gefangenen. Hierzu gehörten unter anderem »Erziehung, berufliche Anleitung und Ausbildung, soziale Einzelbetreuung, Berufsberatung, körperliche Ertüchtigung und Stärkung des moralischen Charakters« – zentral sei dabei, dass die Gefangenen nicht aus der Gemeinschaft ausgeschlossen würden, sondern ein Teil von ihr seien.[30] Auch in einem älteren Aufsatz hatte Bauer dafür plädiert, dass der Strafvollzug von der »Menschenbehandlung« der Gefangenen geleitet sein solle, wie sie den psychologischen und soziologischen Tatsachen dieser Welt entspreche.[31] In diesen Essays reflektierte Fritz Bauer auch die Erfahrungen, die er selbst machte, als er Ende 1933 nach mehreren Monaten Haft entlassen worden war. In seinem Fall handelte es sich um die Befreiung aus dem Konzentrationslager.[32]

Wie groß die Widerstände gegenüber einer Reformierung des Strafvollzugs waren, zeigen die Ausführungen des Juristen Schüler-Springorum, der den Straftäter als »Defektmenschen« bezeichnete und vom »Bild des kriminellen Syndroms« sprach.[33] In der Tat hat dieser Diskurs eine längere Tradition – bereits zu Beginn des 20. Jahrhunderts wurde der psychisch-labile »Defektmensch« dem »Normalmenschen« in psychiatrisch-religiös geprägten Debatten über den Strafvollzug gegenübergestellt.[34] Erst zu Beginn der siebziger Jahre verankerte das Bundesverfassungsgericht den »grundrechtlichen Anspruch« auf Resozialisierung im Strafvollzug, indem es das »Selbstverständnis einer Rechtsgemeinschaft« betonte, welche die »Menschenwürde in den Mittelpunkt ihrer Wertordnung« stellt.[35] Im Laufe der siebziger Jahre setzte sich im Strafvollzug allmählich die Erkenntnis durch, dass der Sozialstaat den Rechtsbrecher vor der Folie seines »sozialen Integrationsstatus« deutete.[36]

Eine gewisse Dynamik kam in die Reformierung des Strafvollzugs erst, nachdem es in der Kölner Justizvollzugsanstalt Klingelpütz zu Akten körperlicher Gewalt gekommen war und diese einer breiteren Öffentlichkeit bekannt wurden.[37] Dabei scheint der öffentliche Diskurs über den Strafvollzug die gesellschaftlichen Debatten und mögliche Befindlichkeiten zu spiegeln. Noch in den fünfziger Jahren dominierte eine gewisse Neiddiskussion die Berichte über den Gefängnisalltag, so wurde oft betont, dass die Häftlinge besser ernährt seien als das Gros der deutschen Bevölkerung. Die griffige Rede von einem ›Hotelvollzug‹ verbreitete sich.[38] Die öffentliche Wahrnehmung des Gefängnisalltags änderte sich deutlich, als der *Spiegel* im Januar 1961 in seiner Titelgeschichte »Strafvollzug in Deutschland« die menschenunwürdigen Zustände in den Gefängnissen beschrieb. Der Artikel monierte zudem, dass das bundesdeutsche Strafvollzugssystem von einer Reformierung weit entfernt sei.[39]

Auch in den Fachblättern des Strafvollzugs wurde immer wieder über notwendige Reformen diskutiert. Im Zuge dieser Debatte wandte sich der Herausgeber der *Zeitschrift für Strafvollzug* an die Leserschaft und berichtete über »Ereignisse, die nicht nur den Vollzugsbediensteten, sondern auch der Öffentlichkeit Sorge bereiteten«. Diese hätten auch dienstrechtliche Konsequenzen gehabt.[40] Noch im selben Jahr meldete sich die hessische Regierungsrätin Dr. Helga Einsele (1910–2005) zu Wort. Bei der Juristin, die von 1947 bis zu ihrem Ruhestand 1975 die Frauenstrafanstalt Frankfurt-Preungesheim leitete, handelte es sich um eine einflussreiche Vertreterin eines reformierten Strafvollzugs. Seit 1967 Mitglied der Strafvollzugskommission des Bundesjustizministeriums führte sie in Preungesheim immer wieder Reformen (wie die Gefangenenmitverantwortung und ein Sprecherinnen-System) ein. In zahlreichen Publikationen, wie bereits in ihrer Dissertation »Das Frauengericht in New York« aus dem Jahr 1939, beteiligte sie sich öffentlich an kriminalpolitischen Debatten.[41]

In ihrem Artikel »Methoden im Strafvollzug« plädiert Einsele für eine »systematische Methodenlehre für den Strafvollzug«.[42] Es fehlten beispielsweise gesicherte Erkenntnisse über die seit langem »praktizierte Methode«, sich an die »Arbeit zu gewöhnen«.[43] Noch immer stünden »Sicherheit, Ordnung und Arbeit so sehr im Mittelpunkt des Denkens«. Dies gelte vor allem für den »Strafvollzug bei Erwachsenen«, als dessen »Ziel noch immer allzu häufig Vergeltung und Sühne« angesehen würden.[44]

Amerikanische Gefängnisse als Anschauungsobjekte: Strafvollzug als Erziehungsarbeit und die Gefangene Ilse Koch

»Die Gitter und Zäune in diesen Anstalten werden durch eine permanente Aktivierung und geistige Inanspruchnahme ersetzt.«

Bericht über den amerikanischen Strafvollzug (1950)[45]

Die Beamten des Strafvollzugs orientierten sich am amerikanischen Gefängnissystem. Reisen in amerikanische Gefängnisse zur Anschauung der Demokratie haben eine lange Tradition. Die französischen Juristen

Alexis de Tocqueville und Gustave de Beaumont besuchten bereits in den dreißiger Jahren des 19. Jahrhunderts amerikanische Zuchthäuser. In den deutschen Staaten hatte sich der Heidelberger Juraprofessor und liberale Politiker Karl Josef Anton Mittermeier (1787–1867) für eine Reform des Strafvollzuges eingesetzt und ein internationales Netzwerk von »Gefängnisfreunden« um sich versammelt.[46] Journalisten, Wissenschaftler und Missionare begaben sich auf social tours, um etwaige Missstände und vor allem Fragen der sozialen Ungleichheit aufzudecken. Neben der berühmten Stadtreise von Friedrich Engels in die Elendsquartiere der Arbeiter in Manchester und London hatten ebenso Reisen in die Gefängnisse eine besondere Faszination auf die Aufklärer und Sozialreformer des 19. Jahrhunderts ausgeübt. Anders gelagert war das Interesse jener Experten des Strafvollzugs, die auf Einladung der Vereinigten Staaten zu Beginn der fünfziger Jahre amerikanische Gefängnisse aufsuchten.[47] Im Zentrum ihrer Amerikareise stand die Frage, inwieweit der amerikanische Strafvollzug ein Vorbild für das einzuführende bundesdeutsche System darstellen könnte. Dies ist an sich bemerkenswert, da im amerikanischen Gefängnissystem erst nach Gefangenenrevolten in den fünfziger Jahren einzelne Reformen des Strafvollzugs eingeleitet wurden. Die im frühen 20. Jahrhundert eingerichteten sogenannten Big Houses – wie beispielsweise das bekannte Gefängnis Sing Sing im US-Bundesstaat New York –, die mehrere tausend Gefangene aufnahmen,[48] wurden nach dem Zweiten Weltkrieg reformiert. Die Schlussfolgerung, dass die Unruhen das Ergebnis unzureichender Rehabilitationsprogramme gewesen seien, führte allmählich zu einer Intensivierung der therapeutischen Maßnahmen innerhalb des Strafvollzugs in einzelnen Gefängnissen.[49]

In der von der amerikanischen Militärverwaltung in Deutschland initiierten *Zeitschrift für Strafvollzug* wurden Schilderungen der amerikanischen Gefängnisse veröffentlicht. Helga Einsele beispielsweise beklagte sich über Vorbehalte, die man den deutschen Gästen entgegenbringe, sie würden als »Henkersknechte« wahrgenommen. Insgesamt aber könnten die Deutschen viel von Amerika lernen, »insbesondere in Bezug auf einen echten demokratischen Geist«.[50] Sie berichtete von ihrem Besuch in einem amerikanischen Frauengefängnis, das durch Zäune, nicht aber durch Gitter von der Außenwelt abgegrenzt sei. Statt auf Gitter setze man auf eine »permanente Aktivierung und geistige Inanspruchnahme«.[51] Auch der Leiter eines bayerischen Jugendgefängnisses berichtete erstaunt, dass der Strafvollzug den »Eindruck des Kriminellen« verwische und letztlich denjenigen des »Therapeutischen« betone. In dieser Hinsicht sei »für den Geist des dortigen Strafvollzugs« charakteristisch, dass nicht von »Aufsichtsbeamten, sondern von ›Correctional Officers‹« die Rede sei. Insgesamt habe der Strafvollzug »mehr den Charakter einer psychologischen Klinik, in der die Gefangenen nicht als Menschen zweiten Ranges nur bestraft« würden, sondern Hilfestellungen im Vordergrund stünden.[52] Noch pointierter formulierte es ein dritter Beitrag, der aus der Feder eines Referenten des Hessischen Justizministeriums stammte: Dem »Erziehungsstrafvollzug in den Vereinigten Staaten« liege der Gedanke zugrunde, dass »das Verbrechen eine soziale Krankheit« sei, »die, wie jede andere Krankheit, nach richtiger Diagnose durch geeignete Behandlung geheilt« werden könne.[53] Hinter dem Konzept einer solchen »Erziehungsarbeit« stehe »die Liebe zu den Gefangenen« als zentrale Kraft.[54]

Einer »Erziehungsarbeit« hatte sich die Gefangene Ilse Koch seit ihrer Aufnahme in die Strafvollzugsanstalt Aichach verweigert.[55] In einem Bericht hieß es, die Anstalt habe sich auf Initiative eines der beiden Anstaltsgeistlichen gegenüber der Gefangenen Koch in einer »notwendig ernsthaften aber durchaus gütigen und verständnisvollen Weise« verhalten und sich darum bemüht, sie zu »einer sinnvolleren Lebensgestaltung auch durch Übernahme einer befriedigenden Arbeit zu bewegen. Ihr sei signalisiert worden, dass »man ohne Vorurteil in ihrem eigenen Interesse und dem ihrer Kinder und ihrer Zukunft mit ihr reden wolle«.[56]

In Dutzenden Stellungnahmen schilderten die wechselnden Anstaltsleiter im Gefängnis Aichach, welchen Eindruck die Strafgefangene Ilse Koch auf sie machte. Wieder und wieder hieß es, dass deren

Einstellung gegenüber der Straftat sich nicht geändert habe: Im Jahr 1954 heißt es in den Gutachten über die Strafgefangene Koch, sie habe Schwierigkeiten, sich hineinzufinden, rechne mit Freispruch und habe von »Wiedergutmachung« gesprochen. Sie wolle mit den »Kriminellen« nicht in den Hof gehen, sie habe Angst, wolle »keine produktive Arbeit leisten, wickelt Garn, häkelt aus Resten«.[57] Sie sei überheblich und zeige keine »Reue über ihre Handlungen oder Ansätze einer besseren Einsicht«. Sie werde »fanatisch, wenn es um ihre Sache« gehe. Ansonsten sei sie »betont ›sanft‹ und ›gemütvoll‹«, und sie halte Kontakt mit Mutter und Kindern.[58] Wiederum einige Jahre später, im Jahr 1960, attestierte die Gefängnisleitung, man sei »zu dem einhelligen Ergebnis« gekommen, dass »trotz der erfreulichen Fortschritte hinsichtlich der äußeren Führung und der Erstbestrafteneigenschaft der Koch sowie ungeachtet der bisher abgeleisteten Strafzeit und dem damit in etwa nachlassenden Interesse der Öffentlichkeit an der Sühne für die begangenen Verbrechen die Zeit für eine Begnadigung jetzt noch nicht reif« sei. »Unser Volk«, so das Gutachten weiter, trage »noch immer schwer an der unbewältigten Last der auch von der Koch mitverschuldeten Vergangenheit«. Neue gleichartige Prozesse würden die Öffentlichkeit erregen. Die Täterin der als »einzigartig scheußlich zu bezeichnenden Taten« lasse zudem »jede Reue und Einsicht vermissen«, halte es nicht einmal für »angezeigt, Reue vorzugeben«. Vor allem könne der Zeitraum von zehn Jahren, den Ilse Koch nun inhaftiert sei, auch angesichts der Begnadigungspraxis in Mordfällen insgesamt »kaum als schon ausreichend bezeichnet werden«.[59] Die Strafgefangene Koch wurde mit einer derartigen Interpretation außerhalb der Nation situiert.

Immer wieder wird auch die Arbeitsdisziplin der Strafgefangenen Koch gerügt, wenn sie fleißiger wäre, »käme sie in die Führungsstufe«.[60] An anderer Stelle heißt es in einem internen Bericht, Koch zeige »gewisse querulatorische Züge und gemeinschaftsfremde bzw. gemeinschaftsfeindliche Absonderheiten«.[61] Die Gefangene sei, so die Anweisung des Bayerischen Justizministeriums im Mai 1953, darauf hinzuweisen, dass sie »wie jede andere Strafgefangene der ›Haus- und

Strafvollzugsordnung‹« unterstehe und keine »Sonderbehandlung« beanspruchen könne.[62] Hinsichtlich ihrer Verantwortung im Konzentrationslager Buchenwald verfolge sie von Anfang an eine »sture Unschuldsbehauptung«. Sie bezeichne ihre Haft seit 1943/44 als »ungerecht«, da sie wegen der Verfehlungen ihres Ehemannes mit diesem »eingesperrt« gewesen sei. Die Strafgefangene Koch wehre sich gegen das Urteil der deutschen Gerichte, indem sie behauptete, »zweimal in gleicher Sache« verurteilt worden zu sein. Von den Gräueln in Buchenwald habe sie nichts gewusst, sie habe nur mit ihrer Familie zusammengelebt.[63] In einem psychiatrischen Gutachten finden sich Äußerungen Ilse Kochs über ihr Verhältnis zu den Häftlingen im Lager. Wenn Häftlinge behaupteten, »sie hätte einen Häftling gesehen, gemeldet und der sei dann um die Ecke gebracht worden«, seien das »absurde Sachen«, die »aus der Luft gegriffen« seien. Zwischen den Häftlingen und einer Frau sei eine »Distanz gewesen«. Man müsse diese Behauptungen »vom Standpunkt des ungeheuren Hasses, der niedrigen Instinkte des Häftlings« betrachten.[64]

Mitte der fünfziger Jahre hatte die Gefängnisleitung resümiert, dass Ilse Koch sich selbst als »Kriegsverbrecherin« bezeichne, die »das gleiche Entgegenkommen erfahren müsse« wie die amnestierten NS-Täter. Sie habe betont, »daß sie dem Lagergeschehen ferngestanden und niemandem Leid und Unrecht zugefügt habe«.[65] Gleichwohl die Gefangene Koch in der Justizvollzugsanstalt Aichach also weitgehend abgeschirmt war, inkorporierte sie in ihrer Korrespondenz den im öffentlichen Diskurs zirkulierenden Begriff des ›Kriegsverbrechers‹. Als sie im Rahmen einer wissenschaftlichen Studie über die »Häufigkeit von Selbstmorden in den Konzentrationslagern« befragt werden sollte, erklärte Ilse Koch, dass sie sich nicht in der Lage sehe, derlei Fragen zu beantworten, da sie als Frau des Kommandanten »überhaupt nicht in das Lager hineingekommen« sei.[66]

Erst in einem der letzten Gutachten, die über sie erstellt wurden, äußerte sich Ilse Koch zu ihrer Verantwortung und ihrem Wissen über die nationalsozialistischen Verbrechen: Ein halbes Jahr vor ihrem Tod habe die Gefangene eingeräumt, dass sie »von dem Programm der Judenvernichtung gewusst« und sich nicht »dagegen gewandt« habe. Ilse Koch gebe an, »ihre Strafzeit als gottgewollt hinzunehmen«, da sie sich vor ihrem ewigen Richter schuldig fühle. »Es handelt sich auch bei diesen Erklärungen«, so fügte der Anstaltsleiter in diesem letzten Gutachten hinzu, »zweifellos um Versuche, mit dem Schuldproblem fertig zu werden, ohne eine eigene Verantwortung einzugestehen.« Er wertete diese Veränderung als einen »sich anbahnende[n] Prozess innerer, wenn auch nicht eingestandener Auseinandersetzung« mit den nationalsozialistischen Verbrechen. Hinter dieser Fassade stecke »weltanschauliche Desorientiertheit und peinigende Lebensangst«. Ilse Koch beschäftige sich mit »Yogatechnik«, sie glaube an »Reinkarnation«.[67]

Ilse Koch wurde während ihrer Zeit im Frauengefängnis Aichach verschiedene Male in die Psychiatrie eingewiesen. Ob Ilse Koch nach mehreren Haftjahren möglicherweise tatsächlich psychisch erkrankt war oder ob sie eine Erkrankung vorgab, um doch noch ihre Entlassung zu erwirken, wie die ärztlichen Gutachter vermuteten, wird sich nicht abschließend klären lassen. In den ersten beiden Jahrzehnten nach Kriegsende dürfte der Aufenthalt in der Psychiatrie jedenfalls keine Verbesserung der Lebensbedingungen für Ilse Koch bedeutet haben.[68] Die psychiatrischen Kliniken waren nach 1945 trotz ihrer Verflechtungen in das NS-Regime, die zunächst nicht zu einer grundlegenden Strukturreform geführt hatten, schnell wieder ausgelastet und durch Kontinuität geprägt: In Bayern befanden sich im Jahr 1946 11 000 Menschen in der Psychiatrie, 1955 waren es 13 000.[69] Grundsätzliche Reformen der bundesdeutschen Psychiatrie erfolgten erst in den sechziger bzw. siebziger Jahren.[70]

Die Anstaltsleitung schloss sich der Interpretation ihrer Ärzte an und vermutete, dass die Strafgefangene Koch jeglicher »Auseinandersetzung mit Schuld und Strafe durch autosuggestives Hineinsteigern in krankhafte Zustände« auswich.[71] Auch in einem späteren Gutachten, Ilse Koch war nackt in ihrer Zelle aufgefunden worden, wird betont, dass »Gefangene mit echten Haftpsychosen« sich »erfahrungsgemäß ganz anders, nämlich völlig unvernünftig und oft blindwütig« benehmen würden. Vor diesem Hintergrund, aber nicht zuletzt auch aufgrund des andauernden Interesses am Fall Koch, das von den Besuchern des Gefängnisses und vor allem der internationalen Presse geäußert werde, könne eine Begnadigung Ilse Kochs nicht erfolgen. So sei von einem amerikanischen Berichterstatter betont worden, dass »man den Gerüchten über eine angebliche Freilassung der Koch in den USA im Interesse des deutschen Ansehens im Ausland endlich energisch entgegentreten müsse«.[72] Ein anderer Gutachter konstatierte, dass eine Freilassung Ilse Kochs »das Weltgewissen in einer nicht absehbaren Weise provozierte«.[73]

Einige wenige Berichte liegen auch von Ilse Kochs Mithäftlingen vor, zum Teil waren sie eng an ihre Mythisierung angelehnt. So gab eine Gefängnisinsassin im Mai 1967 zu Protokoll, dass Ilse Koch Gefangene im Frauenkonzentrationslager Ravensbrück mit der Peitsche geschlagen habe.[74] Offenbar machten die mit der SS-Ehefrau verbundenen Bilder und zirkulierenden Legenden nicht vor den Gefängnistoren Aichachs halt, denn Ilse Koch war ja nie in dem Frauenlager Ravensbrück gewesen. Ihre berühmte Mitgefangene Vera Brühne, die zu Beginn der sechziger Jahre in einem von der Presse viel beachteten Münchner Prozess wegen Mordes zu lebenslanger Haft verurteilt wurde,[75] gab zu Protokoll, dass Ilse Koch ihre psychischen Zusammenbrüche simuliere: »Sie will wieder nach Haar, zunächst wird sie schreien, dann kommt sie in den Bunker« – die Gefangene Koch betreibe »das mit Energie und Verstand, die Frau ist nicht verrückt«.[76]

Im Rahmen einer Artikelserie mit dem Titel »Hinter den Mauern von Aichach«, immerhin in der *Münchener Abendzeitung* veröffentlicht, berichtete eine ehemalige Inhaftierte über die Strafgefangene Koch. Im Untertitel des ganzseitigen Artikels ist die Rede von der »düstere[n] Insel des Schweigens«. Ilse Koch habe, so die ehemalige Mitgefangene, »einst im Machtrausch unschuldige Opfer ihrer sadistischen Triebe in den Tod« geschickt und »kaltblütig auch den eigenen Mann dem Henker ausgeliefert«. Sie sei in der Frauenstrafanstalt Aichach eine

»Führungsgefangene« mit vielen Privilegien gewesen, die von der Anstaltsleitung geschont worden sei, wenig Kontakte zu anderen Gefangenen unterhalten und sich gegenüber den Kriminellen als politischer Häftling wahrgenommen habe. Dennoch wirke Koch trotz ihrer »tiefen Verstrickung als bedauernswerter Mensch«.[77]

Das Netzwerk ›Stille Hilfe‹

»Auf dem Konto ›Hilfswerk Schirach‹ haben sich angeblich heute schon bedeutende Beträge für die spätere finanzielle Unterstützung Baldur von Schirachs nach seiner Entlassung angesammelt.«

Wochenbericht des Verfassungsschutzes über die Aktivitäten der ›Stillen Hilfe‹ vom Mai 1966[78]

Ilse Kochs Kampf gegen ihre Inhaftierung war nicht auf ihre privaten Briefe, in denen sie mit ihrer Verurteilung und dem lebenslangen Gefängnisaufenthalt haderte, ihre Gnadengesuche und ihr Verhalten in Haft beschränkt. Sie erhielt Unterstützung von zahlreichen Personen, vor allem aber von der ›Stillen Hilfe‹. Unter dem Namen ›Stille Hilfe für Kriegsgefangene und Internierte e. V.‹ am 15. November 1951 in Wolfratshausen gegründet, verfolgte der Verein das Ziel, »in stiller tätiger Hilfe allen denjenigen [zu] helfen, die infolge der Verhältnisse der Kriegs- und Nachkriegszeit durch Gefangennahme, Internierung oder ähnliche, von ihnen persönlich nicht zu vertretende, Umstände ihre Freiheit verloren hatten«.[79] In erster Linie unterstützte der Verein verurteilte NS-Täter und -Täterinnen, er leistete ihnen finanziellen wie juristischen Beistand und half ihnen, sich den Ermittlungsbehörden zu entziehen. Auch engagierte sich die ›Stille Hilfe‹ im Rahmen der sogenannten ›Heimkehrer‹-Debatte oder plante ›Rückholungen‹ von in der Sowjetunion internierten Kriegsgefangenen.[80]

Bundesweit bekannt geworden ist die ›Stille Hilfe‹ dafür, dass sie sich vor allem für die in Landsberg inhaftierten NS-Verbrecher einsetzte und sogar an Papst Pius XII. wendete. Dieser versprach im November 1950, dass von »Rom aus alles getan« werde, »um den Landsbergern das Leben zu retten« und die Vollstreckung der Todesstrafe an den dazu verurteilten NS-Verbrechern zu verhindern.[81] Einem Flugblatt aus dem Jahr 1956 zufolge, gewährte Papst Pius XII. Prinzessin Helene Elisabeth von Isenburg, der ersten Vorsitzenden des Vereins, Mitte der fünfziger Jahre eine Privataudienz. Diese habe dem »Heiligen Vater 150 Briefe« überreichen können, worin er »von den Angehörigen der noch im westlichen und deutschen Gewahrsam befindlichen Kriegsverurteilten um seine Hilfe« gebeten worden sei. Das Flugblatt legte dem Heiligen Vater die Zusicherung in den Mund, er werde für »die Freilassung der Kriegsverurteilten« eintreten. Zwar wende sich die ›Stille Hilfe‹ so wenig wie möglich an die Öffentlichkeit, aber in der letzten Zeit habe der Verein zunehmend bei »gerecht- und humandenkenden Persönlichkeiten« eine »mitwirkende Zustimmung« erfahren: »11 Jahre nach dem Krieg Menschen eines besiegten Landes in Gefangenschaft zu halten, so sagt Mutter Elisabeth, hat mit Gerechtigkeit und Menschlichkeit nichts zu tun.«[82] Vertreter der ›Stillen Hilfe‹ erzählten Konrad Adenauer von der Privataudienz und berichteten, der Papst habe der Prinzessin mit großer Aufmerksamkeit zugehört und ihre Tätigkeit ausdrücklich »gutgeheißen und gesegnet«.[83]

Die Mitglieder des Vereins gehörten den besten gesellschaftlichen Kreisen an. Sie waren darüber hinaus während des ›Dritten Reiches‹ überzeugte Nationalsozialisten gewesen und hatten teilweise der SS angehört. Die regionale NSDAP-Ortsgruppe hatte Prinzessin Isenburg als »politisch zuverlässig« eingestuft.[84] Isenburg, 1900 geboren, war mit dem habilitierten Erbbiologen und studierten Historiker Wilhelm Karl von Isenburg verheiratet. Prinz von Isenburg war ab 1936 für die Reichsstelle für Sippenforschung im Reichsinnenministerium tätig – die Behörde hatte eine Schlüsselstellung in der ›Rassenpolitik‹ des ›Dritten Reiches‹ eingenommen.[85] Über die gemeinsame Mission des Ehepaares sagte Prinzessin Isenburg gegenüber dem *Spiegel* 1951:

»Caritas ist bei uns erblich. Sowohl mein Mann als auch ich stammen in direkter Linie von der Heiligen Elisabeth, der barmherzigen thüringischen Landgräfin ab.«[86]

Zum Gründungsvorstand der ›Stillen Hilfe‹ gehörten ehemalige SS-Führer, so der einstige persönliche Referent von Ernst Kaltenbrunner, einem der Exekutoren der Judenvernichtung, sowie bedeutende Repräsentanten beider Konfessionen: der württembergische Altbischof Theophil Wurm und der Münchener Weihbischof Johannes Neuhäusler.[87] Ein weiteres Vorstandsmitglied wirkte von Südafrika aus im Verein mit.[88] Auch nach Rom führte das Netzwerk der ›Stillen Hilfe‹.[89] Diese Allianz mit führenden Vertretern der katholischen Kirche ist kein Zufall: Das Erzbischöfliche Ordinariat München war an der Gründung des »Komitees für kirchliche Gefangenenhilfe« beteiligt gewesen, einer Vorgängerorganisation der ›Stillen Hilfe‹.[90]

Die Nähe der ›Stillen Hilfe‹ zu den Kirchen zeigt sich ebenso darin, dass das Vermögen nach Aberkennung der Gemeinnützigkeit des Vereins dem Deutschen Caritasverband und dem Evangelischen Hilfswerk zufiel.[91] Alles in allem kann dieses Engagement beider Kirchen als »ökumenisches Projekt« beschrieben werden.[92] Selbst einer der zentralen Repräsentanten der Philanthropie nach dem Krieg – der Arzt Albert Schweitzer – konnte als Ehrenpräsident der ›Stillen Hilfe‹ gewonnen werden.[93] Auf dem Briefpapier und in den Jahresberichten schmückte sich der Verein mit dessen Namen. Ironisch kommentierte der *Spiegel* zu Beginn der sechziger Jahre die Symbolfunktion, die Schweitzer durch sein humanitäres Engagement besaß: Albert Schweitzer, so das Hamburger Nachrichtenblatt, »dient der westlichen Welt als fleischgewordenes Alibi: Stellvertretend für sie soll er die Sünden des Kolonialismus sühnen, abendländische Kultur verkörpern und im Urwald die in Europa eingestürzten Bastionen der Humanität gegen die Unmenschlichkeit wiederaufrichten.« Und weiter: »Schweitzer-Verehrer sind Schweitzer-Aktionäre: Ihr Gewissen streicht die Dividende seiner guten Taten ein, ohne selbst das Risiko eines sittlichen Lebens laufen zu müssen.«[94] Das Beispiel Schweitzer zeigt, wie sehr die ›Stille Hilfe‹ nach

Seriosität strebte und – ähnlich wie die Mitte der fünfziger Jahre als Interessenvertretung ehemaliger Angehöriger der Waffen-SS gegründete »Hilfsgemeinschaft auf Gegenseitigkeit« (HIAG) – um Anschlussfähigkeit in der Bundesrepublik bemüht war.[95]

Noch nicht einmal eine Handvoll hauptamtliche Mitarbeiter der ›Stillen Hilfe‹ waren im nordrhein-westfälischen Heiligenhaus, dem späteren Zentrum des Vereins, für diesen tätig, so dass der Verein im Wesentlichen auf seine ehrenamtlichen Mitarbeiter und Mitarbeiterinnen angewiesen war.[96] Insgesamt zählte er Mitte der sechziger Jahre 180 Mitglieder.[97] Vermutlich bedeutender als dieser überschaubare Zirkel von Männern und Frauen war das informelle Netzwerk der ›Stillen Hilfe‹, dessen konkreter Einfluss sich aufgrund der letztlich begrenzten Quellenlage und des öffentlich wiederholt bekundeten Selbstverständnisses, im Hintergrund zu agieren, schlecht einschätzen lässt. Die Spendenkartei listet aber immerhin mehr als 1200 Personen auf, die zum Teil außerordentlich großzügige Geldsummen an die rechtsextreme Organisation spendeten.[98] Zu Beginn der sechziger Jahre gingen etwas mehr als 130 000 D-Mark an Spenden ein.[99] Der Verfassungsschutz, der die ›Stille Hilfe‹ beobachtete, hielt fest, dass diese für einen namentlich nicht genannten Untersuchungshäftling in Spandau 200 000 D-Mark gesammelt habe. Auch seien »bedeutende Beträge für die spätere finanzielle Unterstützung Baldur von Schirachs« zusammengekommen.[100]

Im Jahr 1959 betreute der Verein knapp 150 Gefangene in deutschen Gefängnissen, dazu kamen Häftlinge in Polen, der ČSSR und der UdSSR.[101] In der Gefangenenhilfe für die in der Sowjetunion gefangenen Männer und in der »Sorge um einzelne Heimkehrer, nicht nur in wirtschaftlicher, sondern besonders auch in geistig-seelischer Hinsicht«, sah der Verein seine zentrale Aufgabe: Die »erfreulichen Entlassungen aus Rußland und der Sowjetischen Besatzungszone« zeigten, dass »dort die Entwicklung im Fluss« sei.[102]

Ende der achtziger Jahre ging die Betreuung der »Kriegsverurteilten«, wie der Verein die NS-Verurteilten nannte, zurück: Nun betreute die ›Stille Hilfe‹ nur noch etwa 20 Gefangene, einige Familienangehörige von Inhaftierten sowie einige aus der Haft entlassene Häftlinge.[103] Neben diesem Schwerpunkt in der Gefangenenfürsorge betrieb der Verein auch einen Heroenkult um verurteilte NS-Verbrecher und pflegte die Kontakte zu den Familien führender Repräsentanten des NS-Regimes.[104] Über Martin Sommer, einen besonders gewalttätigen Henker im Konzentrationslager Buchenwald, heißt es im Rundbrief der ›Stillen Hilfe‹, dass jedes andere Land diesem mit dem Verwundetenabzeichen in Gold ausgezeichneten SS-Mann »sicher die Freiheit geschenkt« hätte.[105]

Insgesamt war die ›Stille Hilfe‹ mit ihren Kontakten in die Kirchen gesellschaftlich sehr gut verankert. Immerhin kooperierte sie im Jahr 1952 mit dem Auswärtigen Amt und dem Bundesvertriebenenministerium, um die im Ausland inhaftierten NS-Verbrecher mit Weihnachtspaketen zu versorgen.[106] Aber die Gefangenenhilfsorganisation konzentrierte sich nicht allein auf die Versendung von Liebesgaben. Neben der in den Schriften und Pamphleten der ›Stillen Hilfe‹ immer wieder beschworenen ›Siegerjustiz‹ und der damit erzeugten Diskursmacht verfügte der Verein über politische Kontakte und war überdies hartnäckig genug, um an führende Politiker der Bundesrepublik – etwa an Konrad Adenauer – heranzutreten. Lobbyisten der Kriegsverbrecher stellten Regierungsmitgliedern bzw. zentralen Behörden tendenziöse Materialien zu den von ihnen betreuten Fällen zur Verfügung und traten auch an die Bundestagsabgeordneten ihres Heimatwahlkreises heran.[107]

Auch die Strafgefangene Ilse Koch erfuhr die Fürsorge der ›Stillen Hilfe‹,[108] die sich bis zu deren Lebensende um sie bemühte und ihr im Falle einer Entlassung sogar eine Unterbringung im Schloss Kalling in Oberbayern ermöglicht hätte.[109] Sie war die einzige Frau, die von dem Verein betreut wurde.[110] Obwohl Besuche im Gefängnis eigentlich Familienmitgliedern vorbehalten waren, besuchte Prinzessin Isenburg Ilse Koch in Aichach und korrespondierte mit ihr.[111] Koch nannte die Prinzessin ›Frau Mutter‹. Auch leistete die ›Stille Hilfe‹ großzügige Spenden an die Gefängnisbibliothek.[112]

Koch nutzte die regelmäßige Korrespondenz, um sich über den Gefängnisalltag zu beschweren: »Immer unter Verbrechern sein zu müssen, ist nicht schön.«[113] Zentraler als die allgemeine Unterstützung durch den Verein war der öffentliche persönliche Einsatz der Prinzessin Isenburg: Sie unterstützte wiederholt die Gnadengesuche, die von Koch selbst oder ihrer Mutter auf den Weg gebracht wurden, indem sie sich an bedeutende Politiker der Bundesrepublik wendete. So schrieb Isenburg beispielsweise direkt an Bundeskanzler Adenauer: Die »furchtbare Zeit«, so die Prinzessin, »die Ilse Koch 10 Jahre in Haft verbringen mußte«, sei genug, »um als Sühne zu gelten«. Schließlich seien die Kinder die Leidtragenden. Sie kümmere sich persönlich um Ilse Koch und bitte darum, »hier Barmherzigkeit zu üben«.[114] In einem an den bayerischen Ministerpräsidenten Alfons Goppel gerichteten Appell an christliche Nächstenliebe hob sie hervor, dass sie ihn bereits »aus den schwersten ›Kriegsverbrecher‹-Zeiten in München« kenne. Zwar werde es bei den »Hassern ein furchtbares Geschrei geben«, denn die Zeit sei »immer noch gegen alle Gnade«. Vor allem im Ausland werde der »so gigantisch und propagandistisch hochgespielte ›Fall Ilse Koch‹« auf große Abwehr stoßen. Letztlich sei die Begnadigung Ilse Kochs aber ein Akt der Menschlichkeit.[115]

Auch familiäre Netzwerke bestanden innerhalb der ›Stillen Hilfe‹. So wandte sich Graf Kerssenbrock, Oberst a. D. und Bruder von Isenburg, zu Beginn der sechziger Jahre an den Rechtsanwalt Ilse Kochs, ob nicht die Möglichkeit bestehe, gegen die Verfasser eines Zeitungsartikels über »diese arme Frau« vorzugehen, die *Abendzeitung* habe »die alten Lügen« wieder aufgewärmt: Es sei zu überlegen, ob nicht gegen einen solchen »Artikelschreiber einmal wegen Verleumdung, Beleidigungen und übler Nachrede« vorgegangen werden könne. Auch sei zu überlegen, ob nicht noch einmal der Bundesanwalt Güde eingeschaltet werden könne. Der Aktionismus ging so weit, dass der Oberst a. D. einen offenen Brief an den *Spiegel* sandte, in dem er unterstrich, die »Angelegenheit« Koch werfe insgesamt ein »sehr trauriges Licht auf die deutsche Rechtsprechung«.[116]

Die beschriebene Verschiebung des öffentlichen Diskurses über die Kriegsverbrecher schlug sich nicht nur in der Organisation von Vereinen, sondern auch sprachlich nieder. Der Münchner Weihbischof, eines der bereits erwähnten Gründungsmitglieder der ›Stillen Hilfe‹, verwendete den Begriff Kriegsverbrecher selbst nur in Anführungszeichen.[117]

Gnadengesuche und die ›schwarze Legende‹ der Ilse Koch

»Ich bin unschuldig, so gewiß es Gott weiß, und die Verleumder! Mach dir keine Sorgen Mama, ich wachse mit jedem neuen Schlag reifer für die Ewigkeit.«[118]

Schreiben Ilse Kochs an ihre Mutter im Sommer 1950

Von ihrer Unschuld geradezu besessen, reichte die Strafgefangene Ilse Koch während ihrer gesamten Haft mehr als ein Dutzend Gnadengesuche und im Jahr 1962 gar eine Beschwerde bei der Europäischen Kommission für Menschenrechte ein.[119] Ein Fernschreiben der Deutschen Presse-Agentur berichtete, dass die Kommission sich vermutlich nicht zuständig erklären würde, da der Antrag kaum dem »Geiste der Konvention der Menschenrechte« entsprechen dürfte.[120] In diesem Sinne argumentierte dann auch die Kommission. Diese kam letztlich zu der Entscheidung, dass »Ilse Koch unter den geschilderten Umständen durch immer neues Vorbringen und Beschwerden, die in der Konvention keinerlei Stütze finden, nur danach trachtet, sich den Folgen ihrer Verurteilung zu entziehen«. Die Kommission beurteilte das Vorgehen Kochs als »offensichtlichen Missbrauch« des Beschwerderechts.[121] Insgesamt ist über die Begnadigungspraxis in der Bundesrepublik wenig bekannt, dies betrifft insbesondere auch ihre Bedeutung als kriminalpolitisches Instrument.[122]

Ilse Koch hatte allerdings diverse Fürsprecher. Nicht nur die sehr gut vernetzte ›Stille Hilfe‹ unterstützte sie, sondern auch »namhafte

Rechtsanwälte« und »hochgestellte Persönlichkeiten«, wie es die Augsburger Staatsanwaltschaft formuliert hatte. Zu den Unterstützern der Angeklagten zählte Max Güde, promovierter Jurist, Mitglied der CDU-Bundestagsfraktion und Generalbundesanwalt a. D. Sein Unterstützungsschreiben ist in Bezug auf die polarisierte Debatte um Ilse Kochs Verantwortung für die NS-Verbrechen symptomatisch.[123] Er sei mit dem »Fall Ilse Koch bis in seine Einzelheiten vertraut«, da er sie in dem im April 1952 abgelehnten Revisionsverfahren vor dem Bundesgerichtshof vertreten habe.[124] Damals sei ihm die »Beweisgrundlage der Verurteilung wegen Anstiftung zum Mord« als »sehr schmal« erschienen: »Die schwarze Legende um Ilse Koch hatte sich in der breiten Beweisaufnahme ohnehin nicht ganz bewahrheitet.« Vor diesem Hintergrund würde ein »unbefangener Blick auf das damalige Beweisergebnis« den »Weg für einen Gnadenerweis freimachen«.[125] Das Bayerische Justizministerium lehnte das Gnadengesuch mit dem Hinweis ab, dass Ilse Koch nicht unter dem »Zwang der Verhältnisse«, sondern aus »eigenem bösen Antrieb« heraus gehandelt habe. Sie habe in der »ganzen Welt eine traurige Berühmtheit« erlangt und sei nicht nur für die »Lagerinsassen zum Inbegriff des Schreckens« geworden.[126]

Güde, der zunächst eine begrenzte Strafverfolgung von NS-Verbrechern unterstützt hatte, lehnte die justizielle Aufarbeitung des Nationalsozialismus nun ab, da er die »Ausweitung der Ermittlungen zunehmend als Bedrohung für die innere Stabilität der Bundesrepublik« empfunden hatte.[127] Einige Zeitungen berichteten von Protesten gegen die Begnadigung Kochs.[128]

Ebenso wurde der Rechtsanwalt Ilse Kochs, Alfred Seidl, immer wieder von seiner Mandantin beauftragt, Gnadenverfahren auf den Weg zu bringen. In seinen Gnadengesuchen variierte Seidl die Argumentation: Er stellte die ehemalige SS-Ehefrau als Opfer der Propaganda dar oder desavouierte die Augsburger Anklagebehörden, die er als »unter der Herrschaft des Besatzungsstatuts« stehend bezeichnete. Auch der Bundesgerichtshof, der die Revision des Augsburger Gerichts verworfen hatte, habe sich letztlich nicht einer »Weisung der Militärregierung«

widersetzen können.[129] Ein später von Ilse Koch eingeschalteter Rechtsanwalt, der noch wenige Wochen vor ihrem Tod mit den bayerischen Justizbehörden über die Aussicht eines Gnadenverfahrens gesprochen hatte, äußerte sich hinsichtlich des Erfolgs eines solchen Gesuchs wenig optimistisch. Im August 1967 schrieb er an die Strafgefangene, dass die »Schuldeinsicht und Sühnebereitschaft die Voraussetzung für jede und jegliche Begnadigung« sei. Beides aber lasse die Verurteilte vermissen.[130] In seinem Gnadengesuch betonte er, dass Ilse Koch nicht die »Bewußtseinsspaltung der anderen SS-Frauen« mitgemacht, sondern »den amtlich befohlenen Wahnsinn und die Menschenverachtung in vollem Umfang« mitgelebt habe. Das »frauliche Naturell« neige »nun einmal auch zu Exzessen jeder Art«. Dies beweise die Tatsache, dass »beispielsweise im spanischen Bürgerkrieg auf beiden Seiten die Männer darum beteten, nicht in die Hände eines Amazonenregiments zu fallen«.[131]

12 Sichtbare, unsichtbare Gegenwart: Ilse Koch und andere Frauen erinnern sich an das ›Dritte Reich‹

»Ilse Koch has been freed.«

Zeitungsnotiz vom 21. 9. 63[1]

Im Sommer 1955 schrieb eine westdeutsche Besucherin der Schiller-Tage in Weimar an das Bundesjustizministerium, dass Besucher dort im Rahmen der Führungen im Konzentrationslager Buchenwald darauf hingewiesen worden seien, dass Ilse Koch sich in der Westzone frei bewegen könne. Nur wenige Jahre später erreichte das Ministerium aus Paris eine ähnliche Nachricht: Das »Mémorial du Martyr juif inconnu« hatte in seiner Ausstellung darauf hingewiesen, dass Ilse Koch sich »gegenwärtig in Deutschland in Freiheit befinde«.[2] Nachdem die deutsche Botschaft eine Korrektur angemahnt hatte, behob die Gedenkstätte dieses »Missverständnis«.[3] Eine weitere Nachricht aus Paris wurde dem Bundesjustizministerium Mitte der sechziger Jahre übermittelt. Die Zeitung *Express* habe im Juni 1965 einen Artikel veröffentlicht und behauptet, dass die »frühere ›Kommandeuse‹ des Konzentrationslagers Buchenwald« einen amerikanischen Soldaten geheiratet habe und mittlerweile in den Vereinigten Staaten lebe. Derlei Berichte würden vor allem in Polen böses Blut provozieren. Wiederum korrigierten die deutschen Justizbehörden: »In Wirklichkeit«, so das Justizministerium, »verbüßt die zu lebenslangem Zuchthaus verurteilte Ilse Koch nach wie vor ihre Strafe in der bayerischen Strafanstalt Aichach.«[4] Kurzum: Hinsichtlich des Nachkriegslebens von Ilse Koch korrespondierten derlei Erzählungen mit den Phantasmagorien, die in den ersten Nachkriegsjahrzehnten medial vermittelt worden waren. Und auch die ehemaligen

Häftlinge bedienten sich derlei Bilder. So widmete noch in den achtziger Jahren die vom Buchenwald-Komitee herausgegebene Sammlung ein Kapitel den »Lampenschirme[n] der Kommandeuse« und veranschaulichte mit Hilfe von Fotos, dass Koch präparierte Menschenhaut mit Tätowierungen als »Trophäen« gesammelt habe.[5] Hierin zeigt sich, dass die exorzistischen Dimensionen des ›Negativmythos‹ der ›Kommandeuse‹ von Buchenwald bis in die achtziger Jahre fortwirkten.

Auf den folgenden Seiten soll zunächst skizzierrt werden, wie (einige) ehemalige Nationalsozialistinnen ihre Motive und ihr Handeln in der Rückschau ordneten. Wie stellten sie ihren gesellschaftlichen Aufstieg und ihr Wissen über die Shoah dar?

Nationalsozialistinnen erzählen über ihr Leben im ›Dritten Reich‹: Selbststilisierung und das Sterben der anderen

»Dieses Buch ist keine späte Rechtfertigung. Keine Selbstanklage. Ich will es auch nicht als Lebensbeichte verstanden wissen. Vielmehr ist es ein Versöhnungsversuch, nicht mit meiner Umwelt, sondern mit mir selbst. Es bittet nicht um Verständnis, aber es will verstehen helfen.«

Traudl Junge, 2002[6]

Die Strafgefangene Ilse Koch betonte in ihren Briefen und auch in ihren diversen Gnadengesuchen immer wieder, sie sei eine gute Mutter und Ehefrau gewesen. Diese Selbststilisierung war gewiss auch taktisch motiviert, sie entsprach zudem dem Rollenverständnis von Frauen im Nachkriegsdeutschland.[7] Die Nachkriegsjustiz und auch die Presse hoben dagegen immer wieder hervor, sie sei nicht nur grausam, sondern auch nicht einmal eine gute Mutter und Ehefrau gewesen. In anderen Worten: Die Auseinandersetzung darüber, wie die soziale Rolle der Mutterschaft von der SS-Ehefrau Koch im ›Dritten Reich‹ ausgefüllt worden war, war ein zentrales Element der medialen und justiziellen

Verarbeitung des Falls in den deutschen Nachkriegsgesellschaften, und es war dieser Diskurs, der auch von ihr selbst immer wieder bedient wurde.

Auf diesen letzten Seiten werden die von Ilse Koch vorgebrachten Entlastungsphantasien genauer herausgearbeitet, und es wird allgemeiner danach gefragt, wie Frauen, die sich als einfache ›Volksgenossinnen‹, Funktionärinnen der NSDAP oder auch als Sekretärinnen dem Nationalsozialismus angeschlossen hatten, ihre Erinnerung an diesen ordneten. Zweifelsohne ist das Vorhaben, Erinnerungsgeschichte als Geschlechtergeschichte zu interpretieren, ein komplexes Anliegen. Denn die angesprochenen historischen Akteurinnen stellen eine äußerst heterogene Gruppe dar. Selbstverständlich waren auch ihre Erzählungen verwoben mit den verschiedenen Phasen der Nachkriegsgeschichte sowie den spezifischeren erinnerungspolitischen Debatten. Obwohl früh, beispielsweise in der vierbändigen Untersuchung von Ruth Kempner, über die Rolle der deutschen, nichtjüdischen, der ›normalen‹ Frau während des Nationalsozialismus nachgedacht wurde, verstrichen viele Jahrzehnte, bis Grundlagenwerke zur Rolle der ›Volksgenossinnen‹ veröffentlicht wurden.[8] Die Frage allerdings, wie die Erinnerung an das ›Dritte Reich‹ von jenen Frauen geordnet wurde, beschäftigte sowohl die Geschichtswissenschaft als auch die Öffentlichkeit nur nachgeordnet.[9]

Angesichts dieses Befundes und an die vorliegenden Forschungen anknüpfend sind die folgenden Ausführungen als erste Skizze und als Anregung zu weiteren Debatten zu verstehen. Es soll im Folgenden argumentiert werden, dass es sich lohnt, die von Frauen verfassten Erinnerungstexte genauer zu studieren und zukünftig in eine globalgeschichtlich inspirierte Geschichte kollektiver Erinnerung zu integrieren.[10] Diese Erinnerungstexte von Frauen operieren mit einer zweifachen Illusion. Sie imaginieren das Private – also die Sphäre von Mutterschaft und Eheleben – als vom politischen Leben im ›Dritten Reich‹ getrennte Sphäre. Gleichzeitig werden wiederum genau jene Räume des Politischen, in denen Frauen beispielsweise als Sekretärinnen im Zentrum der Macht arbeiteten, als ›unpolitische‹, wenn nicht gar als idyllische Räume imaginiert. Wie gegenwärtig diese Erinnerungsnarrative auch in der bundesdeutschen Öffentlichkeit waren, zeigt die berühmte Rede des Bundespräsidenten Richard von Weizsäcker vom 8. Mai 1985. In dieser Rede unterstrich Weizsäcker die Erfahrungen (deutscher nichtjüdischer) Frauen als Schicksalsgemeinschaft und hob besonders die Ikone des Wiederaufbaus, die Trümmerfrau, hervor.[11]

Wie ordneten nun Frauen selbst ihre Erinnerungen und wie sprachen sie in der Rückschau über Schuld und ihre Handlungsoptionen? Der Blick sei zunächst gerichtet auf eines der ersten Zeugnisse, die zur Beantwortung dieser Frage herangezogen werden können: Frühe Hinweise gibt die am 3. November 1944 durch den amerikanischen Präsidenten Franklin D. Roosevelt in Auftrag gegebene »United States Strategic Bombing Survey«, bei der es sich um eine Art Oral-History-Projekt der ersten Stunde handelte.[12] Ziel des Projekts war es, die Einstellungen der deutschen Bevölkerung zu beschreiben. Zu diesem Zweck führten amerikanische Sozialwissenschaftler Interviews mit Männern und Frauen, die den Krieg an der ›Heimatfront‹ miterlebt hatten. Befragt wurden ebenfalls Zwangsarbeiter. Das amerikanische Team verteilte insgesamt 3711 Fragebögen an Zivilpersonen. Ein »radikaler Bruch mit der Vergangenheit«, wie ihn der Begriff ›Stunde null‹ nahelege, so die Historikerin Nicole Kramer, sei im Jahr 1945 nicht ausgelöst worden, »vielmehr gab es Kontinuitäten ebenso wie Neuanfänge«.[13]

Die Studie unter der Leitung des Psychologen Rensis Likert, der wie George Gallup die Umfrageforschung der Vereinigten Staaten prägte, wurde in mehr als 30 Städten durchgeführt, die vom Bombenkrieg in unterschiedlichem Ausmaß betroffen waren.[14] Jedem Fragebogen war eine Zusammenfassung vorangestellt, in welcher der Gesprächsführer seinen Eindruck des Interviews festhielt, so zum Beispiel hinsichtlich der Frage, ob der oder die Befragte gelogen hat, ob er oder sie seine Erfahrungen ausführlich berichtete oder das Gespräch schnell ins Stocken geriet.[15]

Alles in allem handelt es sich beim »United States Strategic Bombing

Survey« also um ein überaus interessantes Quellenmaterial, das – hierin vergleichbar mit den mit Überlebenden des Konzentrationslagers Buchenwald durchgeführten Befragungen – einen mentalitätshistorischen Ausschnitt der deutschen Bevölkerung in dieser Phase des Übergangs gibt. Bemerkenswert ist die Einstiegsfrage, mit der die Interviewer ihr Gegenüber darum baten, sich vorzustellen, wie es ihrer Familie bei einem anderen Ausgang des Krieges, nämlich nach einem Sieg Nazi-Deutschlands, gehen würde.[16] Ausgewertet werden hier nur die Antworten der befragten Frauen, nicht der Männer.

Es lassen sich insgesamt drei Typen von Reaktionen herausarbeiten. Eine erste Gruppe verhielt sich zu dieser Frage nicht eindeutig und betonte, selbst ›unpolitisch‹ zu sein. Für sie erschien das Ausmaß der Kriegszerstörungen derart gravierend, dass diese weder durch die nationalsozialistischen Machthaber noch die Besatzungsmächte bald zu beheben sein würden. Sie erklärten sich ihre Lage vor allem mit wirtschaftlichen und sozialen Faktoren und nicht als Folge der Politik und des politischen Systems.[17] Eine zweite Gruppe der befragten Frauen zeigte sich in den Interviews überzeugt davon, dass sie und ihre Familien bei einem Fortwähren des NS-Regimes bessere Ausgangsbedingungen für sich gehabt hätten, zumal das Regime sich ihrer Sorgen angenommen hätte. Viele der Frauen, die derlei Erwartungen an den nationalsozialistischen Staat adressierten, oder aber ihre Verwandten gehörten der NSDAP oder anderen NS-Organisationen an.[18] Eine dritte Gruppe schließlich wies jede Form der Unterstützung des NS-Regimes von sich und befürchtete sogar gravierende Repressalien: »Wir wären ›verreckt‹. Jeder, der nicht der Partei angehört hätte, wäre im KZ gelandet. Goebbels wollte das und jeder Deutsche wird Ihnen das sagen. Es wäre schlimmer geworden als jetzt.«[19]

Weitere Fragenbündel bezogen sich darauf, wer für den Kriegsausbruch verantwortlich sei. Obwohl die befragten Frauen unterschiedliche Meinungen über die Ursachen des Kriegsausbruches hatten, sah die Mehrheit der Befragten die Verantwortung bei der NS-Führung. Dies traf auf die meisten der befragten Frauen zu, auch auf die ehemaligen ›Volksgenossinnen‹. Für eine der Gesprächspartnerinnen lagen die Dinge klar auf der Hand: »Hitler hat den Krieg verursacht. Er hat ihn gewollt. Und wir haben ihn bekommen.«[20] Die verantwortlichen politischen Akteure wurden als kriminelle und pathologische Clique beschrieben, was durchaus mit den in diesem Buch herausgearbeiteten Diskursen der Dämonisierung Einzelner und der Entlastung der sogenannten einfachen Mehrheitsbevölkerung korrespondiert.[21] Auch diejenigen Frauen, die sich in den Interviews als ehemalige Mitglieder der NSDAP zu erkennen gegeben hatten, sahen die Verantwortung für den Krieg und seinen Verlauf bei den politischen Machthabern des NS-Regimes, bei ihnen liege die ›Schuld‹.[22] Einige der befragten Frauen erwähnten zudem die Verfolgung der Juden als Grund für den Luftkrieg, wobei sie sich mitunter auf den Topos der jüdischen Weltverschwörung bezogen.[23]

Die entlastende Selbsterzählung findet sich offenbar auch in den Spruchkammer- und Entnazifizierungsverfahren von den Frauen wieder, die als Gaufrauenschaftsleiterinnen – also als Führungselite der NS-Frauenschaft – vom systematischen Boykott jüdischer Geschäfte im April 1933 bis zur Lebensraum- und Vertreibungspolitik im besetzten Polen in alle Phasen der Judenverfolgung einbezogen waren.[24] Die ehemalige Gaufrauenschaftsleiterin in Oberschlesien zum Beispiel räumte ein, dass sie von dem Konzentrations- und Vernichtungslager Auschwitz gewusst habe, allerdings habe sie das Lager als Zeichen einer »modernen Rechtsprechung« kennengelernt, in dem die Insassen in »Licht, Luft und Sonne« und nicht in Gefängnissen untergebracht gewesen seien.[25] Die große Mehrheit der früheren Gauführerinnen hatte im Rahmen der Entnazifizierungsverfahren nichts weiter zu befürchten; sie wurden in der Regel in die Gruppe der ›Minderbelasteten‹ bzw. der ›Mitläuferinnen‹ eingruppiert. Geradezu stereotyp verwiesen sie darauf, dass sie als Frauen außerhalb des NS-Herrschaftsapparates agierten: »Wir Frauen«, so die Formulierung einer ehemaligen Funktionärin, »haben keinen Anteil an der Schuld des Kriegsgeschehens und unser Gewissen ist frei.«[26] Dass dieses Nachkriegsnarrativ vom »unpolitischen Charakter« der elitären Gruppe von Gaufrauenschaftsleiterinnen einer geschichtswissenschaftlichen Überprüfung nicht standzuhalten vermag, da sie »durchweg politische Führungskräfte« waren, die sich in ihrer Fachkompetenz kaum von ihren männlichen Kollegen unterschieden, wurde bereits vor einiger Zeit überzeugend dargelegt.[27]

Während die Entnazifizierungsverfahren nicht an die allgemeine Öffentlichkeit adressiert waren, stellte die sentimentale, großformatige Serie »Mein Mann – der Kriegsverbrecher« in der Illustrierten Wochenzeitung *die strasse* einzelne Frauen persönlich vor.[28] In der nur wenige Jahre nach Kriegsende veröffentlichten Serie – der erste Beitrag erschien im September 1950 – kamen unter anderem mit Ilse Heß, Brigitte Frank und Henriette von Schirach die Ehefrauen von Rudolf Heß (Stellvertreter des Führers), Hans Frank (Generalgouverneur im besetzten Polen) und Baldur von Schirach (Gauleiter von Wien) zu Wort. Die Redaktion begründete diese Reihe über die Frauen wie folgt: »Um mit dem Nationalsozialismus ›fertig‹« zu werden, müsse man sich zunächst »über die Führer dieser Bewegung ein möglichst klares Bild machen können«. Dabei seien nicht allein »ihre sattsam bekannten Taten maßgebend«. Oft ließen die »menschlichen Schwächen und Vorzüge, die diese Männer im Guten oder Bösen zu den Taten veranlasst« hätten, viel tiefer blicken. Daher habe man das Experiment gewagt, sie aus der Perspektive ihrer Ehefrauen schildern zu lassen. Denn die Redaktion sei »einfach von der Tatsache« ausgegangen, dass »Frauen ihre Männer am ungezwungensten erleben und daher in vieler Hinsicht am besten kennen« würden.[29]

Ein Beispiel dafür, wie in dieser frühen Phase der Nachkriegsgeschichte Erinnerungen der NS-Frauen in der Presse interpretiert wurden, findet sich im Auftaktartikel dieser Reihe. Darin schildert Ilse Heß die Begegnung mit Adolf Hitler im Rahmen einer Parteiveranstaltung im Jahr 1921, die sie mit ihrem späteren Ehemann besuchte. Zu diesem Zeitpunkt hätten sie eigentlich »nie so richtig was zu essen« gehabt, um so mehr »schwärmten« sie von der »Zukunft Deutschlands«. Für Hitler, der ihr von ihrem Gatten als »ausersehene« Person beschrieben worden sei, einer, der den Deutschen »die Schmach von Versailles nehmen« könnte, tippte sie das Manuskript für »Mein Kampf« ab, dessen Titel sie »zufällig« erfunden habe. Nach der ersten Begegnung mit Hitler sei sie überzeugt gewesen und habe an ihn geglaubt. Sie und ihr Mann hätten ihn zunächst »Tribun« genannt, was ihnen »jedoch bald viel zu zahm« erschienen sei. Deshalb sei aus dem »Tribun« der »kämpferische ›Wolf‹!« geworden. Eine kritische Einordnung dieser kitschigen, selbststilisierenden Selbstverortung nahm der Zeitungsartikel nicht vor: Der NSDAP könnten, so der Kommentar, »heute getrost auch gute Charaktereigenschaften zugebilligt werden«.[30]

Nur wenige der ehemaligen Funktionärinnen der NSDAP sind im Nachkriegsdeutschland an die Öffentlichkeit getreten. Eine Ausnahme stellt die prominenteste Repräsentantin dieser nationalsozialistischen Elite dar: Die ehemalige Reichsfrauenführerin Gertrud Scholtz-Klink veröffentlichte in den siebziger Jahren einen tendenziösen Dokumentenband, der in einem bekannten rechtsextremen Tübinger Verlag erschien.[31] Der Verlag platzierte die revisionistischen, antisemitischen Buchtitel eingebettet in ein eher bildungsbürgerliches Profil.[32] Klappentext,[33] Widmung,[34] der Bildanhang »Deutsches Schicksal im Frauenantlitz« und nicht zuletzt die sich auf völkische Weltanschauung beziehende Einleitung zeigen, dass diese Materialsammlung als Dokumentation des visionäres Lebenswerks einer NS-Führerin angelegt ist und nicht als Rechtfertigungs- oder gar Verteidigungsschrift bezüglich ihrer Rolle während des Nationalsozialismus.[35]

Ein besonders prominentes Beispiel für die Erinnerungsliteratur von Frauen ist der auch international vielfach rezensierte autobiographische Bericht Traudl Junges »Bis zur letzten Stunde. Hitlers Sekretärin erzählt ihr Leben«.[36] Mit der Lektüre dieses fast 60 Jahre nach seiner Niederschrift zur Jahrtausendwende veröffentlichten Berichts einer der Sekretärinnen Hitlers soll diese Skizze über die Erinnerungsberichte von Frauen hinsichtlich ihrer Rolle im ›Dritten Reich‹ abgeschlossen werden. Dieser Erfahrungsbericht erlebte mehrere Auflagen, führte Bestsellerlisten an, und die Verfilmung wurde selbst von der *New York*

Times besprochen.[37] Ebenso erschien dort anlässlich ihres Todes 2002 ein kurzer Nachruf.[38] Junges Zeugnis – mehrfach verfilmt, unter anderem unter Mitwirkung des österreichischen Künstlers und Filmemachers André Heller – stieß auf eine breite öffentliche Resonanz.[39] Auch die Filmfassungen ihres autobiographischen Berichts wurden mehrfach besprochen.[40]

Nach Einschätzung der *New York Times* begründete die »Unvereinbarkeit von Hitlers Grausamkeit in der Welt und der Freundlichkeit gegenüber seiner Sekretärin« die wohlwollende öffentliche Resonanz dieses Buches.[41] Andere Rezensenten erklärten sich diese positiven Reaktionen auf den autobiographischen Text aus dem ›Inneren‹ des Führungszirkels mit der Art und Weise, wie Junge Schuld bzw. ›Nicht-Schuld‹ thematisiert.[42]

Der Bericht, 1947/48 entstanden, erschien als Buch unter dem Titel »Bis zur letzten Stunde« 2002 in Kooperation mit einer Journalistin, die den sprachlich korrigierten Aufzeichnungen eine Kurzbiographie Junges voranstellte. Die »Chronologie einer Schuldverarbeitung« bildet das Abschlusskapitel.[43] Diffus bleiben die Gründe, aus denen der Text nicht bereits Ende der vierziger Jahre erschienen ist.[44] Der Bericht ist hier deshalb so interessant, weil er das Leben im Zentrum der Macht als idyllische, private Angelegenheit einer jungen Berufsanfängerin zeichnet – gewissermaßen als ›Coming of Age‹-Autobiographie einer Zwanzigjährigen, die nicht nur die Diktate Hitlers niederschreibt, sondern ebenso gern tanzen geht.

Über Junges Leben vor 1942 ist wenig bekannt. Ihr Vater, ein Braumeister, gehörte dem Freikorps »Oberland« an, einer rechten paramilitärischen Organisation, die sich am 8./9. November 1923 am Hitlerputsch beteiligte.[45] 1920 geboren, stößt Junge 1935 zum Bund Deutscher Mädel und 1938 später zur Organisation »Glaube und Schönheit«, der NS-Organisation für junge Frauen.[46] Ihrer eigenen Darstellung zufolge stieß sie zufällig zum engeren Kreis um Hitler: Nachdem sie als Sekretärin zunächst in Hitlers Adjutantur beschäftigt war, wurde sie im November 1942 ausgewählt, um in seinem Sekretärinnenstab zu arbeiten.

Aufgrund dieser Funktion gehörte Junge zu jenem engen Zirkel von Personen, die in Hitlers unmittelbarer Nähe waren, und erlebte mit ihm und seiner Clique die verschiedenen Ortswechsel und letzten Tage des Krieges bis zu Hitlers Suizid am 30. April 1945.[47]

Neben der immer wieder zum Ausdruck kommenden Faszination für Hitler scheint in der Autobiographie Junges ein weiteres Moment entscheidend zu sein:[48] das Betonen von Fürsorge, die – folgt man Traudl Junge – in diesem intimen Zirkel der Vertrauten Hitlers offenbar vorherrschte. Bemerkenswert ist, wie in diesem Text der Schein von Familiarität und Idylle hergestellt wird. Indem Junge die gemeinsamen Mahlzeiten, Hitlers Vegetarismus oder auch dessen launiges Spiel mit seinem Schäferhund »Blondi« (»Es war eine Freude, zu beobachten, mit welchem Vergnügen Herr und Hund diese Übungen verfolgten.«) darstellt, imaginiert sie Hitlers Machtzentrum als idyllischen Ort.[49]

Eher beiläufig erwähnt sie, dass sich dieser innere Zirkel vor allem aus alten und bewährten Mitgliedern der NSDAP zusammensetzte. Und auch nur wenige von ihr geschilderte Episoden erinnerten daran, dass es außerhalb dieses Bunkers eine Welt gab, in der Krieg geführt und die europäischen Juden ermordet wurden. Einer dieser wenigen von der Autorin im Nachhinein als ›unangemessen‹ dargestellten Dialoge im Speisesaal betraf eine Schilderung Henriette von Schirachs, Ehefrau des Gauleiters von Wien, Baldur von Schirach. Diese hatte beim gemeinsamen Tee mit Hitler die Deportation der Amsterdamer Juden erwähnt (»Es ist entsetzlich, wie diese armen Menschen aussehen, sie werden sicher sehr schlecht behandelt. Wissen Sie das, und erlauben Sie das?«) und sei deshalb einen Tag später abgereist. »Anscheinend«, so der Kommentar der Erzählerin, hatte diese »ihre Rechte als Gast überschritten und ihre Pflicht, Hitler zu unterhalten, nicht erfüllt«.[50]

Während ihr diese Episode als Gerücht in der kleinen Gemeinschaft zugetragen worden war, ist sie in einem zweiten Fall, in dem es um die rassistisch und antisemitisch legitimierte Verfolgung der europäischen Juden ging, selbst zur Handelnden geworden. Nämlich als es darum ging, sich bei Hitler für die ›Arisierungspapiere‹ der Köchin einzusetzen, nachdem deren Ausstellung von Martin Bormann, Leiter der Partei-Kanzlei der NSDAP, zuvor verschleppt worden war. Während die Deportation als gravierendes menschliches Schicksal beschrieben wird, erfolgt im Fall der Köchin so etwas wie eine politische Einordnung des Vorgangs. Denn bei der Angestellten sei »tatsächlich jüdisches Blut in der mütterlichen Linie vorhanden«.[51]

Indem sich die Autorin selbst als Teil dieser Gemeinschaft imaginierte, die dem Führer jede Treue und vor allem die Bereitschaft zur Selbstopferung entgegenbrachte, stellt die Autobiographie diesen Ort als idealisierten Raum dar. Dabei skizziert Junge Hitler als brüchige, widersprüchliche und – vor allem aufgrund seiner als extravagant wahrgenommenen Essensvorlieben – mitunter gar als lächerliche Figur und definiert ihn nicht ausschließlich als charismatischen Reichskanzler und Führer der NSDAP, dem sie sich in der Regel ausgesprochen ergeben zeigte.[52] Mit dieser Deutung ihrer NS-Biographie als idyllisches und chancenreiches Intermezzo macht der autobiographische Bericht Traudl Junges ein Angebot an seine Leser und Leserinnen und somit an eine breite Öffentlichkeit nach der Jahrtausendwende. Denn alles in allem erschien das ›Dritte Reich‹ hier als eine harmlose Episode, die in Form eines Erinnerungsberichtes zudem aufgearbeitet wurde.

Die im folgenden Abschnitt ausgewerteten Briefe der Strafgefangenen Koch ergänzen dieses Bild. Sie zirkulierten innerhalb eines kleinen Kreises von Familienangehörigen, Gefängnisangestellten und Juristen – sie waren geprägt von jenen Entlastungsdiskursen, welche die Nachkriegsgesellschaft für sich gefunden hatte und die von der Strafgefangenen Koch in den 20 Jahren, die sie im Frauengefängnis Aichach verbrachte, immer wieder bedient wurden. In ihrer beider Schweigen über Schuld und ihrem offenkundigen Selbstmitleid treffen sich der Erinnerungsbericht und Bestseller Junges und die private Korrespondenz der SS-Ehefrau Koch, deren Briefe während ihrer Gefängnishaft entstanden sind und somit auf einen anderen Entstehungskontext als der autobiographische Bericht Traudl Junges aus dem Jahr 1947 verweisen: Wie erinnerte sich Koch an ihr Handeln im ›Dritten Reich‹? Wie interpretierte sie den gegen sie angestrengten Prozess? Und wie gestaltete sich ihr Verhältnis zu ihren Kindern?

Briefe schreiben: Antisemitismus, Kinder und die Schuld der anderen

»Ich reime nach wie vor – vielleicht werde ich doch einmal gelesen.«
Schreiben Ilse Kochs vom 27. 9. 1963[53]

Ilse Koch schrieb Briefe und Gedichte und entlieh Bücher aus der Gefängnisbibliothek – sie inszenierte ihre Selbstbespiegelung hartnäckig und auf vielen Seiten Papier. Das Thema, das sie auf diese Weise verarbeitete, ist bekannt: Sie stilisiert sich in ihren Briefen als Opfer, weist jede Schuld von sich und schreibt sie anderen zu.

Ilse Koch hatte vier Kinder: die Söhne Artwin und Uwe sowie ihre beiden Töchter Gisela und die noch als kleines Kind in der Villa Buchenwald verstorbene Gudrun. Karl Koch, der Kommandant der Konzentrationslager Buchenwald und Majdanek, war der Vater von Artwin, Gisela und Gudrun. Uwe Köhler kam während Ilse Kochs amerikanischer Haft als uneheliches Kind zur Welt. Bis zu ihrem Suizid im September 1967 unterhielt sie mit ihren Kindern einen Briefwechsel, der immer wieder abriss. Ihre Tochter Gisela sowie deren Mann besuchten regelmäßig Ilse Koch im Gefängnis, obwohl es immer wieder auch zu längeren Pausen kam. Mitunter sei der Kontakt zu ihren Kindern »spärlich« gewesen.[54] Die Mutter war bis zu deren Tod eine der zentralen Ansprechpersonen von Ilse Koch, mehrfach unterstützte sie die Gnadengesuche ihrer Tochter.

Die Kinder wuchsen in Heimen auf, zeitweise lebten die älteren, Artwin und Gisela, bei der Schwester Karl Kochs in Ludwigsburg.[55] Artwin wurde bis zu seiner Volljährigkeit von einem Vormund betreut.[56] Mitte der sechziger Jahre, am 22. Januar 1964, beging Artwin Koch Suizid. Berichten zufolge soll er auf einer Gasrechnung die Zeile »Gas ist immer richtig« hinterlassen haben.[57] Laut einem Aktenvermerk vom September 1964 zufolge habe die Gefangene Koch die Nachricht, die ihr von dem Anstaltsgeistlichen übermittelt wurde, gelassen aufgenommen.[58] Der Sohn Artwin und seine Partnerin hatten zuvor Kontakt zu Ilse Koch gehalten, bis es aufgrund von Auseinandersetzungen über die »Zeit des 3. Reiches« zum Bruch gekommen war. Ilse Kochs Haltung während des Nationalsozialismus sei »tabu« gewesen.[59] Nach Artwins Suizid brach dessen Frau den Kontakt zur Gefangenen vollständig ab.[60]

Alle drei Kinder unterstützten die Gnadengesuche Kochs. Selbst die *New York Times* berichtete hiervon.[61] Zunehmend äußerten sich die Kinder skeptisch über die Erfolgsaussichten von derlei Anträgen. So schrieb Ilse Kochs Tochter Gisela in den sechziger Jahren, dass sie einem weiteren Gnadengesuch wenig Chancen gebe: »Aber nachdem man jetzt immer noch ›Kriegsverbrecher‹« sage, könne sie sich nicht vorstellen, dass die Mutter entlassen würde.[62] Ihr Sohn Artwin und seine Lebensgefährtin zeigten sich ebenso diesbezüglich wenig optimistisch und begründeten dies mit dem Hinweis darauf, dass die Menschen »sehr hart geworden« seien, »wenn es auf das 3. Reich zu sprechen« komme.[63] Noch einige Jahre zuvor hatte Artwin einen dringenden Appell verfasst: »Seit 13½ Jahren ist meine Mutter unschuldig verurteilt, und ich habe nicht die geringste Ahnung, warum? Ich bitte Sie aus ganzem Herzen, mir zu helfen und zu veranlassen, dass meine Mutti endlich entlassen wird«.[64] Gisela Koch hatte den Kontakt zu ihrer Mutter nie ganz abreißen lassen. Nach dem Tod ihrer Mutter nahm Gisela aufgrund des befürchteten Medienechos nicht an der Beerdigung teil. Die Witwenrente der Mutter (immerhin 10 000 D-Mark) wurde ihr rückwirkend ausgezahlt.[65] Die bayerischen Justizbehörden hatten aufgrund des medialen Interesses am Fall Koch von einer Klage auf Rückerstattung abgesehen. Das von der Tochter Gisela beobachtete Medieninteresse am Fall Koch erstreckte sich offenbar auf die gesamte Familie. So plante die Redaktion der *Quick* Mitte der sechziger Jahre eine Reportage zur Frage, ob die »Angehörigen durch die Taten ihrer Mutter Schwierigkeiten in ihrem Fortkommen« hätten. [66]

Sohn Uwe Köhler, der in Landsberg geboren worden war, nahm erst Mitte der sechziger Jahre Kontakt zu Ilse Koch auf. Er war in Kinderheimen aufgewachsen und wusste lange Zeit nichts über seine Mutter.[67] Erst kürzlich, so schreibt der junge Mann im Dezember 1966, sei er von seinem Vormund über seine Eltern aufgeklärt worden. Er habe sich »irgendwie gefreut«, dass seine Mutter noch lebe.[68] Der »frische und natürliche, junge Mann« habe, wie der Anstaltsdirektor festhielt, »sofort einen herzlichen Kontakt zu seiner Mutter« gefunden, die »nicht ungeschickt« darin sei, auf ihn einzugehen, und »glücklich« über diese Zuneigung sei. Sie klammere sich an die »Liebe ihres jüngsten Sohnes«, habe »von vornherein auch ihm gegenüber ihre Unschuld behauptet« und ihm wider »besseres Wissen« erklärt, dass ihr Sohn Artwin »aus Gründen ehelichen Unglücks« gegangen sei und nicht aufgrund der »Belastungen durch das Schicksal« der Mutter.[69]

Kurzum: Die überlieferten persönlichen Briefe, die Ilse Koch von ihrer Familie erhalten hat, gewähren allenfalls einen fragmentarischen Einblick in die Nachkriegsbiographien der Kinder, ihre beruflichen und persönlichen Lebenswege sowie ihre Auseinandersetzung mit den Biographien der Eltern. Wohl aber gewähren diese Briefe einen Einblick in die Selbstwahrnehmung Ilse Kochs. Wie in den Gnadengesuchen bestritt sie auch in ihrer privaten Korrespondenz jegliche Verantwortung für ihre NS-Biographie und ihr Leben als SS-Ehefrau, imaginierte sich als Opfer und betonte ihre Unschuld.[70] Seit ihrer Haft habe sie »so viel unglaublich Gemeines« ertragen müssen. Der »Ekel über all das sitzt mir hoch genug u. ich wundere über mich selbst, daß ich immer noch meine Ruhe bewahre. [...] Ich möchte lieber tot sein, als anstelle einer meiner Meineidszeugen!«[71]

Nur wenige Tage vor ihrem Suizid im September 1967 griff Ilse Koch noch einmal zur Feder, zuvor war eines ihrer vielen Gnadengesuche abgelehnt worden. An ihren Sohn Uwe, der sie kurz zuvor besucht hatte, schrieb sie: »Es ist alles ein Wahnsinn, ich bin doch unschuldig, ich trage keine Schuld, alles üble Verleumdungen und Meineid. Oh, mein Junge, hab' ich das Leben satt, ich möchte sterben, damit endlich einmal Ruhe wird.«[72] Auch ihrer Mutter gegenüber beschwerte sich Ilse Koch immer wieder über ihre Verurteilung und die Haftbedingungen. Sie sei die »einzige, von allen so genannten Kriegsverbrechern, die ein zweites Mal vor ein Gericht« gestellt worden sei und die »unbestreitbar einer neuen Hetzkampagne« gegenübergestanden habe, deren »Hintermänner ja bekannt« seien. Sie müsse jetzt »Gefangenenkleidung« tragen. Sie sei eine »politische Gefangene«.[73]

In Gedichten, die Ilse Koch in ihrer Aichacher Gefängniszelle schrieb, vereinten sich Opfermentalität und Allmachtsphantasien.[74] Eine Gemengelage aus Schuldzuweisung, Wut gegenüber den ehemaligen Häftlingen, fehlender Empathie sowie einem ausgeprägten Selbstmitleid kennzeichnete Ilse Kochs Selbstwahrnehmung, die immer wieder – auch noch wenige Jahre vor ihrem Tod – ihren Familienmitgliedern gegenüber von einem Leben in Freiheit phantasiert.[75] Abschließend soll noch auf einen zweiten, die Briefe ähnlich stark durchziehenden Topos eingegangen werden, nämlich einen ausgeprägten Antisemitismus. In ihrem grundlegenden Aufsatz »Antisemitismus als kultureller Code« argumentiert die Historikerin Shulamit Volkov, dass der Antisemitismus des Kaiserreichs als »Gesamtgeflecht aller Arten des Denkens, Fühlens und Handelns« zu verstehen sei.[76] Bei diesem frühen Essay von Volkov handelt es sich um einen der zentralen Texte der historischen Forschung zum Antisemitismus während des Kaiserreichs. Ihr ging es – insbesondere auch vor dem Hintergrund zeitgenössischer Debatten in den 1970er Jahren – um Fragen der Kontinuität des Antisemitismus und darum, die den Deutschen »vertrauten Bündel« von »Einstellungen und Auffassungen« zu beschreiben, welche die Nationalsozialisten für ihre antisemitische Politik nutzten.[77]

Die Wirkmacht dieses kulturellen Codes sei nicht an den Fortbestand einzelner Organisationen oder Parteien gebunden. Vielmehr sei der Antisemitismus als ein kultureller Code, als Teil des Wissensvorrates der Gesellschaft des Kaiserreichs aufzufassen. Für die politische

Kultur der frühen Bundesrepublik wurde die Relevanz philosemitischer Stereotype herausgearbeitet, die sich insbesondere bei offiziellen Reden an Gedenktagen zeigte.[78] Gleichzeitig etablierte sich in den fünfziger Jahren eine spezifische Form der Verschwörungstheorie, nämlich die Leugnung des Holocaust, der als Erfindung des ›Weltjudentums‹ bezeichnet wurde. In einem internen Bericht des Verfassungsschutzes über die extreme Rechte hieß es, dass sich bei dieser »die antisemitische Polemik in öffentlichen Versammlungen« vor allem auf die »Äußerung von Zweifeln an der Zahl von 6 Millionen umgebrachter Juden« beziehe. Gelegentlich machten Funktionäre zudem »antisemitische Äußerungen«. Von Vertretern der Deutschen Reichspartei sowie vom Deutschen Block würden bezugnehmend auf die Leugnung der Judenvernichtung desavouierende Anmerkungen gemacht: »Schauen Sie sich doch um, es sind doch überall Juden, meiner Ansicht nach zu viel« oder »Wir haben es satt, von den Millionen von Judenopfern zu sprechen«.[79]

In der Korrespondenz Ilse Kochs findet sich immer wieder der Topos der Verleumdung durch jüdische Überlebende des Holocaust und Zeitzeugen. Damit bediente sie den öffentlichen Diskurs. In ihren Briefen überlagern sich zahlreiche antisemitische Topoi – wie beispielsweise das Argument einer spezifisch ›jüdischen Weltverschwörung‹ – mit ihrer Überzeugung, sie sei »unschuldig« in Haft, weil »hauptsächlich Juden« sie »auf die gemeinste Art und Weise in allen Zeitungen verleumdeten, beschuldigten und vor Gericht ihren Meineid schworen«.[80] In einem Schreiben an Prinzessin Isenburg spricht Ilse Koch gar davon, dass auf ihrem Leben der »Fluch der Juden« liege.[81] Sie untersagte ihrem Sohn Artwin, in einem jüdischen Unternehmen zu arbeiten: »Aber paß auf, daß Du nicht in ein jüdisches Unternehmen gerätst, wie Deine Schwester Gisela, das ist unmöglich bei Juden zu arbeiten, irgendwie mit Juden in Verbindung zu treten, wenn man eine Mutter hat, die nunmehr 10 Jahre harte Gefangenschaft ertragen muss.« Die »Hetzkampagne« nach ihrer Entlassung aus amerikanischer Haft sei hauptsächlich von »jüdischer Seite« gegen sie inszeniert worden. Nach ihrer Entlassung werde sie ihrer Tochter helfen, dass sie aus »diesem jüdischen Unternehmen« komme.[82] Zwei Jahre später kommt sie wieder auf diese Frage zurück und empfiehlt ihrem Sohn erneut, »so schnell als möglich einen anderen Arbeitsplatz in einer arischen Firma zu suchen«.[83]

Auch andere antisemitische Stereotype sind in ihren Briefen präsent, wie etwa die Furcht, von Juden »unsittlich« berührt zu werden. Diese stehe, so heißt es in einem internen Bericht der Gefängnisverwaltung, im Kontext der Furcht vor einer allgemeineren, verschwiegenen Gefahr, wie Ilse Koch es selbst in einem Brief formuliert hatte, der »jüdischen Verseuchung des ganzen christlichen, deutschen Volkes«.[84] In ihren Briefen an die Familie beschwor Ilse Koch oft antisemitische Sexualphantasien, mit denen sie ihre Ekelgefühle gegenüber Juden auf besonders drastische Weise zum Ausdruck brachte.[85] Hiermit bediente sie sich eines antisemitischen Diskurses über den ›jüdischen‹ Körper, der sich um 1900 im Kontext des Rassenantisemitismus herausgebildet hatte und der während des ›Dritten Reiches‹ auch vor Gericht wirksam wurde.[86] Im Kontext der Verschiebung des Antisemitismus nach 1945 hin zu einer stärkeren Betonung philosemitischer Deutungsmuster dürfte dieses Stereotyp in der Öffentlichkeit kaum eine Rolle gespielt haben.[87]

Hinsichtlich ihrer Auseinandersetzung mit Schuld und Verantwortung bergen die Briefe und Gedichte Ilse Kochs kein ›Geheimnis‹, denn sie sind mehr als explizit. Während sie in den ersten Jahren ihrer Haft auf ihre Unschuld und ihre Rolle als Mutter verwies, sah sie sich in den Folgejahren ausschließlich als Opfer einer Verschwörung. Bereits aus dem Gefängnis der amerikanischen Armee wandte sich Ilse Koch an die amerikanische Militärbehörde und betonte, dass sie Opfer einer »enormen Propaganda« der Presse sei, weshalb ihre Kinder als »Kinder einer ›kriminellen Frau‹« stigmatisiert würden. Die (zeitweilige) Revision des Urteils durch die »Überprüfungsbehörden« zeigten, dass »die Anschuldigung nicht aufrechterhalten werden konnte«.[88]

Die ehemalige SS-Ehefrau verweigert in ihren Briefen nicht nur die Übernahme jeder Verantwortung, sie sieht sich im Gegenteil als Opfer einer ›Häftlingsverschwörung‹. Ihre Briefe und Gedichte bedienen mit viel Pathos eine Unschuldserzählung, die das (vermeintliche) eigene

Leiden als Strafgefangene ins Zentrum rückt. Dass Ilse Kochs Antisemitismus sich nicht allein auf der Ebene sprachlicher Codes und Phantasmagorien bewegt, zeigen die Beschimpfung des Gefängnispersonals als »Judenhuren« sowie das Verbot, das sie ihrem Sohn gegenüber zum Ausdruck gebracht hatte, nicht bei Juden zu arbeiten. Sie habe, so der Eindruck eines medizinischen Gutachters, »ihr Vokabularium aus ihrer Kommandösenzeit« herübergerettet.[89] Ihrer Person, so die Strafgefangene Koch selbst, hafte »unschuldigerweise« ein Odium an.[90]

Die SS-Ehefrau und Strafgefangene Ilse Koch wurde in der Nachkriegsöffentlichkeit mit dem absolut Bösen in Verbindung gebracht. Sie selbst betrachtete sich bis zu ihrem Suizid 1967 als Opfer. In dem Gespräch »Schweigen ist unmöglich« denken der Schriftsteller Jorge Semprun und der Journalist Elie Wiesel, beide Überlebende des Konzentrationslagers Buchenwald, über die Erinnerung, das Schreiben und die Begegnung mit dem Bösen nach. »All dies«, so Wiesel auf die Schilderung Sempruns, dass bei ihm mit dem Schreiben die Erinnerungen an die Zeit im Konzentrationslager und auch die Angst immer wieder hochkämen, »läuft letzten Endes für mich auf eines hinaus: wir haben das absolut Böse entdeckt. Und nicht das absolut Gute. Was können wir also tun, damit die Jugend, die uns die Ehre erweist, uns zu lesen und zuzuhören, nicht völlig die Hoffnung verliert? Auf welche Weise können wir ihnen vermitteln, dass dem Menschen dieses Streben nach dem Absoluten nicht nur im Bösen, sondern trotz allem auch im Guten gegeben ist?« Jorge Semprun antwortete: »Das absolut Böse gibt es, man kann ihm begegnen. Das Gute ist schwer zu finden. Das Gute oder vielmehr der Weg, der zum Guten führt.«[91]

Schluss: Das ›Böse‹ erzählen – Phantasmagorien und die Nachkriegsgeschichte

»Ilse Koch is a tough one for the feminist to explain.«

The Boston Globe *(1950)*[1]

Am Anfang der hier untersuchten Ereignisse stand ein an sich verständliches menschliches Verlangen: Der Wunsch nach gesellschaftlichem Aufstieg führte dazu, dass Ilse Köhler bereits 1932 in die NSDAP eintrat. Beflügelt von den Optionen, die ihre spätere Bekanntschaft und Ehe mit dem SS-Führer Karl Koch für sie bereithielt, führte Ilse Koch in den Jahren in der SS-Führersiedlung gemeinsam mit den in Weimar geborenen Kindern ein Leben im Luxus. Zu diesem Leben gehörten Pelzmäntel, Autos, Pferde sowie ein Zoo auf dem Gelände des Konzentrationslagers. Dieses angenehme Leben hatte eine weitere Dimension: In nur wenigen Schritten war das Häftlingslager zu erreichen, die Kolonnen der Zwangsarbeiter kamen täglich an der Villa Buchenwald vorbei, manche der Häftlinge mussten im Haushalt der Familie Koch Zwangsarbeit leisten. In anderen Worten: Die räumliche, vor allem aber auch die strukturelle Nähe des Lebens von SS-Familien und ihren Angehörigen zu den Verbrechen war ein wesentliches Charakteristikum der Herrschaft als sozialer Praxis in den Konzentrationslagern. Die Welt der Konzentrationslager war nicht hermetisch von der Außenwelt abgeriegelt, sondern durch vielfältige Geschäfts- und Arbeitsbeziehungen mit ihren Nachbarstädten wie Weimar oder auch Dachau verwoben. Zudem: Die Familie Koch erhielt immer wieder privaten Besuch von Familienmitgliedern und anderen Gästen in der SS-Führersiedlung.

Dass die SS-Ehefrau Koch ihre Stellung als Gattin des Kommandanten von Buchenwald missbrauchte, um die Häftlinge zu demütigen, und dass sie mit dem Tod der hier gequälten Männer zu rechnen hatte, haben die Überlebenden des Konzentrationslagers Buchenwald in unzähligen Berichten beschrieben. Ilse Koch nutzte und gestaltete die Gewalträume des Konzentrationslagers in jenen Bereichen, in denen sie aufgrund ihres Status als SS-Ehefrau und Gattin des Kommandanten von Buchenwald eingreifen konnte: So veranlasste sie in zahlreichen Fällen, dass SS-Wachmannschaften in den Außenkommandos auf Häftlinge auf dem Weg zur Zwangsarbeit einprügelten. Demütigen, Antreiben und Schlagen waren charakteristische Signa der Gewalt in den Konzentrationslagern. Es ist sehr wahrscheinlich, dass auch andere SS-Familien – Ehefrauen und Kinder – diesen Gewaltraum gestalteten und das Klima der Angst (etwa durch Zusehen vom Turm aus) prägten.[2]

Wie am Fall Koch herausgearbeitet, handelte es sich bei der Entscheidung, in den SS-Orden einzutreten, bei den SS-Ehefrauen auch um eine freiwillige ideologische und rassenpolitische Entscheidung, was von der Nachkriegsgesellschaft und auch von der historischen Forschung weitgehend ausgeblendet wurde. Diese Entscheidungen als ausschließlich privat und nicht politisch darzustellen, gestattete vielen Frauen, die sich in den nationalsozialistischen Organisationen engagiert hatten, eine rückwirkende Selbstlegitimation.

In einem bemerkenswerten lebensgeschichtlichen Interview, das Ilse Kochs Rechtsanwalt Alfred Seidl zu Beginn der neunziger Jahre in München gab, begründete er, weshalb der Prozess gegen Ilse Koch auf einem Irrtum beruht habe.[3] Sie »sei zu einem Inbegriff deutscher Bestialität geworden«, weil man ihr zum Vorwurf gemacht habe, »sie habe als Ehefrau des Kommandanten von Buchenwald tätowierte Häftlinge töten lassen und dann aus der Haut dieser Häftlinge Lampenschirme hergestellt«. Für die »Weltöffentlichkeit« verkörperte Ilse Koch die »bestialische deutsche Frau«. Der Prozess gegen die SS-Ehefrau habe, so Rechtsanwalt Seidl, eine »Eigengesetzlichkeit« entwickelt.[4] Diese im Rahmen dieses Buches auf unterschiedlichen Ebenen herausgearbeiteten, von der Person Koch losgelösten Narrative der Gewalt sollen hier abschließend noch einmal zusammengetragen werden.

Die von dem ehemaligen Nationalsozialisten und vehementen Kritiker der Nürnberger Prozesse Seidl gemachte Beobachtung ist Ausdruck der doppelten Haltung der deutschen Nachkriegsgesellschaft zu den NS-Gewaltverbrechen. So wie Seidl als Rechtsanwalt in der Bundesrepublik schnell wieder Fuß fassen konnte, verhielt es sich auch mit anderen Angehörigen der Eliten der NS-Gesellschaft. Den ›SS-Rasseexperten‹ des Rasse- und Siedlungshauptamtes, die während des Krieges »als überzeugte Rassisten und Exponenten einer weltanschaulichen Elite« die Reinheitskonzepte innerhalb der SS und ihrer Familien umsetzten und die Rassenmusterungen in Osteuropa durchführten, gelang als Lehrer, Dozenten und Professoren die »reibungslose Integration in die Bundesrepublik«.[5] Diese nahtlose Integration habe keinen mentalen Transformationsprozess ausgelöst, vielmehr sei es ihnen gelungen, so die Historikerin Heinemann, ihre rassenpolitische Rolle als »randständig«, »praxisfern« und »nicht verbrechensrelevant« herunterzuspielen.[6] Auch viele tausend Mitglieder der Konzentrationslager-SS integrierten sich in die beiden deutschen Staaten. Ebenso gelang jenen Frauen, die sich als führende NSDAP-Mitglieder exponiert hatten, problemlos die Integration in die deutschen Nachkriegsgesellschaften. Diese Beobachtungen sind nicht neu und angesichts des Erfolgs, mit dem den deutschen Gesellschaften insgesamt eine Befriedung nach innen und der Bundesrepublik der Weg in die Demokratie gelang, auch nicht überraschend.

Der Fall Koch beschreibt die Verflechtungen der SS-Ehefrauen mit der Welt der Konzentrationslager: als Partnerin und Gefährtin, als Mutter und vor allem als Staatsbürgerin des ›Dritten Reiches‹. Ilse Kochs Handeln hatte allerdings nur deshalb eine juristische Aufarbeitung zur Folge, weil sie sich außerhalb der als ›normal‹ betrachteten Ordnung bewegte und gegen die Arbeitsteilung zwischen den SS-Männern und deren Frauen verstieß, indem sie in den Gewaltraum der Konzentrationslager intervenierte und nachweislich von der systematischen Korruption ihres Mannes profitierte. Der unmittelbaren Nachkriegslogik zufolge waren die anderen Frauen, die mit ihren Familien auf dem Gelände der Konzentrationslager lebten, außerhalb dieses Systems gestellt, denn sie waren dieser Wahrnehmung zufolge allein für die Versorgung des privaten Haushaltes verantwortlich und wurden somit nicht als schuldig betrachtet.

Die Vorstellung, selbst Opfer gewesen zu sein bzw. ›normale‹ Handlungsräume des NS-Staates genutzt zu haben, haben viele Frauen der NS-Elite für sich in Anspruch genommen,[7] so auch Ilse Koch, immerhin seit 1932 Mitglied der NSDAP und seit 1937 als SS-Ehefrau Angehörige des SS-Ordens. In ihren Briefen und in ihren Gnadengesuchen betrachtete sie sich als Opfer einer Verschwörung, die von den überlebenden Häftlingen und ihren Verbänden initiiert worden sei. Derlei Verschwörungsphantasien verbreiteten sich in der westdeutschen Öffentlichkeit bereits mit den Nürnberger Prozessen; die Langzeitwirkungen dieser antidemokratischen Impulse sind nicht zu unterschätzen. Und doch sollten diese Narrative der Leugnung, die im Fall Koch immerhin von einem (wenn auch kleinen) Netzwerk von Vereinen mitgetragen wurden, nicht als ›Schweigen‹ oder als ›fehlende‹ Aufarbeitung missverstanden werden.

Die Selbsterzählung Kochs, dass sie auf dem Gelände des Konzentrationslagers Buchenwald eine ›normale‹ Hausfrau und Mutter gewesen sei, glich vielen Erzählungen über den Alltag von Frauen und Männern während des ›Dritten Reiches‹, und sie war vermutlich sehr ernst gemeint und diente nicht allein der Entlastung. Für viele Frauen und Männer – und keineswegs allein für eine radikale Minderheit – provozierte das spätere Nachdenken über die eigene (Gewalt)-Biographie während des Nationalsozialismus in der Regel keine grundlegenden Reflexionen über das eigene Mitwirken am ›Zivilisationsbruch‹ des Holocaust und an den anderen Praktiken des Gewalthandelns im Zeitalter der Extreme.[8]

Ob Ilse Koch, wie selbst in differenzierteren Zeitungskommentaren zu lesen ist, »nymphoman und sadistisch veranlagt« war und daher »die mörderische Lageratmosphäre mit einem gemeinen sexuellen Akzent« versah, lässt sich abschließend nicht beantworten, und dies wäre für ein historisches Buch auch die ›falsche‹ Frage.[9] Denn sie rückt das vermeintlich pathologische Handeln einer Einzeltäterin ins Zentrum und versteht die SS-Ehefrau nicht als zu interpretierende historische Figur. Wie viele andere verantwortlich Handelnde der Konzentrationslager, SS-Führungspersonal, Wachmannschaften, Sekretariate, Ärzte, Kapos usw., gestaltete sie den Gewaltraum Konzentrationslager. Wie also lässt es sich erklären, dass über die historische Figur Ilse Kochs Bilder, Phantasien und Legenden über die Extremformen nationalsozialistischer Gewalt freigesetzt wurden?

Angesichts der Stilisierung Kochs zum absolut Bösen hatte die öffentliche Aufarbeitung ihres Falls auch die Funktion einer ›Reinigung‹. In der medialen Betrachtung, die ihren Prozess begleitete, aber auch in den flankierenden Stellungnahmen dieser öffentlichen Meinung verkörperte Ilse Koch im wahrsten Sinne des Wortes die extremen Gewaltakte, die in den Nachkriegsgesellschaften zum Synonym für das nationalsozialistische Terrorregime insgesamt wurden. Die damit einhergehende ›Reinigung‹ hatte unterschiedliche Facetten: Im Zentrum des öffentlichen Diskurses stand das bestialische Handeln einer Frau, das wie seine komplementäre Entsprechung, nämlich die anonymen, wie Maschinen arbeitenden Todesfabriken, die meisten Deutschen entlastete.[10] Das Bild der ›Bestie‹ entsprach paradoxerweise auch jenen antifaschistischen Konstruktionen nationalsozialistischer Täterschaft, wie sie sich zunächst in der sowjetischen Besatzungszone, dann in der DDR herausbildeten. Dementsprechend wurden Ilse Kochs Verbrechen in Buchenwald während der beiden Prozesse gegen sie psychologisiert und als individuell motivierte Handlungen eines weiblichen ›Grausamkeitsroboters‹ konstruiert, der ein komplentäres Bild zur Nachkriegserzählung der ›Todesfabrik‹ darstellt. Der monströse Täter nahm in den öffentlichen Nachkriegserzählungen über die nationalsozialistische Gewalt eine zentrale Rolle ein, an die Seite der gewalttätigen Bestie trat in den sechziger Jahren mit Hannah Arendts Prozessberichterstattung über »Eichmann in Jerusalem« die Vorstellung eines rational handelnden und pedantischen Verwaltungsexperten.[11]

Diese Deutung Ilse Kochs als dämonische Einzeltäterin erklärt, warum die »anhaltende Wirkung der Bindungen der Volksgemeinschaft«, wie sie Norbert Frei für die meisten Fälle der von den Alliierten amnestierten Kriegsverbrecher herausarbeitete, in ihrem Fall nicht greifen konnte.[12] Ilse Kochs angebliche Abweichung von »guten, weiblichen Gefühlen« entsprach diesem im juristischen wie öffentlichen Diskurs konstruierten Gegensatz zwischen individuellem und institutionellem Verhalten.[13] Wenn nach der Befreiung der nationalsozialistischen Lager der mit Ilse Koch verbundene Lampenschirm die in den Konzentrationslagern begangenen Verbrechen symbolisierte, stellte ihre Verurteilung Anfang der fünfziger Jahre eine Katharsis für alle ›anständigen Deutschen‹ dar.[14]

Diese Entlastungsphantasien wurden in ganz zentraler Weise medial kommuniziert. Allerdings sind die verschiedenen Kommunikationsräume – die US-amerikanischen Debatten über ›atrocities‹ in den Konzentrationslagern, die Sprache der ›Anprangerungen‹ in den Zeitungen der DDR und die Debatte über Schuld in westdeutschen Zeitungen – klar voneinander zu unterscheiden. Diese Bilder fanden Eingang in eine Vielzahl unterschiedlicher Medien. Spätestens seit dem Dachauer Prozess im Jahr 1947 hatte sich eine spezifische Deutung des Falls Koch herauskristallisiert, die bis zu ihrem Tod im September 1967 fortgeschrieben wurde und die wie in einer Beschwörung des ›Bösen‹ einen in sich persistenten Kern hatte. Dieses Bild wurde selbst in den bedeutenden Tageszeitungen der Vereinigten Staaten in geradezu ritualisierter Form immer wieder neu erzählt: Die SS-Ehefrau galt der Presse als »Queen of Buchenwald«, »The Butcher's Wife« oder auch »Red Witch of Buchenwald«.[15]

Die Figur Ilse Koch war auch in diesen Kontexten zu einer Legende geworden: Gleichwohl Pulitzer und andere amerikanische Korrespondenten nach ihren Besuchen in den deutschen Konzentrationslagern eine differenzierte Aufklärung der amerikanischen Bevölkerung anstrebten, kreierte die amerikanische Presse das Bild einer aufgrund ihres sadistischen Naturells gewalttätig handelnden historischen Akteurin. In diesem Sinne bediente sie ein Klischee, das auch die Wahrnehmungsmuster diesseits des Atlantiks prägte. Dieser Plot wurde in den Zeitungen in den Vereinigten Staaten, der DDR und der Bundesrepublik immer wieder erzählt und verbreitete sich in internationaler Dimension auch außerhalb dieses transnationalen Dreiecks.

Und doch war das ›doing‹ des Falls durch die amerikanischen und deutschen Medien mit unterschiedlichen Bedeutungsebenen verflochten. Die US-amerikanischen Medien vollzogen in den drei Jahren, die hier untersucht wurden, einen grundlegenden Wandel in ihrer Deutung der nationalsozialistischen Verbrechen – der Schock über die toten und ausgemergelten Körper dominierte die Berichterstattung unmittelbar nach der Befreiung Nazi-Deutschlands; eine fundamentale Kritik am War Crimes Program der amerikanischen Besatzungsbehörde stand Ende der vierziger Jahre im Vordergrund der amerikanischen Berichterstattung.[16] Im deutsch-deutschen Beziehungsgeflecht dominierte die (ostdeutsche) Kritik an der deutschen Schmach bzw. die (westdeutsche) Beschwörungsformel der Exzesstäterin.

Die ›Reinigung‹ schloss die Überlebenden des nationalsozialistischen Terrorregimes aus. In Bezug auf die Verfolgten spricht der Psychiater William G. Niederland vom »Seelenmord« – vom unheilbaren »Knick in der Lebenslinie«.[17] Die Haltung der Überlebenden untereinander war gekennzeichnet von einer Kultur des Misstrauens. Diese Kultur des Misstrauens hatte unterschiedliche Adressaten wie auch Gründe. Sie war zum einen geprägt von einer Haltung der wechselseitigen Beobachtung unter den überlebenden ehemaligen Insassen des Konzentrationslagers und ihren Organisationen, und sie war außerdem gekennzeichnet von der Skepsis gegenüber den staatlichen Institutionen. Gleichzeitig zeichnet sich mit dem Konflikt um den Prozessort (Weimar versus Augsburg), der zwischen Thüringen und Bayern Ende der vierziger Jahre ausgetragen wurde, ab, dass der Systemkonflikt in beiden deutschen Staaten die juristische Aufarbeitung und die Vergangenheitspolitik zu prägen begann. Die Opfer nationalsozialistischer Verfolgung traten in der Regel nicht als einheitliche Gruppe auf, und sie mussten sich mit Hilfe ihrer Interessenvertretungen in beiden deutschen Staaten erst Gehör verschaffen, sofern sie überhaupt – wie beispielsweise die Kommunisten – in einem der Häftlingsverbände organisiert waren.

Das Buchenwald-Komitee, das die organisierten kommunistischen Überlebenden des Konzentrationslagers versammelte, instrumentalisierte den ›Fall Koch‹, um einerseits von der Kritik am kommunistischen Widerstand in Buchenwald abzulenken und andererseits die Erinnerung an den antifaschistischen Kampf wachzuhalten bzw. diesen vor dem Hintergrund veränderter historischer Lagen neu zu definieren. Viele der politischen Gefangenen des Konzentrationslagers Buchenwald gehörten zu denjenigen ehemaligen KZ-Häftlingen im Deutschen Reich, die zuerst von den Verhaftungswellen nach der Machtübernahme betroffen und daher seit den frühen dreißiger Jahren bis zur Befreiung des Konzentrationslagers inhaftiert gewesen waren. Unter den Überlebenden des Konzentrationslagers Buchenwald insgesamt stellten die politischen Gefangenen jedoch eine Minderheit dar. Dieser Minderheit gelang es nicht, die Utopie des ›anderen Deutschlands‹ innerhalb des eigenen Kollektivs der überlebenden politischen Häftlinge umzusetzen.

Eine frappierende Kultur des Misstrauens bis hin zur ›Säuberung‹ der eigenen Reihen wirkte auf die Handlungsoptionen des Buchenwald-Komitees und seiner Repräsentanten zurück. Sie selbst, obgleich zunächst in führenden Positionen, waren von den aufstrebenden Parteifunktionären im neuen Staat an die Seite gedrängt worden. Die von Michael Rothberg für die US-amerikanische und französische Erinnerungskultur hinsichtlich des Gedenkens an den Holocaust und die europäische Kolonialgeschichte beobachtete »Opferkonkurrenz« nahm in dem deutsch-deutschen Beziehungsgeflecht eine besondere Form an.[18] Die wechselseitige Abgrenzung in dieser frühen Phase zeigt, dass jene Opferkonkurrenz jenseits des literarischen Feldes, auf das sich Rothberg vor allem bezieht, für die Überlebenden der Verfolgung bereits zu diesem frühen Zeitpunkt ein bedeutender erinnerungspolitischer Faktor war. Auf eine besonders tragische Weise ist der Skandal um Philipp Auerbach, Überlebender des Holocaust und ehemaliger ›Staatskommissar für rassisch, religiös und politisch Verfolgte‹, mit dem Fall Koch verwoben. Sein Aufstieg und sein Fall verweisen auf die Persistenz antisemitischer Mentalitäten nach 1945 sowie darauf, dass die Biographien von Opfern und Tätern des Nationalsozialismus im Nachkriegsdeutschland auf komplexe Weise miteinander verwoben waren.

Dank

Die erste Idee für dieses Buch liegt lange zurück. Auf dem Weg bis zur Buchfassung haben mich zahlreiche Kolleginnen und Kollegen, Freundinnen und Freunde und meine Familie begleitet. Für Anregungen, weiterführende Hinweise und vor allem Geduld habe ich ihnen zu danken. Besonders seien Bärbel Collier, Armin Nolzen, Tilman Przyrembel, Beate Rajski und Maria Rhode erwähnt. Außerdem möchte ich Beate Rajski für die Ermunterung danken, die Aktenordner und Karteikästen, die ich in vielen Jahren zum ›Fall Koch‹ angelegt hatte, wieder aus dem Keller zu holen. Armin Nolzen sei für die kritische Lektüre des Manuskripts gedankt. Maria Rhode half mit dem Buchtitel.

Jörg Schönert hat das Projekt in den Anfangsjahren in Hamburg kritisch begleitet. Ulrich Herbert gab den ersten Hinweis, dass die historische Figur Kochs eine interessante Erscheinung der deutschen Nachkriegsgeschichte ist. Mein besonderer Dank gilt Martin Otto von der FernUniversität in Hagen, der das Buchmanuskript in der Endfassung ebenso akribisch wie kundig kommentiert hat. Nicht alle seine Anmerkungen zu unterschiedlichen Feldern dieses Buches habe ich umsetzen können. Lisa Weber wurde bei diversen Recherchen fündig, kommentierte kritisch und unterstützte mich bei den Endkorrekturen. Dass nicht alle ihre Hinweise zu den Kontinuitäten des Strafvollzugs im 20. Jahrhundert aufgenommen wurden, war allein dem Zeitdruck beim Abschluss des Buches geschuldet. Vielen Dank für diese und andere Anregungen.

Tanja Hommen, der Lektorin des S. Fischer Verlags, habe ich für die Geduld, das umsichtige Lektorat sowie die Zuversicht zu danken, dass das Buch doch noch abgeschlossen würde. Eine erste Redaktion des Buches nahm Svenja Schürmann vor.

Stellvertretend für die vielen Mitarbeiter und Mitarbeiterinnen von Archiven und wissenschaftlichen Institutionen, die mich bei Recherchen unterstützt haben, sei Sabine und Harry Stein von der Gedenkstätte Buchenwald, mittlerweile im Ruhestand, gedankt.

Mögliche Fehler und Unzulänglichkeiten in der Interpretation habe alleine ich zu verantworten.

Anmerkungen

Einleitung

1 Pierre Durand, Die Bestie von Buchenwald, Berlin 1986², S. 10 f.

2 StA München, Strafvollzugsanstalt Aichach, 13948/2, Aktenvermerk Schober vom 5. 9. 1965.

3 Siehe die Notiz in der Washington Post zur Beerdigung Ilse Kochs in Aichach, an der ihr Sohn Uwe teilnahm: Ilse Koch buried in West Germany, in: The Washington Post (7. 9. 1967), 25; siehe auch die anlässlich ihres Suizids erschienenen Berichte in US-Zeitungen: Buchenwald Sadist, Ilse Koch, Ends Life, in: Los Angeles Times (3. 9. 1967); Buchenwald's Ilse Koch Hangs Herself In Her Cell, in: The Sun (3. 9. 1967), 4; Cincinnati Has A Visitor, in: The American Israelite (7. 9. 1967), 4; Germans to Probe Suicide of Ilse Koch, in: The Hartford Courant (5. 9. 1967), 1–5; Hangs Self. German ›Bitch of Buchenwald‹ Dies a Suicide, in: The Washington Post, Times Herald (3. 9. 1967), 2; Ilse Koch Buried In West Germany, in: The Washington Post, Times Herald (7. 9. 1967), 1; Ilse Koch Hangs Herself, in: The Observer (3. 9. 1967), 2; Ilse Koch Hangs Herself In Cell. Nazi ›Beast of Buchenwald‹ Was Serving Life Term, in: New York Times (3. 9. 1967); Obituaries: ›Beast of Buchenwald‹, Ilse Koch, Hangs Self, in: Boston Globe (3. 9. 1967), 41; Sadistic Ilse Koch Hangs Self, in: The Austin American (3. 9. 1967), 1; Suicide of ›Witch of Buchenwald‹. Aichach, Sept. 2, in: South China Sunday Post. Herald (3. 9. 1967), 1.

4 Dan Diner, Über kognitives Entsetzen, in: Saul Friedländer / Norbert Frei / Sybille Steinbacher / Dan Diner / Jürgen Habermas (Hrsg.), Ein Verbrechen ohne Namen. Anmerkungen zum neuen Streit über den Holocaust, München 2022, S. 69–86.

5 Siehe auch Gerhard Mauz, Die Kommandeuse und die Kollektivschuld, in: Der Spiegel (38, 1967). Vgl. Der Tod der Ilse Koch. Die ›Kommandeuse von Buchenwald‹ erhängte sich in ihrer Zuchthauszelle, in: Die Zeit (36, 1967), 8. 9. 1967, S. 8.

6 Durand, Bestie.

7 Ruth Kempner, Women in Nazi Germany. 4 Bde. With the Collaboration of Robert M. W. Kempner, o. O. [Washington D. C.] 1944.

8 Ebd., Bd. 1, S. 5.
9 Ebd., Bd. 4, S. 11.
10 Ebd., Bd. 4, S. 10 f.
11 Ebd., Bd. 3, S. 58 ff.
12 Ebd., Bd. 3, S. 51.
13 Hans-Ulrich Wehler, Vom Beginn des Ersten Weltkrieges bis zur Gründung der beiden deutschen Staaten. 1914–1949 (Deutsche Gesellschaftsgeschichte. Bd. 4), München 2003, S. 758.
14 Ernst Bloch, Die Frau im Dritten Reich, in: ders., Vom Hasard zur Katastrophe. Politische Aufsätze 1934–1938, Frankfurt a. M. 1972, S. 129–136, hier S. 129; Annemarie Tröger, Die Dolchstoßlegende der Linken. ›Frauen haben Hitler an die Macht gebracht‹. Thesen zur Geschichte der Frauen am Vorabend des Dritten Reiches, in: Gruppe Berliner Dozentinnen (Hrsg.), Frau und Wissenschaft. Beiträge zur Berliner Sommeruniversität für Frauen, Berlin 1976, S. 325–355, hier S. 325 ff.
15 Gisela Bock, Frauen- und Geschlechterbeziehungen in der nationalsozialistischen Rassenpolitik, in: Theresa Wobbe (Hrsg.), Nach Osten. Verdeckte Spuren nationalsozialistischer Verbrechen, Frankfurt a. M. 1992, S. 99–133, hier S. 126.
16 Vgl. Elizabeth D. Heineman, Sexuality and Nazism. The Doubly Unspeakable?, in: Journal of the History of Sexuality 1/2002, S. 22–66, hier S. 22.
17 Jutta Mühlenberg, Das SS-Helferinnenkorps. Ausbildung, Einsatz und Entnazifizierung der weiblichen Angehörigen der Waffen-SS, 1942–1949, Hamburg 2012; Elissa Mailänder Koslov, Gewalt im Dienstalltag. Die SS-Aufseherinnen des Konzentrations- und Vernichtungslagers Majdanek, 1942–1944, Hamburg 2009; Elizabeth Harvey, Women and the Nazi East. Agents and Witnesses of Germanization, New Haven 2003.
18 Vgl. Dagmar Herzog, »Sexy Sixties«. Die sexuelle Liberalisierung der Bundesrepublik zwischen Säkularisierung und Vergangenheitspolitik, in: Christina von Hodenberg / Detlev Siegfried (Hrsg.), Wo »1968« liegt. Reform und Revolte in der Geschichte der Bundesrepublik, Göttingen 2006, S. 79–112; Elissa Mailänder, Amour, Mariage, Sexualité. Une Histoire Intime du Nazisme (1930–1950), Paris 2022; siehe auch: Dagmar Herzog, Sex After Fascism. Memory and Morality in Twentieth-Century Germany, Princeton 2005.
19 Bock, Frauen- und Geschlechterbeziehungen, S. 126.
20 Siehe insbesondere das Kapitel »Schuld und Verantwortung von SS-Ehefrauen«, in: Gudrun Schwarz, Eine Frau an seiner Seite. Ehefrauen in der »SS-Sippengemeinschaft«, Hamburg 1997, S. 99–238, siehe S. 103. Hier wird beispielsweise davon gesprochen, dass die SS-Ehefrauen den »mörderischen Ehrgeiz ihrer Männer« unterstützten.

21 Paola Bacchetta / Margaret Power (Hrsg.), Right-Wing Women. From Conservatives to Extremists Around the World, Hoboken 2013; Christiane Streubel, Die Frauen der Rechten in Kaiserreich und Republik. Ein Überblick und Forschungsbericht, in: Historical Social Research 4/2003, S. 103 – 166.

22 Bernhard Schlink, Der Vorleser, Zürich 1995.

23 André Meier / Pepe Pippig, Ilse Koch. Die Hexe von Buchenwald, MDR, Erstausstrahlung am 26. 8. 2012.

24 StA München, Justizvollzugsanstalten 13948/3. Schreiben von Heinrich Fraenkel an Direktor Schober vom 2. 1. 1965.

25 Ebd., 13948/3, Protokoll vom 19. 10. 1949. Die Episode, auf die Ilse Koch sich bezieht, soll sich im Gefängnis Landsberg zugetragen haben.

26 Ebd., 13948/1, Schreiben Margret Grauthoff, Hochwacht Verlag vom 4. 9. 1967.

27 Ebd., August Haas, Ing. Büro für biorhythmische Forschung in Dieburg vom 19. 7. 1968 an die Strafvollzugsanstalt Aichach.

28 Arthur L. Smith, Die »Hexe von Buchenwald«. Der Fall Ilse Koch, Köln 1983; Durand, Bestie.

29 Siehe unter anderem Armin Mohler, Die »meistgehaßte Frau der Welt«. Ein Musterbeispiel von Vergangenheitsbewältigung. Der Fall Ilse Koch, in: Criticón 1984, S. 217 – 221; vgl. ders., Erstes Intermezzo. Ilse Koch, die »meistgehaßte Frau der Welt«, in: ders., Der Nasenring. Im Dickicht der Vergangenheitsbewältigung, Essen 1989, S. 133 – 151.

30 Hans Medick, Missionare im Ruderboot? Ethnologische Erkenntnisweisen als Herausforderung an die Sozialgeschichte, in: Geschichte und Gesellschaft 10/1984, S. 295 – 319, hier S. 319.

31 Einen Überblick über die Debatte gibt: Janosch Streuwer, Was meint und nützt das Sprechen von der ›Volksgemeinschaft‹? Neuere Literatur zur Gesellschaftsgeschichte des Nationalsozialismus, in: Archiv für Sozialgeschichte 2013, S. 1 – 49; Ulrich Herbert, Best. Biographische Studien über Radikalismus, Weltanschauung und Vernunft, 1903 – 1989, Bonn 1996; Michael Wildt, Generation des Unbedingten. Das Führungskorps des Reichssicherheitshauptamtes, Hamburg 2002.

32 Alf Lüdtke (Hrsg.), Herrschaft als soziale Praxis. Historische und sozial-anthropologische Studien (Veröffentlichungen des Max-Planck-Instituts für Geschichte. Bd. 91), Göttingen 1991.

33 Ulrich Herbert / Karin Orth / Christoph Dieckmann, Einleitung, in: dies. (Hrsg.), Die nationalsozialistischen Konzentrationslager – Entwicklung und Struktur. Bd. 1, Göttingen 1998, hier S. 18.

34 Vgl. Alf Lüdtke, Der Bann der Wörter. Todesfabriken, in: WerkstattGeschichte 1996, S. 5 – 18.

35 Frank Biess / Astrid M. Eckert, Introduction. Why Do We Need New Narratives for the History of the Federal Republic?, in: Central European History 2019, S. 1–18, hier S. 4.

36 Frank Biess, Republik der Angst. Eine andere Geschichte der Bundesrepublik, Reinbek bei Hamburg 2019.

37 Hannah Arendt, Besuch in Deutschland 1950. Die Nachwirkungen des Nazi-Regimes, in: Hannah Arendt / Marie Luise Knott / Eike Geisel (Hrsg.), Zur Zeit. Politische Essays, Berlin 1986, S. 43–70, hier S. 59.

38 Biess, Angst, S. 81.

39 Zum von Kolnai bereits in den 1920er und 1930er Jahren entwickelten Konzept der ›negativen Emotionen‹ siehe Aurel Kolnai, Ekel, Hochmut, Haß. Zur Phänomenologie feindlicher Gefühle, Frankfurt a. M. 2007. Einen Überblick über die zentralen Positionen zur Geschichte der Emotionen gibt die folgende Roundtable Discussion: Nicole Eustace et al., AHR Conversation. The Historical Study of Emotions, in: American Historical Review 2012, S. 1487–1531.

40 Michael Rothberg, Multidirektionale Erinnerung. Holocaustgedenken im Zeitalter der Dekolonisierung, dt. Übersetzung von Max Henninger, Berlin, 2021.

41 StA Augsburg, Staatsanwaltschaft Augsburg KS 22/50 HA VII, Bl. 17 ff. psychiatrisches Gutachten von Prof. Leibbrand (undatiert). Im Folgenden als KS 22/50 zitiert.

42 Anselm Doering-Manteuffel / Lutz Raphael, Nach dem Boom. Perspektiven auf die Zeitgeschichte seit 1970, Göttingen 2008.

43 Siehe weiter unten.

44 A. I. Mehta, Frau Koch: To the Editor, in: The Times of India (19. 10. 1948), S. 6. Zu den Nürnberger Prozessen und ihrer Beziehungsgeschichte im Ost / West-Vergleich siehe Kim Christian Priemel, The Betrayal. The Nuremberg Trials and German Divergence, Oxford–New York 2016.

45 Germans May Drop Ilse Koch Trial, in: The Palastine (7. 8. 1949), S. 3.

46 Jorge Semprun, Die große Reise, Reinbek bei Hamburg 1964.

47 Die Akten des Dachauer Prozesses liegen in den National Archives, College Park, Maryland, und sind im Archiv der Gedenkstätte Buchenwald auch als Mikrofilme einzusehen. Das deutsche Strafverfahren wurde 1950/51 vor dem Landgericht Augsburg geführt, das Material, ungeordnet in insgesamt elf Kartons, ist im Bayerischen Staatsarchiv Augsburg zugänglich.

48 Gemeint ist das Hauptstaatsarchiv in Weimar: LATh – HStAW, Konzentrationslager und Haftanstalten Buchenwald Nr. 31. Im Folgenden zitiert als Bu 31. Hierbei handelt es sich um sehr ausführliche Berichte, die vermutlich für die Zeitung gedacht waren.

49 Zur Auswertung der digitalen Bestände siehe Teil II.
50 Eugen Kogon, Der SS-Staat. Das System der deutschen Konzentrationslager, München 1946.

Erster Teil: Peinigen

1 NA, RG 260, AG 1948349, A 6012.3, Vol. 1. Vertraulich, Vernehmungsprotokoll vom 16.6.1945. Die Vernehmung erfolgte auf Anordnung der amerikanischen Militärbehörde, die Kriminalpolizei in Ludwigsburg führte Protokoll.
2 Vgl. KS 22/50, HA V, August C [...] in seinem Schreiben an den Augsburger Staatsanwalt Johann Ilkow.
3 Im Sommer 1938 unternahm das Paar eine Reise an die See, im August 1939 durch Österreich und reiste aufgrund von Umbauarbeiten der Kommandantenvilla von Mai bis Ende 1941 nach Holland. Im Juli 1942 besuchte Ilse Koch auch ihren Mann in Lublin, wo er das Konzentrations- und spätere Vernichtungslager Majdanek / Lublin aufbaute. Über diese Reisen liegen keine weiteren Materialien vor, unser Wissen beruht auf den diesbezüglichen Angaben des Augsburger Urteils gegen Ilse Koch (vgl. Urteil (1951), S. 41).
4 NA, RG 260, AG 1948349, A 6012.3, Vol. 1. Vertraulich, Vernehmungsprotokoll vom 16.6.1945.
5 NS-Archiv des MfS, ZA I 5265, Nr. 14, Schreiben Oberstaatsanwalt Johann Ilkow an das Polizei-Präsidium Dresden vom 6.3.1950.
6 NA, RG 260, AG 1948349, A 6012.3, Vol. 1. Vertraulich, Vernehmungsprotokoll vom 16.6.1945.
7 Ebd.
8 KS 22/50, GV Bd. VI, Gutachten von Dr. Albert Sighart, Direktor Heil- und Pflegeanstalt Günzburg, vom 25.2.-26.3.1950, Bl. 155.
9 Ebd., Handakten der Staatsanwaltschaft Augsburg, (HA), III, Gesprächsprotokoll Prof. Leibbrand mit Frau Köhler vom 17.3.1950, Bl. 9. Hiernach sei immerhin Himmler einmal zu Gast gewesen.
10 Siehe hierzu das Kapitel ›Die SS: Orden und Sippengemeinschaft‹, in: Schwarz, Ehefrauen, S. 17–98.
11 Bradley Smith / Agnes Peterson (Hrsg.), Himmler, Heinrich. Geheimreden 1933 bis 1945 und andere Ansprachen, Frankfurt a. M. 1974; zit. n. Schwarz, Ehefrauen, S. 19.
12 Der genaue Wortlaut ist der folgende: »Solange ich in Dresden wohnte, zählte zu meinen Freundinnen unter anderem Kammersängerin Elsa Wieber-Brack, gebürtige Amerikanerin [...] Ferner meine Schneiderin Ilse Peukert [...] Peukert ist Jüdin. Diese beiden Frauen können über meine Lebensweise in Buchenwald und auch sonst Auskunft geben, sie haben mich ab und zu in

Buchenwald besucht« (vgl. National Archives, RG 260, AG 1948349, A 6012.3, Vol. 1. Vertraulich, Vernehmungsprotokoll vom 16.6.1945).

13 Unmittelbar nach der nationalsozialistischen Machtübernahme befand sich die Interessenorganisation der deutschen Wirtschaft in einer Phase der Umstrukturierung, bis 1935/1936 die Reichswirtschaftskammer gegründet wurde. Die dortige Beschäftigung Ilse Kochs lässt sich nicht belegen. Zur Umstrukturierung siehe unter anderem Daniela Kahn, Die Steuerung der Wirtschaft durch Recht im nationalsozialistischen Deutschland. Das Beispiel der Reichsgruppe Industrie (Das Europa der Diktatur. Bd. 12), Frankfurt a. M. 2006.

14 In Dresden gab es Julius Rieglers Antiquariat (vgl. Hauptstaatsarchiv Dresden, Bestand Amtsgericht, Nr. 11045). Im Sommer 1936 lebte Ilse Koch im Berliner Stadtteil Neukölln (vgl. BArch Lichterfelde, RuSHA, Akte Karl Otto Koch).

15 BArch Lichterfelde, RuSHA, Akte Karl Otto Koch, Fragebogen zum Verlobungs- und Heiratsgesuch, Nr. 38954, 10.7.1936.

16 Vgl. Adreßbuch für Dresden und Vororte 1932, S. 393. In ihrer Parteikarte ist für das Jahr 1932 als Wohnort Polierstraße 8 in Dresden angegeben.

17 KS 22/50, Handakten der Staatsanwaltschaft Augsburg, (HA), III, Gesprächsprotokoll Prof. Leibbrand mit Frau Köhler vom 17.3.1950, Bl. 9. Hier finden sich auch weitere Hinweise zur Berufsbiographie Kochs, hiernach habe sie eine Ausbildung zur Schneiderin abgebrochen (vgl. Andreas Eichmüller, Der »Ilse Koch-Prozess in Augsburg«, in: Arnd Koch / Herbert Michael Veh (Hrsg.), Vor 70 Jahren – Stunde Null für die Justiz? Die Augsburger Justiz und das NS-Unrecht, Baden-Baden 2017, S. 87–130, hier S. 89).

18 Vgl. KS 22/50, Protokolle Bayern, Vernehmungsprotokoll vom 29.4.1949.

19 Vgl. ebd., hier S. 12.

1 Das Jahr 1932 und die NSDAP

1 So der Titel einer Reportage des Schriftstellers Joseph Roth zu den Aktivitäten der NSDAP in Meißen im Jahr 1923: Joseph Roth, Wir versaufen unsern Ebert sein Zylinder, in: Prager Tageblatt (20.12.1923), zit. nach Stephan Dehn, Die nationalsozialistische Propaganda in Sachsen 1921–1945, unveröffentlichte Dissertation, Leipzig 2016, S. 5.

2 Ebd.; Claus-Christian Szejnmann, The Rise of the Nazis in Saxony between 1921 and 1933, London 1994; vgl. ders., Vom Traum zum Albtraum. Sachsen in der Weimarer Republik, Dresden 2000.

3 Joseph Roth, Wir versaufen unsern Ebert sein Zylinder, in: Prager Tageblatt (20.12.1923), zit. nach Dehn, Nationalsozialistische Propaganda in Sachsen, S. 5.

4 Ebd., S. 6 u. S. 213.

5 Ebd., S. 320.
6 Ebd., S. 197.
7 Ebd., S. 214.
8 Szejnmann, Sachsen in der Weimarer Republik, S. 115.
9 Zu Beginn des Jahres verfügte die SPD über 140 000 Mitglieder und über tausend Ortsgruppen; die Zahl der Ortsgruppen und Stützpunkte der NSDAP in Sachsen war in dem Zeitraum zwischen 1928 und 1932 von 132 auf 783 gestiegen, vgl. ebd.
10 Bericht des sächsischen Innenministeriums vom 4. Juni 1931, zit. nach: ebd., S. 114.
11 Zu den Zahlen siehe Dehn, Nationalsozialistische Propaganda in Sachsen, S. 198 ff., allerdings findet hier keine qualitative Einordnung dieser Präsenz der NSDAP vor Ort statt.
12 Szejnmann, Sachsen in der Weimarer Republik, S. 131.
13 Dein Schicksal, deutsche Frau!, in: Der Freiheitskampf (6. 2. 1932), S. 5.
14 Szejnmann, Sachsen in der Weimarer Republik, S. 131.
15 So unter anderem in seiner Rede am 17. 6. 1927 in Landshut, siehe weitere Beispiele bei Sybille Steinbacher, Volksgenossinnen, in: dies., Volksgenossinnen. Frauen in der NS-Volksgemeinschaft, Göttingen 2007, S. 9–28, hier S. 12.
16 BArch Lichterfelde, BDC, Aufnahme-Erklärung Ilse Köhler vom 2. 4. 1932; siehe auch die Karteikarte der Partei, auf dieser sind die Umzüge in die Konzentrationslager Sachsenhausen und Buchenwald notiert; siehe die Aufnahme-Erklärung vom 2. 4. 1932.
17 Jürgen W. Falter, Vorwort, in: ders. (Hrsg.), Junge Kämpfer, alte Opportunisten. Die Mitglieder der NSDAP 1919–1945, Frankfurt–New York 2016, S. 9–15, hier S. 9; siehe auch ders., Wer durfte NSDAP-Mitglied werden und wer musste draußen bleiben?, in: ebd., S. 15–40.
18 Eine minutiöse Rekonstruktion der unterschiedlichen Konjunkturen von Ein- und Austritten aus der NSDAP sowie der Mitgliedslenkung nimmt der Parteienforscher Falter in seiner Auswertung der überlieferten zwölf Millionen Mitgliedskarteien vor (Jürgen Falter, Hitlers Parteigenossen. Die Mitglieder der NSDAP 1919–1945, Frankfurt-New York 2020, S. 55–114).
19 Falter, Vorwort, S. 10.
20 Michael H. Kater, The Nazi Party, Cambridge 1983, S. 148 ff. u. 254; Nicole Kramer, Volksgenossinnen an der Heimatfront. Mobilisierung, Verhalten, Erinnerung (Schriftenreihe der Historischen Kommission bei der Bayerischen Akademie der Wissenschaften. Bd. 82), Göttingen 2011; Falter, NSDAP-Mitglied.
21 Kramer, Volksgenossinnen, S. 32.

22 Anna Schley, Frauen in der NSDAP. Eine empirische Analyse der weiblichen Neumitglieder, in: Jürgen W. Falter (Hrsg.), Junge Kämpfer, alte Opportunisten. Die Mitglieder der NSDAP 1919–1945, Frankfurt–New York 2016, S. 291–318, hier S. 307. 1938 und 1942 waren 16 bzw. 29 Prozent aller Neumitglieder weiblich, siehe die Abbildung Prozentualer Anteil von Frauen an den Neumitgliedern insgesamt nach Beitrittsjahr (s. ebd.).

23 Die genauen Zahlen hat Anna Schley herausgearbeitet: 1934–1936: 9624, 1937: 204 988, 1938: 104 150, 1939: 27 595, 1940: 195 670, 1941: 107 153, 1942: 112 507, 1943: 66 447, 1944: 170 461 (ebd., S. 306).

24 Ebd., S. 304.

25 Ebd.

26 Die NS-Frauenschaft hatte 1931 19 300 Mitglieder, 1933 90 000 und 1935 1,5 Millionen; 1936 2,2 Millionen Mitglieder. Zu diesem Zeitpunkt erfolgte ein Aufnahmestopp. Mitglied der NS-Frauenschaft konnten sodann nur diejenigen Frauen werden, die in einer anderen Organisation für eineinhalb Jahre aktiv gewesen waren. Die Mitgliederzahl blieb als Folge weitgehend konstant (vgl. Kramer, Volksgenossinnen, S. 48).

27 Statistischer Jahresbericht 1938 der Reichsfrauenführung, zit. nach ebd.

28 Vgl. ebd., S. 49. Kramer korrigiert die in der Forschung angegebene Zahl von vier Millionen Mitgliedern im Deutschen Frauenwerk auf 6,3 Millionen (vgl. Steinbacher, Volksgenossinnen, S. 10; Jill Stephenson, Women in Nazi Germany, Hoboken 2014).

29 Kramer, Volksgenossinnen, S. 8; Michael H. Kater, Frauen in der NS-Bewegung, in: Vierteljahrshefte für Zeitgeschichte 1983, S. 202–241, hier S. 202.

30 Die Führung der NS-Frauenschaft verfügte meist über eine gute Ausbildung, kam in der Regel aus der Stadt und bestand überwiegend aus Töchtern von Adeligen bzw. des gehobenen Bürgertums. Weitere Angaben zum Sozialprofil dieser Gruppe von Frauen finden sich bei Annette Michel, ›Führerinnen‹ im Dritten Reich. Die Gaufrauenschaftsleiterinnen der NSDAP, in: Sybille Steinbacher (Hrsg.), Volksgenossinnen. Frauen in der NS-Volksgemeinschaft, Göttingen 2007, S. 115–137, hier S. 123.

31 Kramer, Volksgenossinnen.

32 Wenn wir im Sommer eingeladen sind, in: NS-Frauen-Warte. Die einzige parteiamtliche Frauenzeitschrift, 1935/36, H. 1, S. 20–22. Die nationalsozialistische Frauenzeitschrift, die NS-Frauen-Warte, kann in der Universitätsbibliothek Heidelberg digital eingesehen werden: https://digi.ub.uni-heidelberg.de/diglit/frauenwarte.

33 Statistisches Jahrbuch der Reichsfrauenführung, zitiert nach Kramer, Volksgenossinnen, S. 32.

34 Siehe hierzu das Foto vom 7.10.1941: BArch, Bild 146–1976–112–03A / CC-BY-SA 3.0.

35 »Von der Einheit zur Vielheit der Aufgaben«, Nachrichtendienst der Reichsfrauenführung, zit. nach Kramer, Volksgenossinnen, S. 69.

36 Vgl. Michel, Führerinnen, S. 120.

37 Ebd., S. 137.

38 Der Führer spricht zu den deutschen Frauen, in: NS-Frauen-Warte 1935, H. 4, S. 238.

39 Siehe hierzu: Adreßbuch, S. 393. Vgl. Anklage, S. 29. Hiernach war ihr Vater Max als Werkmeister tätig. dem von ihr ausgefüllten Fragebogen für das Rasse- und Siedlungshauptamt der SS vom 10.7.1936 waren die Großväter als Kaufmann bzw. Mechaniker beschäftigt (BArch, RuSHA, Akte Koch).

40 Beide Fragen werden als Forschungsdesiderat bezeichnet: Streubel, Frauen der Rechten.

41 Zu Diehl siehe bereits Kater, Frauen in der NS-Bewegung, S. 229.

42 Siehe hierzu weiter oben.

43 Streubel, Frauen der Rechten, S. 141; Kater, Frauen in der NS-Bewegung, S. 229.

44 Streubel, Frauen der Rechten, S. 141.

45 Ebd., S. 151.

46 Siehe bereits: Ute Frevert, Traditionale Weiblichkeit und moderne Interessenorganisation. Frauen im Angestelltenberuf 1918–1933, in: Geschichte und Gesellschaft 1981, S. 507–533.

47 Guida Diehl, Die deutsche Frau und der Nationalsozialismus, Eisenach 1933, S. 4.

48 Ebd.

49 Ebd.

50 Ebd., S. 118.

51 Library of Congress, German Captured Documents, MSS 18, 806, Container 41, Schreiben von Ida Erbe vom 20.4.1932.

52 Library of Congress, German Captured Documents, MSS 18, 806, Container 41.

53 Orio Vergani, Lettere a Mussolini. Quando si scrivere una lettera a Mussolini?, Corriere della Sera 3.11.1936, zit. nach: Alexander C.T. Geppert, »Dear Adolf«. Locating Love in Nazi Germany, in: Luisa Passerini (Hrsg.), New Dangerous Liaisons. Discourses on Europe and Love in the Twentieth Century, New York 2010, S. 158–177, hier S. 163.

54 Ebd., S. 174.

55 Rosemarie an Adolf Hitler, Dessau, 4.11.1943, zit. nach ebd., S. 175. Siehe beispielsweise den Quellenbestand ›Persönliche Zuschriften an Adolf Hitler‹,

BArch, NS 10/157, NS 10/158, NS 10/160. Die meisten dieser Briefe thematisierten ganz Unterschiedliches, oftmals Beschwerden.

56 Margarethe Marie Louise an Adolf Hitler vom 22. 12. 1941, Prag, zit. nach Geppert, »Dear Adolf«, S. 175.

57 Helmut Ulshöfer (Hrsg.), Liebesbriefe an Adolf Hitler. Briefe in den Tod. Unveröffentlichte Dokumente aus der Reichskanzlei, Frankfurt a. M. 1996, S. 81.

58 Einordnend sollte erwähnt werden, dass die Korrespondenz auch mit demokratisch gewählten Machthabern ein von vielen Menschen gewähltes Kommunikationsmittel ist. Zum Genre des Bürgerbriefes sowie der sozialen Struktur der Briefschreiber siehe Michaela Fenske, Demokratie erschreiben. Bürgerbriefe und Petitionen als Medien politischer Kultur 1950–1974, Frankfurt a. M.–New York 2013; Michaela Fenske, Bürgerbrief, in: Marie Matthews-Schlinzig / Jörg Schuster / Gesa Steinbrink / Jochen Strobel (Hrsg.), Handbuch Brief. Von der Frühen Neuzeit bis zur Gegenwart, Berlin 2020, S. 497–504, hier S. 498. Ein öffentliches Archiv der Briefe an den ehemaligen amerikanischen Präsidenten Barack Obama findet sich auf dieser Website: https://obamawhitehouse.archives.gov/letters (abgerufen am 20. 7. 2022).

59 Renate von Stieda, Auf dem Parteitag der Freiheit, in: NS-Frauen-Warte 1935 H. 8, S. 234.

60 Die NS-Frauenschaft gab unter anderem die allgemeine Frauenillustrierte »NS-Frauen-Warte« heraus. Die als »einzige parteiamtliche Frauenzeitschrift« bezeichnete Illustrierte erschien zweiwöchentlich und hatte 1938 eine Auflage von rund einer Million Exemplaren. Weitere Angaben finden sich hier: https://www.ub.uni-heidelberg.de/helios/digi/nsfrauenwarte.html

61 Die Reichsfrauenführerin spricht in der Parteikongreßhalle zu den deutschen Frauen. NS-Frauen-Warte 4/1935 H. 8, S. 239–244, hier S. 239.

62 Siehe auch die Abbildung Der Führer spricht zu den deutschen Frauen, in: NS-Frauen-Warte 4/1935 H. 8, hier S. 238.

63 Alexandra Przyrembel, »Rassenschande«. Reinheitsmythos und Vernichtungslegitimation im Nationalsozialismus (Veröffentlichungen des Max-Planck-Instituts für Geschichte. Bd. 190), Göttingen 2003.

64 Der Führer spricht zu den deutschen Frauen, in: NS-Frauen-Warte 4/1935 H. 8, S. 238.

65 Peter Reichel, Der schöne Schein des Dritten Reiches. Faszination und Gewalt des Faschismus, München 1996[3], S. 209.

66 Martha Heß, Das Gesetz zur Verhütung erbkranken Nachwuchses, in: NS-Frauen-Warte 4/1935 H. 2, S. 35 f.

67 Zum antisemitischen Narrativ des Stürmer siehe Przyrembel, »Rassenschande«, S. 185–199.

68 Meyers Lexikon. Band 9 (1942), 8. Auflage, 12 Bände, Leipzig, S. 1679.
69 Gunter d'Alquen, Die SS. Geschichte, Aufgabe und Organisation der Schutzstaffeln der NSDAP (Der organisatorische Aufbau des Dritten Reiches. Bd. 33), Berlin 1939, S. 23.
70 BArch Berlin, RuSHA, Akte Karl Koch, Bl. 10.
71 Schwarz, Ehefrauen, S. 22.
72 Heiratsbefehl vom 31. 12. 1931, zit. nach: d'Alquen, SS, S. 9f.
73 Zum Anstieg der Mitgliederzahlen siehe Schwarz, Ehefrauen, S. 18, Fn. 6.
74 Isabel Heinemann, »Rasse, Siedlung, deutsches Blut«. Das Rasse- und Siedlungshauptamt der SS und die rassenpolitische Neuordnung Europas (Moderne Zeit. Bd. 2), Göttingen 2003, S. 49; Schwarz, Ehefrauen, S. 11.
75 Vgl. Heinemann, Rasse- und Siedlungshauptamt, S. 50–61.
76 Smith/Peterson, Himmler, Heinrich, S. 61.
77 Heinemann, Rasse- und Siedlungshauptamt, S. 53.
78 Ebd.
79 Vgl. Michel Foucault, Die Geburt der Biopolitik, Berlin 1979.
80 Heinemann, Rasse- und Siedlungshauptamt, S. 600.
81 Ebd., Schwarz, Ehefrauen, S. 11.
82 1934 beantragten 14694 Paare eine Erteilung der Verlobungs- und Heiratsgenehmigung, 1935 waren es bereits 16691; vgl. Heinemann, Rasse- und Siedlungshauptamt, S. 57.
83 Statistisches Jahrbuch der Schutzstaffel der NSDAP, 4. Jg., Berlin 1938, S. 90, zit. nach Schwarz, Ehefrauen, S. 41.
84 Ehescheidungen von SS-Angehörigen, in: Statistisches Jahrbuch der Schutzstaffel der NSDAP 1937, 3. Jg., S. 65, zit. nach ebd., S. 44. Im Jahr 1937 ließen sich 64 Personen scheiden.
85 Vgl. Statistisches Jahrbuch der SS (1938), zit. nach ebd., S. 99, Anm. 2.
86 D'Alquen, SS, S. 24.
87 Siehe den Entwurf einer Dienstanweisung für die SS-Rassereferenten, ca. 1934, zit. nach: Heinemann, Rasse- und Siedlungshauptamt, S. 62.
88 Ebd., S. 55.
89 Im Rasse- und Siedlungshauptamt der SS bearbeiteten zunächst das Rassenamt der SS, ab 1935 das Sippenamt und ab 1942 das Heiratsamt die Heiratsgesuche (vgl. ebd., S. 58).
90 BArch Lichterfelde RuSHA, Akte Karl Otto Koch, SS-Ahnentafel, Anleitung.
91 Heinemann, Rasse- und Siedlungshauptamt, S. 58.
92 Vgl. Der Chef des RuSHA, Sippenamt vom 29. 10. 1935, betreffend Vordrucke zum Verlobungs- / Heiratsgesuch, BwA NS 2/166, Bl. 3–4, zit. nach Heinemann, Rasse- und Siedlungshauptamt, S. 48.

93 BArch Lichterfelde, Berlin, RuSHA, Akte Karl Koch.

94 Schwarz, Ehefrauen, S. 45.

95 BArch Lichterfelde, RuSHA, Akte Karl Koch, Bl. 10, siehe beispielsweise die Erläuterung, die dem Erbgesundheitsbogen vorangestellt ist: »Der Erbgesundheitsbogen soll auch den SS-Angehörigen davor bewahren, dass ungünstige Erbanlagen zusammenkommen und zu einer Erkrankung des Nachwuchses führen«.

96 Schwarz, Ehefrauen, S. 35.

97 Befehl Der Reichsführer-SS, Berlin vom 19. 3. 1936, zit. nach: ebd., S. 36.

98 BArch Lichterfelde, RuSHA, Akte Karl Koch, 15. 7. 1936. Zusammenfassendes Urteil über Ehetauglichkeit.

99 Ebd., 15. 7. 1936, Bl. 9. Rasse- und Siedlungshauptamt der SS. Ärztliche Untersuchungsbogen vom 15. 7. 1936.

100 Ebd., 15. 7. 1936, Bl. 12. Fragebogen zum Verlobungs- und Heiratsgesuch vom 10. 6. 1936.

101 Ebd., SS-Ahnentafel von Köhler, Margarete Ilse.

102 Ebd., Bl. 6, Schreiben Walter Kupfer vom 9. 5. 1936.

103 Ebd., Fragebogen vom 11. 5. 1936, Karl Otto Koch, Bl. 5.

104 Ebd.

105 Ebd.

106 Vgl. Schwarz, Ehefrauen, S. 53.

107 Vgl. SS-Ehebefehl, zit. nach: d'Alquen, SS, S. 9f.

108 Der detailreiche Entwurf für die Durchführung einer Eheweihe vom Mai 1937 äußert sich zu den grundsätzlichen Fragen der Durchführung einer Hochzeitsfeier und sieht auch einen konkreten Plan der Hochzeitsfeier vor. Abgedruckt in: Schwarz, Ehefrauen, S. 54–57.

109 Feier der Eheschließung von Angehörigen der Partei und ihrer Gliederungen, zit. nach ebd., S. 54 u. 55.

110 Siehe den Abdruck der Schwarzweißfotografien bei Smith, Ilse Koch, S. 16.

111 National Archives (College Park, Maryland), Ilse Koch's Personal Album # 1, Trial Record, 12–390-Vol-1. In dem Karton befindet sich ein Album, das verschiedene Stationen aus dem Leben Karl Kochs zeigt, bei der letzten (fehlenden) Aufnahme ist nur die Legende erhalten: »SS-Hochzeit am 29. 5. 1937 i. Eichenhain d. Kl. Sachsenhausen. SS-Obersturmbannführer Karl Koch. Ilse Köhler«. Die Fotografie, die das Paar unter dem Fackelspalier zeigt, ist abgedruckt bei Smith, Ilse Koch, S. 16. Kopien der Fotografien finden sich auch im Archiv der Gedenkstätte Buchenwald.

2 Idylle und Gewalt: Leben im Buchenwald

1 Kogon, SS-Staat, S. 309.

2 BArch BDC Berlin, Akte Ilse Koch.

3 Tôm Śegev, Die Soldaten des Bösen. Zur Geschichte der KZ-Kommandanten, Reinbek bei Hamburg 1995; Insa Eschebach, Der KZ-Kommandant Karl Otto Koch. Biografische Anmerkungen, in: Günther Morsch (Hrsg.), From Sachsenburg to Sachsenhausen. Pictures from the Photograph Album of a Concentration Camp Commandant. An Exhibition by Sachsenhausen Memorial Museum / Brandenburg Memorials Foundation, Berlin 2007, S. 49–54.

4 BwA, Themenordner Die Lager-SS, Holm Kirsten, Struktur der SS-Lagerverwaltung. Unveröffentliches Manuskript, Archiv der Gedenkstätte Buchenwald, zur Stärke der SS beim KZ Buchenwald, Fn. 23. Laut dieser auf Quellen- und Literaturrecherchen basierenden Tabelle arbeiteten im Januar 1938 115 und 1262 Personen für die SS-Kommandantur bzw. als Wachleute; im Januar 1945 waren es insgesamt 6297, von diesen waren 1530 Männer im sogenannten Stammlager tätig. Zu diesem Zeitpunkt waren immerhin 532 Aufseherinnen in den Außenlagern des Konzentrationslagers Buchenwald eingesetzt.

5 BwA, KL Bu. Bericht des Internationalen Lagerkomitees Buchenwald, Weimar 1945, S. 28, zit. nach: ebd. o. S. (=Themenordner Die Lager-SS).

6 Karin Orth, Die Konzentrationslager-SS. Sozialstrukturelle Analysen und biographische Studien, Göttingen 2013^2, S. 79 ff.; Ruth Bettina Birn, Die Höheren SS- und Polizeiführer. Himmlers Vertreter im Reich und in den besetzten Gebieten, Düsseldorf 1986.

7 Jakob Weiseborn, Arthur Rödl, Hermann Florstedt, Hans Hüttig. Jeder dieser vier Männer galt auf seine Weise als berüchtigt (vgl. hierzu die Ausführungen von Kirsten, SS-Lagerverwaltung o. S. (=BwA, Themenordner Die Lager-SS).

8 Biographische Hinweise zu Koch und Pister finden sich bei Eschebach, Karl Otto Koch; Orth, Konzentrationslager-SS, S. 191–193 u. S. 196–200.

9 Śegev, Soldaten; zit. n. Eschebach, Karl Otto Koch, S. 49. Hier finden sich auch weitere Quellenbelege.

10 Karin Orth, Die Kommandanten der nationalsozialistischen Konzentrationslager, in: Ulrich Herbert / Karin Orth / Christoph Dieckmann (Hrsg.), Die nationalsozialistischen Konzentrationslager – Entwicklung und Struktur. Bd. 1, Göttingen 1998, S. 756–786.

11 Orth, Die Konzentrationslager-SS, S. 191. Dies betraf die Verkürzung der täglichen Appelle sowie beispielsweise die Ausgabe von Sonderrationen.

12 Richard Glücks, Leiter der Inspektion der Konzentrationslager, am 15. 9. 1943, zit. nach: ebd., S. 191.

13 Ebd., S. 200.

14 Zur SS-Karriere von Hermann Pister siehe ebd., S. 191–200.
15 Rasse- und Siedlungshauptamt an Pister vom 20. 9. 1941, zit. nach: ebd., S. 200.
16 So die Interpretation von Eschebach, Karl Otto Koch, S. 50.
17 BwA, Themenordner, Kirsten, SS-Lagerverwaltung.
18 BArch RuSHA, Akte Karl Otto Koch, Fragebogen zum Verlobungs- und Heiratsgesuch, Bl. 16.
19 BArch, BDC, Partei-Kanzlei, Korrespondenz Personal-Bericht vom 15. 6. 1934; vgl. KS 22/50, SS-Führer Eberstein, Oberabschnitt-Mitte, Personal-Bericht und Beurteilung Karl Otto Koch, AdGOB, o. Bl.
20 BArch, BDC, Partei-Kanzlei, Korrespondenz, Eicke Gutachten über Karl Koch vom 12. Juli 1937. Antrag der Beförderung Karl Kochs mit Wirkung zum 1. August 1937 zum Lagerkommandanten zu ernennen.
21 BArch, BDC, Partei-Kanzlei, Akte Koch.
22 Ebd., Einstellungsverfügung durch das SS-Polizei-Gericht-Berlin III wegen fahrlässiger Befreiung vom 17. 2. 1943.
23 Ebd., Schreiben von Koch an das SS-Polizeigericht VI Krakau vom 2. 8. 1942.
24 Ebd., Aktenvermerk o. D. von Ammann, Leiter der Zentralbauleitung Lublin. In dieser Akte finden sich auch Hinweise zur Größe des Aufsichtspersonals.
25 BArch, BDC Koch, Personalbericht vom 13. 6. 1934, Schreiben von Brandt an Berger vom 12. 3. 1943; Schreiben Berger an von Herff, Chef des SS-Personalamtes vom 30. 4. 1943, betr.: Beurteilung des SS-Standartenführers Koch.
26 Ich verwende den Begriff ›Die Stadt der SS‹ entsprechend der hervorragenden, bedauerlicherweise unveröffentlichten, an der Bauhaus-Universität Weimar vorgelegten Dissertation von Karina Loos, Die Inszenierung der Stadt. Planen und Bauen in Weimar in der Zeit des Nationalsozialismus 2000, siehe das Kapitel 4 Die ›Stadt der SS‹ – Das Konzentrationslager Buchenwald, S. 233–338.
27 Interview mit einem Rolf H. am 2. 4. 1990, zit. nach Jens Schley, Nachbar Buchenwald. Die Stadt Weimar und ihr Konzentrationslager 1937–1945, Köln 1999, S. 118 ff. In seinem Nachdenken über das informelle Wissen, das die Bevölkerung der Stadt Weimar über das Konzentrationslager Buchenwald besaß, zitiert Jens Schley einige ›Witze‹ und Redewendungen, in denen die Kenntnis der Lagerrealität verarbeitet wurde.
28 Vgl. Holm Kirsten, Weimar im Banne des Führers. Die Besuche Adolf Hitlers 1925–1940, Köln 2001, S. 141. Kirsten konstatiert, dass Weimar durchaus eine »exponierte Rolle innerhalb der Frühgeschichte der NSDAP« eingeräumt werden muss.
29 Ebd., S. 141 ff.
30 Przyrembel, »Rassenschande«.
31 Kirsten, Weimar, S. 142.

32 Zur kritischen Haltung der Sozialdemokratie, vor allem ihres Vorsitzenden Hermann Brill, siehe ebd., S. 143.
33 Ebd., S. 146.
34 Loos, Inszenierung, S. 321 f.
35 Thüringer Gauzeitung vom 10. 10. 1937, zit. nach Schley, Nachbar Buchenwald, S. 117.
36 Vgl. ebd.
37 Ebd., S. 107.
38 Ebd., S. 98.
39 An diesen gemeinsamen Sammlungen an verschiedenen zentralen Stellen der Stadt nahmen unter anderem der Schutzhaftlagerführer Buchenwalds, SS-Obersturmbannführer Arthur Rödl, Oberbürgermeister Koch sowie der Direktor des Goethe-Museums Hans Wahl teil: vgl. ebd.
40 Ebd., S. 99.
41 Ebd.
42 Zit. nach ebd.
43 Ebd., S. 100.
44 Ebd., S. 101.
45 Ebd., S. 103.
46 Ebd., S. 104.
47 Art. Konzentrationslager, in: Der Volks-Brockhaus. Deutsches Sach- und Sprachwörterbuch für Schule und Haus, Leipzig 1933, zit. nach: Schley, Nachbar Buchenwald, S. 108 u. 175.
48 Ebd., S. 110 f.
49 Hier bezugnehmend auf ein Interview vom 24. 1. 1990, zit. nach ebd., S. 109; Christopher R. Browning, Ganz normale Männer. Das Reserve-Polizeibataillon 101 und die »Endlösung« in Polen. Erweiterte Neuausgabe, Hamburg 2020. Die englische Ausgabe erschien 1992, 1993 erfolgte die deutsche Erstausgabe.
50 Vgl. Loos, Inszenierung.
51 Schwarz, Ehefrauen, S. 99 f.
52 Eugen Kogon, Der SS-Staat. Das System der deutschen Konzentrationslager, Frankfurt a. M. 1948^3, S. 315.
53 Ebd.
54 Ebd., S. 314.
55 Die ersten drei Häuser konnten bereits 1938 von den Familien Koch, der Familie des 1. Lagerführers, SS-Sturmbannführer und Blutordensträger Arthur Rödl und des 2. Lagerführers Hauptsturmführer Jakob Weiseborn bezogen werden; vgl. Loos, Inszenierung, S. 266.
56 Ebd. Hinzu kamen weitere Elemente, die das Kommandantenhaus hervorho-

ben: Zusätzlich zur exponierten Stellung des Hauses, die neben der Hanglage auch durch die Eckstellung charakterisiert war, erscheint insbesondere die großzügige Wohnfläche des Hauses mit immerhin 360 qm imposant, das über ein Herrenzimmer, Wintergarten, mehrere Schlafzimmer und auch Ankleideräume verfügte. Auch der Garten wurde gestaltet, es gab Springbrunnen und offenbar auch einen Rosengarten (siehe hierzu weiter unten).

57 Ebd., S. 267.

58 So die Beschreibung bei Loos, Inszenierung, S. 267.

59 Walter Hornig, Aus meinem Leben, zit. nach: Schley, Nachbar Buchenwald, S. 101 f. Walter Hornig war der Betriebsführer der Weimarer Gustloff-Werke I und II. Er organisierte Führungen durch das Konzentrationslager, auch des Gustloff Werks II im Konzentrationslager Buchenwald. Ausgiebig beschreibt er diese Führungen, die mit der Frage einsetzten: »Was wünschen die Herren besonders zu sehen?«

60 Die Miete für das Haus des Kommandanten und die Führerhäuser betrug 87 bzw. 51,50 Reichsmark (vgl. Sta-A, SV 1919–1945–7–77–55, Schreiben der Städtischen Hochbauverwaltung an die Reichsstatthalterei vom 7. 7. 1938, zit. nach: Loos, Inszenierung, S. 268.

61 Ebd., S. 266. Hieran wirkten auch Häftlinge maßgeblich mit.

62 Ebd., S. 267.

63 Ebd., S. 266. Heute erinnern Gebäudereste an die Villenkolonie. Alexandra Klei, Der erinnerte Ort. Geschichte durch Architektur. Zur baulichen und gestalterischen Repräsentation der nationalsozialistischen Konzentrationslager (Architekturen. Bd. 7), Bielefeld 2011. In ihrer Auseinandersetzung mit der Gedenkstätte Buchenwald kommt die Arbeit zum Schluss, dass die »Ort(e) der SS-Angehörigen täterlos« präsentiert würden, zur Darstellung der Führersiedlung im Rahmen des Gedenkortes Buchenwald siehe auch ebd., S. 201 ff.

64 Vgl. Loos, Inszenierung. Zur bürgerlichen Lebensweise siehe Manfred Hettling / Stefan-Ludwig Hoffmann (Hrsg.), Der bürgerliche Wertehimmel. Innenansichten des 19. Jahrhunderts, Göttingen 2000.

65 Artwin-Album, Eintrag vom 22. 7. 1941. Das Foto zeigt die Kinder Artwin und Gisela Koch beim Beerenessen. Mit dieser Bilderserie aus diesem Sommer – hierzu gehört auch das Foto »Das glückliche Kleeblatt« – schließt das Fotoalbum für Artwin Koch (vgl. National Archives, Ilse Koch's Personal Album # 2, Trial Record, 12–390-Vol-1).

66 Mit der Lebens- und der (inversierten) Todesrune strebte die SS an, die christlichen Zeichen für Geburt und Tod zu ersetzen, sie fanden als Symbole Verwendung in Geburtsanzeigen oder Grabstätten, siehe die differenzierte Untersuchung von Karlheinz Weißmann, Schwarze Fahnen, Runenzeichen.

Die Entwicklung der politischen Symbolik der deutschen Rechten zwischen 1890 und 1945, Düsseldorf 1991, S. 208 f.

67 Pierre Bourdieu / Luc Boltanski / Robert Castel / Jean-Claude Chamboredon / Gerard Lagneau / Dominique Schnapper, Eine illegitime Kunst. Die sozialen Gebrauchsweisen der Fotografie, Hamburg 2014; Cord Pagenstecher, Private Fotoalben als historische Quelle, in: Zeithistorische Forschungsstelle 2009, S. 449–463.

68 Diese Fotos selbst sind wie auch diverse andere private Abbildungen aus dem Fotoalbum nicht mehr erhalten.

69 National Archives, Ilse Koch's Personal Album # 1, Trial Record, 12–390-Vol-1.

70 National Archives, Ilse Koch's Personal Album # 1 & 2, Trial Record, 12–390-Vol-1. In diesem Karton befinden sich zwei Fotoalben: zum einen das erwähnte Artwin-Album, zum anderen das früher datierte persönliche Fotoalbum von Karl Koch. Alle der im folgenden ausgewerteten Fotografien sind ebenso als Digitalisate im Archiv der Gedenkstätte Buchenwald einzusehen.

71 Das weiter unten ausgewertete Dienstalbum über Kochs Tätigkeit im Konzentrationslager Sachenhausen liegt gedruckt vor: Günther Morsch (Hrsg.), From Sachsenburg to Sachsenhausen. Pictures from the Photograph Album of a Concentration Camp Commandant. An Exhibition by Sachsenhausen Memorial Museum / Brandenburg Memorials Foundation (Schriftenreihe der Stiftung Brandenburgische Gedenkstätten. Bd. 20), Berlin 2007. Ein weiteres Album über den Aufbau des Konzentrationslagers Buchenwald liegt im Archiv der Gedenkstätte Buchenwald vor. Zum Konzept der Volksgemeinschaft siehe auch: Streuwer, ›Volksgemeinschaft‹.

72 BwA, G.1–0006. Hier finden sich weitere Hinweise zu den Inschriften.

73 Ebd. Die Beschreibung des Objektes enthält weitere Hinweise zur nachfolgenden Überlieferungsgeschichte. Die Wiege war in den Werkstätten der Deutschen Ausrüstungswerke (DAW) angefertigt worden. In den Sammlungen der Gedenkstätte Buchenwald befindet sich ein Fotoalbum, das Abbildungen der angefertigten Gegenstände enthält.

74 Volkhard Knigge / Harry Stein (Hrsg.), Franz Ehrlich. Ein Bauhäusler in Widerstand und Konzentrationslager, Weimar 2009.

75 BwA, Nachlass Artwin Koch, Sammlung 04808, Rolf Roeingh, Und trotzdem blühen Rosen. Lyrik aus dem Felde, Berlin 1941. Zur Biographie des späteren Buchhändlers für die Luftwaffe, siehe Hans-Eugen Bühler / Olaf Simons, Die blendenden Geschäfte des Matthias Lackas. Korruptionsermittlungen in der Verlagswelt des Dritten Reichs, Köln 2004. Bereits die Geschichte dieses Nachlasses verweist auf die komplexe Spurensuche. Das Buch wurde gemein-

sam mit anderen Materialien, darunter auch ein weiteres Fotoalbum, im Jahr 2016 von der Ehefrau Artwin Kochs dem damaligen Leiter der Gedenkstätte Buchenwald übergeben.

76 Fabrice d' Almeida, Luxury and Distinction under National Socialism, in: Fabrice d' Almeida / Corey Ross / Pamela E. Swett (Hrsg.), Pleasure and Power in Nazi Germany, Basingstoke 2011, S. 67–83.

77 Ute Wrocklage, Die Fotoalben des KZ-Kommandanten Karl Otto Koch – private und öffentliche Gebrauchsweisen, in: Hildegard Frübis (Hrsg.), Fotografien aus den Lagern des NS-Regimes. Beweissicherung und ästhetische Praxis, Wien 2019, S. 189–205, hier S. 197.

78 Sandra Starke, ›Papi macht Witzchen‹. SS-Soldaten als Knipser. Vorträge im Rahmen der Tagung »Medienamateure: Wie verändern Laien unsere visuelle Kultur?« Internationale und interdisziplinäre Tagung der Universität Siegen, 5.-7. Juni 2008, 2008, https://www.buchenwald.de/fileadmin/buchenwald/download/wissenschaftliche_beitraege/Sandra_Starke_Knipser.pdf (Zugriff: 31. 8. 2021), S. 3.

79 Ernst Haberland, Der Pelerinenmann, Leipzig 1981, zit. nach: ebd., S. 5.

80 Ernst Brack tritt auch als Bürge von Ilse Koch im Rahmen des Ehegesuchs in Erscheinung (siehe BArch, RuSHA, Akte Karl Koch, Bl. 3).

81 National Archives, Ilse Koch's Personal Album # 1, Trial Record, 12–390-Vol.-1. In den beiden Alben fehlen insgesamt 20 Aufnahmen, vor allem Urlaubsfotos und die bereits erwähnten Abbildungen der ›SS-Eheweihe‹ (vgl. Wrocklage, Fotoalben, S. 189–205).

82 Vgl. ebd.

83 Dr. Plaumann, Lebendiges Fotoalbum, in: Fotografische Rundschau und Mitteilungen. Zeitschrift der Fotografie (76, 1939), H. 6, S. 96 f.

84 Rikola-Gunnar Lüttgenau, Ein Zoo in Buchenwald?, in: Weimar Kultur Journal 1999.

85 BwA, Mappe Zoo, Privatfoto Familie Koch, unbekannter Fotograf, Oktober 1939 (Signatur BwA 018094).

86 BwA, Mappe Zoo, Kommandanturbefehle Karl Kochs vom 8. 9. 1938 und vom 22. 9. 1939.

87 Wrocklage, Fotoalben, S. 181.

88 So zumindest der rückblickende Bericht von Anna Reimer im Rahmen des Augsburger Prozesses: »Frau Koch stand mit mir und mit den SS-Frauen, mit denen ich verkehrte, in keiner Beziehung. Andererseits blieb mir und auch meine Kameraden-Frauen nicht unbekannt, daß Frau Koch als Frau schon zur damaligen Zeit einen üblen Ruf besaß« (vgl. KS 22/50, Vernehmungsprotokoll Anna Reimer vom 2. 5. 1949).

89 Vgl. Kommandantur-Sonderbefehl vom 26. 9. 1939, Thüringisches Hauptstaatsarchiv Weimar, NS 4 Bu 33, zit. nach Starke, SS-Soldaten als Knipser, S. 14.

90 »Während der Aufbauarbeiten in K. L. Buchenwald und solange Häftlinge im Bereich des Lagers arbeiten, verbiete ich jedes Fotografieren während der Arbeitszeit im Lagerbereich. Im Kommandanturbereich ist das Fotografieren auch ausserhalb der Arbeitszeit verboten.« Kommandanturbefehl Nr. 56 vom 8. September 1938, Thüringisches Hauptstaatsarchiv Weimar, NS 4 Bu 33, zit. nach Starke, SS-Soldaten als Knipser, S. 1.

91 Susanne Regener, Fotografische Erfassung. zur Geschichte medialer Konstruktionen des Kriminellen, München 1999.

92 Morsch, Sachsenhausen.

93 Wrocklage, Fotoalben, S. 183.

94 Morsch, Sachsenhausen, S. 40.

95 Elizabeth Harvey / Johannes Hürter / Maiken Umbach / Andreas Wirsching (Hrsg.), Private Life and Privacy in Nazi Germany, Cambridge 2019.

96 Morsch, Sachsenhausen, S. 221, 235.

97 Ebd., S. 283.

98 Raphael Gross, Anständig geblieben. Nationalsozialistische Moral (Schriftenreihe des Fritz-Bauer-Instituts, Bd. 26), Frankfurt a. M. 2010, S. 14.

99 KS 22/50, Vernehmungsprotokoll von Erna Raible vom 4. 5. 1949 in Stuttgart. Die Stiefschwester Karl Kochs wurde am 2. 3. 1885 geboren. Sie berichtet von mehrfachen Besuchen des Konzentrationslagers.

100 Schreiben Ilse Kochs an den Inspekteur der Konzentrationslager, vgl. Anklage, S. 36.

101 Kurt Daluege, Brief an den Reichsführer SS, in: Das Schwarze Korps 1/1939, S. 1–3, hier S. 1.

102 BArch, NS 7/1020, Strafsache gegen SS-Standartenführer Koch u. a.; Auszug aus der Anklageverfügung vom 11. 4. 1944, Bl. 3.

103 Vgl. StA München, Justizvollzugsanstalten 13948/1. In diesem Bestand liegt die komplette Anklageverfügung vom 17. 8. 1944 (85 S.) vor. Laut eines Aktenvermerks des Direktors der Justizvollzugsanstalt, Schober, vom 28. 2. 1967 wurde ihm diese von dem Rechtsanwalt und ehemaligen SS-Richter Gerhard Wiebeck überreicht: »Hinsichtlich der Authentizität wurden keine Feststellungen getroffen«. Zum Hintergrund siehe Orth, Konzentrationslager-SS, S. 189 ff.; Frank Bajohr, Parvenüs und Profiteure. Korruption in der NS-Zeit, Frankfurt a. M. 2001; Yehoshua R. Büchler, »Unworthy Behavior«. The Case of SS Officer Max Täubner, in: Holocaust and Genocide Studies 3/2003, S. 409–429.

104 BArch, RuSHA, Akte Karl Koch, Bl. 18.

105 BArch, NS 7/1020, Anklageverfügung durch das SS- und Polizei-Gericht

z. b. V. beim Hauptamt SS-Gericht vom 17. 8. 1944. Die Anklageverfügung spricht konkret von einem Geldbetrag von 25 000 Reichsmark und Wertgegenständen in der Höhe von 46 000 Reichsmark.

106 Ebd.

107 Ebd.

108 BArch, NS 7/1020, Strafsache gegen SS-Standartenführer Koch u. a.; Auszug aus der Anklageverfügung vom 11. 4. 1944, Bl. 8f. Bajohr, Parvenüs, S. 235.

109 BArch, NS 7/1020, Anklageverfügung durch das SS- und Polizei-Gericht z. b. V. beim Hauptamt SS-Gericht vom 17. 8. 1944 gegen Karl Koch, der sich seit dem 24. 8. 1943 in Untersuchungshaft in Weimar befand.

110 Bianca Vieregge, Die Gerichtsbarkeit einer »Elite«: nationalsozialistische Rechtsprechung am Beispiel der SS- und Polizei-Gerichtsbarkeit (Juristische Zeitgeschichte. Abt. 1.), Baden-Baden 2002, S. 52.

111 Zur Witwe des SS-Richters Konrad Morgen siehe Raphael Gross, Die Ethik des wahrheitssuchenden Richters, in: Werner Konitzer / Raphael Gross (Hrsg.), Moralität des Bösen. Ethik und nationalsozialistische Verbrechen, Frankfurt a. M. 2009, S. 243–264; Vieregge, Gerichtsbarkeit, S. 1; Herlinde Pauer-Studer / James David Velleman, »Weil ich nun mal ein Gerechtigkeitsfanatiker bin«. Der Fall des SS-Richters Konrad Morgen, Berlin 2017, S. 52–54.

112 Vieregge, Gerichtsbarkeit, S. 52, 54.

113 Vgl. die Erste Verordnung zur Durchführung der Verordnung über eine Sondergerichtsbarkeit in Strafsachen für Angehörige der SS und für die Angehörigen der Polizeiverbände bei besonderem Einsatz vom 1. 11. 1939, abgedruckt in: ebd., S. 249–252.

114 Siehe die Anlage 14 Geheime Übersicht über die vom Beginn des Krieges bis zum 30. 6. 1944 vollstreckten Todesurteile, in: ebd., S. 275.

115 Anke Schmeling, Josias Erbprinz zu Waldeck und Pyrmont. Der politische Weg eines hohen SS-Führers, Kassel 1993, S. 94.

116 BArch, BDC, Partei-Kanzlei, Akte Karl Otto Koch, Notiz vom SS-Obergruppenführer Schmitt vom 25. 7. 1942.

117 Orth, Kommandanten, S. 762; Vieregge, Gerichtsbarkeit, S. 6, 56; vgl. Schmeling, Josias Erbprinz zu Waldeck und Pyrmont, S. 92. Eine Aufnahme des Verhörs Konrad Morgens im Rahmen des Auschwitz-Prozesses findet sich hier: http://www.auschwitz-prozess.de/index.php?show=Morgen-Konrad

118 Orth, Kommandanten, S. 762.

119 Ebd.

120 Schmeling, Josias Erbprinz zu Waldeck und Pyrmont, S. 100, 136f.

121 Orth, Kommandanten, S. 762.

122 BArch, NS 7/ 1020, Anklageverfügung vom 17. 8. 1944, S. 42.
123 Vgl. National Archives, RG 260, AG 1948349, A 6012. 3, Vol. 1. Vertraulich, Vernehmungsprotokoll vom 16. 6. 1945.
124 BArch, NS 7/ 1020. Von den Prozessunterlagen ist nur die Anklageverfügung aus dem Jahr 1944 erhalten, die in einer kommentierten Fassung des ermittelnden Richters Dr. Konrad Morgen über den berühmten Ankläger Robert Kempner in amerikanischen Besitz übergegangen ist (vgl. Notiz von Kempner vom 16. 4. 1947, siehe auch die Short remarks to the bill of indictment aiganst SS-St. Koch formerly commander of the KZ Buchenwald, verfasst von Morgen).
125 Anklage, S. 40.
126 Das folgende Kapitel beruht im Wesentlichen auf Alexandra Przyrembel, Transfixed by an Image. Ilse Koch, the ›Kommandeuse of Buchenwald‹, in: German History 3/2001, S. 369–399.
127 KS 22/50, Auslandsprotokolle, Vernehmung von Josef A[…], geb. 1897 in Graz, als Kommunist vom 10. September 1939 bis zur Befreiung im Konzentrationslager Buchenwald, S. 3f.
128 Ebd.
129 Bei dieser Zahl handelt es sich um eine Schätzung, vgl. Mailänder Koslov, Gewalt, S. 21.
130 Primo Levi, Ist das ein Mensch? Übersetzt von Heinz Riedt, München 1988.
131 KS 22/50, Vernehmungsprotokoll Ernst Busse vom 28. 3. 1950 vor dem Amtsgericht Berlin-Mitte, Protokolle aus dem Osten. Zu Ernst Busse siehe Kapitel 8.
132 Ebd.
133 KS 22/50, GV. Alfred F. folgte im Sommer 1949 dem Aufruf der deutschsprachigen amerikanischen Zeitschrift *Der Aufbau*, mit der Überlebende zur Zeugenaussage im Rahmen des Augsburger Prozesses aufgefordert worden waren und schilderte seine Begegnung mit Ilse Koch, die ihn – einen so genannten Rassenschänder – mit der Peitsche züchtigte (vgl. Schreiben vom 27. 8. 1949, ebd., HA V, o. Bl.).
134 Anklage, S. 86 ff.
135 LATh – HStA Weimar 585/4, Auszüge aus den Berichten verschiedener Gewährsmänner unter Quellenangabe. Für den Staatskommissar für rassisch, religiös und politisch Verfolgte, Dr. Philipp Auerbach, Bl. 45.
136 KS 22/50, Vernehmungsprotokoll von Karl H […] (undatiert); KS 22/50, GV II, Bl. 119–122.
137 KS 22/50, GV I, Bl. 68–72, Bl. 71, Vernehmungsprotokoll Dr. Eugen Kogon vom 29. 6. 1949, vgl. GV I, Bl. 75 auch die Aussage des österreichischen Juden Bruno K. vom 12. 9. 1949, siehe auch GV IV, Vernehmungsprotokoll Herbert G […].

138 Wolfgang Sofsky, Die Ordnung des Terrors. Das Konzentrationslager, Frankfurt a. M. 1993, S. 251.

139 Zur Entstehungsgeschichte seiner Studie sagte Eugen Kogon am 4. 1. 1951 anlässlich des Augsburger Prozesses folgendes aus: »Nach der Befreiung des Konzentrationslagers Buchenwald schrieb ich das Buch ›Der SS-Staat. Das System der deutschen Konzentrationslager‹. Darin ist Ilse Koch dem Inhaltsverzeichnis nach mehrmals erwähnt. Soweit es sich dabei um die Wiedergabe der Behauptungen von Tatsachen handelt, beruhen diese in keinem Fall auf eigener Wahrnehmung, sondern ausschließlich entweder auf Sofortberichten, die jeweils nach einem Ereignis im Lager kursierten, oder auf Informationen, die von vertrauenswürdigen Häftlingen unmittelbar nach Befreiung des Lagers niedergelegt wurden«. (KS 22/50, Graue Mappe).

140 Urteil, S. 37.

141 BwA, Sammlung Halle, BA 31/1065 – 13, Bericht von Stefan Heymann, S. 1.

142 Michael Pollak, Die Grenzen des Sagbaren. Lebensgeschichten von KZ-Überlebenden als Augenzeugenberichte und als Identitätsarbeit. Übersetzt von Hella Beister (Studien zur historischen Sozialwissenschaft. Bd. 12), Frankfurt a. M. 1988, S. 146.

143 KS 22/50, GV I, Bl. 138 – 142, Vernehmungsprotokoll Dr. Valentin G. vom 30. 7. 1949, die Familie des Lagerführers Rödl lebte ebenfalls in der SS-Führersiedlung.

144 Ebd.

145 Ebd., Bl. 84 – 89, Aussage Walter P […] vom 7./8. 7. 1949; vgl. GV I, Bl. 69 – 71, Aussage von Ludwig Sch. vom 10. 9. 1949.

146 Ebd., HA V, Schreiben Bruno Bettelheims vom 29. 6. 1949. Die Übersetzungen aus dem Englischen übernahmen Lisa Weber und Alexandra Przyrembel.

147 Ebd., GV I, Vernehmungsprotokoll mit Valentin G[…] vom 30. 7. 1949, Bl. 138 – 142.

148 Universitätsarchiv Jena, Bestand L, Nr. 343, Promotionsakte Erich Wagner, Bl. 112r.

149 Am 25. 5. 1945 fasst Reuben Cares, Major M. C. (Chief of Pathology), die Ergebnisse seiner Untersuchung von drei Hautstücken, die er aus dem Konzentrationslager Buchenwald erhalten hatte, minutiös zusammen (vgl. BwA, RG, 153, Bericht Reuben Cares, Seventh Medical Laboratory an Commanding General, Third U. S. Army vom 25. 5. 1945).

150 Zum juristischen Begriff »Tätowierungskomplex« siehe u. a. das Urteil, S. 41.

151 Vgl. Orth, Konzentrationslager-SS, S. 200, Fn. 194.

152 Zit. nach: Durand, Bestie, S. 91 f.

153 BwA 50 – 3 – 22.

154 Urteil, 33; KS 22/50, GV IV, Paul G. […], Aussage vom 22. 3. 1950.

155 Die beiden ehemaligen Häftlinge, Dr. Gustav Wegerer (Österreicher und politischer Häftling) sowie Josef Ackermann (politischer Häftling in der Pathologie und Sekretär des Lagerarztes Waldemar Hoven), sagten im Rahmen der Nachkriegsprozesse aus. Dr. Harry Stein, Kustos in der Gedenkstätte Buchenwald, hat die glaubwürdigen Zeugenaussagen auf der Website »Stimmt es, dass die SS im KZ Buchenwald Lampenschirme aus Menschenhaut anfertigen ließ?« zusammengefasst und eingeordnet (siehe https://www.buchenwald.de/1132/ (abgerufen am 15. 7. 2021).

156 Urteil, S. 33; KS 22/50, Reinhold Grabow, Bayerische Leder Im- und Export GmbH vom 24. 11. 1950 an Staatsanwaltschaft München, gibt an, dass bereits in der Zeit der Weimarer Republik an der Versuchsanstalt der deutschen Leder-Industrie in Freiberg in Sachsen zu Versuchszwecken bei Lehrgängen gegerbte Menschenhäute vorgeführt wurden. Diese seien Toten der Leipziger Anatomie entnommen worden.

157 Erich Wagner, Ein Beitrag zur Tätowierungsfrage. Inaugural-Dissertation der Hohen Medizinischen Fakultät der Friedrich-Schiller-Universität, Jena, Jena 1940, S. 1f. Seiner Studie lagen die Daten von 800 tätowierten Männern zugrunde.

158 Universitätsarchiv Jena, Bestand L, Nr. 343 Promotionsakte Erich Wagner, Bl. 112. Roland Hirte / Harry Stein, Die Beziehungen der Universität Jena zum Konzentrationslager Buchenwald, in: Uwe Hoßfeld (Hrsg.), »Kämpferische Wissenschaft«. Studien zur Universität Jena im Nationalsozialismus, Köln–Weimar–Wien 2003, S. 361 – 398.

159 Universitätsarchiv Jena, Bestand L, Nr. 343 Promotionsakte Erich Wagner, Bl. 113.

160 Ebd., Bl. 116. Gutachten von Timm vom 8. 12. 1940.

161 Ebd., Gutachten von Hänel vom 16. 12. 1940.

162 Die Fakultät befürwortete die Sterilisation eines Mannes im Rahmen eines Erbgesundheitsverfahrens und verantwortete den Tod von Häftlingen, die in der Universitätsklinik untergebracht waren. Vermutlich wurden Leichen von Häftlingen in der Anatomie der Fakultät präpariert, vgl. Hirte / Stein, Beziehungen.

163 Ebd., S. 364, 372, 377, 378 ff.; zu dem ›Tätowierungskomplex siehe auch Susanne Zimmermann, Die Medizinische Fakultät der Universität Jena während der Zeit des Nationalsozialismus (Ernst-Haeckel-Haus-Studien. Bd. 2), Jena 2000. Nach wie vor grundlegend: Michael H. Kater / Hans Mommsen / Helmut Dierlamm, Ärzte als Hitlers Helfer, Hamburg 2000.

164 Wagner, Tätowierungsfrage.

165 Universitätsarchiv Jena, Bestand L, Nr. 343 Promotionsakte Erich Wagner,

Bl. 125, Schreiben Dr. Knoben, Landgericht Offenburg an die Universität Jena vom 6. 3. 1959. Aufgrund des wenig später erfolgten Suizids von Wagner wurde das Nachkriegsverfahren schließlich eingestellt.

166 Wagner ermordete im Winter 1939/40 Roma, die sich mit einer ansteckenden Augenkrankheit infiziert hatten, durch Injektion; vgl. Kirsten, SS-Lagerverwaltung. Hier finden sich auch Hinweise zu weiteren medizinischen Verbrechen und den beteiligten Ärzten.

167 Wagner, Tätowierungsfrage, S. 1f.

168 Cesare Lombroso, Der Verbrecher in anthropologischer, ärztlicher und juristischer Beziehung, Hamburg 1894[2].

169 Zu Wagner siehe Michael H. Kater, Das »Ahnenerbe« der SS 1935–1945. Ein Beitrag zur Kulturpolitik des Dritten Reiches (Studien zur Zeitgeschichte. Bd. 6), München 2006[4], S. 238; vgl. Durand, Bestie, S. 89.

170 BwA 31/90, Gustav Wegerer, Kapo pathologische Abteilung, Aussage vom 23. 4. 1945. Er sagt aus, dass von der amerikanischen Armee Gutachten von tätowierten Häftlingen, die noch in der Pathologie existierten, mitgenommen wurden.

171 Wagner, Tätowierungsfrage, S. 2; vgl. Rudolf Virchow, Europäische Tätowierungen, in: Zeitschrift für Ethnologie 29/1897.

172 Siehe auch das Kapitel Ornamente als Geschichtserzählung. Deutung und transkulturelle Rezeption ›primitiver Südseeornamentik auf der Haut – der Völkerkundler Karl von den Steinen auf den Marquesas, in: Doris Kaufmann, Ornamentwelten. Ethnologische Expeditionen und die Kunst der »Anderen« (1890–1930), Wien–Köln–Weimar 2020, S. 73–109. Zur Modernitätskritik und der engen Beziehung von Tätowierung und Verbrechen siehe: Adolf Loos, Ornament und Verbrechen (1908), in: Franz Glück (Hrsg.), Adolf Loos. Sämtliche Schriften in zwei Bänden. Erster Band., Wien–München 1962, S. 276–288, hier S. 276.

173 Carl Marquardt, Die Tätowierung beider Geschlechter in Samoa. Mit 19 Tafeln in Lichtdruck Photolithographie nach in Samoa aufgenommenen Original-Zeichnungen und Photogrammen, Berlin 1899.

174 Lombroso, Der Verbrecher.

175 Ebd., S. 253, 271.

176 Ders., Der Verbrecher in anthropologischer, ärztlicher und juristischer Beziehung. Atlas, Hamburg 1896[2], Tafel VIII: Schädel italienischer Verbrecherinnen; Tafel X: Schädel der Charlotte Corday; Tafel XLV: Afrikanische Verbrechertypen. Bei diesen Bildtafeln handelt es sich um die für den kriminologischen Blick typische Verknüpfung unterschiedlicher Diskursfelder.

177 Ebd., siehe hierzu die Tafeln LII bis LVII, z. B. Tafel LIV: Tätowirungen von Verbrecherinnen und Prostituierten; Tafel LV Tätowirungen von Verbrechern. Zu Emil M., 27 Jahre, heißt es: »Seine Tätowirungen geben ein Bild seines ganzen Lebenslaufes« (ebd., S. 15).

178 Lutz Raphael, Die Verwissenschaftlichung des Sozialen als methodische und konzeptionelle Herausforderung für eine Sozialgeschichte des 20. Jahrhunderts, in: Geschichte und Gesellschaft 2/1996, S. 165–193. Zu den Sammlungen der Wellcome Collection siehe weiter unten.

179 Levi, Mensch.

180 Siehe die Hinweise des Universitätsarchivs in Graz: https://archiv.uni-graz.at/de/forschung/laufende-forschungsprojekte/die-ss-aerztliche-akademie/ (abgerufen am 22. 7. 2021).

181 United States Senate, Conduct of Ilse Koch War Crimes Trial. Hearings Before the Investigations Subcommittee of the Committee on Expenditure in the Executive Department, Washington 1948, S. 1041 ff.

182 Zum Überlegenheitsgefühl der Täter siehe auch Elias Canetti, Masse und Macht, Frankfurt a. M. 2021.

183 Vgl. auch die Aussage von Werner B[…] vom 13. 12. 1949, der dies bestätigt (vgl. KS 22/50, GV IV).

184 Vernehmungsprotokoll Josef Ackermanns o. D., LATh – HStA Weimar, 585/1, Bl. 7f.

185 Bei dem Lampenschirm, der sich nach Befreiung des Konzentrationslagers Buchenwald durch die amerikanische Militärarmee auf einem Tisch zu Demonstrationszwecken befand, handelte es sich um eine gewöhnliche Lampe aus dem Dienstzimmer des Kommandanten Hermann Pister, vgl. Harry Stein, Stimmt es, dass die SS im KZ Buchenwald Lampenschirme aus Menschenhaut anfertigen ließ?. Unveröffentlichtes Manuskript, BwA 50–4–3.

186 Zum Apostel Bartholomäus siehe Andrew M. Beresford, Sacred Skin. The Legend of St. Bartholomew in Spanish Art and Literature (The medieval and early modern Iberian world. Bd. 72), Leiden–Boston 2020.

187 KS 22/50, HA VII, zur Vorgeschichte in der Weimarer Republik siehe Schreiben Reinhold Grabows, Bayerische Leder Im- und Export GmbH, an die Staatsanwaltschaft München vom 24. 11. 1950.

188 Jörg Baberowski, Einleitung. Ermöglichungsräume exzessiver Gewalt, in: Jörg Baberowski / Gabriele Metzler (Hrsg.), Gewalträume. Soziale Ordnungen im Ausnahmezustand, Frankfurt a. M. 2012, S. 7–28.

189 Schwarz, Ehefrauen.

Zweiter Teil: Konfrontieren

1 Arendt, Besuch, S. 59.

2 Vgl. The Stars and Stripes (27. 4. 1947,) zit. nach Smith, Ilse Koch, S. 108 f.

3 Vgl. ebd., S. 108 f.

4 Zur konzeptionellen Herleitung des Begriffs siehe Frank Bösch, Öffentliche Geheimnisse. Skandale, Politik und Medien in Deutschland und Großbritannien 1880 – 1914 (Veröffentlichungen des Deutschen Historischen Instituts London/ Publications of the German Historical Institute London. Bd. 65) 2011, S. 13.

3 Weimar, Buchenwald und die amerikanische Armee: Nachkriegsgesellschaft und NS-Verbrechen

1 Library of Congress, Manuscript Division, George S. Patton Papers, Box 4: Diaries World War II: Aufzeichnungen vom 12. April 1945, im digitalen Archiv der Library of Congress einzusehen: https://www.loc.gov/resource/mss35634.00311/?sp=30&r=-0.159,0.582,1.364,0.636,0

2 Stadtarchiv Weimar, Nachlass Erich Kloss, Erinnerungen an die Besetzung Weimars durch die Amerikaner im April 1945. Eine verwaltungsgeschichtliche Studie vom Bürgermeister a. D. Kloss, Weimar (Oktober 1957), S. 15. Im Folgenden zitiert als Bericht 1957. Dieser Bericht liegt in unterschiedlichen Versionen vor, die mit der zeitlichen Distanz geglättet erscheinen (vgl. Stadtarchiv Weimar, Nachlässe. Sammlungen Fritz Behr 1945 – 1959). In dieser Sammlung ist ebenso der Bericht von Bürgermeister Kloss nach einer Niederschrift von Ende Mai und Anfang Juni 1945 einzusehen (zitiert als Bericht 1945).

3 Lisa Yavnai, U. S. Army War Crimes Trials in Germany, 1945 – 1947, in: Patricia Heberer / Michael R. Marrus (Hrsg.), Atrocities on Trial. Historical Perspectives on the Politics of Prosecuting War Crimes, London 2008, S. 49 – 74, hier S. 59.

4 Eisenhower, Kreuzzug in Europa, 1948, S. 467, zit. nach: Eichmüller, Prozess, S. 93.

5 Adam R. Seipp, Buchenwald Stories. Testimony, Military History, and the American Encounter with the Holocaust, in: Journal of Military History 3/2015, S. 721 – 744.

6 Philipp Neumann-Thein, Parteidisziplin und Eigenwilligkeit. Das Internationale Komitee Buchenwald-Dora und Kommandos, Göttingen 2014.

7 Library of Congress, Manuscript Division, George S. Patton Papers, Box 4: Diaries World War II: Aufzeichnungen vom 12. April: https://www.loc.gov/resource/mss35634.00311/?sp=30&r=-0.159,0.582,1.364,0.636,0

8 Telegramm Eisenhowers vom 19. 4. 1945 zit. nach Norbert Frei, »Wir waren blind, ungläubig und langsam«. Buchenwald, Dachau und die amerikanischen

Medien im Frühjahr 1945, in: Vierteljahrshefte für Zeitgeschichte 3/1987, S. 385–401, hier S. 386.

9 Schreiben von Eisenhower an seine Frau Mamie vom 15. 4. 1945, zit. nach ebd., S. 385.

10 Ebd., S. 398. Zur amerikanischen Presse siehe auch Julia Guarneri, Newsprint Metropolis. City Papers and the Making of Modern Americans, Chicago, Illinois 2017; Gregory A. Borchard, A Narrative History of the American Press, Boca Raton 2018.

11 Biess, Angst, S. 67.

12 Zit. nach ebd., S. 69 f. Die Anzahl der Vergewaltigungen wird hier mit 552 angegeben.

13 Kloss, Bericht (1945), Bl. 1.

14 Kloss, Bericht (1957), Bl. 21.

15 Eine Auswertung dieses Ereignisses findet sich bei Peter Krahulec / Roland Schopf / Siegfried Wolf, Buchenwald – Weimar, April 1945. Wann lernt der Mensch? Ein Grundlagenbuch für Gruppenarbeit und Selbststudium (Studien zum Nationalsozialismus. Bd. 4), Münster–Hamburg 1994.

16 Stadtarchiv Weimar, Kloss Bericht (1957), Bl. 14 f.

17 Ebd., Bl. 6. Er selbst sei im Lager gewesen, um die »Typhus-Gefahr« zu kontrollieren.

18 Ebd.

19 Ebd., Bl. 14.

20 Ebd.

21 Ebd., Bl. 14 f.

22 Ebd., Bl. 15.

23 Ebd., Bl. 18.

24 Ebd.

25 »Die Amerikaner betonten ständig ironisch, dass das Gezeigte selbstverständlich nur amerikanische Propagandalüge sei, dass sie z. B. die zum Skelett abgemagerten Menschen von Amerika mitgebracht hätten. Ich selbst, gewöhnt, alles mit kritischen Augen anzusehen, machte mir Punkt für Punkt klar, wo und wie die Möglichkeit eines propagandistischen Betruges gegeben sei. Aussagen der Häftlinge hatten für mich nur Wert, wenn sie unmittelbare Augenzeugen des betreffenden Vorganges gewesen waren. Freilich war nicht wahrscheinlich, dass alle Häftlinge unter Einwirkung der Amerikaner die vorgetragenen Tatsachen bestätigen würden, auch wenn sie falsch waren. (Vgl. Kloss, Bericht (1957), Bl. 18.)

26 Ebd., Bl. 21.

27 Ebd., Bl. 37.

28 Ebd., Bl. 14.

29 Stadtarchiv Weimar, Nachlässe. Sammlungen Fritz Behr 1945–1959, Schreiben von Oberbürgermeister Behr, dem evangelischen Propst Kade, dem röm.-katholischen Dechanten Breitung, dem Leiter der Weimarer Kulturstätten Wahl an das Military Government Weimar vom 1. 5. 1945, betr. Die Stadt Weimar und das KZ Buchenwald. Richard Kade (1879–1945) war seit 1929 Pfarrer des Kirchenkreises Weimar-Stadt, im Jahr 1944 Superintendent und Propst von Weimar und seit 1945 Propst im Wartestand. Inwieweit er mit der in Thüringen sehr starken deutsch-christlichen Bewegung verbunden war, ist nicht bekannt; zu ihrem bedeutenden Einfluss in Thüringen siehe Susanne Böhm, Politische Theologie und kirchliche Praxis. Deutsche Christen in der Thüringer evangelischen Kirche (1928–1945), Leipzig 2008.

30 Diese Versorgungsbeziehungen werden von Jens Schley mittels mehrerer Tabellen rekonstruiert. Wie das Fischgeschäft ›Nordsee‹, Verkaufsstelle Weimar, noch 1944 Fische an das Lager schickte, so nahmen im Februar 1941 der Oberbürgermeister und das Schillermuseum die oben skizzierten Dienstleistungen in Anspruch. Tabellarisch werden auch die Arbeitseinsätze von Häftlingen des Konzentrationslagers Buchenwald erfasst (vgl. Schley, Nachbar Buchenwald, S. 125, siehe die Tabellen im Anhang, S. 137–144).

31 Ebd.

32 Kloss, Bericht (1957), Bl. 37.

33 Hinweise zu Zahlen und der Sozialstruktur der mehr als 28 000 Insassen, die hier in dem Zeitraum von 1945 bis 1950 interniert waren, finden sich bei Schley, Nachbar Buchenwald, S. 129 f. Hier wird ebenso ein beeindruckender, die Zustände beschönigender Bericht eines Besuchs ehemaliger Buchenwald-Häftlinge zitiert, die am 12. April 1946 unter Begleitung von Rosa Thälmann, der Witwe Ernst Thälmanns, das von den Sowjets hergerichtete Lager betraten. Zu den Lagererfahrungen der Insassen siehe die Forschungen und das Oral History-Projekt von Eva Ochs: dies., »Heute kann ich das ja sagen«. Lagererfahrungen von Insassen sowjetischer Speziallager in der SBZ/DDR (Europäische Diktaturen und ihre Überwindung. Bd. 9), Köln–Weimar–Wien 2006, S. 194 ff. Zur Gruppe der internierten NS-Belasteteten, deren insgesamte Anzahl schwer einzuschätzen sei, siehe ebd.

34 Diese Spekulationen beruhen auf einem Gespräch mit einem ehemaligen Funktionshäftling, die hier denunziatorisch als »Capo-Leute« bezeichnet werden, vgl. Kloss, Bericht (1957), Bl. 19.

35 National Archives, RG 153, Box 244, Folder 3, Buchenwald Camp, The Report of a Parliamentary Delegation April 1945, S. 6.

36 BwA, Film 1–3, hier Film 1, Information on the Infamous Concentration

Camp at Buchenwald vom 14. 2. 1945, in: U. S. vs. Josias Prince zu Waldeck et al., War Crimes Case Nr. 12–390 (The Buchenwald Case), War Crimes Office, 1945–1954, National Archives and Records Service, 1976, Record Group 153, Records of the Judge Advocate General (College Park, Maryland).

37 Information of the Infamous Concentration Camp at Buchenwald vom 14. 2. 1945, in: US vs. Josias Prince zu Waldeck et al., War Crimes Case Nr. 12–390 (The Buchenwald Case), War Crimes Office, National Archives and Records Service, 1976, Record Group 153, Records of the Judge Advocate General, National Archives (College Park, Maryland); im Folgenden als BwA, RG 153 zitiert.

38 Ebd., Information on the Infamous Concentration Camp at Buchenwald vom 14. 2. 1945, S. 5.

39 Ebd.

40 Vgl. Egon W. Fleck / Edward A. Tenenbaum, Buchenwald. Ein vorläufiger Bericht vom 24. 4. 1945, in: Lutz Niethammer (Hrsg.), Der »gesäuberte« Antifaschismus. Die SED und die roten Kapos von Buchenwald, Berlin 1994, S. 180–198, hier S. 195.

41 National Archives, RG 153, Box 246, P. W. & D. P. Division U. S. Group Control Council, APO 742, Erich Wood; H. Ott; and S. M. Dye, Inspection of German Concentration Camp for Political Prisoners Located at Buchenwald on the North Edge of Weimar on the morning of 16th April 1945 (sic). Die Soldaten beziehen sich auf den Bericht in Stars & Stripes vom 20. 4. 1945.

42 Vgl. Reuben Cares, Seventh Medical Laboratory, to Commanding General, Third US Army, am 25. 5. 1945, National Archives, RG 153, Box 246.

43 National Archives, RG 153, Box 246, Inspection of German Concentration Camp for Political Prisoners Located at Buchenwald on the North Edge of Weimar, vom 16. 4. 1945 (sic).

44 US vs. Waldeck, R. 1, War Department release vom 29. 4. 1945, 4, zit. nach Smith, Ilse Koch, S. 101.

45 BwA, RG 153, German Civilians Forced to See Horror Camp by Patton, in: Washington Post vom 4. 6. 1945.

46 U. S. vs. Waldeck, R. 1, Geschichte von Ann Stringer vom 21. 4. 1945, zit. nach: Smith, Ilse Koch, S. 101.

47 BwA, RG 153, U. S. vs. Waldeck, R. 5, hier Hinweis auf Wochenschau unter dem Titel ›Ilse Kochs Lampenschirm‹; unbetitelter Bericht vom Chef des Heeresjustizwesens vom 31. 7. 1945 und R.1, vertraulicher Bericht der US-Armee über Verletzungen der Genfer Konvention vom 23. 6. 1945, S. 14.

48 Vgl. Claudia Benthien, Häutungen. Folter, Enthüllungen, Gestaltwandel. Zur Kulturgeschichte einer ›Entdeckung‹, in: Paragrena 1997, S. 197–217.

4 Vor Gericht in Dachau: Die Vereinigten Staaten und die Ahndung der ›mass atrocities‹

1 An Information Booklet on the Buchenwald Concentration Camp Case. The United States of America vs. Josias Prince zu Waldeck et al. To be Heard at Camp Dachau, Germany, 11.4.1947, Charge Sheet No. 000–50–9, S. 26. In diesem gedruckten Heft wurden die Anklagepunkte gegen Ilse Koch – sie war die 15. der insgesamt 31 Angeklagten – aufgeführt.

2 Clemens Vollnhals, Die Verfolgung von NS- und Kriegsverbrechen durch alliierte und deutsche Gerichte in der Bundesrepublik und der DDR. Ein Überblick von 1945 bis 2015, in: Jörg Ganzenmüller / Manuel Leppert / Katharina Schwinde (Hrsg.), Recht und Gerechtigkeit. Die strafrechtliche Aufarbeitung von Diktaturen in Europa, Wien–Köln–Weimar 2017, S. 33–54, hier S. 33 f.

3 Ebd.

4 Robert Sigel, Im Interesse der Gerechtigkeit. Die Dachauer Kriegsverbrecherprozesse 1945–1948, Frankfurt–New York 1992, S. 17 ff., S. 27.

5 Yavnai, Trials, S. 51.

6 Zur Verdeutlichung der unterschiedlichen Zuständigkeiten siehe das Schaubild sowie die entsprechenden Erläuterungen von Sigel, Gerechtigkeit, S. 27.

7 Yavnai, Trials, S. 52.

8 Sigel, Gerechtigkeit, S. 25.

9 Priemel, Betrayal.

10 Im Rahmen der Nürnberger Hauptkriegsverbrecherprozesse war gegen 185 Personen Anklagen erhoben und 24 Personen waren zum Tode verurteilt worden, wovon 12 hingerichtet wurden. Es ergingen 35 Freisprüche (Vollnhals, Verfolgung von NS- und Kriegsverbrechen, S. 36; vgl. Annette Weinke, Gewalt, Geschichte, Gerechtigkeit. Transnationale Debatten über deutsche Staatsverbrechen im 20. Jahrhundert (Beiträge zur Geschichte des 20. Jahrhunderts. Bd. 19), Göttingen 2016.

11 Die Grundlage dieser Militärgerichtsverfahren stellte die »Joint Chiefs of Staff Directive 1023/10« vom 8. Juli 1945 dar (Sigel, Gerechtigkeit, S. 8).

12 Vollnhals, Verfolgung von NS- und Kriegsverbrechen, S. 36.

13 Es erreichten die Vereinigten Staaten 8116 Auslieferungsgesuche, von denen 3914 befürwortet wurden, 37 und 30 Prozent wurden Frankreich bzw. Polen überstellt. Yavnai, Trials, S. 61.

14 Vollnhals, Verfolgung von NS- und Kriegsverbrechen, S. 36.

15 Bei Sigel finden sich Hinweise zu den von den anderen beiden Gerichtsinstanzen verhängten Strafen (vgl. Sigel, Gerechtigkeit, S. 35).

16 Die Erlasse – die »Rules of Military Government Court« und das »Manual for Trial of War Crimes and Related Cases« – vom 15. Juli 1946 bzw. vom

21. März 1947 – regelten den Ablauf der amerikanischen Kriegsverbrecherprozesse (vgl. Sigel, Gerechtigkeit, S. 36; United States Senate, Conduct of Ilse Koch, Koch War Crimes Trial. Interim Report of the Investigations Subcommittee on the Committee on Expenditures in the Executive Departments, Washington 1948, S. 3).

17 Vgl. US Senate, Conduct of Ilse Koch War Crimes Trial, Interim Report, S. 3f.

18 Yavnai, Trials, S. 55.

19 Ebd., S. 56.

20 Sigel, Gerechtigkeit, S. 9. Andere Zahlen nennt: Yavnai, Trials, S. 49. Sie spricht von 1676 Personen in 462 Gerichtsverfahren. Sigel weist darauf hin, dass die vorliegenden Statistiken leicht abweichen und daher unterschiedliche Zahlen zirkulieren. Er geht von 3887 Ermittlungsverfahren und 489 letztlich durchgeführten Zahlen aus (vgl. Sigel, Gerechtigkeit, S. 37 f.).

21 Von diesen 1022 Beschuldigten musste sich ein Drittel in den Hauptverfahren, die übrigen Beschuldigten in den 250 Nachfolgeprozessen verantworten (vgl. Sigel, Gerechtigkeit, S. 38).

22 Yavnai, Trials, S. 62.

23 In Dachau wurden insgesamt sechs Hauptverfahren durchgeführt, dazu gehörten der KZ Dachau-Prozess, der KZ Buchenwald-Prozess, der KZ Flossenbürg-Prozess, der KZ Mauthausen-Prozess, der KZ Nordhausen-Prozess und der KZ Mühldorf-Prozess (vgl. Sigel, Gerechtigkeit, S. 8).

24 Ebd., S. 112.

25 Yavnai, Trials, S. 59 f.

26 Sigel, Gerechtigkeit, S. 162.

27 Siehe auch Werner Scherf, Die Verbrechen der SS-Ärzte im KZ Buchenwald. Der antifaschistische Widerstand im Häftlingskrankenbau, Berlin 1987, S. 198 ff.; den Fall Koch betreffend vgl. Smith, Ilse Koch, S. 105–108.

28 National Archives, RG 153, Box 246, Schreiben von Lucius D. Clay an General Sokolowski vom 9. 11. 1945.

29 Ebd., Schreiben von Lucius D. Clay an General Sokolowski vom 2. 1. 1946.

30 Ebd., Schreiben von C. Betts (Theater Judge Advocate) an Director, Legal Division, Office of Military Government for Germany, APO 742, US Army vom 26. 10. 1945.

31 Ebd., Box 244, Folder 3, Sidney S. Rubenstein Memorandum an Colonel Gunn vom 1. 8. 1946.

32 Ebd., Box 246, Joseph W. Hodgson an den Außenminister vom 1. 3. 1946, subject: Trial of German Concentration Camp Cases, vertraulich.

33 Ebd., Colonel C. B. Mickelwait, Deputy Theater Judge Advocate, an Director, Civil Affaires Division, War Department vom 27. 4. 1946, vertraulich.

34 Ebd., Box 244, Folder 4, vertrauliches Schreiben der amerikanischen Militärregierung, Wiesbaden, an den Deputy Theater War Crimes Branch Colonel Straight vom 25.6.1946.

35 An Information Booklet on the Buchenwald Concentration Camp Case. The United States of America vs. Josias Prince zu Waldeck et al. To be Heard at Camp Dachau, Germany, 11.4.1947, Charge Sheet No. 000–50–9. History of the Case, S. 10–11, hier S. 11.

36 Sigel, Gerechtigkeit, S. 29.

37 An Information Booklet on the Buchenwald Concentration Camp Case. The United States of America vs. Josias Prince zu Waldeck et al. To be Heard at Camp Dachau, Germany, 11.4.1947, Charge Sheet No. 000–50–9, S. 8.

38 Sigel, Gerechtigkeit, S. 111.

39 United States Holocaust Memorial, Washington D.C. (USHMM), RG-50.030* 0268, Oral History Interview mit William Denson, 19. Das Interview führte die Holocaust-Expertin Joan Ringelheim am 25.8.1994. Das Interview liegt als digitale Fassung vor.

40 Ebd., S. 24.

41 Ebd., S. 16f.

42 Zu dem Dachauer Militärgericht gehörten die folgenden acht Offiziere der amerikanischen Armee: Brig. Gen. Emil C. Kiel (Vorsitzender des Gerichts), Lt. Col. John S. Dwinell (juristisches Mitglied), Col. Harry R. Pierce; Col. Gilbert; Col. Akerman, Col. William W. Robertson; Col. Earle B. Dunning; Lt. Col. Edward B. Walker; Lt. Col. James M. Morris (US Senate, Conduct of Ilse Koch War Crimes Trial, Interim Report, S. 4). Zur Zusammensetzung des Gremiums siehe sehr allgemein Smith, Ilse Koch, S. 111.

43 Die zivilen Mitglieder der Anklage waren zudem Robert L. Kunzig (später Generalstaatsanwalt in Pennsylvania) sowie Solomon Surowitz, der 1948 eine Anwaltskanzlei in New York führte (vgl. US Senate, Conduct of Ilse Koch War Crimes Trial, Interim Report, S. 4). Denson war an der juristischen Verfolgung der in den Konzentrationslagern Mauthausen, Flossenbürg und Buchenwald begangenen NS-Verbrechen beteiligt.

44 Denson selbst übernahm die Vertretung der Anklage im Rahmen des Dachauer Prozesses als junger Mann von dreißig Jahren. Nachdem er die amerikanische Militärakademie West Point absolviert hatte, wo er später Jura lehrte, studierte er in Harvard Jura. Er war fünf Jahre als niedergelassener Anwalt in Alabama tätig, die amerikanische Anklage in Dachau vertrat er als ziviler Anwalt. Nach seiner Rückkehr in die Vereinigten Staaten wurde er Mitglied der Atomic Energy Commission, in dieser Funktion sagte er im Rahmen des Verfahrens der Kommunisten Julius und Ethel Rosenberg aus –

einem der spektakulärsten Prozesse der McCarthy Ära (vgl. Michael T. Kaufman, William Denson Dies at 85; Helped in Convicting Nazis, in: New York Times vom 16.12.1998; Angabe zum Lebenslauf finden sich auch hier: US Senate, Conduct of Ilse Koch War Crimes Trial, Interim Report, S. 1020).

45 Die deutschen Verteidiger waren Dr. Richard Wacker, Dr. Ludwig Renner, Dr. Emil Alheimer; Dr. Karl Kopf (vgl. US Senate, Conduct of Ilse Koch War Crimes Trial, Hearings, S. 1020).

46 Ebd., S. 1030.

47 An Information Booklet on The Buchenwald Concentration Camp Case. The United States of America vs. Josias Prince zu Waldeck et al. To be Heard at Camp Dachau, 11. April 1947. Charge Sheet vom 7.3.1947, unterzeichnet von Robert D. Durst, S. 8. Siehe den originalen Wortlaut weiter oben.

48 An Information Booklet on The Buchenwald Concentration Camp Case. The United States of America v. Josias Prince zu Waldeck et al. To be Heard at Camp Dachau, 11. April 1947, History of the Case, S. 10f.

49 Ebd., S. 11.

50 Grundlegend war die sogenannte Special Order No. 18; vgl. US Senate, Conduct of Ilse Koch War Crimes Trial, Interim Report, S. 3.

51 Vgl. ebd., S. 5.

52 Sigel, Gerechtigkeit, S. 36. Lediglich in zwei Hauptverfahren, den Prozessen gegen die Verantwortlichen der Konzentrationslager Dachau und Mauthausen, erfolgte eine Begründung des Urteils.

53 Ebd.

54 An Information Booklet on The Buchenwald Concentration Camp Case. The United States of America v. Josias Prince zu Waldeck et al. To be Heard at Camp Dachau, 11. April 1947, History of the Case, S. 10.

55 National Archives, Record Group 111, Accession III-Nav-210, Army Pictoral Center, Munich 541, Buchenwald Trial, Dachau, 12.4.1947; der Film ist im digitalen Archiv der National Archives einzusehen.

56 USHMM, RG.50.030*0268, Interview mit Denson, S. 26.

57 Die Wochenschau »Welt im Film« wurde zunächst ausschließlich von der amerikanischen Militärbehörde und später dann in Kooperation mit den Briten produziert. Die Wochenschau »Welt im Film« ist im digitalen Archiv des Bundesarchivs einzusehen. Bundesarchiv, Bestand Film: https://www.filmothek.de/video/583544?q=Welt+im+Film

58 Zu den Wochenschauen, die Ilse Koch betreffen, siehe »Welt im Film« 112, BArch, Bestand Film: https://www.filmothek.de/video/583544?q=Welt+im+Film Hier sind auch die beiden anderen Ausgaben (99 und 117) der

Wochenschau einzusehen, die Teile der Anklageerhebung bzw. der Urteilsverkündung des Dachauer Prozesses zeigen.

59 An Information Booklet on The Buchenwald Concentration Camp Case. The United States of America vs. Josias Prince zu Waldeck et al. To be Heard at Camp Dachau, Germany 11.4.1947, S. 26.

60 US Senate, Conduct of Ilse Koch War Crimes Trial, Hearings, S. 1024.

61 Vernehmung Ilse Kochs, Prozess R. 6, S. 3715–3717, zit. nach Smith, Ilse Koch, S. 104f.

62 KS 22/50, Exzerpt der wichtigsten Aussagen im Prozess USA gegen Waldeck, hier S. 372.

63 Zur Haltung der Beschuldigten vor den War Crimes Trial und deren Opferkonstruktionen siehe allgemein Sigel, Gerechtigkeit.

64 BwA, I 32/28, Korrespondenz zum Buchenwald-Prozess, Schreiben von Harry Kuhn an Robert Leibbrand (Landesleitung KPD Württemberg, Stuttgart) vom 21.3.1947.

65 Siehe das Kapitel 8 weiter unten.

66 Benedikt Kautsky beschreibt in seinem autobiographischen Bericht die sog. »Mülltonnenadler«, die selbst bei »hinreichender Ernährung« Abfälle und verdorbenes Essen verschlangen. Diese »willensschwache(n)« Menschen hätten »schon in Freiheit jeden moralischen Halt verloren«. In den Zeiten des Hungers sei die Zahl der »‹Mülltonnenadler›« recht groß geworden (vgl. Benedikt Kautsky, Teufel und Verdammte. Erfahrungen und Erkenntnisse aus sieben Jahren in deutschen Konzentrationslagern, Zürich 1946, S. 145).

67 BwA, I 32/28, Korrespondenz zum Buchenwald-Prozess, Schreiben Walter Bartel an Theophil Witek vom 20.3.1947.

68 Vgl. Smith, Ilse Koch, S. 130f.

69 Siehe die denunziatorische Darstellung der Zeugen Froboess und Titz bei Smith, Ilse Koch, S. 128ff.

70 National Archives, RG 153, Box 255, Wortprotokoll der Vernehmung von Kurt Titz, S. 1232ff.

71 Ebd., S. 1252: »Ich wurde jeden Morgen um etwa 5 Uhr, je nach der Jahreszeit, von einem Wachmann zum Haus der Kochs gebracht und wenn ich im Haus angekommen war, ließ mich der Wachmann alleine. Zuerst musste ich den Kamin anzünden und die Zimmer im unteren Stockwerk aufräumen, dann weckte ich die Kinder und kleidete sie an.«

72 Ebd., S. 1233.

73 Ebd., S. 1234: »Mir wurde gesagt, dass diese Lampenschirme aus Menschenhaut gemacht worden waren.«

74 Ebd.

75 Ebd., S. 1235: »Wenn sie einen Mann nicht mehr sehen wollte, sagte sie einfach, ›Ich kann es nicht mehr ertragen, diesen Mann anzugucken‹, und dann war der Mann nicht mehr da.«

76 Ebd., S. 1252.

77 KS 22/50, Dachauer Urteil gegen Ilse Koch vom 12. 8. 1947.

78 Siehe das Schaubild der im Rahmen der Dachauer Kriegsverbrecherprozesse verhängten Urteile, in: Sigel, Gerechtigkeit, S. 37. Dieser Darstellung zufolge ergingen 256 Freisprüche, 530 Personen wurden zu einer Haftstrafe von 5 Jahren und weniger verurteilt, 114 Beschuldigte zu einer Freiheitsstrafe von 6 bis 10 Jahren, 136 erhielten eine Haftstrafe von 11 bis 25 Jahren, und 11 Personen wurden zu einer Strafe von mehr als 26 Jahren verurteilt. 199 Beschuldigte erhielten eine lebenslange Haftstrafe, und 426 Personen wurden zum Tode verurteilt.

79 Bis zum 12. August 1948 waren 119 Todesurteile in Haftstrafen umgewandelt und 152 Todesurteile vollstreckt worden (vgl. Sigel, Gerechtigkeit, S. 38).

80 Diese Frage war auch Gegenstand des Senatsausschusses, siehe hierzu weiter unten. Eine Aufstellung der im Einzelnen im Rahmen des Dachauer Buchenwald-Prozesses verhängten Urteile findet sich ebd., S. 112.

5 Von der Urteilsrevision zum Skandal: Die Debatte über die ›gerechte‹ Bestrafung Ilse Kochs

1 Vgl. National Archives, RG 153, Box 246, Schreiben Franz Dobermann an das State Department vom 11. 11. 1948.

2 National Archives, RG 153, Box 254, Vol. I Trial Record, Part 2, Folder 1, 12–390, Lucius D. Clay, Order on Review vom 8. 6. 1948, Case Nr. 000–50–9, Ilse Koch.

3 Zit. nach Smith, Ilse Koch, S. 146.

4 US Senate, Conduct of Ilse Koch War Crimes Trial, Hearings, Anhang, Exhibit Nr. 143, Deputy Judge Advocate's Office, 7708 War Crimes Group, European Command, APO 407, Review and Recommendations of the Deputy Judge Advocate for War Crimes, 15. 11. 1947, S. 1197 ff., hier S. 1236; vgl. auch Smith, Ilse Koch, S. 141.

5 Sigel, Gerechtigkeit, S. 25.

6 US Senate, Conduct of Ilse Koch War Crimes Trial, Interim Report, S. 12 f.

7 Die einzelnen Schritte dieses Revisionsprozesses werden ausführlich beschrieben in dem Bericht der Senatskommission (US Senate, Conduct of Ilse Koch War Crimes Trial, Interim Report, S. 12 f.). Zunächst überprüften zwei Anwälte (Harold E. Kuhn, Richard A. Schneider) unter Leitung von Lieutenant Colonel Straight das Urteil, sie sprachen die Empfehlung der Urteilsre-

vision aus, die im März 1948 die nächste Instanz, die Judge Advocate Division (EUCOM) erreichte.

8 National Archives, RG 338, Case No. 000–50–9, Box 435, Deputy Judge Advocate Office, 7708 War Crimes Group, Review and Recommendation vom 15.11.1947.

9 US Senate, Conduct of Ilse Koch War Crimes Trial, Interim Report, S. 12.

10 Petition for Review vom 30.4.1948, United States vs. Josias Prince zu Waldeck et al. S. 83.

11 KS 22/50, Schreiben der Dachau Detachment 7708 War Crimes Group APO 407 an General Clay vom 18.9.1947.

12 Ebd. Headquarters European Command, Office of the Judge Advocate War Crimes Board of Review No. 5, Supplementary and Special Report of War Crimes Board of Review No. 5, 6.10.1948.

13 Von den 22 Todesstrafen wurden sieben in lebenslange bzw. in eine längere Haftstrafe von 20 Jahren korrigiert. Ebenso wurden vier der fünf lebenslangen Haftstrafen und auch eine Strafe von 15 Jahren Haft deutlich korrigiert (vgl. Sigel, Gerechtigkeit, S. 112).

14 National Archives, RG 153, Box 246, Notiz Edward H. Young, War Crimes Branch vom 20.9.1948, zur »Publicity re Sentence of Convicted War Criminal Ilse Koch.« Der Antrag auf Revision wurde vom Verteidiger Carl Whitney am 3.10.1947, das Gnadengesuch am 18.9.1947 gestellt.

15 Sigel, Gerechtigkeit, S. 38.

16 Am 28. November 1949 initiierte General Thomas J. Handy, Nachfolger Clays, die Überprüfung von etwa 512 Urteilen, es erfolgte in über 370 Fällen eine Revision des Urteils und in 150 war die Empfehlung einer Reduktion des Strafmaßes erfolgt (vgl. Sigel, Gerechtigkeit, S. 171 ff.). Siehe auch Scherf, Verbrechen, S. 210.

17 National Archives, RG 153, Box 246, Schreiben des Senators Raymond E. Baldwin an Kenneth C. Royall vom 17.9.1948.

18 Ebd., Schreiben von Arthur G. Klein, Member of Congress, an Royall vom 29.9.1948, vgl. anonymes Schreiben an Royall vom 29.9.1948: »Erinnern Sie sich an Bernadotte, die Geschichte beweist, dass der Jude jeden hintergeht, um sein Ziel zu erreichen.«

19 National Archives, RG 153, Box 246, Schreiben Franz Dobermann an das State Department vom 11.11.1948.

20 US Senate, Conduct of Ilse Koch War Crimes Trial, Hearings, S. 24. Eingesehen werden kann die Anhörung auch hier: https://books.google.de/books?id=AE8PAQAAMAAJ&printsec=frontcover&hl=de#v=onepage&q&f=false (abgerufen zuletzt am 23.12.2021).

21 US Senate, Conduct of Ilse Koch War Crimes Trial, Hearings.
22 National Archives, RG 153, Box 245, Schreiben des Senatsmitglieds Raymond E. Baldwin an Kenneth Royall vom 24.9.1948.
23 Ebd., Schreiben L. H. Jones; Albert Sokol, Junior Chamber of Commerce, Alabama, an Senator Lester Hill vom 8.10.1948.
24 Vgl. US Senate, Conduct of Ilse Koch War Crimes Trial, Hearings.
25 Ebd., S. 1f.
26 Ebd., S. 999 ff.
27 Petr Zenkl war 1945 für eine kurze Zeit Bürgermeister Prags und stellvertretender Ministerpräsident der Tschechoslowakei gewesen, 1948 emigrierte er in die Vereinigten Staaten.
28 US Senate, Conduct of Ilse Koch War Crimes Trial, Hearings, S. 1077. Der Arzt Heller berichtete von den Schlägen; er wie Zenkl beobachteten Ilse Koch am Lagereingang; Kurt Sitte hat während des Verfahrens eine generelle Einordnung des ›Hörensagens‹ vorgenommen.
29 Ebd., S. 1025. Senator Ferguson fragt danach, ob die tätowierten Hautstücke auch in Ilse Kochs Schlafzimmer aufgefunden wurden.
30 Ebd.; vgl. Smith, Ilse Koch, S. 123.
31 US Senate, Conduct of Ilse Koch War Crimes Trial, Hearings, S. 1027.
32 Dieser Sachverhalt provozierte einige Spekulationen; im Rahmen der Senatsanhörung wurde die Vermutung von Denson geäußert, dass der Vater des Kindes (Uwe) ein ehemaliger Gefangener des Konzentrationslagers Flossenburg (sic!) und ein »armer Schlucker« war (US Senate, Conduct of Ilse Koch War Crimes Trial, Hearings, hier S. 1027; die Frage nach der Schwangerschaft wurde im Rahmen der Anhörung mehrfach gestellt: S. 1031, 1084, 1087, 1090.
33 US Senate, Conduct of Ilse Koch War Crimes Trial, Interim Report.
34 Ebd., S. 14 f.
35 Ebd., S. 22.
36 Ebd., S. 22 f.
37 Ebd., S. 23.
38 Ebd., S. 24.
39 Ebd.
40 Ebd.
41 Ebd., »Der Unterausschuss ist sich zutiefst bewusst über Zweck und Ziel der Militärprozesse gegen die Naziverbrecher. Im Fokus steht das Ziel, die demokratischen Grundsätze zu verteidigen, für die der Krieg geführt wurde und für die unsere Männer und Frauen gekämpft haben und gestorben sind.«
42 BwA, RG 153, Schreiben Clays an das amerikanische Kriegsministerium vom 7.2.1949.

43 Ebd., Schreiben von Stephen S. Wise an William P. Rogers vom 1.3.1949.
44 National Archives, RG 153, Box 245, Schreiben Stephen S. Wise, Jewish World Congress, an William P. Rogers, Senate Investigations Subcommittee vom 1.3.1949.
45 Ebd., Box 246, Senate Resolution No. 48 vom 5.5.1949.
46 National Archives, RG 260, AG 1948350, Royall, Department of the Army to Harbaugh, Eucom, 30.9.1948, eilig, vertraulich.
47 Ebd., Lucius D. Clay to Headquarters of the Army. 28.11.1948, Sperrvermerk.
48 Ebd.
49 Ebd.
50 Ernest Laudau, Dunkle Zukunft der Juden in Deutschland, in: Aufbau vom 27.5.1949, S. 3: »Schon in den Tagen, da die Ernennung John McCloys zum Hohen Kommissar für Deutschland noch nicht feststand und nur gerüchteweise diskutiert wurde, sprach man von ihm in München und anderen deutschen Städten als einem *Sendboten des Judentums*, der ein Vertreter der starken Hand gegenüber Deutschland sei und ein ›Executor‹ des (so sehr in den Köpfen spukenden) Morgenthau-Planes«.
51 Annette Weinke, »Alliierter Angriff auf die nationale Souveränität«? Die Strafverfolgung von Kriegs- und NS-Verbrechen in der Bundesrepublik, der DDR und Österreich, in: Norbert Frei (Hrsg.), Transnationale Vergangenheitspolitik. Der Umgang mit deutschen Kriegsverbrechern in Europa nach dem Zweiten Weltkrieg, Göttingen 2006, S. 37–93, hier S. 41.
52 Vgl. das Kapitel »Die Wirkung der Dachauer Prozesse in der Öffentlichkeit und das Ende des amerikanischen War Crimes Program«, in: Sigel, Gerechtigkeit, S. 159–193; Martin Greschat, Protestantismus im Kalten Krieg. Kirche, Politik und Gesellschaft im geteilten Deutschland 1945–1963, Paderborn u. a. 2010.
53 Eingabe des Rats der Evangelischen Kirche in Deutschland vom 6.12.1950, zit. nach: Sigel, Gerechtigkeit, S. 165.
54 Begleitschreiben zur Eingabe des Rats der Evangelischen Kirche in Deutschland vom 6.12.1950, zit. nach ebd.
55 Maximilian Koessler, The Ilse Koch Case Senate Investigation and Its Legal Problems with Observations on Double Jeopardy and Res Iudicata, in: Missouri Law Review 1958, S. 1–23. Einen Kurzlebenslauf von Koessler, der als Jurist aus Österreich in die Vereinigten Staaten emigrierte, findet sich auf der Website des United States Holocaust Museum Memorial: https://collections.ushmm.org/search/catalog/irn518430 (abgerufen am 1.12.2021).

6 ›Doing‹ Democracy? Die amerikanische Presse und die NS-Verbrechen

1 William D. Denson / Robert Lowe Kunzig, »Why free Ilse Koch – Mistress of Buchenwald?« in: Look (4. 1. 1949), S. 36 – 39.

2 Siehe unter anderem: Habbo Knoch, Die Tat als Bild. Fotografien des Holocaust in der deutschen Erinnerungskultur, Hamburg 2001; zum übergeordneten Kontext siehe Svenja Goltermann, Opfer. Die Wahrnehmung von Krieg und Gewalt in der Moderne, Frankfurt a. M. 2020.

3 Wie politisch aufgeladen der Fall Koch noch in den späten sechziger Jahren war, zeigt ein Artikel, der ihren Suizid zum Anlass nimmt, die palästinensische Kritik an Israel bzw. die Gleichsetzung israelischer Politik mit dem Nationalsozialismus zurückzuweisen (vgl. Cincinnati has a Visitor, in: The American Israelite (7. 9. 1967), S. 4).

4 Deborah E. Lipstadt, The American Press and the Persecution of German Jewry. The Early Years 1933 – 1935, in: The Leo Baeck Institute Yearbook 1/1984, S. 27 – 55; Klaus Drobisch, Zeitgenössische Berichte über Nazikonzentrationslager 1933 – 1939, in: Jahrbuch für Geschichte 1982, S. 125 f.

5 Gerhart Seger, Oranienburg. Erster authentischer Bericht eines aus dem Konzentrationslager Geflüchteten, Karlsbad 1934. Dieser Bericht wurde in zahlreichen Sprachen veröffentlicht. Seger gelang die Flucht und Emigration in die Vereinigten Staaten, wo er als Journalist arbeitete. Er kehrte nicht nach Deutschland zurück, vgl. Frei, Medien, S. 386.

6 Einige der amerikanischen Korrespondenten veröffentlichten über ihre Deutschlanderfahrungen Berichte, so unter anderem Louis Lochner (langjähriger Berliner Bürochef von Associated Press); Louis Lochner, What About Germany, New York 1942; Wallace R. Deuel, Hitler and Nazi Germany, Chicago 1941; siehe auch das Buch der Redaktionsmitarbeiter von United Press: Frederick C. Oechsner u. a., This is the Enemy, London 1943.

7 Oechsner u. a., Enemy, S. 294.

8 Vgl. Edmond Taylor, Eyewitness View of Prison Life in Germany. Tribune Man Visits Large Camp, in: Chicago Daily Tribune vom 7. 4. 1933, zit. nach: Sybil Milton, Die Konzentrationslager der dreißiger Jahre im Bild der in- und ausländischen Presse, in: Ulrich Herbert / Karin Orth / Christoph Dieckmann (Hrsg.), Die nationalsozialistischen Konzentrationslager – Entwicklung und Struktur. Bd. 1, Göttingen 1998, S. 136 – 145, hier S. 138 f.

9 Einige Journalisten hielten sich sogar bis weit in das Jahr 1942 im Deutschen Reich auf, sie wurden gegen verhaftete Deutsche ausgetauscht: Lipstadt, American Press, S. 27.

10 Ebd., S. 35.

11 Frei, Medien, S. 387.

12 Zit. nach Sigel, Gerechtigkeit, S. 13 f.

13 Deborah E. Lipstadt, Beyond Belief. The American Press and the Coming of the Holocaust 1933–1945, New York 1986, S. 245.

14 Der Korrespondent der New York Times, Bill Lawrence, glaubte den Verbrechen in Babyn Jar nicht (vgl. ebd.).

15 Siehe hierzu das erste Kapitel dieses Teils.

16 Bodo Ritscher (Hrsg.), Buchenwalder Nachrichten Nr. 1 (14. April 1945) – Nr. 28. (16. Mai 1945), Weimar 1983. Die von den ehemaligen Häftlingen herausgegebene Lagerzeitung protokollierte zentrale Ereignisse wie die Besuche auf dem Lagergelände. Darüber hinaus werden hier ebenso zentrale politische Ereignisse zur Befreiung des Deutschen Reiches festgehalten.

17 National Archives, RG 153, Box 244, Folder 3, United Nations War Crimes Commission. Visit of Delegation to Buchenwald Concentration Camp in Germany vom 3. 5. 1945.

18 Vgl. Ritscher, Nachrichten, S. 11: Buchenwalder Nachrichten Nr. 7 vom 22. 4. 1945.

19 Frei, Medien, S. 389.

20 Alexander Kendrick, Prime Time. The Life of Edward A. Murrow, Boston 1969, S. 279, zit. nach Frei, Medien, S. 389.

21 Malcolm W. Bingway, Address before a special meeting of the Economic Club of Detroit am 16. 5. 1945, zit. nach ebd., S. 390.

22 St. Louis Post-Dispatch (28. 4. 1945), zit. nach Frei, Medien, S. 391.

23 Ebd., S. 393.

24 Ebd.

25 Ebd., S. 391.

26 Ebd., S. 393.

27 Ebd., S. 394.

28 Ebd., S. 395.

29 Ebd., S. 395.

30 Ebd., S. 398.

31 Ebd.

32 Ebd., S. 399.

33 Auf die Frage der Gallup-Erhebung ›What do you think we should do with Germany as a country?‹ sprachen sich acht Prozent der Befragten für unterstützende Maßnahmen aus (»encourage«), 46 Prozent befürworteten scharfe Kontrollen, 34 Prozent die Zerstückelung des Landes sowie schwere Bestrafung (vgl. Frei, Medien, S. 399).

34 Ebd., S. 401.

35 Martha Gellhorn, Dachau: Experimental Murder, in: Collier's Weekly vom 23.6.1945, zit. nach ebd.
36 The Witch of Buchenwald. The Good and the Horrible, in: Newsweek (28.7.1947), S. 38.
37 The Stars and Stripes, Rhine-Main Edition (12.4.1947), zit. nach Smith, Ilse Koch, S. 109.
38 Vgl. The Bitch Again, in: Time. The Weekly Newsmagazine (4.10.1948); siehe auch The Butcher's Wife, in: New York Times (21.9.1948), S. 26.
39 Zur Geburt des Sohnes Uwe in der Haft äußert sich selbst die New York Times am 30.10.1947.
40 Hal Boyle, Queen of Buchenwald Gets Permanent Address, in: Daily Boston Globe (14.8.1947), S. A 2.
41 Ebd.
42 Ebd.
43 Newsweek Magazine (28.7.1947), siehe auch Wrocklage, Fotoalben, 201.
44 Vgl. Echo from Buchenwald. From her Own People Ilse Koch gets Life Term, in: Life Magazine (29.1.1951), S. 39 ff.
45 Zum kriminologischen Blick siehe auch: Regener, Fotografische Erfassung.
46 Vgl. Knoch, Tat als Bild.
47 Die Filme sind über das digitale Archiv des Bundesarchivs zu finden: Es wurde sowohl über den amerikanischen als auch den deutschen Prozess berichtet. Welt im Film 112/1947 vom 18.7.1947 zeigt das Kreuzverhör mit Ilse Koch und nimmt den ›Schrumpfkopf‹ und den ›Lampenschirm‹ ins Bild.
48 Diese Beschreibung bezieht sich auf die Verwendung menschlicher Häute als Einrichtungsgegenstände: Frau Koch Release Flaunting Justice, in: The Austin Statesman (29.9.1948), S. 4.
49 Among their Souvernirs: Tattooed Skin Shades Lost in Ilse Koch Case, in: Los Angeles Times (7.10.1948), S. 12.
50 Eine Sammlung der Presseausschnitte zu Ilse Koch befinden sich im Archiv der Gedenkstätte Buchenwald und im Institut für Zeitgeschichte.
51 Lucius D. Clay, Entscheidung in Deutschland, Frankfurt a.M. 1950, S. 285.
52 National Archives, RG 153, Box 246, Notiz Edward H. Young, War Crimes Branch vom 20.9.1948, zur »Publicity re Sentence of Convicted War Criminal Ilse Koch«.
53 Ebd., Memo Edward H. Young, Chief, War Crimes Branch vom 20.9.1948.
54 Selbst die renommierte Washington Post verbreitete die Nachricht, dass die Beschuldigte verurteilt sei, da sie tätowierte Lagerhäftlinge in die Gaskammern geschickt habe. Ihr Gesicht habe sich bei der Urteilsverkündung rot

verfärbt: 22 Nazis Are Ordered Hanged For Atrocities at Buchenwald, in: The Washington Post (15. 8. 1957) S. 5; Frau Koch, 30 Others Found Guilty of Buchenwald Crimes, in: Washington Post (13. 8. 1947), S. 1; 22 Buchenwald Attendants to Be Hanged, in: Daily Boston Globe (14. 8. 1947), S. 2, 5; 22 Sentenced to Hang for Buchenwald Crimes, in: Los Angeles Times (15. 8. 1947), S. 7. Convict 31 Who Ran Death Camp at Buchenwald, in: Chicago Daily Tribune (13. 8. 1947), S. 16; Last Column News In Paragraphs: Buchenwald Guards Sentenced, in: Jewish Advocate (21. 8. 1947), S. 12.

55 National Archives, RG 153, Box 246, Auszüge aus der Pressekonferenz mit dem Militärgouverneur Lucius C. Clay, Pentagon, 21. 10. 1948.

56 Frei, Medien, S. 388.

57 Ilse Koch's Penalty Reduced to 4 Years: Nazi Camp Official's Widow Was Sentenced to Life, in: New York Herald Tribune (17. 9. 1948), S. 11.

58 317 Sentences Lightened, Army Reveals, in: The Washington Post (2. 10. 1948), S. 2.

59 Walter Millis, A Review of the Ilse Koch Case. What the Public Knows About the Woman Charged with Atrocities, in: New York Herald Tribune (29. 10. 1948), S. 22.

60 Ebd.

61 Ebd.

62 Ebd.

63 Millis paraphrasiert diesen Artikel von Hartrich: Edwin C. Hartrich, The Evidence against Ilse Koch. No Proof Buchenwald Commandant's Wife Collected Human Skin, in: New York Herald Tribune, (13. 10. 1948), S. 22.

64 Walter Millis, A Review of the Ilse Koch Case, S. 22.

65 Edwin C. Hartrich, The Evidence Against Ilse Koch. No Proof Buchenwald Commandant's Wife Collected Tattoed Human Skin, in: New York Herald Tribune (13. 10. 1948), S. 22. Siehe dagegen Petr Zenkl, The Case of Ilse Koch. Readers Comment on the Evidence of Her Having Collected Tattooed Human Skin, in: New York Herald Tribune (20. 10. 1948), S. 30. Walter Millis hingegen verteidigte die Analyse Hartrichs: vgl. ders., A Review of the Ilse Koch Case. What the Republic knows about the Woman Charged with Atrocities at Buchenwald, in: New York Herald Tribune (29. 10. 1948), S. 22.

66 Vgl. die Aufstellung durch das Kriegsministerium für den Zeitraum 19. 9.-18. 10. 1948 »Columns: 3 Favourable, 16 Unfavourable« (BwA, The Buchenwald Case, Film 2).

67 Vgl. den Beitrag in: Philadelphia Inquirer (7. 10. 1948), S. 1.

68 Whitewashing Buchenwald? in: The Christian Science Monitor (25. 10. 1948), S. 18.

69 Ebd.

70 Die deutsche Übersetzung seines Artikels wurde hier veröffentlicht: William Denson, Ich war Ankläger gegen Ilse Koch, in: Das freie Wort (26. 10. 1948) u. Frankfurter Rundschau (9. 10. 1948).

71 Vgl. How not to Teach Democracy to Germans, in: The Saturday Evening (13. 11. 1948).

72 Newark News (30. 9. 1948).

73 KS 22/50, HA, Schreiben von Oberst Fenn an Oberst James L. Harbaugh vom 31. 12. 1948.

74 National Archives (Maryland, College Park), Record Group 153, Box 243, Extracts from Press Conference by General Lucius D. Clay, Commander-in-Chief, European Command, and American Military Governor for Germany, Regarding the Ilse Koch Case, Secretary of the Army's Conference Room, The Pentagon, 21. 10. 1948.

75 Frau Koch Release Flaunting Justice, in: The Austin Statesman (29. 9. 1948), S. 4.

76 Army Hit on Nazi Widow Sentence: Senators See Serious Error in Reduction of Koch Life Term, in: Los Angeles Times (27. 12. 1948), S. 2; Army Holding Up Leniency Report, in: The Washington Post (1. 10. 1948), S. 1.

77 Communists Protest Koch's Sentence Cut, in: The Hartford Courant (3. 10. 1948), S. 1.

78 Martin Otto, »Ich hab die Stadt Berlin regiert«. Ulrich Biel, ein stiller Stratege auf der Weltbühne, Berlin 2022, S. 98–103.

79 Senate Body seeks Koch Case Details: Investigators press for ›Whole Story‹ on Easing of Penalities for 13 at Buchenwald, in: New York Times (30. 11. 1948), S. 11; Senators Hear Role Played By Frau Koch at Buchenwald: Kiel Presided at Trial Details Not Disclosed, in: The Christian Science Monitor (9. 12. 1948), S. 9.

80 Truman Asks Data On Ilse Koch Case, in: New York Herald Tribune (19. 10. 1948), S. 5.

81 Ferguson will give Ilse Koch Case data, in: New York Times (20. 10. 1948), S. 15; Baldwin Asks Why Term Of Ilse Koch Cut: Calls Woman ›One of Cruelest and Hardest‹ Buchenwald Officials, in: The Hartford Courant (19. 9. 1948), S. 20.

82 Cut in Sentence of Ilse Koch Held Serious Mistake. Senators Urge Army Find Another Charge on Which ›to Bring Nazi to Justice‹, in: Daily Boston Globe (27. 12. 1948), S. 1; Error Seen in Reducing Koch Term. Probers Agree Clay Should Not Reverse Self and Increase Sentence, in: The Hartford Courant (27. 12. 1948), S. 11. Commutation of Ilse Koch Hit By Prosecutor, in: The Jewish Exponent (8. 10. 1948), S. 8.

83 Frau Ilse Koch: Life Sentence Reduced to Four Years, in: South China Morning

Post (25. 10. 1948), S. 10; Ilse Koch: Stinging Report Sharp Criticism of Clemency Grant Retrial Urged, in: South China Morning Post (29. 12. 1948), S. 7.

84 Germans Act for Own Trial of Ilse Koch, in: Los Angeles Times (10. 10. 1948), S. 5; Germans To Try Frau Ilse Koch, in: The Sun (3. 10. 1948), S. 3.

85 Ilse Koch Claims U. S. Court Suppressed Her Evidence, in: The Washington Post (3. 10. 1948), S. 1.

86 Carl Levin, Army Declares Its Ilse Koch Ruling Stands. Congressmen get Letter from Royall; Senator to Seek Full Investigation, New York Herald Tribune (25. 9. 1948), S. 2; Carl Levin, Army May try Ilse Koch Again; Royall Tells Inquiry of Leniency, in: New York Herald Tribune (29. 9. 1948), S. 1.

87 Sam Slavisky, Former Buchenwald Prisoner. Now He Recalls Ilse Koch Amid Horrors of the Camp, in: The Washington Post (20. 9. 1948), S. 2; siehe auch den Leserbrief Kurt Sittes, der sowohl während des Dachauer Verfahrens als auch während des amerikanischen Untersuchungsausschusses zu einem zentralen Zeugen geworden war und der in einem Brief an die New York Times die Verurteilung Ilse Kochs forderte (vgl. ders., The Case of Ilse Koch. To the Editor of the New York Times (18. 10. 1948), S. 22).

88 Max Temkin, The Ilse Koch Case. Buchenwald Survivor Feels Commutation is unjust, in: New York Herald Tribune (30. 9. 1948), S. 26.

89 Siehe beispielsweise zum Tätowierungskomplex: Koch Testimony Fails to Show Skin Orders, in: The Stars and Stripes (4. 11. 1948), S. 4; vgl. Lampshades in Koch Case Reported Lost, in: The Stars and Stripes (7. 10. 1948), S. 8.

90 General Clays Fehler, in: Tägliche Rundschau (29. 12. 1948).

91 Konrad Dussel, Deutsche Tagespresse im 19. und 20. Jahrhundert (Einführungen Kommunikationswissenschaft. Bd. 1), Berlin–Münster 2011[2]; Christoph Beitl / Daniel Meis (Hrsg.), Deutschsprachige Presseberichterstattung in der Nachkriegszeit des Zweiten Weltkriegs. Ausgewählte Beiträge zur deutschen Presse, Berlin 2021.

92 Clay, Entscheidung, S. 285.

93 Frank M. Buscher, The U. S. War Crimes Trial Program in Germany. 1946–1955, New York 1989, S. 57.

94 National Archives, RG 260, AG 1948350, Lucius D. Clay to Headquarters of the Army. 28. 11. 1948, S. 12, Sperrvermerk. Der weitere Inhalt des Schreibens wird oben diskutiert.

95 Siehe dagegen Lutz Niethammer, Die Mitläuferfabrik. Die Entnazifizierung am Beispiel Bayerns, Berlin 1982, S. 34 ff.

96 Anzumerken allerdings ist, dass in medizinischen Sammlungen noch heute tätowierte ›Hautstücke‹ aufbewahrt werden, die den oben skizzierten kriminologischen bzw. kolonialen Kontext genauestens dokumentieren. So befinden

sich beispielsweise in der Sammlung der berühmten Wellcome Collection in London, einer im frühen 20. Jahrhundert gegründeten Forschungsinstitution, wohl mehr als 300 ›Stücke‹ tätowierte Häute, die von einem Pariser Arzt in französischen Militärhospitälern zusammengetragen worden waren. Mehrere dieser Tätowierungen zeigen Frauenköpfe (vgl. die Sammlung der Wellcome Collection: https://wellcomecollection.org/works/ks2vbb2 s (abgerufen am 4.8.2022)). Für diesen Hinweis habe ich Lisa Weber zu danken.

97 Bereits im Rahmen der Nürnberger Prozesse waren Zeugenaussagen bezüglich der Sammlung tätowierter Haut zusammengetragen worden, in diesen wurde kein Bezug zu Ilse Koch hergestellt (vgl. National Archives RG 153, Box 245, Schreiben Harbaugh, Colonel Judge Advocate vom 30.11.1948, Subect: Evidence which was not introduced either for or against Ilse Koch in the Trial of the Buchenwald Concentration Camp Case).

98 Ebd., RG 153, Box 246, Vertrauliche Aussage von Gertrude Neilson Gregory am 25.8.1949, S. 6.

99 Ebd., RG 260, AG 1948350, Lucius D. Clay to Headquarters of the Army. 28.11.1948, Sperrvermerk, S. 8.

100 Yavnai, Trials, S. 66.

101 Vollnhals, Verfolgung von NS- und Kriegsverbrechen, S. 36.

102 National Archives, OMGUS, RG 260, AG 19480133, Vol. II, Aussage von Paul Grünewald vom 3.2.1947; zum Robert-Koch-Institut während des Nationalsozialismus siehe Annette Hinz-Wessels, Das Robert-Koch-Institut im Nationalsozialismus, Berlin 2008.

103 USHMM, Interview mit William Denson, S. 40, 47.

104 Zu Densons Biographie siehe Anm. 44 auf S. 352.

105 National Archives, RG 153, Box 246, Dunn, Headquarters of the European Command, Office of the Judge Advocate, to the Judge Advocate General, Department of the Army, 17.7.1950.

106 Yavnai, Trials, S. 66.

Dritter Teil: Verantworten

1 Dieter Sattler, Frankfurter Hefte (1947), Biess, Angst, S. 17.

2 BayHStA, München, Mu Ju 11/217 Teil 1, Koch Ilse wegen Mordes, Schreiben Ilkow, Generalstaatsanwalt bei dem Oberlandesgericht Bamberg an das Bayerische Justizministerium an den Herrn Senatspräsidenten Hans Walther vom 25.9.1949. Zu ihrem ersten Tag in Haft siehe Kapitel 10.

3 Vgl. Annette Weinke, Die Verfolgung von NS-Tätern im geteilten Deutschland. Vergangenheitsbewältigung 1949–1969 oder: eine deutsch-deutsche Beziehungsgeschichte im Kalten Krieg, Paderborn–München 2002.

4 KS 22/50, HA, Bd. II, Ilkow an Ministerialdirektor Walther am 26. 7. 1949.

5 Jörg Schönert, Zur Einführung in den Gegenstandsbereich und zum interdisziplinären Vorgehen, in: ders., Kriminalität erzählen, Berlin–Boston 2015, S. 11–55; siehe auch zum kriminologischen Diskurs im 19. Jahrhundert und der Komplexität der Untersuchumgsmethoden Peter Becker, Verderbnis und Entartung. Eine Geschichte der Kriminologie des 19. Jahrhunderts als Diskurs und Praxis (Veröffentlichungen des Max-Planck-Instituts für Geschichte. Bd. 176), Göttingen 2002.

6 Vgl. Schönert, Einführung, S. 17.

7 Ebd. Schönert spricht von ›Sozialsystemen‹ und nicht von Wissen.

8 Grundlegend: Richard van Dülmen, Theater des Schreckens. Gerichtspraxis und Strafrituale in der frühen Neuzeit, München 1985.

9 Weinke, Vergangenheitsbewältigung, S. 335; Martin Broszat, Siegerjustiz oder strafrechtliche »Selbstreinigung«. Aspekte der Vergangenheitsbewältigung der deutschen Justiz während der Besatzungszeit 1945–1949, in: Vierteljahrshefte für Zeitgeschichte 4/1981, S. 477–544.

10 Weinke, Vergangenheitsbewältigung; Kerstin Freudiger, Die juristische Aufarbeitung von NS-Verbrechen (Beiträge zur Rechtsgeschichte des 20. Jahrhunderts. Bd. 33), Tübingen 2002; ein Überblick von 1945–2015 findet sich bei Vollnhals, Verfolgung von NS- und Kriegsverbrechen.

11 Freudiger, Verbrechen, S. 409.

12 Urteil, S. 262. Am 5. 6. 1953 stufte die Hauptkammer München Ilse Koch im Rahmen des Entnazifizierungsverfahrens als »Hauptbeschuldigte (Gruppe I)« ein (vgl. KS 22/50, Vollstreckungsheft).

13 Natalie Zemon Davis, Der Kopf in der Schlinge. Gnadengesuche und ihre Erzähler, Berlin 1988, S. 17.

14 Siehe das Kapitel der ›Ilse Koch‹-Prozess in Augsburg 1950/51, Andreas Eichmüller, Der ›Ilse-Koch-Prozess‹ in Augsburg, siehe auch ders., Keine Generalamnestie. Die strafrechtliche Verfolgung von NS-Verbrechen in der frühen Bundesrepublik, München 2012, S. 83 ff.

15 Zur Anwendung des vom Alliierten Kontrollrat im Dezember 1945 erlassenen Gesetzes Nr. 10 in der französischen und britischen Besatzungszone, das die »Bestrafung von Personen, die sich Kriegsverbrechen, Verbrechen gegen den Frieden oder gegen die Menschlichkeit schuldig gemacht haben«, vorsah, allerdings in der amerikanischen Besatzungszone keine Anwendung fand, siehe Edith Raim, Justiz zwischen Diktatur und Demokratie. Wiederaufbau und Ahndung von NS-Verbrechen in Westdeutschland 1945–1949, München 2013, S. 52 ff.

7 Extreme Gewalt und die Nachkriegsjustiz

1 Siehe zu dieser Frage die statistische Entwicklung der wegen NS-Verbrechen eingeleiteten Strafverfahren, wonach im Zeitraum von 1945 bis 1950 allein 15 997 Verfahren eingeleitet wurden: Mit dem Jahr 1951 nahm die Zahl dieser Verfahren kontinuierlich ab (vgl. die Tabelle 1 ›Zahl der neu eingeleiteten Strafverfahren wegen NS-Verbrechen, der Anklagen, der rechtskräftigen Verurteilungen, Freisprüche und Einstellungen mit Urteil nach Jahr‹, Eichmüller, Die Strafverfolgung von NS-Verbrechen durch westdeutsche Justizbehörden nach 1945, S. 626). Bemerkenswert sind auch die Ergebnisse, die in einer zweiten Tabelle präsentiert werden: In den Jahren 1945–1949 wurden vor allem Strafverfahren wegen Denunziation (38,3 Prozent) und deutlich weniger Verfahren (6,7 Prozent) angestrengt, die im Zusammenhang mit den in Konzentrationslagern und Haftstätten verübten Verbrechen standen; in dem Zeitraum 1960 bis 2005 verhielt sich dieses Verhältnis (Denunziation 1,7 Prozent und Konzentrationslager (Haftstätten-Verbrechen 25,8 Prozent) konträr zueinander (vgl. Tabelle 2 ›Anteil der einzelnen Verbrechenskomplexe‹, in: ebd., S. 628).

2 Edith Raim, Die Wiedereröffnung der Gerichte in Bayern, in: Arnd Koch / Herbert Michael Veh (Hrsg.), Vor 70 Jahren – Stunde Null für die Justiz? Die Augsburger Justiz und das NS-Unrecht, Baden-Baden 2017, S. 41–66, hier S. 44.

3 Ebd., S. 45; Matthias Etzel, Die Aufhebung von nationalsozialistischen Gesetzen durch den Alliierten Kontrollrat (1945–1948) (Beiträge zur Rechtsgeschichte des 20. Jahrhunderts. Bd. 4), Tübingen 1992.

4 Raim, Wiedereröffnung, S. 63.

5 Freudiger, Verbrechen, S. 415.

6 Andreas Eichmüller, Die strafrechtliche Verfolgung von NS-Verbrechen und die Öffentlichkeit in der frühen Bundesrepublik 1949–1958, in: Jörg Osterloh / Clemens Vollnhals (Hrsg.), NS-Prozesse und deutsche Öffentlichkeit. Besatzungszeit, frühe Bundesrepublik und DDR, Göttingen 2012, S. 53–75, hier S. 53.

7 Die Übersicht wurde 1959 zusammengestellt: Weinke, Vergangenheitsbewältigung, S. 339.

8 Freudiger, Verbrechen, S. 415. Hier finden sich genaue Angaben zu dem gesetzlichen Rahmen und den konkreten Zahlen.

9 Ebd., S. 416; Daniel Herbe, Hermann Weinkauff (1894–1981). Der erste Präsident des Bundesgerichtshofs (BtrRG), Tübingen 2008, S. 44; zum Reichsgericht Przyrembel, »Rassenschande«, S. 358 ff.

10 Weinke, Vergangenheitsbewältigung, S. 334.

11 Vollnhals, Verfolgung von NS- und Kriegsverbrechen, S. 53.

12 Ebd., S. 52; Andreas Eichmüller, Die Strafverfolgung von NS-Verbrechen durch westdeutsche Justizbehörden seit 1945. Ein Zwischenbericht, in: Vierteljahrshefte für Zeitgeschichte 2008, S. 621–640, hier S. 637.

13 Eichmüller, Strafverfolgung von NS-Verbrechen, S. 637.

14 Ebd., S. 635.

15 Unter den angeklagten Personen befanden sich 7,5 Prozent Frauen, letztlich verurteilt wurden 5,5 Prozent von ihnen. Eine Haftstrafe verbüßten lediglich zwei Prozent der Beschuldigten (vgl. Eichmüller, Strafverfolgung von NS-Verbrechen, S. 636 f.).

16 Das britische Militärgericht hatte im Bergen-Belsen-Prozess drei weibliche Mitglieder der SS wegen ihres Gewalthandelns in den Konzentrations- und Vernichtungslagern Bergen-Belsen und Auschwitz zum Tode verurteilt. Die Urteile waren im Dezember 1945 vollstreckt worden. Unter ihnen befand sich die von der Öffentlichkeit Beschuldigte Irma Grese (vgl. Anette Kretzer, NS-Täterschaft und Geschlecht. Der erste britische Ravensbrück-Prozess 1946/47 in Hamburg, Berlin 2009, S. 379 ff.).

17 Eichmüller, Strafverfolgung von NS-Verbrechen, S. 635.

18 Hermine Braunsteiner-Ryan wurde für ihre Gewalthandlungen im Konzentrations- und Vernichtungslager Majdanek zu lebenslanger Haft verurteilt und 1996 begnadigt (vgl. Elissa Mailänder Koslov, Der Fall Hermine Braunsteiner-Ryan. Eine geschlechtergeschichtliche Studie, in: Claudia Kuretsidis-Haider (Hrsg.), Das KZ Lublin-Majdanek und die Justiz. Strafverfolgung und verweigerte Gerechtigkeit: Polen, Deutschland und Österreich im Vergleich, Graz 2011, S. 223–237.

19 So verurteilten die Gerichte der Westzonen immerhin 5410 Personen, vgl. Vollnhals, Verfolgung von NS- und Kriegsverbrechen, S. 33.

20 Zur justiziellen Aufarbeitung der Prozesse gegen Veit Harlan siehe Thomas Henne, Der Umgang mit der Justiz mit Veit Harlans Jud Süß seit den 1950er Jahren. Prozesse, Legenden, Verdikte, in: Alexandra Przyrembel / Jörg Schönert (Hrsg.), »Jud Süß«. Hofjude, literarische Figur, antisemitisches Zerrbild, Frankfurt a. M. 2006, S. 263–292; zu den Protesten gegen dessen Freispruch siehe auch: Wolfgang Kraushaar, Die Proteste gegen den Jud Süß-Regisseur Veit Harlan, in: Przyrembel / Schönert, »Jud Süß«. Hofjude, literarische Figur, antisemitisches Zerrbild, Frankfurt a. M. 2006, S. 293–310.

21 Vollnhals, Verfolgung von NS- und Kriegsverbrechen, S. 39.

22 Hermann Wentker, Justiz in der SBZ/DDR 1945–1953. Transformation und Rolle ihrer zentralen Institutionen (Quellen und Darstellungen zur Zeitgeschichte. Bd. 51), München 2009; aus Sicht eines ehemaligen Staatsanwalts

aufschlussreich: Günther Wieland, Die Ahndung von NS-Verbrechen in Ostdeutschland, in: New Justiz 2003, S. 113–117.
23 Vollnhals, Verfolgung von NS- und Kriegsverbrechen, S. 41.
24 Zu den Entnazifizierungsverfahren siehe bereits Niethammer, Mitläuferfabrik.
25 Ernst von Salomon, Der Fragebogen, Hamburg 1951.
26 Vollnhals, Verfolgung von NS- und Kriegsverbrechen, S. 39.
27 So wurden noch im Jahr 1951 332 Beschuldigte verurteilt, 1955 waren es dann 23; vgl. ebd., S. 41.
28 Weinke, Vergangenheitsbewältigung, S. 336.
29 Ebd.
30 Ebd.
31 Vollnhals, Verfolgung von NS- und Kriegsverbrechen, S. 41.
32 Ebd., S. 42.
33 Ebd., S. 44.
34 Ebd., S. 46.
35 Freudiger, Verbrechen, S. 416 f.
36 Raim, Wiedereröffnung, S. 63 f.; zu Bauer siehe: Irmtrud Wojak, Fritz Bauer. 1903–1968. Eine Biographie (Schriftenreihe des Fritz-Bauer-Instituts. Bd. 23).
37 Ebd., S. 337.
38 Norbert Frei, NS-Vergangenheit unter Ulbricht und Adenauer, zit. nach: Weinke, Vergangenheitsbewältigung, S. 334.
39 Ebd., S. 356.
40 Ebd., S. 351 f.
41 Vollnhals, Verfolgung von NS- und Kriegsverbrechen, S. 42.
42 Zur Geschichte des Buchenwald-Komitees siehe Neumann-Thein, Parteidisziplin.

8 Wolfsgesellschaft: Die deutsch-deutsche Beziehungsgeschichte und der Fall Ilse Koch

1 LATh – HStA Weimar, Konzentrationslager und Haftanstalten Buchenwald 31, Bl. 67 v., VVN Naumburg Saale, Charakteristik, 24. 11. 1950. Die Charakteristik enthält Angaben zur Person, er war gelernter Schlosser, sowie zur politischen Beurteilung, nach der Befreiung aus dem Konzentrationslager Buchenwald wurde er zeitweilig Bürgermeister von Naumburg / Saale.
2 Lutz Niethammer, Erfahrungen und Strukturen. Prolegomena zu einer Geschichte der Gesellschaft der DDR, in: Hartmut Kaelble / Jürgen Kocka / Hartmut Zwahr (Hrsg.), Sozialgeschichte der DDR, Stuttgart 1994, S. 95–115, hier S. 98; Harald Jähner, Wolfszeit. Deutschland und die Deutschen 1945–1955, Berlin 2019; Neumann-Thein, Parteiendisziplin; Josef

Foschepoth, Verfassungswidrig! Das KPD-Verbot im Kalten Bürgerkrieg, Göttingen 2017.

3 Siehe allgemein: Gerd Koenen, Die Farbe Rot. Ursprünge und Geschichte des Kommunismus, München 2017.

4 Vgl. Weinke, Vergangenheitsbewältigung, S. 354. Hier findet sich auch der Hinweis auf Lepsius.

5 KS 22/50, HA II, Schreiben Ilkows an Walther vom 15. 5. 1950, Bl. 24.

6 LATh – HStA Weimar, 585/1, Bl. 22 Schreiben von Lacherbauer an Rodewald vom 8. 11. 1948. Lacherbauer trat im Rahmen des Verfahrens nicht mehr in Erscheinung. Wie ernst es ihm mit dieser Zusage war, zeigt die Tatsache, dass er das von Philipp Auerbach zusammengetragene Material dem Schreiben gleich beifügte.

7 LATh – HStA Weimar, 385–1, Bl. 114 f, Aktenvermerk Rodewalds vom 8. 8. 1949 über ein Gespräch mit dem Delegierten der jüdischen Gemeinde München.

8 Zu den politisch bedingten personellen Engpässen in Thüringen siehe Petra Weber, Justiz und Diktatur. Justizverwaltung und politische Strafjustiz in Thüringen 1945–1961 (Veröffentlichungen zur SBZ-, DDR-Forschung im Institut für Zeitgeschichte. Bd. 46), München 2000, S. 151 ff.

9 Zur Biographie Hermann Rodewalds, der 1952 aufgrund unsteten Lebenswandels aus dem Justizdienst schied, siehe ebd., S. 144 f., 152.

10 Ebd., S. 128.

11 Vgl. BwA 81–1–3, zum Hintergrund der Debatte über den Gerichtsort siehe ausführlicher: LATh – HStA Weimar, 585/1.

12 KS 22/50, HA IV, Schreiben Ilkows an Walther vom 27. 7. 1949; vgl. LATh – HStA, 585/4, Bl. 50, Schreiben von Lacherbauer, Staatssekretär im Bayerischen Staatsministerium an die Staatsanwaltschaft Weimar vom 8. 11. 1948: »Mit einer Übernahme des Verfahrens durch die dortige Staatsanwaltschaft bin ich einverstanden.«

13 SAPMO, DY J IV 2/3–112, Sitzung des Sekretariats vom 5. 6. 1950, Bl. 4. Der Name des Genossen war Plenikowski. Vgl. DY J 2/3–159, Sitzung vom 11. 12. 1950, Bl. 78: Von einer »Entsendung von Zeugen nach Augsburg«, so die Entscheidung wenig später, sei abzusehen.

14 BArch Dahlwitz-Hoppegarten, ZC 19858 Ilse Koch, Aktennotiz Dr. Pätzold, Ministerium der Justiz, vom 16. 6. 1950.

15 SAPMO, DY 30/IV 2/13, Nr. 429, Büro Pieck, Hausmitteilung Bartel an Abteilung Staatliche Verwaltung vom 22. 5. 1950.

16 Ein digitalisierter Abdruck dieses Aufrufes sowie eine quellenkritische Einordnung finden sich hier: https://www.1000dokumente.de/index.

html?c=dokument_de&dokument=0009_ant&object=facsimile&am p;pimage=1&v=100&nav=&l=de (abgerufen am 1. 1. 2022).

17 KS 22/50, HA IV, Schreiben Ilkows an Paul M. Farr, Office of the Military Government for Bavaria vom 28. 7. 1949.

18 BArch, DY 30/IV 2/13, Nr. 429, »Was ist mit Ilse Koch?« Bericht von Oberstaatsanwalt Rodewald o. D., Bl. 4f.

19 Ebd.

20 Parteihochschule »Karl Marx« beim ZK der SED, Die Nationale Front der DDR. Geschichtlicher Überblick, Berlin 1984; Hanns Jürgen Küsters / Alexander Fischer / Karl Dietrich Bracher / Ernst Deuerlein (Hrsg.), Dokumente zur Deutschlandpolitik. 7. September bis 31. Dezember 1949, München 1996.

21 SAPMO, DY30 /IV 2/13, Akte 429, Schreiben Rodewalds an Walter Bartel, vom 8. 8. 1949.

22 LATh – HStA Weimar, 585/1, Schreiben des DFD an Rodewald vom 2. 9. 1949, Bl. 127 und Aktenvermerk Rodewalds vom 8. 8. 1849, Bl. 114 ff.

23 Vgl. Petra Scheidt, Karriere im Stillstand? Der Demokratische Frauenbund Deutschlands im Spiegel seiner Kaderarbeit und der Kaderstrukturen seines hauptamtlichen Funktionärskorps (Historische Forschungen. Bd. 28), Stuttgart 2011.

24 BArch Dahlwitz-Hoppegarten, ZC 19858 Ilse Koch, Schreiben des Demokratischen Frauenbundes Deutschland Landesverband Thüringen an Max Fechner, Minister der Justiz, vom 22. 11. 1949.

25 LATh – HStA Weimar, 585/1, Tatsachenberichte ehemaliger Buchenwaldhäftlinge, die im Zusammenhang mit der Protestaktion des Demokratischen Frauenbundes gegen die Freilassung der Ilse Koch beim DPD, Landesverband Thüringen, eingingen, vom 7. 11. 1949, Bl. 146, 147 und 154 f.

26 SAPMO, ZM 1244 A. 2 (Ilse Koch), Resolution VVN-Ortsgruppe Plauen vom 2. 11. 1948, handschriftliche Notiz: »Einstimmig angenommen«.

27 BwA, 812 – 191, SED Hausmitteilung. Kaderabteilung an Walter Bartel vom 18. 12. 1950.

28 Lutz Niethammer (Hrsg.), Der »gesäuberte« Antifaschismus. Die SED und die roten Kapos von Buchenwald, Berlin 1994, S. 68 ff. Hier findet sich eine differenzierte Darstellung der unterschiedlichen Phasen der ›Aufarbeitung‹.

29 Siehe zu dieser und zu anderen Fragen zum Widerstand im Konzentrationslager Buchenwald und zur diesbezüglichen Vergangenheitspolitik die hervorragende Untersuchung von: Neumann-Thein, Parteidisziplin.

30 Buchenwalder Nachrichten Nr. 5 (20. 4. 1945), zit. nach Ritscher, Nachrichten, S. 6.

31 Vgl. Buchenwalder Nachrichten Nr. 20 (7. 5. 1945), zit. nach ebd., S. 47.

32 Zum Lebenslauf von Ernst Busse siehe Niethammer, Antifaschismus, S. 96–104.

33 Ebd.

34 Siehe allgemein: Elke Reuter / Detlef Hansel, Das kurze Leben der VVN von 1947 bis 1953. Die Geschichte der Vereinigung der Verfolgten des Naziregimes in der sowjetischen Besatzungszone und in der DDR, Berlin 1997; Neumann-Thein, Parteiendisziplin, S. 147 ff. Zu den Untersuchungen der SED siehe S. 71–77; zur Vita Kuhns siehe auch Niethammer, Antifaschismus, S. 104–108.

35 Vgl. Bu 31, Bl. 104, Schreiben von Herbert Th[…] aus Potsdam an den VVN-Berlin vom 13. 11. 1950: »Die im Zusammenhang mit meiner Verhaftung erhobenen Anschuldigungen sind restlos zusammengebrochen und ich bin völlig rehabilitiert.«

36 BwA, I 32/28, Korrespondenz zum Buchenwald-Prozess, Schreiben Walter Bartel an Theophil Witek vom 20. 3. 1947.

37 BwA, 812–1, Schreiben Karl Feuerers an das Buchenwald-Komitee vom 30. 7. 1948.

38 BwA, 88–1–3, Beschließung zur Begnadigung vom Buchenwald-Komitee vom 13. 9. 1948, unterzeichnet von Walter Bartel, Harry Kuhn, Ernst Busse.

39 Ebd.

40 BwA, Nachlass Walter Bartel, VS 45/5, Bartel an Pieck vom 7. 6. 1950, zit. nach: Neumann-Thein, Parteiendisziplin, S. 148.

41 KS 22/50, HA Bd. VI, Erklärung des Deutschen Buchenwald-Komitees zum Fall Koch vom 9. 4. 1949, o.Bl. Die Resolution wurde von Mitgliedern des Buchenwald-Komitees in Ost und West unterzeichnet.

42 Bu 31, Bl. 451a, Schreiben Bartel an Cupo [Curt Posener] vom 6. 1. 1951; auch andere Überlebende Buchenwalds befürchteten, in Augsburg »festgehalten« zu werden (vgl. ebd., Bl. 98).

43 Um Ilse Koch. Bamberg oder Weimar – das ist die Frage, in: VVN-Nachrichten Düsseldorf 32/1949.

44 LATh – HStA Weimar, 585/1, Schreiben vom 15. 2. 1950, Bl. 196.

45 BwA, 812–119, Büro Pieck Abteilung Staatliche Verwaltung, Protokoll Bartels vom 22. 5. 1950, Bl. 2.

46 BwA, 812–119, Protokoll Bartels des Gesprächs im ›Büro Pieck‹ vom 22. 5. 1950.

47 BwA, Dahlwitz-Hoppegarten, ZC 19858 (Ilse Koch), Schreiben Walter Bartels an Fechner, Justizministerium, 15. 2. 1950.

48 BwA, 812–191, SED-Hausmitteilung. Kaderabteilung an Walter Bartel vom 18. 12. 1950.

49 Bu 31, Bl. 80 u. KS 22/50, Vernehmungsprotokoll vom 1. 5. 1950.

50 KS 22/50, Protokolle aus dem Osten.

51 Bu 31, Bl. 58 f., Schreiben vom 16. 11. und 28. 11. 1950 der VVN. Die Namen beider Betroffener wurden geändert.

52 Ebd., Bl. 60, Charakteristik über Adolf Sch. vom 24. 11. 1950.

53 Grashoff interessiert sich für die Geschichte des Verrats im kommunistischen Widerstand bzw. deren Verarbeitung, siehe auch Udo Grashoff, Gefahr von innen. Verrat im kommunistischen Widerstand gegen den Nationalsozialismus, Göttingen 2021.

54 BwA, 812–167, Appell des Buchenwald-Komitees vom 16. 11. 1950.

55 Ilse Koch vor Gericht, in: VVN-Information Nr. 58 (1. 12. 1950), S. 4.

56 BArch Koblenz, B 141/17024, Sechs Belastungszeugen gegen Ilse Koch plötzlich verstorben, in: Tägliche Rundschau (22. 12. 1950).

57 Bu 31, Bl. 429. Schreiben Walter V[...] an Georg Spielmann, Ratssekretariat der VVN vom 1. 1. 1951.

58 1947 hatte der VVN 507 Ortsgruppen mit 21 484 Mitgliedern, 1949 873 örtliche Dependencen, zu denen 37 421 Personen gehörten (vgl. Reuter / Hansel, VVN, S. 545).

59 Die VVN hat ihre Aufgaben gelöst, in: Die Tat (7. 3. 1953), zit. nach Reuter / Hansel, VVN, S. 498.

60 Siehe zahlreiche Belege bei: ebd., S. 466 ff.; Olaf Groehler / Mario Keßler, Die SED-Politik, der Antifaschismus und die Juden in der SBZ und der frühen DDR, Berlin 1995; Karin Hartewig, Zurückgekehrt. Die Geschichte der jüdischen Kommunisten in der DDR, Köln–Weimar–Wien 2000.

61 SAPMO, DB 1/7311, Ministerium der Justiz der DDR, Vertraulicher Schriftwechsel mit dem ZK. 1. Vorgang Ilse Koch Bd. 3, Schreiben des Büros des Sekretariats an das Justizministerium vom 27. 5. 1950.

62 Niethammer, Erfahrungen, S. 107.

9 Strafen: Die ›Kommandeuse‹ von Buchenwald in Augsburg

1 KS 22/50, Schreiben Ilkow an Walther vom 15. 5. 1950.

2 Joachim Linder / Claus-Michael Ort, Zur sozialen Konstruktion der Übertretung und zu ihren Repräsentationen im 20. Jahrhundert, in: Joachim Linder / Claus-Michael Ort / Jörg Schönert (Hrsg.), Verbrechen, Justiz, Medien. Konstellationen in Deutschland von 1900 bis zur Gegenwart, Berlin 1999, S. 3–80, hier S. 18; Kerstin Brückweh, Dekonstruktion von Prozessakten. Wie ein Strafprozess erzählt werden kann, in: Jürgen Finger / Sven Keller (Hrsg.), Vom Recht zur Geschichte. Akten aus NS-Prozessen als Quellen der Zeitgeschichte, Göttingen 2009, S. 193–204, hier S. 193; Daniel Siemens, Towards

a New Cultural History of Law, in: InterDisciplines. Journal of History and Sociology 3/2012, S. 18–45; Cornelia Vismann, Medien der Rechtsprechung, Frankfurt a. M. 2011.

3 National Archives, RG 153, Box 246, Dunn, Headquarters of the European Command, Office of the Judge Advocate, to the Judge Advocate General, Department of the Army, 17. 7. 1950.

4 KS 22/50, HA Bd. IV, Schreiben Ilkows an das Bayerische Staatsministerium der Justiz vom 29. 4. 1950.

5 Raim, Wiedereröffnung, S. 45, 47.

6 Der Disput, der von seinen Protagonisten mit großem Engagement und viel Leidenschaft (»Mein demokratisches Herz hat einen Stoß empfangen«) ausgetragen wurde, war auch Gegenstand einer Sendung des Bayerischen Rundfunks. Ausführlich hierzu das Kapitel »Die Wiedereinführung der Schöffen- und Geschworenengerichte«, in: Raim, Justiz zwischen Diktatur und Demokratie, S. 137–149.

7 Ebd., S. 136.

8 Bericht über Tagung der Generalstaatsanwälte der Westzonen in Schönberg bei Kronberg / Taunus, 1./2. 2. 1949, zit. nach: ebd., S. 137.

9 Brief OStA Augsburg, Hohner, an GStA München Dr. Roll vom 11. und 17. 6. 1949, zit. nach: Raim, Wiedereröffnung, S. 52 f.

10 An dem Prozess nahmen Landgerichtsrat Bauernfeind, Gerichtsassessor Dr. Wiesenthal, Geschworene Alfred Meyer aus Nördlingen (Kreisangestellter), Xaver Mayer aus Göggingen (Mehlhändler), Josef Halser aus Aresing (Landwirt), Josef Leichle aus Bobingen (Mechaniker), Karl Reule aus Auchsesheim (Landwirt), Wilhelm Bleimsrieder aus Augsburg (Schmied), Oberstaatsanwakt Dr. Ilkow, Staatsanwalt Rupp (Vertretung) sowie Dr. Seidl (Rechtsanwalt), verschiedene Sachverständige sowie 241 Zeugen teil.

11 KS 22/50, HA IV, Schreiben Ilkows an Walther vom 25. 6. 1950 und vom 28. 6. 1950. Die Zusammensetzung von Schwurgerichten wurde in der ›Verordnung über die Wiedereinführung der Schwurgerichte‹ vom 14. Juli 1948 (GVBl. 1948, S. 245) geregelt, in § 14 wurde ferner festgelegt, dass »mindestens die Hälfte der Geschworenen« Männer sein müssten. Ich danke Martin Otto für diesen und andere Hinweise.

12 Ebd., Zeugenvernehmungen, Bd. IV, 37, Schreiben Ilkows an Fleischer / Farr / Walther vom 25. 6. 1949, S. 2f.

13 BArch Dahlwitz-Hoppegarten, ZM 1244 A. 2 (Ilse Koch), Schreiben von Curt Posener (Cupo) an Buchenwald-Komitee vom 14. 6. 1950, S. 2.

14 Zur Auswertung der im Bayerischen Hauptstaatsarchiv München vorliegenden Personalakten siehe Eichmüller, Prozess, S. 102.

15 Ebd. Im Rahmen der Entnazifizierung zunächst als Mitläufer eingestuft, galt er als Folge der Weihnachtsamnestie 1947 als nicht betroffen.

16 Angaben aufgrund der Personalakte des Bayerischen Justizministeriums nach ebd., S. 99 f.

17 Zum Hintergrund des Verfahrens siehe ebd., S. 100.

18 BwA, 812–199.

19 Auswertung der im Bayerischen Hauptstaatsarchiv München vorliegenden Personalakte bei Eichmüller, Prozess, S. 110.

20 Ebd.

21 Bu 31, Bl. 201, Schreiben Ilkows an Cupo [Curt Posener] vom 20. 10. 1950.

22 Hubert Seliger, Politische Anwälte? Die Verteidiger der Nürnberger Prozesse, Baden-Baden 2016, S. 552.

23 Zu Seidls akademischer Ausbildung sowie seinen politischen Ämtern: 1937 trat Seidl in die NSDAP ein, siehe die Website der Hanns-Seidel-Stiftung: https://www.csu-geschichte.de/personen/detail/alfred-seidl/ (abgerufen am 7. 4. 2021); Seidl war von 1937 bis 1945 Blockwart der NSDAP sowie von 1933 bis 1939 Rottenführer der SA Isartor, vgl. Seliger, Anwälte, S. 552.

24 Wunderbare Enthüllungen, in: Der Spiegel vom 5. 12. 1993. Diese Beziehungen erwähnt auch die Konrad-Adenauer-Stiftung auf ihrer Website: https://www.kas.de/de/web/geschichte-der-cdu/personen/biogramm-detail/-/content/alfred-seidl (abgerufen am 7. 4. 2021).

25 Vgl. BayHStA München, Koch Ilse wegen Mordes, Mu Ju 11/217, Teil 1, Urteil des Bayerischen Verfassungsgerichtshofs 9. 6. 1950. Ablehnung der Verfassungsbeschwerde Seidls gegen den Oberlandesgerichtsrat Jagomast, wonach er behauptet hatte, dass dieser aus »politischen Gründen« an das Landgericht Augsburg versetzt worden sei.

26 KS 22/50, GV IV, S. 150 ff., Antrag von Alfred Seidl vom 16. 1. 1950. Er bezieht sich hier auf ein Gutachten von Leibbrand, siehe hierzu weiter unten.

27 Ebd., Gerichtliche Voruntersuchung Bd. I, Vernehmungsprotokoll Franklin M [...] am 18. 8. 1949.

28 Bu 31, Bl. 276, Bl. 281 ff., Bericht vom 5. 12. 1950 u. vom 6. 12. 1950.

29 Zu Auerbachs Biographie siehe: Hannes Ludyga, Philipp Auerbach (1906–1952). ›Staatskommissar für rassisch, religiös und politisch Verfolgte‹ (Juristische Zeitgeschichte. Bd. 1), Berlin 2005; Sabine Hering (Hrsg.), Jüdische Wohlfahrt im Spiegel von Biographien (Schriften des Arbeitskreises Geschichte der Jüdischen Wohlfahrt in Deutschland. Bd. 2), Frankfurt a. M. 2007[2].

30 BwA 8216–55, Zwischenfälle bei der Beerdigung Auerbachs, in: Tagesspiegel vom 19. 8. 1952.

31 SAPMO, Rat der VVN, ByG, V280/128, Münchner Merkur vom 1./2. 5. 1950.

32 Siehe hierzu weiter oben.

33 Wolfgang Hildesheimer, »Die sichtbare Wirklichkeit bedeutet mir nichts«. Die Briefe an die Eltern 1937–1962, Berlin 2016, Brief 240, 3. 3. 1951, S. 627–629.

34 Gerhard Fürmetz, Neue Einblicke in die Praxis der frühen Wiedergutmachung in Bayern. Die Auerbach-Korrespondenz im Bayerischen Hauptstaatsarchiv und die Akten des Strafprozesses gegen die Führung des Landesentschädigungsamtes von 1952, in: zeitenblicke 2/2004.

35 Siehe den Skandal um das Fassbinder-Stück ›Der Müll, die Stadt und der Tod‹ aus dem Jahr 1975, der bis in die achtziger Jahre reichte, als es um die Aufführung des Stückes am Schauspiel Frankfurt ging; vgl. Nike Thurn, Fassbinder-Kontroversen, in: Wolfgang Benz (Hrsg.), Handbuch des Antisemitismus. Judenfeindschaft in Geschichte und Gegenwart. Bd. 4: Ereignisse, Dekrete, Kontroversen, Berlin–Boston 2011, S. 127–130.

36 SAPMO, Zentrale Parteikontrollkommission, DY 30/IV 2/4/432, Bl. 141, 142.

37 Ebd. S. 143 f.; hierin Abschriften und Fragebögen zu Auerbachs Aktivitäten im belgischen Exil und ein Schreiben vom 24. April 1945 im ehemaligen Konzentrationslager Buchenwald, wonach er um ein Ehrengerichtsverfahren bittet, da ein Kamerad ihn beschuldigte, »für die Gestapo in Berlin gearbeitet zu haben«.

38 Leo-Baeck-Institut (LBI) BI, B 35/2, Axis Victims League / Committee on Fair Play for Auerbach, Schreiben Weils an die Redaktion der Zeitung *Aufbau* vom 15. 4. 1952. »Bei Dreyfus handelte es sich um einen Mann, der keine Sympathien zu erwecken verstand, bei Auerbach kann man wohl dasselbe sagen. Dreyfus wurde, abgesehen von den antisemitischen Vorurteilen, die dabei eine Rolle spielten, in den Strudel der innerfranzösischen Politik gezogen, und bei Auerbach ist das schon jetzt, bevor der Prozeß begonnen hat, der Fall. Man kann die Parallele weiterspinnen: Dreyfus hatte in der Person von Clémenceau, Zola und der ganzen französischen Elite außerordentliche Unterstützung gefunden; das ist bei Auerbach nicht der Fall. Er versteht nichts von seiner eigenen Angelegenheit und das war auch der Fall bei Dreyfus, von dem Clémenceau gesagt hat, daß er der einzige war, der nichts von seinem Fall verstand.« Der Jurist Bruno Weil (1883–1961), in den dreißiger Jahren für den Centralverein deutscher Staatsbürger jüdischen Glaubens tätig, gründete nach seiner Emigration in die Vereinigten Staaten die Axis Victims League sowie die American Association of Former European Jurists (Informationen zur Biographie Weils finden sich auf der Website des Center for Jewish Studies, https://www.cjh.org/ (abgerufen am 2. 2. 2022)).

39 LBI, Axis Victims League, Box 4, Brief Auerbachs an Bruno Weil vom 8. 8. 1952.

40 Ebd., Bruno Weil an Konrad Adenauer vom 21.8.1952.

41 Ebd., Konrad Adenauer an Bruno Weil vom 16.10.1952.

42 SAPMO, Rat der VVN in der Bundesrepublik, Sekretariat des Rates, BYG, V 280, S. 128, Dr. Philipp Auerbach, Hjalmar Schacht fühlt sich beleidigt, in: Das freie Wort vom 11.8.1950.

43 Bei Müller handelt es sich um eine ausgesprochen bemerkenswerte Persönlichkeit, deren Biographie mit den Brüchen und Widersprüchen des 20. Jahrhunderts eng verwoben war: ›Ochsensepp‹, zu diesem Spitznamen war er aufgrund einer Ferientätigkeit als Fuhrknecht gelangt, wurde zum Volkswirt promoviert, unterhielt während des ›Dritten Reiches‹ Kontakte zum Widerstand, es folgten Konzentrationslagerhaft und nach 1945 traf sich in seiner Wohnung der Mittwochskreis, der sich über christlich-soziale Zukunftsvisionen austauschte. Als Folge der gegen Auerbach erhobenen Unterschlagungsvorwürfe trat er als Justizminister zurück (siehe als ersten Anknüpfungspunkt: Franz Menges, Josef Müller (»Ochsensepp«), in: Neue Deutsche Biographie (Onlinefassung) 1997, https://www.deutsche-biographie.de/pnd11858507X.html#ndbcontent (abgerufen am 31.01.2022).

44 SAPMO, Bestand SED, DY 30/IV 2/13 Akte 429, Bl. 4ff., Bericht von Oberstaatsanwalt Rodewald, zitiert das Schreiben Auerbachs an Müller vom 11.10.1948.

45 KS 22/50, HA VI, Bayerisches Landesamt für Wiedergutmachung. Der Generalstaatsanwalt für rassisch, religiös und politisch Verfolgte vom 24.3.1949.

46 Ebd., HA B VI, Schreiben Auerbachs an Karl Marx, Hauptschriftleiter des Jüdischen Gemeindeblatts vom 24.3.1949.

47 Ebd., Schreiben von Martin J[...] an Auerbach vom 5.4.1949.

48 SAPMO, Rat der VVN in der Bundesrepublik, Sekretariat des Rates, BYG, V 280, 128, Geheime NS-Organe in Salzburg. Arbeit mit riesigen Geldmitteln – Angriff gegen Auerbach, in: Hamburger Echo vom 29.7.1950. Es wird auf eine Ausgabe der in Salzburg gedruckten Zeitung ›Freiheit‹ verwiesen, hier heißt es: »Auerbach lebt immer noch [...] Wir haben gelernt, dass wir die Antifaschisten 1933 nicht genug angefaßt haben. Wir werden uns daran erinnern, denn auch wir haben dazu gelernt.«

49 BwA 81–2–86, Schreiben Poseners an Johann Ilkow vom 30.11.1949.

50 BStU, Archiv der Zentralstelle, MfS AP Nr. 92/57, Ermittlungsbericht vom 3.5.1956, Bl. 5.

51 BArch Dahlwitz-Hoppegarten, ZM 1244 A. 2 (Ilse Koch), Schreiben Curt Poseners an das Buchenwald-Komitee vom 16.1.1951.

52 Zum Begriff »Tätowierungskomplex« siehe Urteil, S. 41.

53 KS 22/50.
54 Die meisten der hier zitierten Zeugen wurden anonymisiert: Diejenigen, die zu der sogenannten Lagerprominenz gehörten bzw. nach 1945 im politischen bzw. kulturellen Leben in Erscheinung getreten sind – wie Eugen Kogon, Walter Bartel, Bruno Bettelheim und andere – werden mit ihren Namen zitiert.
55 Jakob Tanner, Körpererfahrung, Schmerz und die Konstruktion des Kulturellen, in: Historische Anthropologie 1994, S. 489–502, hier S. 491.
56 William G. Niederland, Folgen der Verfolgung. Das Überlebenden-Syndrom, Seelenmord, Frankfurt a. M. 1980, S. 17.
57 Marianne Hirsch, The Generation of Postmemory. Writing and Visual Culture After the Holocaust, New York 2012. Für den Hinweis danke ich Svenja Schürmann.
58 KS 22/50, Zeugenvernehmungen, Bd. IV, 37, Schreiben Ilkows an Fleischer / Farr / Walther vom 25. 6. 1949, S. 2f.
59 Ebd., Gerichtliche Voruntersuchung Bd. I, Vernehmungsprotokoll Franklin M[...] am 18. 8. 1949. Dass die Verteidigung der SS-Ehefrau auf die Vernehmungen Einfluss nahm, sofern sie an diesen Verhören beteiligt war, zeigt das folgende Beispiel. Im August 1949 hatten der bayerische Staatsanwalt Ilkow, der Untersuchungsrichter Jagomast sowie Rechtsanwalt Seidl eine längere Reise unternommen: Sie vernahmen in New York Zeugen und waren hierbei von der Organisation »KZ American Association of Former Inmates of Concentration Camps« unterstützt worden.
60 Ebd., HA, Bd. IV, Schreiben Ilkows an das Bayerische Justizministerium vom 11. 5. 1949.
61 Bayerisches Hauptstaatsarchiv München, Nachlass Seidl, Akte 2, Interview vom 21. 3. 1991 und 9. 4. 1991.
62 KS 22/50, HA, Bd. IV, Schreiben Ilkows an das Bayerische Justizministerium vom 30. 4. 1949.
63 Ebd., S. 1 u. 3, Schreiben Jagomast und Ilkow an Paul J. Farr, Office of Military Government for Bavaria, Legal Devision, 28. 7. 1949.
64 Ebd., Bd. IV, S. 2, Schreiben Ilkow an Walther, Bayerisches Justizministerium vom 29. 4. 1950.
65 Ebd., HA Bd. VI, o. Bl. Schreiben von Emil Carlebach an Staatsanwalt Ilkow vom 9. 4. 1949.
66 Ebd., Bd. IV, S. 2. Schreiben Ilkows vom 25. 6. 1949 an Headquarters European Command (Col. Wade M. Fleischer), Military Government for Bavaria. Legal Division (Paul J. Farr) und an den Ministerialdirigenten Hans Walther (Bayerische Justizbehörde).
67 Torben Fischer / Matthias N. Lorenz (Hrsg.), Lexikon der »Vergangenheitsbe-

wältigung« in Deutschland. Debatten- und Diskursgeschichte des Nationalsozialismus nach 1945 (Histoire. Bd. 53), Bielefeld 2015[3], S. 34 ff. Hier finden sich auch genaue Hinweise zur Entstehungsgeschichte des Buches, das auf den vom 16. 4. bis zum 11. 5. 1945 auf Initiative der amerikanischen Armee in Buchenwald zusammengetragenen 168 Häftlingsberichten beruhte. Hier finden sich auch Hinweise zur in den neunziger Jahren geführten Debatte über den kommunistischen Widerstand und die Frage, ob Kogon die Rolle desselben ›beschönige‹.

68 Gabriel Rolfes, »Der Ort der neuen Anfänge, so sagte ich, werde die Zeitschrift sein müssen«. Eugen Kogon und Walter Dirks als Herausgeber der »Frankfurter Hefte« in der frühen Bundesrepublik, in: Alexander Gallus / Sebastian Liebold / Frank Schale (Hrsg.), Vermessungen einer Intellectual History der frühen Bundesrepublik, Göttingen 2020, S. 333 – 350.

69 Kogon, SS-Staat. Siehe ebenso die Edition von Briefen Kogons aus dem Konzentrationslager: Michael Kogon, Lieber Vati! Wie ist das Wetter bei Dir? Erinnerungen an meinen Vater Eugen Kogon, München 2014.

70 Zur geistigen Wandlung, in: Handelsblatt (Düsseldorf) (30. 12. 1946).

71 KS 22/50, HA VI, Stellungnahme Kogons vom 4. 1. 1951 und Schreiben Kogons vom 13. 5. 1949 an Epstein, Hessischer Staatsminister. Kritik an dieser Haltung formulierte unter anderem Philipp Auerbach in seinem Schreiben an Kogon vom 5. 4. 1949.

72 BArch Dahlwitz-Hoppegarten, ZM 1244 A.2, Schreiben Curt Poseners an das Buchenwald-Komitee vom 28. 1. 1951 [sic Schreiben vor der Urteilsverkündung], S. 5.

73 Bodo Ritscher / Rikola-Gunnar Lüttgenau / Gabriele Hammermann / Wolfgang Röll / Christian Schölzel / Julia Landau (Hrsg.), Das sowjetische Speziallager Nr. 2, 1945 – 1950. Katalog zur ständigen Ausstellung, Göttingen 2020[3].

74 Kogon und Auerbach verlassen die VVN, in: Aufbau (10. 6. 1949), S. 7.

75 Bu 31, Bl. 455 f., Protokoll vom 8. 1. 1951, Protokoll vom 19. Verhandlungstag.

76 Urteil (1951), S. 45.

77 KS 22/50, GV III, Aussage Anna Reimer vom 2. 5. 1949, wonach Ilse Koch bereits unter den Kameradenfrauen eine schlechte Reputation gehabt habe.

78 Ebd., Vernehmungsprotokoll von Erna Raible vom 4. 5. 1949 in Stuttgart. Die Stiefschwester Karl Kochs wurde am 2. 3. 1885 geboren. Sie berichtet von mehrfachen Besuchen des Konzentrationslagers.

79 Ebd., HA VII, Staatsanwalt Ilkow an Walther, Bayerisches Staatsministerium der Justiz vom 26. 8. 1949.

80 BArch Dahlwitz-Hoppegarten, ZM 1244 A. 2 (Ilse Koch), undatierte Abschrift

der Aussage von Josias zu Waldeck und Pyrmont . Eine Kurzbiographie findet sich auch bei Birn, Himmlers Vertreter, S. 347; Josias zu Waldeck und Pyrmont begann nach dem Abitur ein Studium der Landwirtschaft, das er abbrach: seit 1929 Mitglied der NSDAP, seit 1929 Mitglied der SS; Karriere innerhalb der SS; 1947 lebenslange Verurteilung im Rahmen des Buchenwald-Prozesses, 1950 entlassen, lebte in der Bundesrepublik, verstarb 1967.

81 KS 22/50, HA IV, Staatsanwalt Ilkow an Walther, Bayerisches Staatsministerium der Justiz, vom 3. 7. 1950.

82 Ebd., Handakte VII, Prof. Dr. Erich Kaufmann, Bundeskanzleramt, an Ilkow vom 13. 12. 1950. Hier lehnte beispielsweise das Bundeskanzleramt ab, einen Sachverständigen zu entsenden. Der Bundeskanzler habe entschieden, dass er, Erich Kaufmann, »wegen der großen Arbeitsfülle nicht abkömmlich« sei und er daher nicht als Sachverständiger an dem Prozess werde mitwirken können. Zur überaus interessanten Biographie des aus dem niederländischen Exil zurückgekehrten, international anerkannten Völkerrechtlers und 1946 an die Juristische Fakultät der Ludwig-Maximilians-Universität berufenen Erich Kaufmann (1880 – 1972) siehe Michael Stolleis, Geschichte des öffentlichen Rechts in Deutschland. Band 4, München 2017, S. 61 f.

83 KS 22/50, HA Bd. IV, Schreiben Walther, Bayerisches Justizministerium, an Ilkow, Staatsanwalt Augsburg, vom 19. 4. 1950.

84 Ebd., Der Oberstaatsanwalt bei dem Landgericht Augsburg, Anklageschrift in dem Verfahren gegen Koch Ilse wegen Mordes u. a. 10. 5. 1950, S. 1 – 6. Im Folgenden zitiert als Anklage.

85 Bu 31, Bericht vom 5. Verhandlungstag am 1. 12. 1950, ›Schau, Täubchen, der Alte könnte mal robben‹.

86 KS 22/50, HA IV, Schreiben Ilkows an Walther vom 25. 6. 1950 und vom 28. 6. 1950.

87 Ebd., Zeugenvernehmungen, Bd. IV, S. 3, Schreiben von Ilkow an Fleischer / Farr / Walther vom 25. 6. 1949.

88 SAPMO, DY30 /IV 2/13, Akte 429, Schreiben von Kurt Gräbe vom 26. 11. 1949 über Treffen mit den bayerischen Ermittlungsbehörden.

89 KS 22/50, Sitzungsprotokoll in der Strafsache Ilse Koch, S. 245.

90 Bu 31, Bl. 227 f. Der Bericht des 1. Verhandlungstages am 27. 11. 1950 ist überschrieben mit »Verlogen – Arrogant – Unverschämt. Ilse Koch vor dem Augsburger Schwurgericht«.

91 Ebd., Protokoll vom 9. Verhandlungstag am 11. 12. 1950, Bl. 330 f.

92 Neben Benedikt Kautsky, der zum Zeitpunkt des Verfahrens Privatdozent an der Universität Graz war, hatte das Gericht Josef Ackermann, zu diesem

Zeitpunkt Mitglied des Bayerischen Senats und Vorsitzender des Bayerischen Journalistenverbandes, sowie Alfred Knieper berufen, der als Beamter im Sozialministerium von Rheinland-Pfalz arbeitete und der dortige Landesvorsitzende der VVN war.

93 SAPMO, DY 30/IV 2/13, Nr. 429, Büro Pieck, Hausmitteilung Bartel an Abteilung Staatliche Verwaltung vom 22. 5. 1950. Gemeint waren Alfred Knieper und Curt Posener.

94 Bu 31, Bl. 447 f., Protokoll vom 18. Verhandlungstag am 5. 1. 1951.

95 Ebd., Protokoll vom 13. Verhandlungstag am 15. 12. 1950, Bl. 363 ff.

96 Kommandeuse mit der Peitsche. Sittengeschichte des SS-Staates auf 139 Seiten Anklage, in: Bu 31, Bl. 316; Der Tag (7. 12. 1950).

97 BwA, 812–197, undatierter Bericht von Curt Posener, S. 4.

98 Bu 31, Bl. 1, Schreiben Curt Posener an Buchenwald-Komitee vom 26. 6. 1950. Die Anklageschrift stellte neben der Struktur der von der SS eingerichteten Häftlingsselbstverwaltung auch die »Geheimorganisation der politischen Häftlinge«, die sogenannte »illegale Lagerleitung« vor, wobei sie hier ebenso die Bedeutung der informellen Kommunikation wie den Kampf der Kommunisten um »Selbstbehauptung, um Abwehr und schließlich um die Vorbereitung auf das Lagerende« würdigt (vgl. Anklageschrift, S. 22).

99 Anklage, S. 80: Ilse Koch habe auf die Verhängung der einzelnen Lagerstrafen keinen Einfluss genommen. Doch habe ihre Meldung von Häftlingen genügt, »um die gesamte Skala der Lagerstrafen, beginnend mit Kostentzug und Torstehen über Prügel, Hängen, Strafkompagnie, Bunker, Tod nach Willkür der Lagerleitung auszulösen.«

100 Mit dem Kontrollratsgesetz Nr. 4 war das Straf- und Zivilrecht in der Fassung vom 30. Januar 1933 wieder eingeführt worden. Vgl. Ruth Hemken (Hrsg.), Sammlung der vom Alliierten Kontrollrat und der Amerikanischen Militärregierung erlassenen Proklamationen, Gesetze, Verordnungen, Befehle, im englischen Wortlaut mit deutscher Übersetzung, Stuttgart 1948, o. S.).

101 Dieser Sachverhalt wurde – wie das oben zitierte Beispiel zeigt – während des Dachauer Verfahrens nicht konsequent umgesetzt, was von dem Verteidiger Ilse Kochs in zahlreichen Anträgen aufgegriffen wurde.

102 Bu 31, Bl. 455 f., Protokoll vom 19. Verhandlungstag am 8. 1. 1951.

103 Ebd., Protokoll vom 10. Verhandlungstag am 12. 12. 1950, Bl. 341 f.

104 Ebd., Bl. 224 f., Bericht vom 2. Verhandlungstag vom 28. 11. 1950.

105 Ebd., Bl. 281 f., Protokoll vom 6. 12. 1950, Bericht vom 7. Verhandlungstag; der Sachverständige Kautsky.

106 Ebd.

107 Ebd., Bl. 305 ff., Protokoll vom 7. 12. 1950, Bericht vom 8. Verhandlungstag.
108 Ebd., Bl. 251 f., Eigenbericht zum 3. Tag.
109 Zur Kurzbiographie des Buchenwald-Überlebenden Jakob Ihr, der von 1939 bis zur Befreiung des Konzentrationslagers in Buchenwald war: siehe Erich Fein / Karl Flanner, Rot-weiß-rot in Buchenwald. Die österreichischen politischen Häftlinge im Konzentrationslager am Ettersberg bei Weimar 1938 – 1945, Wien 1987.
110 Bu 31, 6. 12. 1950, Abschrift, Inl. Red., 6. Tag, Augsburg. Ein tragischer Tag im Ilse-Koch-Prozess, S. 281 – 283, hier S. 281 f.
111 Ebd., S. 282.
112 KS 22/50, Vernehmungsprotokoll Erna Raible vom 4. 5. 1949.
113 Ebd.
114 Bu 31, Bl. 473 f., Bericht vom 22. Verhandlungstag am 11. 1. 1951.
115 Ebd., Bl. 436 f., Bericht vom 17. Verhandlungstag am 4. 1. 1951.
116 Ebd., Bl. 250 ff., Bericht vom 29. 11. 1950, Bericht vom 3. Verhandlungstag. Aussage Ackermann; vgl. auch Bayerisches Hauptstaatsarchiv München, Nachlass Seidl, Akte 2, Zeitzeugen zur bayerischen Nachkriegsgeschichte: Dr. Alfred Seidl aufgenommen am 21. 3. 1994 und 9. 4. 1991, Interviewer Dr. Karl N. Renner, 33. In diesem Gespräch erwähnte Seidl, dass im Rahmen des Prozesses »niemand auch nur andeutungsweise das Wort Lampenschirme in den Mund genommen« habe.
117 Ebd., Bl. 455 f., Bericht vom 8. 1. 1951, Bericht vom 19. Verhandlungstag.
118 Ebd., Bl. 491 f., Bericht vom 23. Verhandlungstag am 15. 1. 1951.
119 Siehe die Quellensammlung zum Schicksal des evangelischen Pfarrers, der 1939 im Konzentrationslager Buchenwald ermordet wurde, siehe auch die Meldung des Schutzhaftlagerführers vom 2. 9. 1938 über eine nach zwei Minuten durch die SS unterbundene Predigt Schneiders: Margarete Schneider / Elsa-Ulrike Ross / Paul Dieterich / Paul Schneider (Hrsg.), Paul Schneider. Der Prediger von Buchenwald, Holzgerlingen 2010[3], S. 482.
120 Bu 31, Bl. 480 f., Bericht vom 11. 1. 1951, Bericht vom 22. Verhandlungstag.
121 Ebd., Bl. 473 f., Bericht vom 21. Verhandlungstag am 10. 1. 1951.
122 Ebd., Bl. 491, Bericht vom 23. Verhandlungstag am 15. 1. 1951.
123 Urteil, S. 31.
124 BArch Dahlwitz-Hoppegarten, ZM 1244 A. 2 (Ilse Koch), Schreiben Curt Poseners an das Buchenwald-Komitee vom 16. 1. 1951.
125 Ebd., Schreiben von Curt Posener an das Buchenwald-Komitee vom 28. 1. 1951 [sic!], S. 7.
126 Cornelia Vismann, Das Recht und seine Mittel. Ausgewählte Schriften, Frankfurt a. M. 2012, S. 265.

127 KS 22/50, HA IX, Protokoll der Strafanstalt Aichach vom 3.7.1950, Bl. 160. In den anderthalb Jahren bis zum Prozessbeginn verzichtete Ilse Koch auf jedwede Kommunikation mit der Augsburger Staatsanwaltschaft.

128 Bu 31, Vernehmungsprotokoll vom 23. Verhandlungstag am 15.1.1951.

129 Vismann, Recht, S. 263.

130 Ebd., S. 273.

131 Vgl. KS 22/50, GV II, S. 149f., Aussage Ilse Kochs am 30.9.1949.

132 Ebd., HA II, Schreiben Ilkows vom 20.10.1949 an Senatspräsident Walther.

133 Bu 31, Bl. 227f. Bericht »Verlogen – Arrogant – Unverschämt. Ilse Koch vor dem Augsburger Schwurgericht« vom 27.11.1950, 1. Verhandlungstag.

134 Ebd., Bl. 224f. Abschrift ›Ilse-Koch-Prozeß. Bericht vom Berliner Rundfunk‹ vom 28.11.1950.

135 Ebd., Bericht vom 5. Verhandlungstag am 1.12.1950, ›Schau, Täubchen, der Alte könnte mal robben‹.

136 Ebd., Bericht vom 3. Verhandlungstag am 29.11.1950.

137 Ebd., Protokoll vom 16. Verhandlungstag am 3.1.1951, Bl. 430ff.; Bericht vom 10. Verhandlungstag am 12.12.1950, Bl. 341f.

138 Ebd., Bericht vom 11. Verhandlungstag am 13.12.1950, Bl. 349.

139 BayStA München, Justizvollzugsanstalten 13948/3. Ilkow, Der Oberstaatsanwalt bei dem Oberlandesgericht Bamberg vom 15.10.1949 an die Direktion des Frauengefängnisses.

140 KS 22/50, GV Bd. VI, Gutachten von Dr. Albert Sighart, Direktor der Heil- und Pflegeanstalt Günzburg, vom 5.5.1950, Bl. 158ff.

141 Ebd.

142 Ebd.: »Die hervorstechendsten charakterlichen Züge sind ihre Herzlosigkeit, ihr Hochmut, ihre Herrschsucht, Habsucht und ihre Grausamkeit, die zusammen in ihrer psychopathischen Gemütskälte ihre Wurzeln haben.«

143 Ebd.

144 Ebd.

145 Ebd., HA VII, Bl. 17ff. psychiatrisches Gutachten von Prof. Leibbrand (undatiert).

146 Felicitas Söhner / Hans-Joachim Winckelmann / Thomas Becker, Das Laboratorium der I.G. Farben an der Heil- und Pflegeanstalt Günzburg. Epilepsieforschung in der NS-Zeit und den Nachkriegsjahren, in: Medizinhistorisches Journal 3/2015, S. 223–248.

147 Michael von Cranach / Reinhold Schüttler, Heil- und Pflegeanstalt Günzburg, in: Michael von Cranach / Hans-Ludwig Siemen (Hrsg.), Psychiatrie im Nationalsozialismus. Die bayerischen Heil- und Pflegeanstalten zwischen 1933 und 1945, München 2012[2], S. 249–265.

148 Eichmüller, Prozess, S. 106; Rolf Seidel / Felicitas Söhner, Leibbrand, Werner Robert. Biographisches Archiv der Psychiatrie, https://www.biapsy.de/index.php/de/9-biographien-a-z/246-leibbrand-werner-robert-d (abgerufen am 5. 10. 2020).

149 Werner Leibbrand (Hrsg.), Um die Menschenrechte der Geisteskranken, Nürnberg 1946.

150 Landgericht Augsburg, Urteil gegen Ilse Koch vom 15. 1. 1951, in: Fritz Bauer / Karl Dietrich Bracher (Hrsg.), Justiz und NS-Verbrechen, Amsterdam 1971, S. 30 – 129, hier S. 77.

151 Ebd., S. 71.

152 Karsten Uhl, Das »verbrecherische Weib«. Geschlecht, Verbrechen und Strafen im kriminologischen Diskurs 1800 – 1945 (Geschlecht – Kultur – Gesellschaft. Bd. 11), Münster 2003.

153 Dieter Ambach, Staatsanwalt im Majdanek-Prozess, zit. nach: »Von Männern hätte man das eher erwartet«. Gespräch mit Staatsanwalt Dieter Ambach, in: Ingrid Müller-Münch, Die Frauen von Majdanek. Vom zerstörten Leben der Opfer und der Mörderinnen, Reinbek bei Hamburg 1982, S. 143.

154 Siehe auch bereits: Julia Duesterberg, Von der »Umkehr aller Weiblichkeit«. Charakterbilder einer KZ-Aufseherin, in: Insa Eschebach / Sigrid Jacobeit / Silke Wenk (Hrsg.), Gedächtnis und Geschlecht. Deutungsmuster in Darstellungen des nationalsozialistischen Genozids, Frankfurt a. M. 2002, S. 227 – 244. Explizit mit dieser Frage setzt sich die Studie zum britischen Prozess gegen die Führung des Frauenkonzentrationslagers Ravensbrück auseinander: Kretzer, Täterschaft, S. 355. Die Literaturwissenschaftlerin Sigrid Weigel hat bereits in den neunziger Jahren auf die Verflechtung »ethnozentrischer Geschlechtermuster und sexualisierter Bilder des Nationalen« verwiesen (vgl. Sigrid Weigel, Zur nationalen Funktion des Geschlechterdiskurses im Gedächtnis des Nationalsozialismus; Alfred Andersch ›Die Rote‹, in: Claudia Mayer-Iswandy (Hrsg.), Zwischen Traum und Trauma – Die Nation. Transatlantische Perspektiven zur Geschichte eines Problems, Tübingen 1994, S. 27 – 37, hier S. 37).

155 Die digitale Übersicht der Sammlung ›Justiz und NS-Verbrechen‹ gibt einen annähernden Überblick; Schätzungen zufolge sind in dieser Sammlung nur die Namen von 25 Prozent der Beschuldigten aufgeführt. Von den 20 aufgeführten weiblichen Angeklagten wird neben Ilse Koch Hermine Braunsteiner-Ryan als lebenslänglich Verurteilte erwähnt; Todesstrafen erhielten Hilde Wernicke und Helene Wieczorek. Von ostdeutschen Gerichten sind lediglich zehn Beschuldigte erwähnt, zwei erhielten die Todesstrafe, alle weiteren

Beschuldigten erhielten lebenslange Haftstrafen; nur eine Beschuldigte (Erna Dorn) erhielt eine höhere Haftstrafe von 15 Jahren. Das aufgeführte Sample ist noch kleiner als im westdeutschen Fall, von insgesamt 1426 Angeklagten wurden die Namen von 216 Beschuldigten aufgeführt – bei der überwiegenden Mehrheit der Beschuldigten handelte es sich demnach um Männer (vgl. Justiz und NS-Verbrechen. Die westdeutschen Verfahren wegen nationalsozialistischer Tötungsverbrechen, 1945–2021, https://junsv.nl/junsv-01/junsv/brd/angekl.html (abgerufen am 7.7.2022)).

156 Urteil gegen Ilse Koch (15.1.1951), S. 43.

157 Ebd.

158 Ebd., S. 79.

159 Ebd., S. 83.

160 Der Fall wird ausführlich als Anstiftung zum Mord unter Berücksichtigung der Zeugenaussagen, der Hierarchie innerhalb des Konzentrationslagers und vor allem hinsichtlich der Frage des Vorsatzes interpretiert (vgl. Urteil gegen Ilse Koch (15.1.1951), S. 93–102).

161 Ebd., S. 101. Hier finden sich weitere Hinweise zum Strafgesetzbuch.

162 Ebd., S. 77, 102.

163 Ebd., S. 127.

164 Ebd., S. 126f.

165 Ebd., S. 78.

166 Ebd., S. 127.

167 Anklage, S. 29.

168 Ebd.

169 Ebd., S. 39: »Ohne selbst eine Funktion im Konzentrationslager gehabt zu haben, hat sie durch ihren Ehemann und die ihm und ihr hörigen SS-Führer, Unterführer und Wachmannschaften im Lagerbetrieb nach ihrem Wunsch und Willen gelenkt und dabei selbst Verbrechen und Vergehen gegen Leib und Leben der Häftlinge begangen, oder durch andere begehen lassen, die ohne Zweifel sadistischem Trieb entsprungen, ein Höchstmaß an Grausamkeit, Rohheit und Brutalität darstellen.«

170 Ebd., S. 28.

171 Urteil gegen Ilse Koch (15.1.1951), S. 127.

172 KS 22/50, Anklage, S. 28.

173 BayHStA München, Nachlass Seidl, Akte 163, Entscheidung des 1. Strafsenats des Bundesgerichtshofs am 22.4.1952; an dieser Entscheidung wirkten mit: Senatspräsident Richter (Vorsitz), Bundesrichter Dr. Peetz, Bundesrichter Mantel, Bundesrichter Dr. Geier, Bundesrichter Dr. Jagusch (Beisitz), Bundesanwalt Güde als Vertreter der Bundesanwaltschaft, Justizangestellter Weiß,

Urkundsbeamter der Geschäftsstelle. Im Folgenden zitiert als Urteil des BGH. Das Urteil ist abgedruckt, in: Entscheidungen des BGH, Bd. 2 (1951/1952), S. 301–308. Zur späteren Haltung Güdes im Fall Koch siehe das Kapitel »Gnadengesuche und die ›schwarze Legende‹ der Ilse Koch«.

174 Urteil des BGH, S. 12 f.

175 Ebd.

176 Ebd.

177 Ebd., S. 14.

178 Freudiger, Verbrechen, S. 414, 416: Die Autorin spricht von der »offensichtlichen Sanktionsverweigerung der westdeutschen Justiz« gegenüber den von Justizangehörigen für die NS-Justiz verübten Verbrechen; die Entscheidungen des Bundesgerichtshofes hätten den Weg für die großzügige Ahndung von NS-Verbrechen geebnet. Zur Frage des Bundesgerichtshofes sowie seiner Rechtspraxis liegen einige juristische Dissertationen vor. Zu einer kritischen Einordnung des Bundesgerichtshofs kommt auch Quasten, 2003, S. 272 ff.: Herbe, Hermann Weinkauff; Dirk Quasten, Die Judikatur des Bundesgerichtshofs zur Rechtsbeugung im NS-Staat und in der DDR (Schriften zum Strafrecht. Bd. 141), Berlin 2003.

179 Siehe den Anhang B The Numerical Development of the War Criminals Problem, 1950–1955 bei Buscher, Program, S. 171–174; zu den konkreten Zahlen siehe weiter unten.

180 Yavnai, Trials, S. 65.

10 Der Prozess und die Gesellschaft: Reaktionen auf den Augsburger Prozess

1 BwA, 812–3, Abschrift aus der Zeitschrift ›Constanze‹ Nr. 11 vom August 1948.

2 Fritz Bauer, Im Namen des Volkes. Die strafrechtliche Bewältigung der Vergangenheit, zit. nach: Freudiger, Verbrechen, S. 408.

3 German Views on Denazification. Report No. 182 vom 11. 7. 1949, zit. nach: Anna J. Merritt (Hrsg.), Public Opinion in Occupied Germany. The OMGUS Surveys, 1945–1949, Urbana 1970, S. 304 f.

4 Siehe das Kapitel ›Nazism and Denazification‹, in: Merritt, Opinion, S. 30–39, hier S. 38.

5 Siehe die Frage zu ›gut‹ und ›böse‹, siehe ebenso den sehr interessanten Abschnitt zur Einstellung gegenüber Juden: Elisabeth Noelle / Erich Peter Neumann (Hrsg.), Jahrbuch der öffentlichen Meinung. 1947–1955 (Jahrbuch der öffentlichen Meinung. Bd. 1), Allensbach 1956, S. 115 u. 128–131. Zur Frage der Kontinuität siehe auch den Abschnitt ›Neonazismus‹.

6 40 Prozent der Befragten empfanden die Periode von 1933 bis 1938 als die

beste Periode deutscher Geschichte und 80 Prozent der im November 1951 Befragten die unmittelbare Nachkriegszeit als die schlechteste, vgl. ebd., S. 125 f.

7 Die rhetorische Frage ist hier nicht vollständig zitiert. Es muss heißen: »Warum hat man die ›Bestie‹ schon lange nicht erledigt am Galgen und der ist noch zu schade für eine solche Hure die ist auch noch viel schlechter wie jede Straßendirne?« (Vgl. KS 22/50, HA VII, Schreiben vom 11. 1. 1951).

8 Bu 31, Bl. 481, Protokoll vom 11. 1. 1951.

9 Ebd., Protokoll vom 15. 12. 1950.

10 BayHStA München, Nachlass Seidl, Akte 165, Schreiben Ernst Strasser an Seidl vom 28. 2. 1961.

11 LATh – HStA Weimar, 585/1, Schreiben des DFD an Rodewald vom 2. 9. 1949, Bl. 127.

12 KS 22/50, HA VII, Schreiben von Frieda an Staatsanwalt Ilkow vom 15. 1. 1951.

13 Ebd., Schreiben von Margaret T. an Staatsanwalt Ilkow vom 14. 1. 1951.

14 Ebd., Schreiben von Elisabeth O. an Staatsanwalt Ilkow vom 11. 1. 1951. Es könnte sich um die SS-Aufseherin Erika Bergmann (geb. Belling) gehandelt haben, die im Konzentrationslager Ravensbrück auch unter dem Namen Koch (Heirat 1939, verwitwet 1943) bekannt war (vgl. Aussage des Archivs der Gedenkstätte Ravensbrück vom 8. 6. 2022).

15 Mauz, Kommandeuse. Ein vollständiger Nachweis findet sich auf S. 321, Anmerkung 5.

16 The West Australian (28. 11. 1950), zit. nach: Eichmüller, Prozess, S. 87.

17 BArch Dahlwitz-Hoppegarten, ZM 1244 A. 2 (Ilse Koch), Tägliche Rundschau vom 16. 1. 1950.

18 KS 22/50, Schreiben Ilkow an Walther vom 15. 5. 1950.

19 BwA, Buchenwald Case Film 2, The Evening Star (20. 9. 1949).

20 KS 22/50, HA, IV, Schreiben Ilkows an das Bayerische Justizministerium, Ministerialdirektor Walther vom 17. 2. 1950. Er bezieht sich auf den Artikel ›Lady mit Lampenschirm‹, der zwei Tage zuvor im Spiegel erschienen ist.

21 Ebd., Schreiben Ilkows an das Bayerische Justizministerium, vom 5. 2. 1950.

22 BArch Dahlwitz-Hoppegarten, ZM 1244 A. 2 (Ilse Koch), Tägliche Rundschau vom 8. 12. 1950.

23 Schwäbische Landeszeitung (Augsburg) (22. 4. 1950).

24 Anonymous Admirer Sends Ilse Koch Nylons, in: The Washington Post (29. 12. 1950), S. 19. Auch die Übermittlung anderer Geschenke werden ihr attestiert: Ilse Koch gets Present From Unknown Donor, in: Los Angeles Times (29. 12. 1950), S. 1.

25 After Screaming Guilt: Ilse Koch Reported in Psychiatric Ward, in: Los Angeles

Times (11.12.1950), S. 9; Her Court Shrieks Send Ilse Koch To Psychiatrists, in: The Washington Post (11.12.1950), S. 1, Ilse Koch Back in Court, Calm After 2-Week Rest, in: New York Herald Tribune (30.12.1950), S. 3, Court Orders Test of Sanity For Ilse Koch: One Physician Believes She Is Faking Outhursts to Delay Her Murder Trial, in: New York Herald Tribune (12.12.1950), S. 27, siehe auch den Kommentar in der in Hongkong herausgegebenen Zeitung: Feigns Insanity, in: South China Morning Post (21.12.1950), S. 8.

26 Germans Ask Ilse's Death, in: The Sun (28.11.1950), S. 14.

27 Siehe Ilse Koch ›Furious‹, claims Innocence, in: Stars & Strpes, S. 5.

28 ›Witch of Buchenwald‹ goes on trial, in: The Austin American Statesman (27.11.1950), S. 5.

29 Ebd.

30 Zur Kritik in der amerikanischen Presse an dem War Crimes Program der amerikanischen Militärbehörden und dem ›Fall Ilse Koch‹ siehe das Kapitel 5 ›Doing Democracy‹. Zum Bericht über die Fetischisierung von Menschenhäuten siehe Sailor Skinned at Ilse's Order, Witness says, in: Chicago Daily Tribune (14.12.1950), S. 1 u. 4.

31 Ilse Koch denies brutality at Buchenwald, in: The Washington Post (29.11.1950), S. 1: »Ilses ohnehin schon rotes Gesicht errötete noch mehr, das war ihre einzige Gefühlsregung während Kautskys langer Aussage.« Zur Negation von Schuld und den entsprechenden Dialogen im Gerichtssaal siehe auch: Ilse Koch. Red Witch of Buchenwald on Trial, in: Los Angeles Times (28.11.1950), S. 5.

32 Siehe beispielsweise Norman Domeier, Der Eulenburg-Skandal. Eine politische Kulturgeschichte des Kaiserreichs (Campus Historische Studien. Bd. 55), Frankfurt a. M. 2010 Zur Frage der Gerichtsöffentlichkeit siehe die kritische juristische Dissertation von Fögen, wonach die Justiz es im 20. Jahrhundert versäumt habe, »der Gerichtsöffentlichkeit neue dem demokratischen Staat entsprechende politische Funktionen zuzuweisen«, sowie Marie Theres Fögen, Der Kampf um Gerichtsöffentlichkeit (Schriften zum Prozessrecht. Bd. 33), Berlin 1974, S. 120.

33 So die Ausgangsüberlegung von Bösch, Geheimnisse, S. 3–15.

34 Die Zusammenfassung der Presse in der DDR beruht auf dem Handbuch: Heinz Pürer / Johannes Raabe, Presse in Deutschland, Konstanz 2007[3], S. 173–209. Hier finden sich – allerdings für die 1980er Jahre – Hinweise zu den Auflagen der Zeitungen in der DDR, s. S. 193 f.

35 Zur Presselenkung durch das Politbüro der SED siehe das Schaubild »Anleitung der Massenmedien in der DDR«, allerdings basierend auf Zahlen von 1988, Pürer, Raabe, Presse, S. 184.

36 Ebd., S. 193.
37 Ebd., S. 173.
38 BwA 813–195, SED-Presse-Informationen vom 1.7.1952; Nordbayerische Zeitung Nürnberg/Fürth (12.5.1950).
39 Tatort Buchenwald. Ilse Koch zum Gedächtnis 4/1951, S. 13–15, hier S. 15.
40 Kommandeuse mit der Peitsche. Sittengeschichte des SS-Staates auf 139 Seiten Anklage, in: Bu 31, Bl. 316, Der Tag (7.12.1950).
41 IfZ, Pressemappe zu Ilse Koch, Hamburger Abendblatt vom 12.1.1951.
42 BArch Dahlwitz-Hoppegarten, ZM 1244 A. 2 (Ilse Koch), Tägliche Rundschau vom 13.12.1950.
43 Siehe die Presseausschnittsammlung im Archiv der Gedenkstätte Buchenwald (BwA 813): Berliner Zeitung vom 18.9.1948; Tägliche Rundschau vom 19.9.1948; Neue Volkszeitung vom 24.9.1948.
44 LATh – HStAW, 585–3, Neues Deutschland (16.4.1947).
45 BwA, 813, Berliner Zeitung (18.9.1948); Tägliche Rundschau (19.9.1948); Neue Volkszeitung (24.9.1948).
46 Karl Schnog, Die Sache mit der Menschenhaut, in: Die Weltbühne 4/1946, S. 125f.
47 Volker Kühn, Schnog, Karl. Neue Deutsche Biographie, https://www.deutsche-biographie.de/sfz114749.html (abgerufen am 7.7.2022).
48 BwA, 813–152c, Anonym, Wie kam General Clay dazu?, in: Die Tat (16.12.1950).
49 Rolf Helm, Bestien …, in: Die Tat (27.1.1950).
50 Verbrechen der KZ-Kommandeuse fordern Sühne, in: Neues Deutschland (1.12.1950).
51 Bu 31, Verbrechen der KZ-Kommandeuse fordern Sühne, vom 1.12.1950, Bl. 266: »Die Verbrechen der Ilse Koch ungesühnt zu lassen, hieße Verrat an den von ihr gemordeten Kämpfern für Frieden und Völkerverständigung, wäre ein Beweis, daß man die Methoden der faschistischen Verbrecher billigt, daß man sich mit den KZ-Henkern gemein macht.«
52 BwA, 813–195, Eine Bestie, die sich gewaschen hat, in: Presse-Informationen (1.7.1952).
53 Eichmüller, Prozess, S. 114.
54 Süddeutsche Zeitung (18.1.1951), vgl. auch das Manuskript des Beitrags von Ernst Müller-Meiningen jr. im Zeitfunk des Bayerischen Rundfunks (15.1.1951), zit. nach: Eichmüller, Prozess, S. 123.
55 Vgl. Im Namen der Menschlichkeit, in: Neues Deutschland vom 1.4.1947, S. 2; Vor Beginn des Buchenwald-Prozesses: Handschuhe aus Menschenhaut, in: Neues Deutschland (11.4.1947), S. 2; Gericht über Kriegsverbrecher, in:

Neues Deutschland (20.4.1947), Album-Einband aus Menschenhaut. Die ›Familienchronik‹ der Kommandeuse von Buchenwald, in: Neues Deutschland (6.5.1947), S. 2.

56 Ilse Koch muss verurteilt werden! Aufruf des Buchenwald-Komitees, in: Berliner Zeitung (24.11.1950), S. 2.

57 Die folgenden Nachrichten umfassen je nur wenige Zeilen: Lebenslänglich für Ilse Koch, in: Neues Deutschland (16.1.1951), S. 2; Lebenslänglich für Ilse Koch, in: Berliner Zeitung (16.1.1951), S. 2; Lebenslänglich Zuchthaus für Ilse Koch, in: Neue Zeit (16.1.1951), S. 2. Alle Meldungen verweisen auf die Taten der ›Kommandeuse‹.

58 Freiheit (20.6.1953), zit. nach: Jens Ebert/Insa Eschebach (Hrsg.), »Die Kommandeuse«. Erna Dorn zwischen Nationalsozialismus und Kaltem Krieg, Berlin 1994, S. 173.

59 Ebd., S. 11.

60 So zeigte der Faschismus seine Fratze, in: Neues Deutschland (23.6.1953), S. 3.

61 SS-Kommandeuse im Führungsstab der Provokateure, in: Berliner Zeitung (24.6.1953).

62 ›Ich schreib meinen Namen unter das Todesurteil.‹ Antifaschistische Widerstandskämpferinnen berichten über die Verbrechen der SS-Kommandeuse Dorn, in: Neues Deutschland (25.6.1953), S. 5.

63 Marcel Reich-Ranicki, Deutsche Literatur in Ost und West, München 1963, S. 407, zit. nach Jens Ebert, Die Literarisierung einer politischen Legende. Stephan Hermlin: »Die Kommandeuse«, in: Zeitschrift für Germanistik 3/1996, S. 631–640, hier S. 636. Die Novelle Hermlins erschien zuerst in der Zeitschrift Neue Deutsche Literatur, alle Angaben zu Hermlins Text folgen Ebert, ebd.

64 Vgl. Universitätsarchiv Rostock, Nachlass Uwe Johnson, UJA/H/601925; ZA 08; 8; 16v, Johnson sammelte Zeitungsausschnitte zu Ilse Kochs Suizid aus der New York Times: https://kalliope-verbund.info/ead?ead.id=DE-611-HS-2737700 (abgerufen am 1.12.2021).

65 Vgl. SS-Frauen sagen vor Gericht aus, in: Berliner Zeitung vom 14.10.1945, S. 1.

66 Biess, Angst, S. 82.

67 Ebd.; siehe auch den Standardtext zur Geschichte der Emotionen: Kolnai, Gefühle.

68 BwA, 812–3 u. 8, Abschrift aus der Constanze Nr. 11 vom August 1948; Abschrift des Schreibens des katholischen Pfarrers, War Criminal Prison Landsberg/Lech, Landsberg/Lech an den Constanze Verlag vom 15.9.1948.

69 Arendt, Besuch. Hierzu ausführlicher weiter oben.

70 Siehe zur Frage der ›verspäteten‹ Aufarbeitung vor allem Nicolas Berg, Der Holocaust und die westdeutschen Historiker. Erforschung und Erinnerung (Moderne Zeit. Bd. 3), Göttingen 2013; ein repräsentatives Beispiel der Täterforschung: Orth, Konzentrationslager-SS; zur Bedeutung des Archivs siehe Astrid M. Eckert, Kampf um die Akten. Die Westalliierten und die Rückgabe von deutschem Archivgut nach dem Zweiten Weltkrieg (Transatlantische historische Studien Geschichte. Bd. 20), Stuttgart 2004.

71 Dieses sehr sinnvolle Modell zur Deutung der deutsch-deutschen Beziehungsgeschichte wurde von Christoph Kleßmann in den 1990er Jahren geprägt: Christoph Kleßmann (Hrsg.), Deutsche Vergangenheiten – eine gemeinsame Herausforderung. Der schwierige Umgang mit der doppelten Nachkriegsgeschichte, Berlin 1999; siehe auch Michael Werner / Bénédicte Zimmermann, Vergleich, Transfer, Verflechtung. Der Ansatz der Histoire croisée und die Herausforderung des Transnationalen, in: Geschichte und Gesellschaft 4/2002, S. 607–636.

Vierter Teil: Leugnen

1 David Blackbourn, Marpingen. Das deutsche Lourdes in der Bismarckzeit (Echolot. Bd. 6), Saarbrücken 2007, S. 22.

2 Arendt, Besuch, S. 44.

3 Ebd.

4 Zur kolonialen Dimension dieser Frage siehe Johannes Fabian, Time and the Other. How Anthropology Makes its Object, New York 1983.

5 Zur ›kognitiven‹ Dimension von Emotionen siehe bereits Agnes Heller, Theorie der Gefühle, Hamburg 1981.

6 Peter Fritzsche, Nazi Modern, in: Modernism/modernity 1/1996, S. 1–22, hier S. 7 f.; vgl. Hanne Leßau, Entnazifizierungsgeschichten. Die Auseinandersetzung mit der eigenen NS-Vergangenheit in der frühen Nachkriegszeit, Göttingen 2020.

7 Einen ersten Einstieg in das Thema kann der folgende Sammelband geben: Christian Wiese / Stefan Vogt / Doron Kiesel / Gury Schneider-Ludorff (Hrsg.), Die Zukunft der Erinnerung. Perspektiven des Gedenkens an die Verbrechen des Nationalsozialismus und die Shoah, Berlin–Boston 2021.

8 Im Jahr 1985 gab es 48 402 Strafgefangene, davon waren 1612 Frauen (vgl. Statistisches Bundesamt, Fachserie 10, Reihe 4. 1, Rechtspflege, Strafvollzug – Demographische und kriminologische Merkmale der Gefangenen, S. 11, zit. nach: Annelie Ramsbrock, Geschlossene Gesellschaft. Das Gefängnis als Sozialversuch – eine bundesdeutsche Geschichte, Frankfurt a. M. 2020, S. 13).

9 Siehe die Tabelle Einsitzende Strafgefangene und Verwahrte am 31. 3. in justizeigenen Straf- und Verwahranstalten, in: Statistisches Bundesamt Wiesbaden, Fachserie A: Bevölkerung und Kultur (9 Rechtspflege III. Strafvollzug), Stuttgart/Mainz 1967, S. 4.
10 Anhang B The Numerical Development of the War Criminals Problem, 1950–1955 bei Buscher, Program, S. 171–174; Sigel, Gerechtigkeit, S. 167 ff.
11 BayHStA München, Nachlass Seidl, wie Anmerkung 61, S. 389.
12 Bu 31, Bl. 133. Bericht des Vorwärts (17. 10. 1949), ähnlich auch die Die Tagespost Augsburg (18. 10. 1949).
13 Suicide of ›Witch of Buchenwald‹: Aichach, Sept. 2, in: South China Sunday Post – Herald, 3. 9. 1967, S. 1.

11 Im Gefängnis: Die Strafgefangene Ilse Koch

1 StA München, Justizvollzugsanstalten 13948/7, Strafvollzugsanstalt Aichach, Gutachten des Regierungsrats Groß, Frauenhaftanstalt Aichach vom 9. 6. 1960.
2 Stadtarchiv Aichach, Akte Ilse Koch, Bericht der Bayerischen Landespolizei Pfaffenhofen vom 2. 9. 1967; Sterbeurkunde vom 2. 9. 1967; vgl. den Artikel Ilse Kochs Freitod kam völlig überraschend, in: Aichacher Zeitung (4. 9. 1967).
3 StA München, JVA Aichach, Akte Ilse Koch, 13948/1–9.
4 Ebd., Justizvollzugsanstalten 13948/7, Gutachten des Direktors Groß zu Ilse Kochs Gnadengesuch vom 11. 12. 1961.
5 Zum Aufnahmeantrag siehe das Kapitel 1.
6 In einer frühen Veröffentlichung arbeitet Sigrid Weigel die Spezifika des Genres der Gefängnisliteratur heraus. In dem Abschnitt über die Weimarer Republik setzt sie sich mit den Tagebüchern oder auch Briefen von Erich Mühsam, Rosa Luxemburg auseinander. Auch das Bild der faschistischen Märtyrerin wird untersucht; vgl. Sigrid Weigel, »Und selbst im Kerker frei …!«. Schreiben im Gefängnis. Zur Theorie und Gattungsgeschichte der Gefängnisliteratur, 1750–1933, Marburg 1982.
7 BayHStA München, Koch Ilse wegen Mordes, Mu Ju 11/217 Teil 1. Schreiben Ilkow, Generalstaatsanwalt bei dem Oberlandesgericht Bamberg an das Bayerische Justizministerium an den Herrn Senatspräsidenten Hans Walther vom 25. 9. 1949.
8 Oberpfarrer M. Kraus, Frauenanstalt Aichach / Obb., in: Zeitschrift für Strafvollzug 6/1951, S. 35–38, hier S. 37.
9 Bei der Geschichte des Frauenstrafvollzugs im Allgemeinen und der Frauenstrafvollzugsanstalt Aichach im Besonderen handelt es sich um ein For-

schungsdesiderat. Zur Geschichte des Frauengefängnisses Aichach während der NS-Zeit siehe Franz J. Merkl, An den Rändern der ›Volksgemeinschaft‹. Frauenschicksale in der Strafanstalt Aichach 1933–1945, in: Altbayern in Schwaben, Jahrbuch für Geschichte und Kultur 2018, S. 101–164.

10 Oberpfarrer M. Kraus, Frauenanstalt Aichach / Obb.

11 Kai Naumann, Gefängnis und Gesellschaft. Freiheitsentzug in Deutschland in Wissenschaft und Praxis 1920–1960 (Forschungen zur Geschichte der Neuzeit, Marburger Beiträge. Bd. 9), Berlin 2006; Karin Franze, Resozialisierung unter Bedingungen des Frauenstrafvollzugs. Eine Untersuchung und Bewertung der zur Resozialisierung straffällig gewordener Frauen angewandten Behandlungsmethoden in der JVA Aichach (Europäische Hochschulschriften: Reihe 2, Rechtswissenschaft. Bd. 2936), Frankfurt a. M. 2001.

12 KS 22/50, HA I, Schreiben Ilkows an Ministerialrat Leopold (Bayerisches Justizministerium) vom 7. 8. 1949.

13 Vom 1. 2. 1929 bis zum 1. 3. 1953 war Pfarrer Kraus (1887 geboren) als katholischer Anstaltsgeistlicher in Aichach tätig, er war Träger des Bayerischen Militärverdienstkreuzes am Bande. Zeitgleich mit dem katholischen Pfarrer schied auch der protestantische Seelsorger Ernst Stark (geb. 1899) aus, der als Anstaltsgeistlicher in verschiedenen Anstalten – so auch in dem berüchtigten Strafgefangenenlager Papenburg tätig war (siehe StA München, Akten Justizvollzugsanstalt Aichach, Personalakten).

14 Oberpfarrer M. Kraus, Frauenanstalt Aichach / Obb.

15 Zur Geschichte der Gefängnisarchitektur siehe den Überblick von Lars Hendrik Riemer, Gefängnis (2015): https://www.rdklabor.de/wiki/Gef%C3%A4ngnis (abgerufen am 20. 7. 2022).

16 Oberpfarrer M. Kraus, Frauenanstalt Aichach / Obb., S. 36.

17 Ebd., S. 37.

18 Ebd.

19 Siehe die beiden Tabellen Bestand und Bewegung der Gefangenen und Verwahrten in justizeigenen Straf- und Verwahranstalten und Bayern Bestand, Zu- und Abgänge in den Vollzugsanstalten 1967, in: Statistisches Bundesamt Wiesbaden, Strafvollzug (1967), S. 4 u. 12.

20 Übersicht über Zuständigkeit im Bereich des Gnadenwesens und des Strafvollzugs in Bayern, in: Zeitschrift für Strafvollzug Jahrgang 1 Januar 1950 Nr. 1, S. 38.

21 Christian Nissen, Über den Erziehungsstrafvollzug, in: Zeitschrift für Strafvollzug 1/1950, H. 3, S. 50–55, hier S. 52.

22 Nikolaus Wachsmann, Gefangen unter Hitler. Justizterror und Strafvollzug im NS-Staat, München 2006.

23 Siehe das Erste Gesetz zur Reform des Strafrechts vom 25. 6. 1969, in: Bundesgesetzblatt vom 30. 6. 1969, Teil I, S. 645 – 682.

24 Annelie Ramsbrock, Geschlossene Gesellschaft. Das Gefängnis als Sozialversuch. Eine bundesdeutsche Geschichte, Frankfurt a. M. 2020, S. 25, 36.

25 Ebd., S. 36.

26 Ebd., S. 37.

27 Ebd., S. 39; Martin Otto, Thomas Würtenberger, in: Neue Deutsche Biographie (im Erscheinen). Hier finden sich auch Hinweise zur NS-Vergangenheit von Würtenberger, seine akademische Karriere nach 1945 und seinem Einfluss auf die Rechtspolitik der Bundesrepublik. Ich danke Martin Otto für die Einsicht in das Manuskript.

28 Fritz Bauer, Die Rückkehr in die Freiheit – Probleme der Resozialisierung, in: Burghard Freudenfeld (Hrsg.), Schuld und Sühne. Dreizehn Vorträge über den deutschen Strafprozess, München 1960, S. 139 – 149, hier S. 149.

29 Ebd., S. 147.

30 Ebd.

31 Fritz Bauer, Der Zweck im Strafrecht (1954), zit. nach: Ramsbrock, Gesellschaft, S. 10.

32 Bauer, Rückkehr, S. 139.

33 Ramsbrock, Gesellschaft, S. 54.

34 Carl Wilhelm Pelman / Rudolf Finkelnburg, Die verminderte Zurechnungsfähigkeit. 2 Vortraege gehalten vor der Rheinisch-Westfaelischen Gefaengnisgesellschaft in Duesseldorf, Bonn 1903, zit. nach, Lisa Weber, Von ›verirrten Brüdern‹ zu ›minderwertigem Material‹. Psychiatrische Einflüsse auf religiöse Konzeptionen des Verbrechens im langen 19. Jahrhundert, FernUniversität in Hagen, Historisches Institut, unveröff. Masterarbeit, 2022, S. 54.

35 Vgl. BVerfG 98, S. 169 u. 200, zit. nach Ramsbrock, Gesellschaft, S. 14.

36 Thomas Würtenberger, Akzente des künftigen Strafvollzugsgesetzes, in: Juristenzeitung 1970, S. 452 – 456, S. 454, zit. nach: Ramsbrock, Gesellschaft, S. 86.

37 Siehe den Bericht Große Worte, in: Der Spiegel vom 27. 11. 1966.

38 Ebd., S. 69.

39 Ebd.

40 Vgl. Albert Krebs, An unsere Leser, in: Zeitschrift für Strafvollzug 1/1967, hier S. 1 f.

41 Zu der sehr interessanten Juristin liegt bisher keine Studie vor, siehe aber Hannelore Maelicke, Helga Einsele (1910 – 2005). Ein Leben um der Überzeugung willen, in: Sonja Buckel / Peter Derleder / Andreas Fischer-Lescano / Günter Frankenberg / Felix Hanschmann / Tanja Hitzel-Cassagnes / Eva Kocher / Nora

Markard / Joachim Perels / Maria Wersig / Ingeborg Zerbes (Hrsg.), Streitbare Juristinnen. Eine andere Tradition, Baden-Baden 2016, S. 187–200.

42 Helga Einsele, Methoden im Strafvollzug, in: Zeitschrift für Strafvollzug 4/1967, S. 198–204, hier S. 199.

43 Ebd.

44 Ebd. Einsele bezieht sich hier auf eine fachinterne Diskussion über die Vergeltungstheorie, die in der Methodendiskussion des Strafrechts im 19. Jahrhundert ihren Ursprung hat (vgl. Thomas Vormbaum, Einführung in die moderne Strafrechtsgeschichte, Berlin, Heidelberg 2019[4], S. 60 ff.).

45 Helga Einsele, Meine Reise nach Amerika, in: Zeitschrift für Strafvollzug 1/1950, S. 11–14, hier S. 12.

46 Siehe die hervorragende, zweibände Untersuchung von Lars Hendrik Riemer über das um den Heidelberger Juraprofessor und liberalen Politiker Karl Josef Anton Mittermeier entstandene internationale Netzwerk der ›Gefängnisfreunde‹; in den beiden Bänden ist diese Korrespondenz abgedruckt: Lars Hendrik Riemer, Das Netzwerk der ›Gefängnisfreunde‹ 1830–1872. Karl Josef Anton Mittermeiers Briefwechsel mit europpäischen Strafvollzugsexperten (Studien zur europäischen Rechtsgeschichte), Frankfurt a. M. 2005.

47 Edgardo Rotman, The Failure of Reform. United States, 1865–1965, in: Norval Morris / David J. Rothman (Hrsg.), The Oxford History of the Prison. The Practice of Punishment in Western Society, New York 1995, S. 169–198; Michael Meranze, Histories of the Modern Prison. Renewal, Regression, and Expansion, in: Paul Knepper / Anja Johansen (Hrsg.), The Oxford Handbook of the History of Crime and Criminal Justice, New York 2016, S. 672–694.

48 Durchschnittlich nahmen die sog. Big Houses 2500 Gefangene auf, so etwa das San Quentin State Prison in Kalifornien, Sing Sing Correction Facility in New York, Stateville Correctional Center in Illinois und Michigan State Prison in Michigan; die Anzahl der Gefangenen konnte mehr als 4000 Insassen umfassen, vgl. Rotman, Failure, S. 185.

49 Siehe die in den sechziger Jahren eingeleiteten Maßnahmen im Gefängnis California Institution for Men in Chino, Kalifornien, vgl. ebd., S. 191.

50 Einsele, Reise, S. 11 u. 14.

51 Ebd., S. 12. Zu den Reiseberichten der Strafvollzugsbeamten in die Vereinigten Staaten: Ramsbrock, Gesellschaft, S. 47 ff.

52 Gotthilf Flick, Amerika und seine Gefängnisse, in: Zeitschrift für Strafvollzug 1/1950, S. 15–20, hier S. 19.

53 Johannes Kuwatsch, Die Erziehung des Rechtsbrechers im Bundesstrafvollzug, in: Zeitschrift für Strafvollzug 1/1950, S. 21–24, hier S. 21. Auch dieser Dis-

kurs lässt sich länger zurückverfolgen: Franz von Liszt, Der Zweckgedanke im Strafrecht. Zu der am 15. October 1882 Vormittags um 11 1/2 stattfindenden feierlichen Einführung des neuen Rectors der Universität ladet ein der zeitige Rector, Marburg 1882, S, 3.

54 Ebd., S. 24.

55 Im Bayerischen Staatsarchiv München – hier sind die Akten der Strafvollzugsanstalt Aichach einzusehen – sind nur Gefangenen- bzw. vereinzelt auch Personalakten überliefert.

56 StA München, Justizvollzugsanstalten 13948/6, Frauenstrafanstalt Aichach an das Bayerische Staatsministerium vom 5. 5. 1953: Betr. Ilse Koch.

57 Ebd., 13948/1, Wahrnehmungsbogen Z 596 Koch geb. Köhler Ilse, vgl. die Arbeitskarte.

58 Ebd., 13948/2, Beamtenbesprechung am 4. 11. 1954.

59 Ebd., 13948/7, Schreiben Regierungsrat Groß, Strafvollzugsanstalt, vom 9. 6. 1960 an die Augsburger Staatsanwalt.

60 Ebd., 13948/2, Beamtenbesprechung am 4. 11. 1954.

61 Ebd., 13948/6, Frauenstrafanstalt Aichach an das Bayerische Staatsministerium vom 5. 5. 1953: Betr. Ilse Koch.

62 Ebd., Leopold, Bayerisches Staatsministerium der Justiz vom 19. 5. 1953 an Frau Vorsteherin der Frauenstrafanstalt.

63 Ebd., 13948/2, Beamtenkonferenz am 6. 8. 1964.

64 KS 22/50, GV Bd. VI, Gutachten von Dr. Albert Sighart, Direktor der Heil- und Pflegeanstalt Günzburg, vom 25. 2.–26. 3. 1950, Bl. 155.

65 StA München, Justizvollzugsanstalten 13948/2, Schreiben der Vorsteherin Stephan vom 12. 5. 1955.

66 Ebd., 13948/8, Frauenstrafanstalt Aichach vom 13. 9. 1962 an das Bayerische Justizministerium.

67 Ebd., 13948/2, Gutachten der Frauenhaftanstalt Aichach vom 13. 3. 1967, Dir. Schober.

68 Zur Nachkriegspsychiatrie vor den maßgeblichen Reformen in den sechziger und siebziger Jahren siehe Cornelia Brink, Grenzen der Anstalt. Psychiatrie und Gesellschaft in Deutschland 1860–1980 (Moderne Zeit. Bd. 20), Göttingen 2010, S. 372–409.

69 Ebd., S. 366 f.

70 Ebd., S. 405 ff.

71 13948/2, Gutachten der Frauenhaftanstalt Aichach vom 13. 3. 1967, Dir. Schober.

72 StA München, Justizvollzugsanstalten, 13948/7, Groß, Direktor an die Staatsanwaltschaft Augsburg vom 11. 12. 1961.

73 Ebd., 13948/9, siehe das Gutachten von Dr. med. J. Weilacher, Facharzt für Chirurgie, Gutachten vom 16. 2. 1964.

74 Ebd., 13948/2, Notiz Schober vom 23. 5. 1967. Die Mitgefangene habe angegeben, dass die Häftlinge in Ravensbrück alle nackt vor Ilse Koch haben antreten müssen.

75 Zum bekannten Nachkriegsprozess gegen Vera Brühne siehe auch Gerhard Mauz, Die großen Prozesse der Bundesrepublik Deutschland, Springe 2005, S. 123–128.

76 StA München, 1394812.

77 BayHStA München, Mu 11217 Teil 3, Erst dichtete sie, dann tobte sie. Eine ehemalige Strafgefangene berichtet von ihren Begegnungen mit der ›KZ-Kommandeuse‹ Ilse Koch, in: Abendzeitung (5./6. 3. 1966).

78 BArch Koblenz, B 443/2343, Verfassungsschutz, Vermerk über Stille Hilfe, Wochenbericht vom 12. 5. 1966.

79 Zit. nach Oliver Schröm / Andrea Röpke, Stille Hilfe für braune Kameraden. Das geheime Netzwerk der Alt- und Neonazis, Berlin 2001, S. 43; Ernst Klee, Was sie taten, was sie wurden. Ärzte, Juristen und andere Beteiligte am Kranken- oder Judenmord, Frankfurt a. M. 1987, S. 114 f. Zum Gründungsort der Stillen Hilfe gibt es unterschiedliche Angaben; Bohr spricht vom Münchener Kolpinghaus als Gründungsort der ›Stillen Hilfe‹, Felix Bohr, Die Kriegsverbrecherlobby. Bundesdeutsche Hilfe für im Ausland inhaftierte NS-Täter, Berlin 2018, S. 128.

80 Schröm / Röpke, Stille Hilfe, S. 40. Bedauerlicherweise sind die Quellen nicht konkret ausgewiesen.

81 Ebd., S. 43.

82 BayHStA München, Nachlass Seidl, Akte 165, Mappe Stille Hilfe, gedruckter Jahresbericht der Stillen Hilfe vom 11. 4. 1956.

83 Zit. nach Bohr, Kriegsverbrecherlobby, S. 130.

84 Schröm / Röpke, Stille Hilfe, S. 43.

85 Über die Aktivitäten des Paars während des Nationalsozialismus ist wenig bekannt. Wilhelm Karl Prinz von Isenburg wurde nach dem Studium der Geschichte, der Erbbiologie und des Bibliothekswesens an der Universität Gießen dort promoviert, 1933 wurde er Privatdozent für Erbbiologie an der Universität Bonn, 1938 wurde er außerordentlicher Professor für Sippen- und Familienforschung an der Universität München, seit 1936 war er für die Reichsstelle für Sippenforschung im Reichsministerium des Innern tätig. In dem Umfeld der ›Rassenforschung‹ hat Isenburg ebenso einige Publikationen vorgelegt; vgl. Hans-Christian Harten / Uwe Neirich / Matthias Schwerendt (Hrsg.), Rassenhygiene als Erziehungsideologie des Dritten Reichs. Bio-biblio-

graphisches Handbuch (Akademie Geschichte 1–2010. Bd. 10), Berlin 2006, S. 407.

86 Landsberg. Meine liebe Prinzessin, in: Spiegel 5/1951, zit. nach: Bohr, Kriegsverbrecherlobby, S. 128.

87 Die SS-Führer waren Wilhelm Spengler und Heinrich-Malz, siehe: Schröm / Röpke, Stille Hilfe, S. 42.

88 Zit. nach Klee, Kranken- und Judenmord, S. 114 f.

89 Zum Bischof Alois Hudal, der seit 1934 Rektor der deutschen Pilgerkirche in Rom war, siehe Bohr, Kriegsverbrecherlobby, S. 71.

90 Ebd., S. 70.

91 Zit. nach Klee, Kranken- und Judenmord, S. 114 f.; zum Evangelischen Hilfswerk siehe auch Johannes Michael Wischnath, Kirche in Aktion. Das Evangelische Hilfswerk 1945–1957 und sein Verhältnis zu Kirche und Innerer Mission (Arbeiten zur kirchlichen Zeitgeschichte. Bd. 14), Göttingen 1986.

92 Bohr, Kriegsverbrecherlobby, S. 67.

93 BayHStA München, Nachlass Seidl, Akte 165, Mappe Stille Hilfe, gedruckter Jahresbericht der Stillen Hilfe vom 11. 4. 1956. Das Heft trägt die handschriftliche Notiz. »Dies nur zur Orientierung nicht zu Sammlungszwecken.«

94 Vgl. Mythos des 20. Jahrhunderts, in: Der Spiegel 52/1960: https://www.spiegel.de/politik/mythos-des-20-jahrhunderts-a-231c5624-0002-0001-0000-000043067969?context=issue (abgerufen am 10. 6. 2021) sowie: Schweitzers Uhr geht anders, in: Der Spiegel 52/1960: https://www.spiegel.de/politik/schweitzers-uhr-geht-anders-a-44b61bd8-0002-0001-0000-000043067974?context=issue (abgerufen am 10. 6. 2021).

95 Zur HIAG siehe Bohr, Kriegsverbrecherlobby, S. 132.

96 BayHStA München, Nachlass Seidl, Akte 165, Mappe Stille Hilfe, gedruckter Jahresbericht der Stillen Hilfe vom 11. 4. 1956.

97 BArch Koblenz, B 443/2910, Verfassungsschutz, Bericht über Stille Hilfe vom 28. 10. 1965; Ende der achtziger Jahre scheint die Zahl auf 100 zurückgegangen zu sein, vgl. Schröm / Röpke, Stille Hilfe, S. 39.

98 Einige Spenden von 1000 DM monatlich BArch Koblenz, B 443/2910, Verfassungsschutz, Wochenbericht vom 12. 5. 1966.

99 Bohr, Kriegsverbrecherlobby, S. 445.

100 BArch Koblenz, B 443/2910, Verfassungsschutz, Bericht über Stille Hilfe vom 28. 10. 1965 mit Hinweis auf zwei »rivalisierende Lager«, daher habe Dr. Werner Mühlbradt Heinrich Eberhard Greifelt abgelöst.

101 BArch Koblenz, B 443/2343, Stille Hilfe für Kriegsgefangene und Internierte e. V., Rundbrief an den Freundeskreis 1/1959.

102 BayHStA München, Nachlass Seidl, Akte 165, Mappe Stille Hilfe, gedruckter Jahresbericht der Stillen Hilfe vom 11.4.1956.
103 Schröm / Röpke, Stille Hilfe, S. 39.
104 Ein prominentes Beispiel stellt die Tochter des Reichsführer-SS, Heinrich Himmler, dar. Zu Gudrun Bürwitz, siehe: Himmlers ›Püppi‹ – Nazi bis zuletzt, in: Der Spiegel vom 29.6.2018, zu den Briefen von Margarete Himmler, seiner Ehefrau, siehe Jürgen Matthäus, ›Es war sehr nett‹. Auszüge aus dem Tagebuch der Margarete Himmler, 1937–1945, in: Werkstatt Geschichte 25, 2000, S. 75–93.
105 Rundbrief Stille Hilfe für den Freundeskreis 2/1986, zit. nach Klee, Kranken- und Judenmord, S. 117.
106 Bohr, Kriegsverbrecherlobby, S. 129.
107 Ebd., S. 179.
108 StA München, Justizvollzugsanstalten 13948/7. Auch ein Komitee für gegenseitige Hilfe für Militär-Gefangene, Heimkehrer und Vertriebene nach Frankreich, Italien, Deutschland, Österreich und der Schweiz ersuchte um die Besuchserlaubnis bei Koch, die abgelehnt wurde.
109 Ebd., 13948/2, Nachprüfung vom 3.9.1967.
110 BayHStA München, Nachlass Seidl 165. Anfragen Sympathiebekundungen Stille Hilfe.
111 Vgl. ebd., Justizvollzugsanstalten 13948/1–9. Eine Frau von Koschütz bietet Unterstützung für Ilse Koch nach einer potenziellen Entlassung an.
112 StA München, Justizvollzugsanstalt Aichach, Personalakte Ilse Koch.
113 StA München, 13948/2, Schreiben an Isenburg vom 1.4.1966.
114 Ebd., 13948/3, Schreiben der H.E. Prinzessin v. Isenburg Stille Hilfe für Kriegsgefangene und Internierte vom 1.3.1955.
115 Ebd., 13948/2, Schreiben Prinzessin v. Isenburg an den bayerischen Ministerpräsidenten vom 8.1.1965.
116 BayHStA München, Nachlass Seidl, Akte 165, Anfragen Sympathiebekundungen Stille Hilfe, Graf Kerssenbrock Oberst a.D. an Seidl vom 26.6.1962.
117 Bohr, Kriegsverbrecherlobby, S. 70.
118 KS 22/50, GV III, Schreiben Ilse Kochs an ihre Mutter vom 4.6.1950.
119 StA Müchen, 13948/3, am 8.3.1962 wurde diese Beschwerde für unzulässig erklärt.
120 BArch Koblenz, B 141/17024, Fernschreiben vom 26.11.1962.
121 StA München, Justizvollzugsanstalten 13948/7, Europäische Kommission für Menschenrechte: Entscheidung der Kommission über die Zulässigkeit des Gesuchs Nr. 1270/61 unterbreitet von Ilse Koch gegen die Bundesrepublik Deutschland.

122 Klaus Hüser, Begnadigung und Amnestie als kriminalpolitisches Instrument. Mit Untersuchungen aus dem Hamburger Bereich, Hamburg 1973; vgl. Constanze Leßmann, Die Arbeit der Gnadenausschüsse in der Frühzeit der Bundesrepublik Deutschland. Entwicklung von Kriterien zur Begnadigung von Kriegsverbrechern, Berlin 2003.

123 Volker Tausch, Max Güde (1902–1984). Generalbundesanwalt und Rechtspolitiker (Juristische Zeitgeschichte: Abt. 4, Leben und Werk. Bd. 5), Baden-Baden 2002.

124 Vgl. BArch Koblenz, B283, 85175, Entscheidung des 1. Strafsenats des Bundesgerichtshofs (Bundesrichter Dr. Peetz, Bundesrichter Mantel, Bundesrichter Dr. Geier, Bundesrichter Dr. Jagusch, Bundesanwalt Güde) vom 22. April 1952.

125 StA München, Justizvollzugsanstalten 13948/5, Schreiben des Generalbundesanwalts Dr. Max Güde vom 27. 1. 1965.

126 Ebd., Dr. Ehard, Bayerisches Staatsministerium der Justiz an Herrn Bundestagsabgeordneten Dr. Max Güde vom 22. 7. 1965.

127 Weinke, Vergangenheitsbewältigung, S. 353.

128 StA München, Justizvollzugsanstalten 13948/5, vgl. die Berichte in der Abendzeitung (15. 9. 1965) sowie der Augsburger Allgemeinen Zeitung (15. 9. 1966).

129 StA München, Justizvollzugsanstalten 13948/5, Schreiben vom 4. 6. 1957, S. 5f. und 15.

130 Ebd., 13948/2, Schreiben des Rechtsanwalts Hans-Günter Pfitzner vom 10. 8. 1967 an Ilse Koch. Diese antwortete eine Woche später: »Sie hätten mir vorher sagen sollen, daß auch Sie mich für schuldig finden, dann hätte ich Ihnen nie das Vertrauen geschenkt«.

131 Ebd., Gnadengesuch Pfitzners vom 17. 4. 1967.

12 Sichtbare, unsichtbare Gegenwart: Ilse Koch und andere Frauen erinnern sich an das ›Dritte Reich‹

1 Ebd., 13948/8, S. 8.

2 BArch Koblenz, B 141/17024, Schreiben von Ella Rudnitzki vom 19. 8. 1955 und Schreiben von Prof. Dr. Günter Koch an das Bundesjustizministerium vom 17. 9. 1959.

3 Ebd., Bericht der Deutschen Botschaft in Paris an das Bundesjustizministerium vom 20. 1. 1960.

4 Ebd., Bundesjustizministerium Bonn 30. 6. 1965, Schreiben Dr. Dallinger an Prof. Dr. Andrejew, der sich anlässlich einer Tagung in Paris aufhielt.

5 Lagermeinschaft Buchenwald-Dora der Bundesrepublik Deutschland, Buchenwald. Ein Konzentrationslager, Bericht der ehemaligen KZ-Häftlinge Emil Carlebach, Paul Grünewald, Helmut Röder, Walter Vielhauer, Köln 1986,

S. 95. Die Publikation ist im DPK-nahen Verlag Röderberg / Pahl-Rugenstein erschienen.

6 Traudl Junge, Bis zur letzten Stunde. Hitlers Sekretärin erzählt ihr Leben, München 2005, S. 9.

7 Zur aktuellen Forschungsdiskussion siehe: Karen Hagemann / Donna Harsch / Friederike Brühöfener (Hrsg.), Gendering Post-1945 German History. Entanglements, New York, NY–Oxford 2019.

8 Kramer, Volksgenossinnen; vgl. Kempner, Women in Nazi Germany.

9 Siehe das Kapitel »Die ›Heimatfront‹ zwischen Kriegserlebnis und Kriegserinnerung, in: Kramer, Volksgenossinnen, S. 307–340.

10 Sebastian Conrad, Erinnerung im globalen Zeitalter. Warum die Vergangenheitsdebatte gerade explodiert, in: Merkur 2021, S. 5–17.

11 Rede Richard von Weizsäcker, gehalten am 8. 5. 1985, anlässlich der Gedenkveranstaltung im Plenarsaal des Deutschen Bundestages zum 40. Jahrestag des Ende des Zweiten Weltkrieges in Europa (vgl. https://www.bundespraesident.de/SharedDocs/Reden/DE/Richard-von-Weizsaecker/Reden/1985/05/19850508_Rede.html (abgerufen am 31. 12. 2021). »Als die überlebenden Männer heimkehrten, mußten Frauen oft wieder zurückstehen. Viele Frauen blieben aufgrund des Krieges allein und verbrachten ihr Leben in Einsamkeit«.

12 Kramer, Volksgenossinnen, S. 308 ff. Im Folgenden beziehe ich mich auf die von Kramer zusammengetragenen Forschungsergebnisse.

13 Ebd., S. 308.

14 Ebd., S. 309.

15 Ebd., S. 311.

16 Ebd., S. 314.

17 Ebd.

18 Ebd., S. 315.

19 Interview mit einer 44-jährigen Bahnangestellten aus Hamburg am 9. 6. 1945, zit. nach: ebd., S. 317.

20 Interview mit einer 27-jährigen Büroangestellten aus Münster am 25. 6. 1945, zit. nach: ebd., S. 319.

21 Ebd., S. 320.

22 Ebd.

23 Und zwar in dem Sinne, dass sich die Juden anderer Staaten gegen das Deutsche Reich zusammengeschlossen hätten, ebd., S. 319.

24 Michel, Führerinnen; vgl. Harvey, Women.

25 Michel, Führerinnen, S. 128.

26 Aussage Wilhelmine Schönamsgruber (ohne Datum), Spruchkammerakte

Wilhelmine Schönamsgruber, StA Nürnberg, Schwabach-Sch.-191, Bl. 75, zit. nach: Michel, Führerinnen, S. 135. Die Autorin beschreibt in diesem Artikel, dass ihre Bemühungen in den 1990er Jahren scheiterten, die ehemaligen NS-Gauführerinnen als Interviewpartnerinnen im Rahmen eines geplanten Oral-History-Projektes zu gewinnen.

27 Ebd., S. 137.

28 Die Zeitschrift erschien offenbar in geringer Auflage von 1948 bis 1951 im Zeitverlag.

29 Vgl. 10. 9. 1950, in: Die Straße 37/1950; zit. nach Schwarz, Ehefrauen, S. 272.

30 Ebd., S. 273.

31 Zum Entnazifizierungsverfahren gegen Scholtz-Klink siehe Massimiliano Livi, Gertrud Scholtz-Klink: die Reichsfrauenführerin. Politische Handlungsräume und Identitätsprobleme der Frauen im Nationalsozialismus am Beispiel der »Führerin aller deutschen Frauen« (Politische Soziologie. Bd. 20), Münster 2005, S. 216 ff.

32 Die Veröffentlichung ist im Grabert Verlag erschienen, siehe auch: Juliane Wetzel, Der Geschichtsrevisionismus und der Grabert Verlag, in: Martin Finkenberger / Horst Junginger (Hrsg.), Im Dienste der Lügen. Herbert Grabert (1901 – 1978) und seine Verlage, Aschaffenburg 2004, S. 142 – 154; Gertrud Scholtz-Klink, Die Frau im Dritten Reich. Eine Dokumentation, Tübingen 1978. Ich danke Juliane Wetzel für die schnelle Zusendung ihres Aufsatzes, der die Bedeutung des Tübinger Verlags für die Verbreitung antisemitischer Verschwörungstheorien herausarbeitet.

33 Siehe u. a.: »Ohne den Mut, die Kraft und das Beharrungsvermögen der Frauen, Mädchen und Mütter im Dritten Reich wäre ein heutiges Deutschland undenkbar«. Scholtz-Klink, Dokumentation, o. S.

34 »In Ehrerbietung gedenke ich an dieser Stelle auch all der Frauen, deren Männer in Nürnberg, Landsberg und vielen andern Straf- und Umerziehungslagern unserer Sieger ihr Leben für Deutschland lassen, oder lebenslange Schäden an ihrer Gesundheit davontragen mußten. Diese Frauen und ihre Kinder müssen wissen, daß ihre Opfer unvergessen sind«. Ebd., o. S.

35 »Wir brauchen Frauen, die das neue gesunde Geschlecht, das jede Generation erhofft, heranbilden können, die von allem Beginn an ihre Kinder als Glieder ihres Volkes erziehen, und die wissen um das Gewordensein dieses Volkes und den geistigen Auftrag, der Geschick und Geschichte dieses Volkes bestimmt«, ebd., S. 16. Das letzte Foto zeigt Mutter und Kind mit einer sogenannten Lebensrune; Lina Heydrich / Werner Maser, Leben mit einem Kriegsverbrecher, Pfaffenhofen 1976. Diese Veröffentlichung ist aufgrund ihrer grundsätzlichen Verleugnung des Holocaust besonders verstörend.

36 Junge, Sekretärin. Das nur zwei Jahre nach Kriegsende entstandene Manuskript fand zu diesem Zeitpunkt keinen Verlag; der Bericht blieb unverändert.

37 Julie Salomon, Is a Demon Humanized no longer a Demon?, in: New York Times (2. 2. 2002).

38 Traudl Junge, 82, Hitler's Private Secretary, in: New York Times (14. 2. 2002), Section C, S. 17.

39 Der Dokumentarfilm ›Im toten Winkel. Hitlers Sekretärin‹ von André Heller und Othmar Schmiderer, beruhend auf Interviews, erhielt auf der Berlinale 2002 den Publikumspreis.

40 Interview mit Othmar Schmiderer (Regie) in der taz (2002): https://taz.de/!1112407/; Besprechung des Films in der Zeit (2002): https://www.zeit.de/2002/07/Der_gemuetliche_aeltere_Herr_mit_der_leisen_Stimme/komplettansicht; Rezension von Stefan Jordan in: Zeitschrift für Geschichtswissenschaft, 52/2004, H. 8, S. 767.

41 Julie Salomon, Is a Demon Humanized no longer a Demon?, in: New York Times vom 2. 2. 2002.

42 Gross, Anständig geblieben, S. 108 ff. Vgl. Jochen Hieber, Hitlers Lebendes Inventar, in: FAZ vom 11. 2. 2002. https://www.faz.net/aktuell/feuilleton/buecher/rezension-sachbuch-hitlers-lebendes-inventar-11285783.html (abgerufen am 10. 3. 2022).

43 Siehe die entsprechenden Beiträge von Melissa Müller, in: Junge, Bis zur letzten Stunde, S. 13 ff. und 231 ff.

44 Es heißt bei Müller lediglich, dass sich kein Verlag gefunden hätte, da »die Leser an derartigen Geschichten kein Interesse hätten« (ebd., S. 15).

45 Zu den kursorischen, insgesamt unbefriedigenden biographischen Angaben siehe die Einführung der Journalistin Melissa Müller, in: Junge, Sekretärin, S. 13–24, hier S. 17.

46 Ebd., S. 28.

47 Ebd., S. 209.

48 Zur Faszination siehe beispielsweise die folgende Episode, in der die Autorin ihre erste Begegnung mit Hitler beschreibt: »Er fragte mich noch nach meinem Alter, lächelte noch einmal, blickte alle noch einmal mit dem bekannten durchdringenden Blick an, hob wieder den Arm zum Gruß und wir waren entlassen, ohne dazu gekommen zu sein, unser ›Heil, mein Führer‹ herauszuschmettern. Draußen löste sich dann endlich die Spannung und der Bann, und es begann ein Geschnatter über die Art von Hitlers Händedruck, seinen faszinierenden Blick, die Figur und alle die Einzelheiten, die bei einer so bedeutungsvollen Begegnung unendlich wichtig scheinen.« Junge, Sekretärin, S. 41 f.; zur Anstellung als Hitlers Sekretärin siehe auch ebd., S. 45.

49 Ebd., S. 47.

50 Vgl. ebd., S. 100 f. Sie selbst habe diesen Wortwechsel erzählt bekommen. Henriette von Schirach »sagte plötzlich, während Hitler mit seinen Gästen am Kamin saß: ›Mein Führer, ich habe kürzlich in Amsterdam einen Zug deportierter Juden gesehen. Es ist entsetzlich, wie diese armen Menschen aussehen, sie werden sicher sehr schlecht behandelt. Wissen Sie das, und erlauben Sie das?‹ Es entstand eine peinliche Stille. Hitler erhob sich kurz darauf, verabschiedete sich und zog sich zurück. Am nächsten Tag fuhr Frau von Schirach nach Wien zurück, und der Vorfall wurde mit keiner Silbe erwähnt.«

51 Ebd., S. 132 f.

52 Ebd., S. 47.

53 BwA, Nachlass Artwin Koch, Schreiben Ilse Kochs an Artwin und Brigitta Koch 27. 9. 1963.

54 StA München, Justizvollzugsanstalten 13948/2, Beamtenkonferenz vom 6. 8. 1964.

55 StA München, Justizvollzugsanstalten 13948/5, Polizeidirektion der Stadt Ludwigsburg vom 26. 4. 1955, Vernehmung von Erna Raible (2. 3. 1885).

56 BwA, Nachlass Artwin Koch, Schreiben des Vormundes Ernst Güttner vom 15. 1. 1959, in dem dieser Artwin zum Geburtstag gratuliert und das Ende der Vormundschaft formuliert.

57 Ebd., Sterbeurkunde Nr. 85/1964, vgl. die Sterbeurkunde und das Schreiben des Nachlassgerichtes Ludwigsburg vom 24. 2. 1964, dass dieser mittellos verstorben sei; Gesprächsnotiz Volkhard Knigge über Gespräch mit Brigitta H. [...] am 17. 8. 2016.

58 StA München, Justizvollzugsanstalten 13948/9, Aktenvermerk Z 596 Koch Ilse 1. 9. 1964: »Die Gefangene wurde heute nochmals über den Selbstmord ihres Sohnes durch den Anstaltsgeistlichen unterrichtet. Koch nahm die Nachricht gelassen auf«.

59 Ebd., Schreiben der Tochter Gisela vom 29. 7. 1964.

60 Ebd., 13948/2.

61 Ilse Koch's Posthumous Rehabilitation Sought by Son, in: New York Times (7. 5. 1971), S. 8.

62 StA München, Justizvollzugsanstalten 13948/5, Schreiben von Gisela an Ilse Koch Stuttgart vom 25. 5. 1966.

63 Ebd., Schreiben der Frauenstrafanstalt Aichach, Schreiben der Schwiegertochter vom 22. 4. 1963.

64 Ebd., Schreiben Artwin Koch vom 1. 11. 1957.

65 Ebd., Schreiben vom 8. 2. 1966: Es wird auch darauf hingewiesen, dass die

regelmäßige Rente Ilse Kochs von DM 132 an die Tochter überwiesen wird; vgl. ebd., Bescheid durch die Bundesversicherungsanstalt für Angestellte vom 25. 1. 1966. Der ehemalige SS-Richter Konrad Morgen bestätigte am 8. 6. 1965 im Rahmen dieses Vorgangs, dass Karl Koch seiner »Erinnerung nach vor 1933 kaufmännischer Angestellter und nachher Berufssoldat« gewesen sei, die SS-Karriere Kochs wird ebenso erwähnt (ebd., 13948/1).

66 StA München, Justizvollzugsanstalten 13948/5, Aktennotiz Direktor Schober vom 9. 12. 1965.

67 Ebd., siehe auch das Schreiben des Evangelischen Kinderheims vom 28. 1. 1952 an die Justizvollzugsanstalt Aichach.

68 Ebd., 13948/2, Schreiben Uwe Köhlers vom 15. 12. 1966.

69 Ebd., Gutachten Oberregierungsrat Schober vom 9. 2. 1967.

70 Ebd.

71 StA Augsburg, KS 22/50, Karton VII, zensiertes Schreiben an die Mutter vom 16. 4. 1950.

72 StA München, Justizvollzugsanstalten 13948/2, Schreiben Ilse Kochs vom 1. 9. 1967.

73 Ebd. 13948/4, Kassiertes Schreiben Ilse Kochs vom 8. 4. 1952 an die Mutter.

74 StA München, 13948/2, Schreiben an Uwe Köhler vom 20. 12. 1966. Einige Zeilen eines Gedichts, das sie ihren Kindern widmete, bezeugen dies: »Man hält mich noch immer gefangen,/Der Gerechtigkeit tut's widersteh'n./Wenn die Schuldigen sind nicht zu finden,/Müssen Andre für sie auf's Schafott;/Wie sie sich in Schmerzen auch winden,/Sie ernten nur Hohn und Spott./Doch einmal wendet sich's Schicksal, Wer verfemt war wird dann geehrt./Vorbei ist's dann mit der Höllenqual/Und wieder geht's umgekehrt.«

75 BwA, Nachlass Artwin Koch, Schreiben Ilse Kochs an Artwin und Brigitta Koch 27. 9. 1963.

76 Vgl. Uffa Jensen / Stefanie Schüler-Springorum, Einführung. Gefühle gegen Juden. Die Emotionalgeschichte des modernen Antisemitismus, in: Geschichte und Gesellschaft 4/2013, S. 413–442; Shulamit Volkov, Antisemitismus als kultureller Code. Zehn Essays, München 2000, S. 19.

77 Volkov, Code, S. 36.

78 Frank Stern, Im Anfang war Auschwitz. Antisemitismus und Philosemitismus im deutschen Nachkrieg (Schriftenreihe des Instituts für Deutsche Geschichte, Universität Tel-Aviv. Bd. 14), Gerlingen 1991, S. 1.

79 BArch Koblenz, B 443/2343, I A 2–051 an II A 4 Köln vom 3. 7. 1958, Betr. Antisemitismus, Äußerung des ehemaligen Vorsitzenden des Landesverbandes Rheinland-Pfalz der DRP am 22. 1. 1952 in Köln; die zweite Anmerkung fiel auf einer Versammlung des »Deutschen Blocks« vom 5. April 1957 in München.

80 StA München, Justizvollzugsanstalten 13948/6, Schreiben Ilse Koch an ihren Sohn Artwin vom 5.6.1955. Das Schreiben liegt im Original vor.
81 StA München, Justizvollzugsanstalten 13948/6, Schreiben vom 28.4.1967 an Prinzessin von Isenburg.
82 StA München, Justizvollzugsanstalten 13948/6, Schreiben Ilse Koch an ihren Sohn Artwin vom 5.6.1955.
83 Ebd.
84 Ebd. 13948/2, Strafvollzugsanstalt Aichach, Strafvollzugsakte, Zusammenstellung der gemeldeten und beobachteten Auffälligkeiten der Strafgefangenen Ilse Koch (Z 596) zwischen dem 1. Februar 1963 und dem 31.1.1964, S. 1–28, hier S. 19f., Eintrag vom 11.10.1963, Auszug aus einem Brief an die Tochter.
85 KS 22/50, Zusammenstellung der gemeldeten und beobachteten Auffälligkeiten der Strafgefangenen Ilse Koch zwischen dem 1. Februar 1963 und 31.1.1964, S. 1–28, hier S. 19f., Eintrag vom 11.10.1963, Auszug eines Briefes an die Tochter. In diesem Brief ist neben den Schändungsphantasien auch die Rede vom »jüdische[n] Schwein«.
86 Siehe Alexandra Przyrembel, Ambivalente Gefühle. Sexualität und Antisemitismus während des Nationalsozialismus, in: Geschichte und Gesellschaft 2013, S. 527–554.
87 Nach wie vor einschlägig: Stern, Antisemitismus und Philosemitismus.
88 KS 22/50, Schreiben Ilse Kochs vom 16.8.1948 vom Gefängnis Landsberg/Lech an den War Crimes Branch Judge Advocate, Division European Command, München.
89 BayStA München, Justizvollzugsanstalten 13948/9, siehe das Gutachten von Dr. med. J. Weilacher, Facharzt für Chirurgie, Gutachten vom 16.2.1964. Der Arzt zählte weitere Fäkalausdrücke auf.
90 Ebd., Schreiben Ilse Kochs vom 19.10.1961.
91 Jorge Semprún/Elie Wiesel, Schweigen ist unmöglich, Frankfurt a.M. 1997, S. 21. Ich danke Svenja Schürmann für den Hinweis auf dieses Gespräch zwischen dem spanischen Schriftsteller Semprun und den Holocaust-Überlebenden Wiesel.

Schluss: Das ›Böse‹ erzählen – Phantasmagorien und die Nachkriegsgeschichte

1 Siehe die Editorial Points, in: Daily Boston Globe (15.2.1950), S. 28, Anmerkung zu Ilse Koch als einer von einer Handvoll Aphorismen der Herausgeber dieser Zeitung.
2 Zahlreiche Beispiele finden sich unter anderem in Schwarz, Ehefrauen; siehe aber auch die Aufzeichnungen von Rudolf Höß: Martin Broszat (Hrsg.),

Rudolf Höß. Kommandant in Auschwitz. Autobiographische Aufzeichnungen (Quellen und Darstellungen zur Zeitgeschichte. Bd. 5), Stuttgart 1958.

3 BayHStA München, Nachlass Seidl, Akte 2, Zeitzeugen zur bayerischen Nachkriegsgeschichte: Dr. Alfred Seidl aufgenommen am 21. 3. 1991, Interviewer Dr. Karl N. Renner, S. 33. Ihm selbst sei Ilse Koch nicht besonders sympathisch gewesen.

4 Ebd., S. 33 ff.

5 Heinemann, Rasse- und Siedlungshauptamt, S. 588.

6 Ebd., S. 600.

7 Zum Begriff des Opfers siehe Goltermann, Opfer.

8 Seyla Benhabib, Hannah Arendt und die erlösende Kraft des Erzählens, in: Dan Diner (Hrsg.), Zivilisationsbruch. Denken nach Auschwitz, Frankfurt a. M. 1988, S. 150 – 174.

9 Mauz, Kommandeuse, siehe S. 321, Anmerkung 5.

10 Lüdtke, Bann.

11 Hannah Arendt, Eichmann in Jerusalem, München 1976.

12 Norbert Frei, Nach der Tat. Die Ahndung deutscher Kriegs- und NS-Verbrechen in Europa. Eine Bilanz., in: ders., Transnationale Vergangenheitspolitik. Der Umgang mit deutschen Kriegsverbrechern in Europa nach dem Zweiten Weltkrieg, Göttingen 2006, S. 7 – 36, hier S. 16.

13 Urteil gegen Ilse Koch (15. 1. 1951), S. 127.

14 Vgl. Mauz, Kommandeuse, siehe S. 321, Anmerkung 5.

15 Siehe Queen of Buchenwald gets Permanent Address, in: Daily Boston Globe (14. 8. 1947), A 2; The Butcher's Wife, in: New York Times (21. 9. 1948), S. 26; Ilse Koch, Red Witch of Buchenwald, on Trial, in: Los Angeles Times (28. 11. 1950), S. 5; Beast of Buchenwald, in: The Washington Post (28. 12. 1948), S. 10.

16 Buchenwald Sadist, Ilse Koch Ends Life, in: Los Angeles Times (3. 9. 1967), S. 10. Buchenwald's Ilse Koch Hangs Herself in Her Cell, in: The Baltimore Sun (3. 9. 1967), S. 4.

17 Niederland, Folgen, S. 229.

18 Siehe hierzu die Einleitung: Die Theorie multidirektionaler Erinnerung in einem transnationalen Zeitalter, in: Rothberg, Erinnerung, S. 19 – 56.

Quellen und Literatur

Archivalien

Archiv der Gedenkstätte Buchenwald, Weimar (BwA)
Nachlass Artwin Koch
I 32/28 Korrespondenz zum Buchenwald Prozess
31/90
50–4–3
81–1–3, 2–86
88–1–3
812–1, 3, 119, 167, 191, 197, 199
813–195, 152c
8216–55
Sammlung Halle
U. S. vs. Josias Prince zu Waldeck et al., War Crimes Case Nr. 12–390 (The Buchenwald Case), Film

Bayerisches Hauptstaatsarchiv München (BayHStA München)
Nachlass Dr. Alfred Seidl
Ministerium der Justiz M Ju II/ 2/7

Bundesarchiv Berlin-Lichterfelde (BArch Lichterfelde)
BDC, Akte Ilse Koch
BDC, Akte Karl Koch
Persönliche Zuschriften an Adolf Hitler, NS 10
RuSHA, Akte Karl Otto Koch
SS- und Polizei Gericht, NS 7

Bundesarchiv Koblenz (BArch Koblenz)
B 141 Bundesministerium der Justiz
B 443 Verfassungsschutz
B 283 Bundesgerichtshof

Bundesarchiv Zwischenarchiv Dahlwitz-Hoppegarten
ZC 19858
ZM 1244 1. 2 (Ilse Koch)

Der Bundesbeauftragte für die Unterlagen des Staatssicherheitsdienstes der ehemaligen DDR, Berlin
Archiv der Zentralstelle, MfS AP Nr. 92/57

Hauptstaatsarchiv Dresden (HStA Dresden)
Bestand Amtsgericht, Nr. 11045
Bestand 13471, NS-Archiv des MfS, ZAI 5265, Akte 14

Landesarchiv Thüringen – Hauptstaatsarchiv Weimar (LATh – HstA W)
Ministerium der Justiz
Konzentrationslager und Haftanstalt Buchenwald

Leo-Baeck-Institut, New York (LBI)
Axis Victims League Collection AR 7219

Library of Congress, Washington D. C.
German Captures Documents, MSS 18, 806, Container 41
Manuscript Divsion, George S. Patton Papers

National Archives, College Park, Maryland
Record Group 153: Records of the Office of the Judge Advocate General (Army), 1792–2010
  Personal Photographs of Ilse Koch – Album 1
  Personal Photographs of Ilse Koch – Album 2
Record Group 260: Records of U.S. Occupation Headquarters, World War II, 1923–1972
Record Group 338: Records of U. S. Army Operational, Tactical, and Support Organizations (World War II and Thereafter), 1917–1999

Staatsarchiv Augsburg (StA Augsburg)
Strafverfahren der Staatsanwaltschaft Augsburg gegen Ilse Koch (KS22/50)

Staatsarchiv München (StA München)
Justizvollzugsanstalten, 13.948

Stadtarchiv Aichach
Akte Ilse Koch

Stadtarchiv Weimar
Nachlass Erich Kloss
Nachlässe. Sammlungen Fritz Behr 1945–1959

Stiftung Archiv der Parteien und Massenorganisationen der DDR im Bundesarchiv (SAPMO-BArch)
Bestand SED, DY 30
DY J IC 2/3–112
DB 1/7311
Rat der VVN ByG, V280

United States Holocaust Memorial Museum, Washington D. C. (USHMM)
RG-50.030* 0268 Oral History Interview with William Denson (digitalisiert)

Universitätsarchiv Jena
Bestand L, NR. 343

Gedruckte Quellen

Die bibliographischen Angaben zu den ausgewerteten Artikeln in Zeitungen bzw. Zeitschriften sind im Anmerkungsapparat zu finden.

Dr. Güntzsche Stiftung (Hrsg.), Adreßbuch für Dresden und Vororte, Dresden 1932.
d'Alquen, Gunter, Die SS. Geschichte, Aufgabe und Organisation der Schutzstaffeln der NSDAP (Der organisatorische Aufbau des Dritten Reiches. Bd. 33), Berlin 1939.

Bauer, Fritz, Die Rückkehr in die Freiheit – Probleme der Resozialisierung, in: Freudenfeld, Burghard (Hrsg.), Schuld und Sühne. Dreizehn Vorträge über den deutschen Strafprozess, München 1960, S. 139–149.
Broszat, Martin (Hrsg.), Rudolf Höß. Kommandant in Auschwitz. Autobiographische Aufzeichnungen (Quellen und Darstellungen zur Zeitgeschichte. Bd. 5), Stuttgart 1958.

Clay, Lucius D., Entscheidung in Deutschland, Frankfurt a. M. 1950.

Deuel, Wallace R., Hitler and Nazi Germany, Chicago 1941.
Diehl, Guida, Die deutsche Frau und der Nationalsozialismus, Eisenach 1933.

Hemken, Ruth (Hrsg.), Sammlung der vom Alliierten Kontrollrat und der Amerikanischen Militärregierung erlassenen Proklamationen, Gesetze, Verordnungen, Befehle. Im englischen Wortlaut mit deutscher Übersetzung, Stuttgart 1948.
Heydrich, Lina / Maser, Werner, Leben mit einem Kriegsverbrecher, Pfaffenhofen 1976.
Hildesheimer, Wolfgang, »Die sichtbare Wirklichkeit bedeutet mir nichts«. Die Briefe an die Eltern 1937–1962, Berlin 2016.

Junge, Traudl, Bis zur letzten Stunde. Hitlers Sekretärin erzählt ihr Leben, München 2005.

Kautsky, Benedikt, Teufel und Verdammte. Erfahrungen und Erkenntnisse aus sieben Jahren in deutschen Konzentrationslagern, Zürich 1946.
Klüger, Ruth, weiter leben. Eine Jugend. Göttingen 1992.
Kogon, Michael, Lieber Vati! Wie ist das Wetter bei Dir? Erinnerungen an meinen Vater Eugen Kogon, München 2014.
Küsters, Hanns Jürgen / Fischer, Alexander / Bracher, Karl Dietrich / Deuerlein, Ernst (Hrsg.), Dokumente zur Deutschlandpolitik. 7. September bis 31. Dezember 1949, München 1996.

Lagermeinschaft Buchenwald-Dora der Bundesrepublik Deutschland, Buchenwald. Ein Konzentrationslager, Bericht der ehemaligen KZ-Häftlinge Emil Carlebach, Paul Grünewald, Helmut Röder, Walter Vielhauer, Köln 1986.
Landgericht Augsburg, Urteil gegen Ilse Koch vom 15.1.1951, in: Bauer, Fritz / Bracher, Karl Dietrich (Hrsg.), Justiz und NS-Verbrechen, Amsterdam 1971, S. 30–129.
Levi, Primo, Ist das ein Mensch? Übersetzt von Heinz Riedt, München 1988.
Liszt, Franz von, Der Zweckgedanke im Strafrecht. Zu der am 15. October 1882 Vormittags um 11 1/2 stattfindenden feierlichen Einführung des neuen Rectors der Universität ladet ein der zeitige Rector, Marburg 1882.
Lochner, Louis, What About Germany, New York 1942.
Lombroso, Cesare, Der Verbrecher in anthropologischer, ärztlicher und juristischer Beziehung, Hamburg 1894².
Lombroso, Cesare, Der Verbrecher in anthropologischer, ärztlicher und juristischer Beziehung. Atlas, Hamburg 1896².
Loos, Adolf, Ornament und Verbrechen (1908), in: Glück, Franz (Hrsg.), Adolf Loos. Sämtliche Schriften in zwei Bänden. Erster Band., Wien–München 1962, S. 276–288.

Marquardt, Carl, Die Tätowierung beider Geschlechter in Samoa. Mit 19 Tafeln in Lichtdruck. Photolithographie nach in Samoa aufgenommenen Original-Zeichnungen und Photogrammen, Berlin 1899.

Mauz, Gerhard, Die großen Prozesse der Bundesrepublik, Springe 2005.

Merritt, Anna J. (Hrsg.), Public Opinion in Occupied Germany. The OMGUS Surveys, 1945–1949, Urbana 1970.

Mohler, Armin, Erstes Intermezzo. Ilse Koch, die ›meistgehaßte Frau der Welt‹, in: ders., Der Nasenring. Im Dickicht der Vergangenheitsbewältigung, Essen 1989, S. 133–151.

Noelle, Elisabeth / Neumann, Erich Peter (Hrsg.), Jahrbuch der öffentlichen Meinung. 1947–1955 (Jahrbuch der öffentlichen Meinung. Bd. 1), Allensbach 1956.

Oechsner, Frederick C. u. a., This is the Enemy, London 1943.

Parteihochschule ›Karl Marx‹ beim ZK der SED, Die Nationale Front der DDR. Geschichtlicher Überblick, Berlin 1984.

Pelman, Carl Wilhelm / Finkelnburg, Rudolf, Die verminderte Zurechnungsfähigkeit. 2 Vortraege gehalten vor der Rheinisch-Westfaelischen Gefaengnisgesellschaft in Duesseldorf, Bonn 1903.

Riemer, Lars Hendrik, Das Netzwerk der ›Gefängnisfreunde‹ (1830–1872. Karl Josef Anton Mittermeiers Briefwechsel mit europpäischen Strafvollzugsexperten (Studien zur europäischen Rechtsgeschichte), Frankfurt a. M. 2005.

Ritscher, Bodo (Hrsg.), Buchenwalder Nachrichten Nr. 1 (14. April 1945) – Nr. 28. (16. Mai 1945), Weimar 1983.

Roeingh, Rolf, Und trotzdem blühen Rosen. Lyrik aus dem Felde, Berlin 1941.

Salomon, Ernst von, Der Fragebogen, Hamburg 1951.

Scholtz-Klink, Gertrud, Die Frau im Dritten Reich. Eine Dokumentation, Tübingen 1978.

Seger, Gerhart, Oranienburg. Erster authentischer Bericht eines aus dem Konzentrationslager Geflüchteten, Karlsbad 1934.

Semprún, Jorge, Die große Reise, Reinbek bei Hamburg 1964.

Semprún, Jorge / Wiesel, Elie, Schweigen ist unmöglich, Frankfurt a. M. 1997.

Smith, Bradley / Peterson, Agnes (Hrsg.), Himmler, Heinrich. Geheimreden 1933 bis 1945 und andere Ansprachen, Frankfurt a. M. 1974.

Statistisches Bundesamt Wiesbaden, Fachserie A: Bevölkerung und Kultur (9 Rechtspflege III. Strafvollzug), Stuttgart/Mainz 1967.

Ulshöfer, Helmut (Hrsg.), Liebesbriefe an Adolf Hitler. Briefe in den Tod. Unveröffentlichte Dokumente aus der Reichskanzlei, Frankfurt a. M. 1996.

United States Senate, Conduct of Ilse Koch War Crimes Trial. Hearings Before the Investigations Subcommittee of the Committee on Expenditures in the Executive Department, Washington 1948.

United States Senate, Conduct of Ilse Koch War Koch War Crimes Trial. Interim Report of the Investigations Subcommittee on the Committee on Expenditures in the Executive Department, Washington 1948.

Wagner, Erich, Ein Beitrag zur Tätowierungsfrage. Inaugural-Dissertation der Hohen Medizinischen Fakultät der Friedrich-Schiller-Universität Jena, Jena 1940.

Forschungsliteratur

d'Almeida, Fabrice, Luxury and Distinction under National Socialism, in: d'Almeida, Fabrice / Ross, Corey / Rwett, Pamela E. (Hrsg.), Pleasure and Power in Nazi Germany, Basingstoke 2011, S. 67–83.

Arendt, Hannah, Besuch in Deutschland 1950. Die Nachwirkungen des Nazi-Regimes, in: Arendt, Hannah / Knott, Marie Luise / Geisel, Eike (Hrsg.), Zur Zeit. Politische Essays, Berlin 1986, S. 43–70.

Arendt, Hannah, Eichmann in Jerusalem, München 1976.

Baberowski, Jörg, Einleitung. Ermöglichungsräume exzessiver Gewalt, in: Baberowski, Jörg / Metzler, Gabriele (Hrsg.), Gewalträume. Soziale Ordnungen im Ausnahmezustand, Frankfurt a. M. 2012, S. 7–28.

Bajohr, Frank, Parvenüs und Profiteure. Korruption in der NS-Zeit, Frankfurt a. M. 2001.

Becker, Peter, Verderbnis und Entartung. Eine Geschichte der Kriminologie des 19. Jahrhunderts als Diskurs und Praxis (Veröffentlichungen des Max-Planck-Instituts für Geschichte. Bd. 176), Göttingen 2002.

Beitl, Christoph / Meis, Daniel (Hrsg.), Deutschsprachige Presseberichterstattung in der Nachkriegszeit des Zweiten Weltkriegs. Ausgewählte Beiträge zur deutschen Presse, Berlin 2021.

Benhabib, Seyla, Hannah Arendt und die erlösende Kraft des Erzählens, in: Diner, Dan (Hrsg.), Zivilisationsbruch. Denken nach Auschwitz, Frankfurt a. M. 1988, S. 150–174.

Benthien, Claudia, Häutungen. Folter, Enthüllungen, Gestaltwandel. Zur Kulturgeschichte einer ›Entdeckung‹, in: Paragrena 1997, S. 197–217.

Beresford, Andrew M., Sacred Skin. The Legend of St. Bartholomew in Spanish Art and Literature (The Medieval and Early Modern Iberian World. Bd. 72), Leiden / Boston 2020.

Berg, Nicolas, Der Holocaust und die westdeutschen Historiker. Erforschung und Erinnerung (Moderne Zeit. Bd. 3), Göttingen 2013.

Biess, Frank, Republik der Angst. Eine andere Geschichte der Bundesrepublik, Reinbek bei Hamburg 2019.

Biess, Frank / Eckert, Astrid M., Introduction. Why Do We Need New Narratives for the History of the Federal Republic?, in: Central European History 2019, S. 1–18.

Birn, Ruth Bettina, Die Höheren SS- und Polizeiführer. Himmlers Vertreter im Reich und in den besetzten Gebieten, Düsseldorf 1986.

Blackbourn, David, Marpingen. Das deutsche Lourdes in der Bismarckzeit (Echolot. Bd. 6), Saarbrücken 2007.

Bloch, Ernst, Die Frau im Dritten Reich, in: ders., Vom Hasard zur Katastrophe. Politische Aufsätze 1934–1938, Frankfurt a. M. 1972, S. 129–136.

Bock, Gisela, Frauen- und Geschlechterbeziehungen in der nationalsozialistischen Rassenpolitik, in: Wobbe, Theresa (Hrsg.), Nach Osten. Verdeckte Spuren nationalsozialistischer Verbrechen, Frankfurt a. M. 1992, S. 99–133.

Böhm, Susanne, Politische Theologie und kirchliche Praxis. Deutsche Christen in der Thüringer evangelischen Kirche (1928–1945), Leipzig 2008.

Bohr, Felix, Die Kriegsverbrecherlobby. Bundesdeutsche Hilfe für im Ausland inhaftierte NS-Täter, Berlin 2018.

Borchard, Gregory A., A Narrative History of the American Press, Boca Raton 2018.

Bösch, Frank, Öffentliche Geheimnisse. Skandale, Politik und Medien in Deutschland und Großbritannien 1880–1914 (Veröffentlichungen des Deutschen Historischen Instituts London/ Publications of the German Historical Institute London. Bd. 65), München 2009.

Bourdieu, Pierre / Boltanski, Luc / Castel, Robert / Chamboredon, Jean-Claude / Lagneau, Gerard / Schnapper, Dominique, Eine illegitime Kunst. Die sozialen Gebrauchsweisen der Fotografie, Hamburg 2014.

Brink, Cornelia, Grenzen der Anstalt. Psychiatrie und Gesellschaft in Deutschland 1860–1980 (Moderne Zeit. Bd. 20), Göttingen 2010.

Broszat, Martin, Siegerjustiz oder strafrechtliche ›Selbstreinigung‹. Aspekte der Vergangenheitsbewältigung der deutschen Justiz während der Besatzungszeit 1945–1949, in: Vierteljahrshefte für Zeitgeschichte 4/1981, S. 477–544.

Browning, Christopher R., Ganz normale Männer. Das Reserve-Polizeibataillon 101 und die ›Endlösung‹ in Polen. Erweiterte Neuausgabe, Hamburg 2020.

Brückweh, Kerstin, Dekonstruktion von Prozessakten. Wie ein Strafprozess erzählt werden kann, in: Finger, Jürgen / Keller, Sven (Hrsg.), Vom Recht zur Geschichte. Akten aus NS-Prozessen als Quellen der Zeitgeschichte, Göttingen 2009, S. 193–204.

Büchler, Yehoshua R., ›Unworthy Behavior‹. The Case of SS Officer Max Täubner, in: Holocaust and Genocide Studies 3/2003, S. 409–429.

Bühler, Hans-Eugen / Rimons, Olaf, Die blendenden Geschäfte des Matthias Lackas. Korruptionsermittlungen in der Verlagswelt des Dritten Reichs, Köln 2004.

Buscher, Frank M., The U. S. War Crimes Trial Program in Germany. 1946–1955, New York 1989.

Canetti, Elias, Masse und Macht, Frankfurt a. M. 2021.

Conrad, Sebastian, Erinnerung im globalen Zeitalter. Warum die Vergangenheitsdebatte gerade explodiert, in: Merkur 2021, S. 5–17.

Cranach, Michael von / Schüttler, Reinhold, Heil- und Pflegeanstalt Günzburg, in: Cranach, Michael von / Riemen, Hans-Ludwig (Hrsg.), Psychiatrie im Nationalsozialismus. Die bayerischen Heil- und Pflegeanstalten zwischen 1933 und 1945, München 2012², S. 249–265.

Davis, Natalie Zemon, Der Kopf in der Schlinge. Gnadengesuche und ihre Erzähler, Berlin 1988.

Dehn, Stephan, Die nationalsozialistische Propaganda in Sachsen 1921–1945, unveröffentlichte Dissertation, Leipzig 2016.

Diner, Dan, Über kognitives Entsetzen, in: Friedländer, Saul / Frei, Norbert / Steinbacher, Sybille / Diner, Dan / Habermas, Jürgen (Hrsg.), Ein Verbrechen ohne Namen. Anmerkungen zum neuen Streit über den Holocaust, München 2022, S. 69–86.

Doering-Manteuffel, Anselm / Raphael, Lutz, Nach dem Boom. Perspektiven auf die Zeitgeschichte seit 1970, Göttingen 2008.

Domeier, Norman, Der Eulenburg-Skandal. Eine politische Kulturgeschichte des Kaiserreichs (Campus Historische Studien. Bd. 55), Frankfurt a. M. 2010.

Drobisch, Klaus, Zeitgenössische Berichte über Nazikonzentrationslager 1933–1939, in: Jahrbuch für Geschichte 1982, S. 125 f.

Dülmen, Richard van, Theater des Schreckens. Gerichtspraxis und Strafrituale in der frühen Neuzeit, München 1985.

Duesterberg, Julia, Von der ›Umkehr aller Weiblichkeit‹. Charakterbilder einer KZ-Aufseherin, in: Eschebach, Insa / Jacobeit, Sigrid / Wenk, Silke (Hrsg.), Gedächtnis und Geschlecht. Deutungsmuster in Darstellungen des nationalsozialistischen Genozids, Frankfurt a. M. 2002, S. 227–244.

Durand, Pierre, Die Bestie von Buchenwald, übersetzt aus dem Französischen von Joachim Wilke, Berlin 1986.

Dussel, Konrad, Deutsche Tagespresse im 19. und 20. Jahrhundert (Einführungen Kommunikationswissenschaft. Bd. 1), Berlin–Münster 2011[2].

Ebert, Jens, Die Literarisierung einer politischen Legende. Stephan Hermlin: ›Die Kommandeuse‹, in: Zeitschrift für Germanistik 3/1996, S. 631–640.

Ebert, Jens / Eschebach, Insa (Hrsg.), ›Die Kommandeuse‹. Erna Dorn zwischen Nationalsozialismus und Kaltem Krieg, Berlin 1994.

Eckert, Astrid M., Kampf um die Akten. Die Westalliierten und die Rückgabe von deutschem Archivgut nach dem Zweiten Weltkrieg (Transatlantische historische Studien Geschichte. Bd. 20), Stuttgart 2004.

Eichmüller, Andreas, Die Strafverfolgung von NS-Verbrechen durch westdeutsche Justizbehörden seit 1945. Ein Zwischenbericht, in: Vierteljahrshefte für Zeitgeschichte 2008, S. 621–640.

Eichmüller, Andreas, Keine Generalamnestie. Die strafrechtliche Verfolgung von NS-Verbrechen in der frühen Bundesrepublik, München 2012.

Eichmüller, Andreas, Die strafrechtliche Verfolgung von NS-Verbrechen und die Öffentlichkeit in der frühen Bundesrepublik 1949–1958, in: Osterloh, Jörg / Vollnhals, Clemens (Hrsg.), NS-Prozesse und deutsche Öffentlichkeit. Besatzungszeit, frühe Bundesrepublik und DDR, Göttingen 2012, S. 53–75.

Eichmüller, Andreas, Der ›Ilse Koch-Prozess‹ in Augsburg, in: Koch, Arnd / Veh, Herbert Michael (Hrsg.), Vor 70 Jahren – Stunde Null für die Justiz? Die Augsburger Justiz und das NS-Unrecht, Baden-Baden 2017, S. 87–130.

Eschebach, Insa, Der KZ-Kommandant Karl Otto Koch. Biografische Anmerkungen, in: Morsch, Günther (Hrsg.), From Sachsenburg to Sachsenhausen. Pictures from the Photograph Album of a Concentration Camp Commandant. An Exhibition by Sachsenhausen Memorial Museum / Brandenburg Memorials Foundation, Berlin 2007, S. 49–54.

Etzel, Matthias, Die Aufhebung von nationalsozialistischen Gesetzen durch den Alliierten Kontrollrat (1945–1948) (Beiträge zur Rechtsgeschichte des 20. Jahrhunderts. Bd. 4), Tübingen 1992.

Eustace, Nicole / Lean, Eugenia / Livingston, Julia / Plamper, Jan / Reddy, William M. / Rosenwein, Barbara H., AHR Conversation. The Historical Study of Emotions, in: American Historical Review 2012, S. 1487–1531.

Fabian, Johannes, Time and the Other. How Anthropology Makes its Object, New York 1983.

Falter, Jürgen W., Vorwort, in: ders. (Hrsg.), Junge Kämpfer, alte Opportunisten. Die Mitglieder der NSDAP 1919–1945, Frankfurt–New York 2016, S. 9–15.

Falter, Jürgen W., Wer durfte NSDAP-Mitglied werden und wer musste draußen bleiben?, in: ders. (Hrsg.), Junge Kämpfer, alte Opportunisten. Die Mitglieder der NSDAP 1919–1945, Frankfurt a.M.–New York 2016, S. 15–40.

Falter, Jürgen W., Hitlers Parteigenossen. Die Mitglieder der NSDAP, Frankfurt-New York 2020.

Fein, Erich / Flanner, Karl, Rot-weiß-rot in Buchenwald. Die österreichischen politischen Häftlinge im Konzentrationslager am Ettersberg bei Weimar 1938–1945, Wien 1987.

Fenske, Michaela, Demokratie erschreiben. Bürgerbriefe und Petitionen als Medien politischer Kultur 1950–1974, Frankfurt a.M.–New York 2013.

Fenske, Michaela, Bürgerbrief, in: Matthews-Schlinzig, Marie / Schuster, Jörg / Steinbrink, Gesa / Strobel, Jochen (Hrsg.), Handbuch Brief. Von der Frühen Neuzeit bis zur Gegenwart, Berlin 2020, S. 497–504.

Fischer, Torben / Lorenz, Matthias N. (Hrsg.), Lexikon der ›Vergangenheitsbewältigung‹ in Deutschland. Debatten- und Diskursgeschichte des Nationalsozialismus nach 1945 (Histoire. Bd. 53), Bielefeld 2015[3].

Fögen, Marie Theres, Der Kampf um Gerichtsöffentlichkeit (Schriften zum Prozessrecht. Bd. 33), Berlin 1974.

Foucault, Die Geburt der Biopolitik. Berlin 1979.

Foschepoth, Josef, Verfassungswidrig! Das KPD-Verbot im Kalten Bürgerkrieg, Göttingen 2017.

Franze, Karin, Resozialisierung unter Bedingungen des Frauenstrafvollzugs. Eine Untersuchung und Bewertung der zur Resozialisierung straffällig gewordener Frauen angewandten Behandlungsmethoden in der JVA Aichach (Europäische Hochschulschriften: Reihe 2, Rechtswissenschaft. Bd. 2936), Frankfurt a.M. 2001.

Frei, Norbert, ›Wir waren blind, ungläubig und langsam‹. Buchenwald, Dachau und die amerikanischen Medien im Frühjahr 1945, in: Vierteljahrshefte für Zeitgeschichte 3/1987, S. 385–401.

Frei, Norbert, Nach der Tat. Die Ahndung deutscher Kriegs- und NS-Verbrechen in Europa. Eine Bilanz., in: ders., Transnationale Vergangenheitspolitik. Der Umgang mit deutschen Kriegsverbrechern in Europa nach dem Zweiten Weltkrieg, Göttingen 2006, S. 7–36.

Freudiger, Kerstin, Die juristische Aufarbeitung von NS-Verbrechen (Beiträge zur Rechtsgeschichte des 20. Jahrhunderts. Bd. 33), Tübingen 2002.

Frevert, Ute, Traditionale Weiblichkeit und moderne Interessenorganisation. Frauen im Angestelltenberuf 1918–1933, in: Geschichte und Gesellschaft 7/1981, S. 507–533.

Fritzsche, Peter, Nazi Modern, in: Modernism/modernity 1/1996, S. 1–22.

Fürmetz, Gerhard, Neue Einblicke in die Praxis der frühen Wiedergutmachung in Bayern. Die Auerbach-Korrespondenz im Bayerischen Hauptstaatsarchiv und die

Akten des Strafprozesses gegen die Führung des Landesentschädigungsamtes von 1952, in: zeitenblicke 2/2004.

Geppert, Alexander C. T., ›Dear Adolf‹. Locating Love in Nazi Germany, in: Passerini, Luisa (Hrsg.), New Dangerous Liaisons. Discourses on Europe and Love in the Twentieth Century, New York 2010, S. 158–177.

Goltermann, Svenja, Opfer. Die Wahrnehmung von Krieg und Gewalt in der Moderne, Frankfurt a. M. 2020.

Grashoff, Udo, Gefahr von innen. Verrat im kommunistischen Widerstand gegen den Nationalsozialismus, Göttingen 2021.

Greschat, Martin, Protestantismus im Kalten Krieg. Kirche, Politik und Gesellschaft im geteilten Deutschland 1945–1963, Paderborn u. a. 2010.

Groehler, Olaf / Keßler, Mario, Die SED-Politik, der Antifaschismus und die Juden in der SBZ und der frühen DDR, Berlin 1995.

Gross, Raphael, Die Ethik des wahrheitssuchenden Richters, in: Konitzer, Werner / Gross, Raphael (Hrsg.), Moralität des Bösen. Ethik und nationalsozialistische Verbrechen, Frankfurt a. M. 2009, S. 243–264.

Gross, Raphael, Anständig geblieben. Nationalsozialistische Moral (Schriftenreihe des Fritz-Bauer-Instituts, Frankfurt am Main. Bd. 26), Frankfurt a. M. 2010.

Guarneri, Julia, Newsprint Metropolis. City Papers and the Making of Modern Americans, Chicago, Illinois 2017.

Hagemann, Karen / Harsch, Donna / Brühöfener, Friederike (Hrsg.), Gendering Post-1945 German History. Entanglements, New York, NY–Oxford 2019.

Harten, Hans-Christian / Neirich, Uwe / Schwerendt, Matthias (Hrsg.), Rassenhygiene als Erziehungsideologie des Dritten Reichs. Bio-bibliographisches Handbuch (Akademie Geschichte 1–2010. Bd. 10), Berlin 2006.

Hartewig, Karin, Zurückgekehrt. Die Geschichte der jüdischen Kommunisten in der DDR, Köln–Weimar–Wien 2000.

Harvey, Elizabeth, Women and the Nazi East. Agents and Witnesses of Germanization, New Haven 2003.

Heineman, Elizabeth D., Sexuality and Nazism. The Doubly Unspeakable?, in: Journal of the History of Sexuality 1/2002, S. 22–66.

Heinemann, Isabel, ›Rasse, Siedlung, deutsches Blut‹. Das Rasse- und Siedlungshauptamt der SS und die rassenpolitische Neuordnung Europas (Moderne Zeit. Bd. 2), Göttingen 2003.

Heller, Agnes, Theorie der Gefühle, Hamburg 1981.

Henne, Thomas, Der Umgang mit der Justiz mit Veit Harlans Jud Süß seit den 1950er Jahren. Prozesse, Legenden, Verdikte, in: Przyrembel, Alexandra / Schönert, Jörg

(Hrsg.), ›Jud Süß‹. Hofjude, literarische Figur, antisemitisches Zerrbild, Frankfurt a. M. 2006, S. 263–292.

Herbe, Daniel, Hermann Weinkauff (1894–1981). Der erste Präsident des Bundesgerichtshofs (BtrRG), Tübingen 2008.

Herbert, Ulrich, Best. Biographische Studien über Radikalismus, Weltanschauung und Vernunft, 1903–1989, Bonn 1996.

Herbert, Ulrich / Orth, Karin / Dieckmann, Christoph, Einleitung, in: dies. (Hrsg.), Die nationalsozialistischen Konzentrationslager – Entwicklung und Struktur. Bd. 1, Göttingen 1998, S. 14–42.

Herzog, Dagmar, Sex After Fascism. Memory and Morality in Twentieth-Century Germany, Princeton 2005.

Herzog, Dagmar, ›Sexy Sixties‹. Die sexuelle Liberalisierung der Bundesrepublik zwischen Säkularisierung und Vergangenheitspolitik, in: Hodenberg, Christina von / Riegfried, Detlev (Hrsg.), Wo ›1968‹ liegt. Reform und Revolte in der Geschichte der Bundesrepublik, Göttingen 2006, S. 79–112.

Hinz-Wessels, Annette, Das Robert-Koch-Institut im Nationalsozialismus, Berlin 2008.

Hirsch, Marianne, The Generation of Postmemory. Writing and Visual Culture After the Holocaust, New York 2012.

Hirte, Roland / Stein, Harry, Die Beziehungen der Universität Jena zum Konzentrationslager Buchenwald, in: Hoßfeld, Uwe (Hrsg.), ›Kämpferische Wissenschaft‹. Studien zur Universität Jena im Nationalsozialismus, Köln–Weimar–Wien 2003, S. 361–398.

Hüser, Klaus, Begnadigung und Amnestie als kriminalpolitisches Instrument. Mit Untersuchungen aus dem Hamburger Bereich, Hamburg 1973.

Jähner, Harald, Wolfszeit. Deutschland und die Deutschen 1945–1955, Berlin 2019.

Jensen, Uffa / Schüler-Springorum, Stefanie, Einführung. Gefühle gegen Juden. Die Emotionalgeschichte des modernen Antisemitismus, in: Geschichte und Gesellschaft 4/2013, S. 413–442.

Kahn, Daniela / Kahn, Daniela Mercedes, Die Steuerung der Wirtschaft durch Recht im nationalsozialistischen Deutschland. Das Beispiel der Reichsgruppe Industrie (Das Europa der Diktatur. Bd. 12), Frankfurt a. M. 2006.

Kater, Michael H., Frauen in der NS-Bewegung, in: Vierteljahrshefte für Zeitgeschichte 1983, S. 202–241.

Kater, Michael H., The Nazi Party, Cambridge 1983.

Kater, Michael H., Das ›Ahnenerbe‹ der SS 1935–1945. Ein Beitrag zur Kulturpolitik des Dritten Reiches (Studien zur Zeitgeschichte. Bd. 6), München 2006[4].

Kater, Michael H. / Mommsen, Hans / Dierlamm, Helmut, Ärzte als Hitlers Helfer, Hamburg 2000.

Kaufmann, Doris, Ornamentwelten. Ethnologische Expeditionen und die Kunst der ›Anderen‹ (1890–1930), Wien–Köln–Weimar 2020.

Kempner, Ruth, Women in Nazi Germany. 4 Bde. With the Collaboration of Robert M. W. Kempner, o. O. [Washington D. C.] 1944.

Kirsten, Holm, Weimar im Banne des Führers. Die Besuche Adolf Hitlers 1925–1940, Köln 2001.

Kirsten, Holm, Struktur der SS-Lagerverwaltung. Unveröffentliches Manuskript, Archiv der Gedenkstätte Buchenwald 2010.

Klee, Ernst, Was sie taten, was sie wurden. Ärzte, Juristen und andere Beteiligte am Kranken- oder Judenmord, Frankfurt a. M. 1987.

Klei, Alexandra, Der erinnerte Ort. Geschichte durch Architektur. Zur baulichen und gestalterischen Repräsentation der nationalsozialistischen Konzentrationslager (Architekturen. Bd. 7), Bielefeld 2011.

Knigge, Volkhard u. a. (Hrsg.), Buchenwald – Ausgrenzung und Gewalt 1937 bis 1945. Begleitband zur Dauerausstellung in der Gedenkstätte Buchenwald und Mittelbau-Dora, Göttingen 2016.

Knoch, Habbo, Die Tat als Bild. Fotografien des Holocaust in der deutschen Erinnerungskultur, Hamburg 2001.

Koenen, Gerd, Die Farbe Rot. Ursprünge und Geschichte des Kommunismus, München 2017.

Kogon, Eugen, Der SS-Staat. Das System der deutschen Konzentrationslager, Erstausgabe 1946, München 1989.

Kolnai, Aurel, Ekel, Hochmut, Haß. Zur Phänomenologie feindlicher Gefühle, Frankfurt a. M. 2007.

Krahulec, Peter / Schopf, Roland / Wolf, Siegfried, Buchenwald – Weimar, April 1945. Wann lernt der Mensch? Ein Grundlagenbuch für Gruppenarbeit und Selbststudium (Studien zum Nationalsozialismus. Bd. 4), Münster–Hamburg 1994.

Kramer, Nicole, Volksgenossinnen an der Heimatfront. Mobilisierung, Verhalten, Erinnerung (Schriftenreihe der Historischen Kommission bei der Bayerischen Akademie der Wissenschaften. Bd. 82), Göttingen 2011.

Kraushaar, Wolfgang, Die Proteste gegen den Jud Süß-Regisseur Veit Harlan, in: Przyrembel, Alexandra / Schönert, Jörg (Hrsg.), ›Jud Süß‹. Hofjude, literarische Figur, antisemitisches Zerrbild, Frankfurt a. M. 2006, S. 293–310.

Kretzer, Anette, NS-Täterschaft und Geschlecht. Der erste britische Ravensbrück-Prozess 1946/47 in Hamburg, Berlin 2009.

Kühn, Volker, Schnog, Karl. Neue Deutsche Biographie, https://www.deutsche-biographie.de/sfz114749.html (abgerufen am 7. 7. 2022).

Leßau, Hanne, Entnazifizierungsgeschichten. Die Auseinandersetzung mit der eigenen NS-Vergangenheit in der frühen Nachkriegszeit, Göttingen 2020.

Leßmann, Constanze, Die Arbeit der Gnadenausschüsse in der Frühzeit der Bundesrepublik Deutschland. Entwicklung von Kriterien zur Begnadigung von Kriegsverbrechern, Berlin 2003.

Linder, Joachim / Ort, Claus-Michael, Zur sozialen Konstruktion der Übertretung und zu ihren Repräsentationen im 20. Jahrhunder, in: Linder, Joachim / Ort, Claus-Michael / Schönert, Jörg (Hrsg.), Verbrechen, Justiz, Medien. Konstellationen in Deutschland von 1900 bis zur Gegenwart, Berlin 1999, S. 3–80.

Lipstadt, Deborah E., The American Press and the Persecution of German Jewry. The Early Years 1933–1935, in: The Leo Baeck Institute Yearbook 1/1984, S. 27–55.

Lipstadt, Deborah E., Beyond Belief. The American Press and the Coming of the Holocaust 1933–1945, New York 1986.

Livi, Massimiliano, Gertrud Scholtz-Klink: die Reichsfrauenführerin. Politische Handlungsräume und Identitätsprobleme der Frauen im Nationalsozialismus am Beispiel der ›Führerin aller deutschen Frauen‹ (Politische Soziologie. Bd. 20), Münster 2005.

Loos, Karina, Die Inszenierung der Stadt. Planen und Bauen in Weimar in der Zeit des Nationalsozialismus, Weimar 2000.

Lüdtke, Alf, Der Bann der Wörter. Todesfabriken, in: WerkstattGeschichte 1996, S. 5–18.

Ludyga, Hannes, Philipp Auerbach (1906–1952). ›Staatskommissar für rassisch, religiös und politisch Verfolgte‹ (Juristische Zeitgeschichte. Bd. 1), Berlin 2005.

Lüttgenau, Rikola-Gunnar, Ein Zoo in Buchenwald?, in: Weimar Kultur Journal 1999.

Maelicke, Hannelore, Helga Einsele (1910–2005). Ein Leben um der Überzeugung willen, in: Buckel, Sonja / Derleder, Peter / Fischer-Lescano, Andreas / Frankenberg, Günter / Hanschmann, Felix / Hitzel-Cassagnes, Tanja / Kocher, Eva / Markard, Nora / Perels, Joachim / Wersig, Maria / Zerbes, Ingeborg (Hrsg.), Streitbare Juristinnen. Eine andere Tradition, Baden-Baden 2016, S. 187–200.

Mailänder, Elissa, Amour, mariage, sexualité. Une histoire intime du Nazisme (1930–1950), Paris 2022.

Mailänder Koslov, Elissa, Gewalt im Dienstalltag. die SS-Aufseherinnen des Konzentrations- und Vernichtungslagers Majdanek, 1942–1944, Hamburg 2009.

Mailänder Koslov, Elissa, Der Fall Hermine Braunsteiner-Ryan. Eine geschlechtergeschichtliche Studie, in: Kuretsidis-Haider, Claudia (Hrsg.), Das KZ Lublin-Majdanek und die Justiz. Strafverfolgung und verweigerte Gerechtigkeit: Polen, Deutschland und Österreich im Vergleich, Graz 2011, S. 223–237.

Medick, Hans, Missionare im Ruderboot? Ethnologische Erkenntnisweisen als

Herausforderung an die Sozialgeschichte, in: Geschichte und Gesellschaft 1984, S. 295–319.

Menges, Franz, Josef Müller (›Ochsensepp‹), in: Neue Deutsche Biographie (Onlinefassung) 1997, https://www.deutsche-biographie.de/pnd11858507X.html#ndbcontent (abgerufen am 31. 1. 2022).

Meranze, Michael, Histories of the Modern Prison. Renewal, Regression, and Expansion, in: Knepper, Paul / Johansen, Anja (Hrsg.), The Oxford Handbook of the History of Crime and Criminal Justice, New York 2016, S. 672–694.

Merkl, Franz J., An den Rändern der ›Volksgemeinschaft‹. Frauenschicksale in der Strafanstalt Aichach 1933–1945, in: Altbayern in Schwaben, Jahrbuch für Geschichte und Kultur 2018, S. 101–164.

Michel, Annette, ›Führerinnen‹ im Dritten Reich. Die Gaufrauenschaftsleiterinnen der NSDAP, in: Steinbacher, Sybille (Hrsg.), Volksgenossinnen. Frauen in der NS-Volksgemeinschaft, Göttingen 2007, S. 115–137.

Milton, Sybil, Die Konzentrationslager der dreißiger Jahre im Bild der in- und ausländischen Presse, in: Herbert, Ulrich / Orth, Karin / Dieckmann, Christoph (Hrsg.), Die nationalsozialistischen Konzentrationslager – Entwicklung und Struktur. Bd. 1, Göttingen 1998, S. 136–145.

Mühlenberg, Jutta, Das SS-Helferinnenkorps. Ausbildung, Einsatz und Entnazifizierung der weiblichen Angehörigen der Waffen-SS, 1942–1949, Hamburg 2012.

Müller-Münch, Ingrid, Die Frauen von Majdanek. Vom zerstörten Leben der Opfer und der Mörderinnen, Reinbek bei Hamburg 1982.

Naumann, Kai, Gefängnis und Gesellschaft. Freiheitsentzug in Deutschland in Wissenschaft und Praxis 1920–1960 (Forschungen zur Geschichte der Neuzeit, Marburger Beiträge. Bd. 9), Berlin 2006.

Neumann-Thein, Philipp, Parteidisziplin und Eigenwilligkeit. Das Internationale Komitee Buchenwald-Dora und Kommandos, Göttingen 2014.

Niederland, William G., Folgen der Verfolgung. Das Überleben-Syndrom, Seelenmord, Frankfurt a. M. 1980.

Niethammer, Lutz, Die Mitläuferfabrik. Die Entnazifizierung am Beispiel Bayerns, Berlin 1982.

Niethammer, Lutz, Erfahrungen und Strukturen. Prolegomena zu einer Geschichte der Gesellschaft der DDR, in: Kaelble, Hartmut / Kocka, Jürgen / Zwahr, Hartmut (Hrsg.), Sozialgeschichte der DDR, Stuttgart 1994, S. 95–115.

Ochs, Eva, ›Heute kann ich das ja sagen‹. Lagererfahrungen von Insassen sowjetischer Speziallager in der SBZ/DDR (Europäische Diktaturen und ihre Überwindung. Bd. 9), Köln–Weimar–Wien 2006.

Orth, Karin, Die Kommandanten der nationalsozialistischen Konzentrationslager, in: Herbert, Ulrich / Orth, Karin / Dieckmann, Christoph (Hrsg.), Die nationalsozialistischen Konzentrationslager – Entwicklung und Struktur. Bd. 1, Göttingen 1998, S. 756–786.

Orth, Karin, Die Konzentrationslager-SS. Sozialstrukturelle Analysen und biographische Studien, Göttingen 2013[2].

Otto, Martin, ›Ich hab die Stadt Berlin regiert‹. Ulrich Biel, ein stiller Stratege auf der Weltbühne, Berlin 2022.

Otto, Martin, Thomas Würtenberger, in: Neue Deutsche Biographie (im Erscheinen).

Pagenstecher, Cord, Private Fotoalben als historische Quelle, in: Zeithistorische Forschungsstelle 2009, S. 449–463.

Pauer-Studer, Herlinde / Velleman, James David, »Weil ich nun mal ein Gerechtigkeitsfanatiker bin«. Der Fall des SS-Richters Konrad Morgen, Berlin 2017.

Pollak, Michael, Die Grenzen des Sagbaren. Lebensgeschichten von KZ-Überlebenden als Augenzeugenberichte und als Identitätsarbeit. Übersetzt von Hella Beister (Studien zur historischen Sozialwissenschaft. Bd. 12), Frankfurt a. M. 1988.

Priemel, Kim Christian, The Betrayal. The Nuremberg Trials and German Divergence, Oxford–New York 2016.

Przyrembel, Alexandra, Transfixed by an Image. Ilse Koch, the ›Kommandeuse of Buchenwald‹, in: German History 3/2001, S. 369–399.

Przyrembel, Alexandra, ›Rassenschande‹. Reinheitsmythos und Vernichtungslegitimation im Nationalsozialismus (Veröffentlichungen des Max-Planck-Instituts für Geschichte. Bd. 190), Göttingen 2003.

Przyrembel, Alexandra, Ambivalente Gefühle. Sexualität und Antisemitismus während des Nationalsozialismus, in: Geschichte und Gesellschaft 2013, S. 527–554.

Pürer, Heinz / Raabe, Johannes, Presse in Deutschland, Konstanz 2007[3].

Quasten, Dirk, Die Judikatur des Bundesgerichtshofs zur Rechtsbeugung im NS-Staat und in der DDR (Schriften zum Strafrecht. Bd. 141), Berlin 2003.

Raim, Edith, Justiz zwischen Diktatur und Demokratie. Wiederaufbau und Ahndung von NS-Verbrechen in Westdeutschland 1945–1949, München 2013.

Raim, Edith, Die Wiedereröffnung der Gerichte in Bayern, in: Koch, Arnd / Veh, Herbert Michael (Hrsg.), Vor 70 Jahren. Stunde Null für die Justiz? Die Augsburger Justiz und das NS-Unrecht, Baden-Baden 2017, S. 41–66.

Ramsbrock, Annelie, Gewalt und Gefängnis. Metamorphosen einer Wahlverwandtschaft, in: Lindenberger, Thomas (Hrsg.), German Zeitgeschichte. Konturen eines Forschungsfeldes. Konrad H. Jarausch zum 75. Geburtstag, Göttingen 2016, S. 226–241.

Ramsbrock, Annelie, Geschlossene Gesellschaft. Das Gefängnis als Sozialversuch. Eine bundesdeutsche Geschichte, Frankfurt a. M. 2020.

Raphael, Lutz, Die Verwissenschaftlichung des Sozialen als methodische und konzeptionelle Herausforderung für eine Sozialgeschichte des 20. Jahrhunderts, in: Geschichte und Gesellschaft 2/1996, S. 165–193.

Regener, Susanne, Fotografische Erfassung. Zur Geschichte medialer Konstruktionen des Kriminellen, München 1999.

Reichel, Peter, Der schöne Schein des Dritten Reiches. Faszination und Gewalt des Faschismus, München 1996[3].

Reuter, Elke / Hansel, Detlef, Das kurze Leben der VVN von 1947 bis 1953. Die Geschichte der Vereinigung der Verfolgten des Naziregimes in der sowjetischen Besatzungszone und in der DDR, Berlin 1997.

Ritscher, Bodo / Lüttgenau, Rikola-Gunnar / Hammermann, Gabriele / Röll, Wolfgang / Schölzel, Christian / Landau, Julia (Hrsg.), Das sowjetische Speziallager Nr. 2, 1945–1950. Katalog zur ständigen Ausstellung, Göttingen 2020[3].

Rolfes, Gabriel, ›Der Ort der neuen Anfänge, so sagte ich, werde die Zeitschrift sein müssen‹. Eugen Kogon und Walter Dirks als Herausgeber der ›Frankfurter Hefte‹ in der frühen Bundesrepublik, in: Gallus, Alexander / Liebold, Sebastian / Schale, Frank (Hrsg.), Vermessungen einer Intellectual History der frühen Bundesrepublik, Göttingen 2020, S. 333–350.

Rothberg, Michael, Multidirektionale Erinnerung. Holocaustgedenken im Zeitalter der Dekolonisierung, deutsche Übersetzung von Max Henninger, Berlin 2021.

Rotman, Edgardo, The Failure of Reform. United States, 1865–1965, in: Morris, Norval / Rothman, David J. (Hrsg.), The Oxford History of the Prison. The Practice of Punishment in Western Society, New York 1995, S. 169–198.

Rüter, Christiaan Frederik / de Mildt, D. W. (Hrsg.), Justiz und NS-Verbrechen. Die westdeutschen Verfahren wegen nationalsozialistischer Tötungsverbrechen, 1945–2021, https://junsv.nl/junsv-01/junsv/brd/angekl.html (abgerufen am 7. 7. 2022).

Scheidt, Petra, Karriere im Stillstand? Der Demokratische Frauenbund Deutschlands im Spiegel seiner Kaderarbeit und der Kaderstrukturen seines hauptamtlichen Funktionärskorps (Historische Forschungen. Bd. 28), Stuttgart 2011.

Scherf, Werner, Die Verbrechen der SS-Ärzte im KZ Buchenwald. Der antifaschistische Widerstand im Häftlingskrankenbau, Berlin 1987.

Schley, Anna, Frauen in der NSDAP. Eine empirische Analyse der weiblichen Neumitglieder, in: Falter, Jürgen W. (Hrsg.), Junge Kämpfer, alte Opportunisten. Die Mitglieder der NSDAP 1919–1945, Frankfurt–New York 2016, S. 291–318.

Schley, Jens, Nachbar Buchenwald. Die Stadt Weimar und ihr Konzentrationslager 1937–1945, Köln 1999.

Schmeling, Anke, Josias Erbprinz zu Waldeck und Pyrmont. Der politische Weg eines hohen SS-Führers, Kassel 1993.

Schneider, Margarete, Paul Schneider. Der Prediger von Buchenwald, neu herausgegeben von Elsa-Ulrike Ross und Paul Dieterich, Holzgerlingen 2010[3].

Schönert, Jörg, Zur Einführung in den Gegenstandsbereich und zum interdisziplinären Vorgehen, in: ders., Kriminalität erzählen, Berlin–Boston 2015, S. 11–55.

Schröm, Oliver / Röpke, Andrea, Stille Hilfe für braune Kameraden. Das geheime Netzwerk der Alt- und Neonazis, Berlin 2001.

Schwarz, Gudrun, Eine Frau an seiner Seite. Ehefrauen in der ›SS-Sippengemeinschaft‹, Hamburg 1997.

Ŝegev, Tôm, Die Soldaten des Bösen. Zur Geschichte der KZ-Kommandanten, Reinbek bei Hamburg 1995.

Seidel, Rolf / Söhner, Felicitas, Artikel Leibbrand, Werner Robert, in: Biographisches Archiv der Psychiatrie, https://www.biapsy.de/index.php/de/9-biographien-a-z/246-leibbrand-werner-robert-d (abgerufen am 5. 10. 2020).

Seipp, Adam R., Buchenwald Stories. Testimony, Military History, and the American Encounter with the Holocaust, in: Journal of Military History 3/2015, S. 721–744.

Seliger, Hubert, Politische Anwälte? Die Verteidiger der Nürnberger Prozesse, Baden-Baden 2016.

Siemens, Daniel, Towards a New Cultural History of Law, in: InterDisciplines. Journal of History and Sociology 3/2012, S. 18–45.

Sigel, Robert, Im Interesse der Gerechtigkeit. Die Dachauer Kriegsverbrecherprozesse 1945–1948, Frankfurt a. M.–New York 1992.

Smith, Arthur L., Die ›Hexe von Buchenwald‹. Der Fall Ilse Koch, Köln 1983.

Sofsky, Wolfgang, Die Ordnung des Terrors. Das Konzentrationslager, Frankfurt a. M. 1993.

Söhner, Felicitas / Winckelmann, Hans-Joachim / Becker, Thomas, Das Laboratorium der I. G. Farben an der Heil- und Pflegeanstalt Günzburg. Epilepsieforschung in der NS-Zeit und den Nachkriegsjahren, in: Medizinhistorisches Journal 3/2015, S. 223–248.

Starke, Sandra, ›Papi macht Witzchen‹. SS-Soldaten als Knipser. Vorträge im Rahmen der Tagung ›Medienamateure: Wie verändern Laien unsere visuelle Kultur? Internationale und interdisziplinäre Tagung der Universität Siegen, 5.-7. Juni 2008‹, 2008, https://www.buchenwald.de/fileadmin/buchenwald/download/wissenschaftliche_beitraege / Sandra_Starke_Knipser.pdf (abgerufen am 31. 08. 2021).

Stein, Harry, Eine Stadt für die SS. Die Errichtung des Konzentrationslagers Buchenwald, in: Knigge, Volkhard (Hrsg.), »... mitten im deutschen Volk«. Buchenwald, Weimar und die nationalsozialistische Volksgemeinschaft, Göttingen 2008, S. 12–32.

Stein, Harry (Hrsg.), Konzentrationslager Buchenwald. Begleitband zur historischen Ausstellung, Göttingen 1999.

Steinbacher, Sybille, Volksgenossinnen, in: dies., Volksgenossinnen. Frauen in der NS-Volksgemeinschaft, Göttingen 2007, S. 9–28.

Stephenson, Jill, Women in Nazi Germany, Hoboken 2014.

Stern, Frank, Im Anfang war Auschwitz. Antisemitismus und Philosemitismus im deutschen Nachkrieg (Schriftenreihe des Instituts für Deutsche Geschichte, Universität Tel-Aviv. Bd. 14), Gerlingen 1991.

Stolleis, Michael, Geschichte des öffentlichen Rechts in Deutschland. Band 4, München 2017.

Streubel, Christiane, Die Frauen der Rechten in Kaiserreich und Republik. Ein Überblick und Forschungsbericht, in: Historical Social Research 4/2003, S. 103–166.

Streuwer, Janosch, Was meint und nützt das Sprechen von der ›Volksgemeinschaft‹? Neuere Literatur zur Gesellschaftsgeschichte des Nationalsozialismus, in: Archiv für Sozialgeschichte 2013, S. 1–49.

Szejnmann, Claus-Christian, The Rise of the Nazis in Saxony between 1921 and 1933, London 1994.

Szejnmann, Claus-Christian, Vom Traum zum Alptraum. Sachsen in der Weimarer Republik, Dresden 2000.

Tanner, Jakob, Körpererfahrung, Schmerz und die Konstruktion des Kulturellen, in: Historische Anthropologie 1994, S. 489–502.

Tausch, Volker, Max Güde (1902–1984). Generalbundesanwalt und Rechtspolitiker (Juristische Zeitgeschichte: Abt. 4, Leben und Werk. Bd. 5), Baden-Baden 2002.

Thurn, Nike, Fassbinder-Kontroversen, in: Benz, Wolfgang (Hrsg.), Handbuch des Antisemitismus. Judenfeindschaft in Geschichte und Gegenwart. Bd. 4: Ereignisse, Dekrete, Kontroversen, Berlin–Boston 2011, S. 127–130.

Tröger, Annemarie, Die Dolchstoßlegende der Linken. ›Frauen haben Hitler an die Macht gebracht‹. Thesen zur Geschichte der Frauen am Vorabend des Dritten Reiches, in: Gruppe Berliner Dozentinnen (Hrsg.), Frau und Wissenschaft. Beiträge zur Berliner Sommeruniversität für Frauen, Berlin 1976, S. 325–355.

Uhl, Karsten, Das ›verbrecherische Weib‹. Geschlecht, Verbrechen und Strafen im kriminologischen Diskurs 1800–1945 (Geschlecht – Kultur – Gesellschaft. Bd. 11), Münster 2003.

Vieregge, Bianca, Die Gerichtsbarkeit einer ›Elite‹. Nationalsozialistische Rechtsprechung am Beispiel der SS- und Polizei-Gerichtsbarkeit (Juristische Zeitgeschichte. Abt. 1.), Baden-Baden 2002.

Vismann, Cornelia, Medien der Rechtsprechung, Frankfurt a. M. 2011.

Vismann, Cornelia, Das Recht und seine Mittel. Ausgewählte Schriften, Frankfurt a. M. 2012.

Volkov, Shulamit, Antisemitismus als kultureller Code. Zehn Essays, München 2000.

Vollnhals, Clemens, Die Verfolgung von NS- und Kriegsverbrechen durch alliierte und deutsche Gerichte in der Bundesrepublik und der DDR. Ein Überblick von 1945 bis 2015, in: Ganzenmüller, Jörg / Leppert, Manuel / Schwinde, Katharina (Hrsg.), Recht und Gerechtigkeit. Die strafrechtliche Aufarbeitung von Diktaturen in Europa, Wien–Köln–Weimar 2017, S. 33–54.

Vormbaum, Thomas, Einführung in die moderne Strafrechtsgeschichte, Berlin, Heidelberg 2019[4].

Wachsmann, Nikolaus, Gefangen unter Hitler. Justizterror und Strafvollzug im NS-Staat, München 2006.

Weber, Lisa, Von ›verirrten Brüdern‹ zu ›minderwertigem Material‹. Psychiatrische Einflüsse auf religiöse Konzeptionen des Verbrechens im langen 19. Jahrhundert, unveröff. Masterarbeit, FernUniversität in Hagen 2022.

Weber, Petra, Justiz und Diktatur. Justizverwaltung und politische Strafjustiz in Thüringen 1945–1961 (Veröffentlichungen zur SBZ-, DDR-Forschung im Institut für Zeitgeschichte. Bd. 46), München 2000.

Wehler, Hans-Ulrich, Vom Beginn des Ersten Weltkrieges bis zur Gründung der beiden deutschen Staaten. 1914–1949 (Deutsche Gesellschaftsgeschichte. Bd. 4), München 2003.

Weigel, Sigrid, ›Und selbst im Kerker frei …!‹. Schreiben im Gefängnis. Zur Theorie und Gattungsgeschichte der Gefängnisliteratur, 1750–1933, Marburg 1982.

Weigel, Sigrid, Zur nationalen Funktion des Geschlechterdiskurses im Gedächtnis des Nationalsozialismus. Alfred Andersch ›Die Rote‹, in: Mayer-Iswandy, Claudia (Hrsg.), Zwischen Traum und Trauma – Die Nation. Transatlantische Perspektiven zur Geschichte eines Problems, Tübingen 1994, S. 27–37.

Weinke, Annette, Die Verfolgung von NS-Tätern im geteilten Deutschland. Vergangenheitsbewältigung 1949–1969 oder: eine deutsch-deutsche Beziehungsgeschichte im Kalten Krieg, Paderborn–München 2002.

Weinke, Annette, ›Alliierter Angriff auf die nationale Souveränität‹? Die Strafverfolgung von Kriegs- und NS-Verbrechen in der Bundesrepublik, der DDR und Österreich, in: Frei, Norbert (Hrsg.), Transnationale Vergangenheitspolitik. Der

Umgang mit deutschen Kriegsverbrechern in Europa nach dem Zweiten Weltkrieg, Göttingen 2006, S. 37–93.

Weinke, Annette, Gewalt, Geschichte, Gerechtigkeit. Transnationale Debatten über deutsche Staatsverbrechen im 20. Jahrhundert (Beiträge zur Geschichte des 20. Jahrhunderts. Bd. 19), Göttingen 2016.

Weißmann, Karlheinz, Schwarze Fahnen, Runenzeichen. Die Entwicklung der politischen Symbolik der deutschen Rechten zwischen 1890 und 1945, Düsseldorf 1991.

Wentker, Hermann, Justiz in der SBZ/DDR 1945–1953. Transformation und Rolle ihrer zentralen Institutionen (Quellen und Darstellungen zur Zeitgeschichte. Bd. 51), München 2009.

Werner, Michael / Zimmermann, Bénédicte, Vergleich, Transfer, Verflechtung. Der Ansatz der Histoire croisée und die Herausforderung des Transnationalen, in: Geschichte und Gesellschaft 4/2002, S. 607–636.

Wetzel, Juliane, Der Geschichtsrevisionismus und der Grabert Verlag, in: Finkenberger, Martin / Junginger, Horst (Hrsg.), Im Dienste der Lügen. Herbert Grabert (1901–1978) und seine Verlage, Aschaffenburg 2004, S. 142–154.

Wieland, Günther, Die Ahndung von NS-Verbrechen in Ostdeutschland, in: Neue Justiz 2003, S. 113–117.

Wildt, Michael, Generation des Unbedingten. Das Führungskorps des Reichssicherheitshauptamtes, Hamburg 2002.

Wischnath, Johannes Michael, Kirche in Aktion. Das Evangelische Hilfswerk 1945–1957 und sein Verhältnis zu Kirche und Innerer Mission (Arbeiten zur kirchlichen Zeitgeschichte. Bd. 14), Göttingen 1986.

Wojak, Irmtrud, Fritz Bauer. 1903–1968. Eine Biographie (Schriftenreihe des Fritz-Bauer-Instituts. Bd. 23), Eschenlohe 2019[2].

Wrocklage, Ute, Die Fotoalben des KZ-Kommandanten Karl Otto Koch – private und öffentliche Gebrauchsweisen, in: Frübis, Hildegard (Hrsg.), Fotografien aus den Lagern des NS-Regimes. Beweissicherung und ästhetische Praxis, Wien 2019, S. 189–205.

Yavnai, Lisa, U. S. Army War Crimes Trials in Germany, 1945–1947, in: Heberer, Patricia / Marrus, Michael R. (Hrsg.), Atrocities on Trial. Historical Perspectives on the Politics of Prosecuting War Crimes, London 2008, S. 49–74.

Zimmermann, Susanne, Die Medizinische Fakultät der Universität Jena während der Zeit des Nationalsozialismus (Ernst-Haeckel-Haus-Studien. Bd. 2), Jena 2000.

Abbildungen

Die Abbildungen auf S. 74–77 stammen aus dem Fotoalbum, das Ilse und Karl Otto Koch ihrem Sohn Artwin schenkten, dem sogenannten Artwin-Album. Das Original befindet sich in den National Archives in College Park, Maryland, Kopien sind im Archiv der Gedenkstätte Buchenwald im Nachlass Artwin Koch hinterlegt. Ich danke der Gedenkstätte für die Zusendung druckfähiger Vorlagen und die Genehmigung zum Abdruck.

Personenregister

Ackermann, Josef 228
Adenauer, Konrad 9, 212 f., 255, 283, 286 f.
Alquen, Gunter d' 51
Arendt, Hannah 19, 103, 263, 313
Auerbach, Philipp 210–214, 260, 317

Bartel, Walter 193, 197–200
Bauer, Fritz 186, 243, 273
Beaumont, Gustave de 276
Behr, Fritz 112
Bettelheim, Bruno 89
Birchall, Fred 152
Bormann, Martin 301
Boyle, Hal 157
Bradley, Omar N. 106, 108
Braunsteiner-Ryan, Hermine 183
Breitscheid, Rudolf 252
Brown, William M. 114
Brühne, Vera 281
Bumke, Erich 181
Busse, Ernst 84, 197 f.

Carlebach, Emil 85, 219
Clay, Lucius D. 122 f., 135, 137 f., 141, 143–147, 159 f., 162–164, 166 f., 169, 190 f., 269

Darré, Walther 50
Denson, William 125–127, 129 f., 142, 150, 163, 170 f.
Diehl, Guida 37, 42–44
Dinter, Artur 61
Dorn, Erna 255

Ehard, Hans 144, 167
Einsele, Helga 275–277
Eisenhower, Dwight D. 106, 108, 120
Emminger, Erich 206
Engels, Friedrich 276
Erbe, Ina 44

Ferguson, Homer S. 139, 141 f., 145
Feuerer, Karl 198
Fraenkel, Heinrich 15
Frank, Brigitte 297
Frank, Hans 297
Franz, Richard 200
Froboess, Herbert 132, 145 f.

Gellhorn, Martha 156
Glueck, Eleanor 272
Glueck, Sheldon 272
Goebbels, Joseph 37
Goppel, Alfons 287
Güde, Max 287, 289

Harlan, Veit 183, 211
Hartrich, Edwin C. 161 f.
Heller, André 299
Heller, Paul 141
Hermlin, Stephan 255

Heß, Ilse 297 f.
Heß, Rudolf 209, 297
Hildesheimer, Wolfgang 211
Himmler, Heinrich 31, 48–50, 52, 58, 60, 62, 75, 79–81, 228
Hitler, Adolf 11, 14, 33, 36–38, 42, 44–46, 61 f., 297–301

Ihr, Jakob 227
Ilkow, Johann 30, 176, 190 f., 204 f., 207–209, 218 f., 222 f., 225, 229, 233, 244, 247 f., 263, 269
Isenburg, Helene Elisabeth von 283, 286 f., 306
Isenburg, Wilhelm Karl von 283

Jagomast, Erich 207, 218
Johnson, Uwe 256
Junge, Traudl 292, 298–301

Kaltenbrunner, Ernst 284
Kautsky, Benedikt 224
Kautsky, Karl 224
Kempner, Robert 13
Kempner, Ruth 13, 293
Kerssenbrock, Graf 287
Kiel, Emil C. 126
Kieper, Alfons 203
Klein, Arthur G. 138
Kloss, Erich 106, 109–114
Klüger, Ruth 83
Koch, Artwin 69–75, 133, 268, 302–304, 306–308
Koch, Gisela 10, 63, 71 f., 268, 302 f., 306
Koch, Gudrun 71, 302
Koch, Karl Otto 10 f., 16, 20 f., 24, 29–31, 33, 42, 48, 52–61, 63, 69–83, 97–99, 115, 133, 221, 228, 238–240, 302, 309 f., 312
Koch, Manfred (Sohn von Karl Otto Koch) 72
Koch, Otto 114
Kogon, Eugen 24, 56, 67, 86 f., 132, 219–221
Köhler, Anna (Mutter) 30–32, 302, 305
Köhler, Max (Vater) 42
Köhler, Uwe (Sohn von Ilse Koch) 142, 268, 302, 304
Kolnai, Aurel 19
Krämer, Walter 81
Kraus, Martin 270 f.
Krausz, Georg 114
Kuhn, Harry 197 f.
Kunzig, Robert L. 126, 130, 150

Landau, Ernest 148
Leibbrand, Werner 233–235
Levi, Primo 83
Levin, Carl 165
Likert, Rensis 294
Lolling, Enno 92
Lombroso, Cesare 94 f., 236
Luschan, Felix von 95

Maginot, Georg 207 f., 215, 225, 228 f.
Marshall, George C. 108
Mauz, Gerhard 10 f., 246
McCloy, John 148
Millis, Walter 161
Mittermeier, Karl Josef Anton 276
Morgen, Konrad 81, 91, 221
Morgenthau, Henry 109
Mühsam, Erich 252
Müller, Hans 92
Müller, Josef 213
Müller-Meiningen, Ernst 254
Murrow, Edward A. 154
Mussolini, Benito 44 f.

Neuhäusler, Johannes 242, 284, 288
Niederland, William G. 217, 315
Niemöller, Martin 148

Oechsner, Frederick 151

Patton, George S. 106 f., 109, 116, 157
Peix, Felix 81
Pieck, Wilhelm 197 f.
Pister, Hermann 57–59, 83, 91, 133
Pister, Maria 59
Pius XII., Papst 283
Posener, Curt 132, 203, 214–216
Pulitzer, Joseph 154 f., 314

Reich-Ranicki, Marcel 256
Reichel, Peter 47
Reschke, Erich 197
Rodewald, Hermann 190–193
Roosevelt, Franklin D. 294
Roth, Joseph 35
Royall, Kenneth C. 139–141, 167

Salomon, Ernst von 184
Sattler, Dieter 175
Schacht, Hjalmar 213
Schiedlausky, Gerhard 92
Schirach, Baldur von 282, 285, 297
Schirach, Henriette von 297, 300
Schleicher, Kurt von 12
Schneider, Paul 229
Schmuhl, Lorenz C. 196
Schnog, Karl 252 f.
Scholtz-Klink, Gertrud 41, 43, 298
Schuster, Adolf 201
Schweitzer, Albert 284
Seger, Gerhart 151
Seidl, Alfred 209 f., 215, 218, 241, 245, 247 f., 265, 287, 289, 310 f.
Semprún, Jorge 308
Sighart, Albert 233 f.
Sitte, Kurt 141
Skorzeny, Otto 248
Sokolowski, Wassili D. 122
Sommer, Martin 286
Stephan, Therese 271
Straight, Clio Edwin 145
Strasser, Gregor 37
Stringer, Ann 116
Surowitz, Solomon 126, 130

Temkin, Max 165
Thälmann, Ernst 229, 252
Titz, Kurt 132 f.
Truman, Harry S. 163 f.

Virchow, Rudolf 95

Wagner, Erich 90, 92–95
Waldeck und Pyrmont, Josias zu 81, 124, 127, 221
Weil, Bruno 212 f.
Weinkauff, Hermann 181
Weizsäcker, Richard von 294
Wernicke, Hilde 183
Whitney, Carl E. 126, 137
Wieczorek, Helene 183
Wiesel, Elie 308
Wise, Stephen S. 144
Wurm, Theophil 242, 284
Würtenberger, Thomas 273

Zenkl, Petr 141, 167